Les grands principes des répartitions dans les procédures collectives

Droit privé et sciences criminelles

Collection dirigée par Yves Strickler

Créée fin 2011 par Yves Strickler et le Centre d'études et de recherches en droit privé (devenu le Centre d'études et de recherches en droit des procédures en 2013) de la Faculté de droit et science politique de Nice, la présente collection a pour vocation principale de publier des ouvrages en liaison avec le thème retenu pour dénomination de la collection. Cette dernière rassemble des recherches originales, tirées notamment de travaux de recherche, de manifestations scientifiques ainsi que d'ouvrages collectifs sur les interrogations actuelles que rencontre la science juridique, spécialement dans le domaine du droit privé et des sciences criminelles.

Dernières parutions

La procédure (dir. Joanna Genovese et Giovanna Debernardi), octobre 2018, 138 pages

Techniques de critique d'une décision « définitive ». Imprécision sémantique et pérennité des décisions de justice en procédure civile, Tennessee Caen, juin 2018, 160 pages

Réforme de la prescription pénale (dir Christine Courtin et Jean-Raphaël Demarchi), juin 2018, 154 pages

Droit des sociétés et procédures collectives (dir. Laurence-Caroline Henry), janvier 2018, 207 pages

Le concept d'arbitrage (dir. Camille Leroy et Loïc Yboud), décembre 2017, 221 pages

Procédure civile et nouvelles technologies, Delphine de Lorgeril, septembre 2017, 164 pages

Mélanges en l'honneur du Doyen Roger Bernardini, « Parcours pénal » (dir. Christine Courtin, Marc Dalloz, Fabienne Ghelfi, Jean-François Renucci), mars 2017, 313 pages

Victor Hugo et les magistrats, Marcel Foulon, octobre 2016, 198 pages

Variations juridiques et sociologiques - Regards experts sur les grandes mutations du droit (dir. Marc Dalloz), septembre 2016, 141 pages

De la mobilisation du fait à la réalisation du droit (dir. Maxime Lei et Loïc Yboud), septembre 2016, 225 pages

Maxence Guastella

Les grands principes des répartitions dans les procédures collectives

L'Harmattan

5-7, rue de l'Ecole-Polytechnique, 75005 Paris

http://www.editions-harmattan.fr

ISBN : 978-2-343-17015-2
EAN : 9782343170152

Sommaire

REMERCIEMENTS

Je tiens à remercier mon Directeur de recherches, Monsieur le Professeur Pierre-Michel LE CORRE, pour son soutien, ses conseils et sa disponibilité. Mes remerciements s'adressent aussi bien au Directeur de recherches qu'au Professeur qui, par ses enseignements et conseils, a su me faire éprouver une passion pour une matière fascinante, et qui m'a permis de déterminer mes aspirations professionnelles.

Je remercie également Madame Emmanuelle LE CORRE-BROLY pour ses chaleureux encouragements, dans lesquels j'ai puisé une motivation certaine pour la réalisation de mes travaux.

Que soit aussi remercié Monsieur le Professeur Yves STRICKLER pour son encadrement et ses conseils bienveillants.

J'adresse encore mes remerciements à Madame Diane BOUSTANI, dont les travaux ont constitué une importante source d'inspiration, et dont la profonde gentillesse a su être d'un grand réconfort.

J'exprime aussi ma plus sincère reconnaissance envers Monsieur Benjamin FERRARI, qui m'aida à prendre la bonne décision.

Enfin, qu'il me soit permis d'avoir une pensée pour Mademoiselle Odélia FAUGÈRE, auprès de laquelle j'ai passé nombre d'heures à la bibliothèque.

À Margaux,

Mon apaisement,
Ma Volonté,
Ma force.

ABRÉVIATIONS

Act. proc. coll.	*Actualité des procédures collectives*
Adde	Ajouter
al.	Alinéa(s)
AJ fam.	*Actualité juridique famille*
anc.	Ancien(s)
Art.	Article(s)
Ass. plén.	Cour de cassation, assemblée plénière
avr.	Avril
BJE	*Bulletin Joly Entreprises en difficulté*
BJS	*Bulletin Joly Sociétés*
Bibl. dr. privé	Bibliothèque de droit privé
Bibl. dr. entr. diff.	Bibliothèque de droit des entreprises en difficulté
Bibl. dr. entreprise	Bibliothèque de droit de l'entreprise
BOFiP	*Bulletin Officiel des Finances Publiques-Impôts*
Bull. ass. plén.	Bulletin des arrêts de la Cour de cassation (assemblée plénière)
Bull. avis	Bulletin des arrêts de la Cour de cassation (décisions rendues pour avis)
Bull. civ.	Bulletin des arrêts de la Cour de cassation (chambres civiles)
C. civ.	Code civil
C. com.	Code de commerce
C. pén.	Code pénal
C. pr. exec.	Code des procédures civiles d'exécution
C. rur.	Code rural et de la pêche maritime
C. trav.	Code du travail
CA	Cour d'appel
Cah. dr. entr.	*Cahiers de droit de l'entreprise*
Cass., avis	Cour de cassation, décision rendue pour avis
CGI	Code général des impôts
ch.	Chambre

ch. civ. et com.	Chambre civile et commerciale
Chap.	Chapitre
cit.	Cité(es)
Civ.	Cour de cassation, chambre civile (jusqu'en 1952)
Civ. 1re	Cour de cassation, première chambre civile
Civ. 3e	Cour de cassation, troisième chambre civile
coll.	Collection
collab.	Collaboration
Com.	Cour de cassation, chambre commerciale, économique et financière
comm.	Commentaire
Comp.	Comparer
Cons. const.	Conseil constitutionnel
Contra	Contre, en sens contraire
CPI	Code de la propriété intellectuelle
crit.	Critique(s)
D.	*Recueil Dalloz*
d.	Dernier
déc.	Décembre
déf.	Définition(s)
Defr.	*Defrénois*
dir.	Sous la direction
doctr.	Partie « Doctrine » (dans divers recueils et revues)
doss.	Dossier
Dr. et patr.	*Droit et patrimoine*
éd.	Édition
ex.	Exemple
févr.	Février
Gaz. Pal.	*Gazette du Palais*
Gaz. Pal. dr. banc.	*Gazette du Palais, édition spécialisée Droit bancaire*

Gaz. Pal. entr. diff.	*Gazette du Palais, édition spécialisée Droit des entreprises en difficulté* (anciennement *Gaz. proc. coll.*)
Gaz. Pal. pr. civ.	*Gazette du Palais, édition spécialisée Procédure civile*
Gaz. proc. coll.	*Gazette du Palais, édition spécialisée Gazette des procédures collectives* (devenue *Gaz. Pal. entr. diff.* en 2010/2011)
Ibid.	*Ibidem* : même endroit
in	Dans
in extenso	En entier, tout au long
in limine	Au début
in fine	À la fin
infra	Ci-dessous, plus bas (dans le texte)
Interv.	Intervention
janv.	Janvier
JCP E	*Juris-Classeur périodique, édition entreprise et affaires*
JCP G	*Juris-Classeur périodique, édition générale*
JCP N	*Juris-Classeur périodique, édition notariale et immobilière*
JO	Journal officiel de la République française
juill.	Juillet
jur.	Partie « Jurisprudence » (dans divers recueils et revues)
L.	Loi
Leden	*L'essentiel Droit des entreprises en difficulté*
LPA	*Les Petites Affiches*
Mél.	Mélanges
n.	Note(s)
$n^{o(s)}$	Numéro(s)
not.	Notamment
nov.	Novembre

NP Non publié

obs. Observations
oct. Octobre
op. cit. *Opus citatum* : œuvre citée
ord. Ordonnance

p. Page(s)
préc. Précité
préf. Préface
Prés. Président

QPC Question prioritaire de constitutionnalité

Rapp. Rapport
Rappr. Rapprocher
RCA *Responsabilité civile et assurances*
RDBF *Revue de droit bancaire et financier*
réf. Référence(s)
Rép. République
Rép. civ. *Encyclopédie Dalloz, Répertoire de droit civil*
Rép. com. *Encyclopédie Dalloz, Répertoire de droit commercial*
Rev. dr. soc. *Revue Droit des sociétés*
Rev. proc. coll. *Revue des procédures collectives*
Rev. sociétés *Revue des sociétés*
RFDA *Revue Française de Droit Administratif*
RLDA *Revue Lamy Droit des affaires*
RLDC *Revue Lamy Droit civil*
RG Numéro de rôle
RTD civ. *Revue trimestrielle de droit civil*
RTD com. *Revue trimestrielle de droit commercial*

s. Suivant(s)
sept. Septembre
Soc. Cour de cassation, chambre sociale
sol. impl. Solution(s) implicite(s)
sp. Spécialement

ss	Sous
supra	Ci-dessus, plus haut (dans le texte)
t.	Tome
T. com.	Tribunal de commerce
th.	Thèse
trad.	Traduction
V.	Voir
vol.	Volume

INTRODUCTION

> « *Il existe une vieille chimère,*
> *elle a pour nom bien et mal.* »[1]
>
> *Friedrich Nietzsche*

1. « *Les répartitions ou la mission impossible* »[2] – Ainsi le ton était-il donné sous l'empire de la législation antérieure à la loi de sauvegarde des entreprises[3]. Écho d'une affirmation usuelle selon laquelle hiérarchiser les créanciers quant à l'ordre des paiements n'est pas chose aisée[4], cette formule hyperbolique dénote la « *peur paralysante* »[5] qu'inspire la perspective des répartitions à ceux devant accomplir cette « *tâche redoutable* »[6]. Les éléments sous-tendant les difficultés en la matière sont divers et

---

[1]. F. NIETZSCHE, *Ainsi parlait Zarathoustra*, trad. G.-A. GOLDSCHMIDT, coll. « Classiques », Le Livre de Poche, 41e éd., 2016, p. 242.

[2]. B. SOINNE, *Les répartitions ou la mission impossible*, *Rev. proc. coll.* sept. 1997, n° 3, p. 249.

[3]. L. n° 2005-845, 26 juil. 2005, de sauvegarde des entreprises, *JO* n° 173, 27 juill. 2005, p. 12187.

[4]. En ce sens : P.-M. LE CORRE, *Droit et pratique des procédures collectives*, coll. « Dalloz Action », Dalloz, 9e éd., 2017/2018, n° 591.51 ; Y. BOURGOIN et Th. MONTÉRAN, *Les répartitions en matière de procédures collectives*, *Gaz. proc. coll.* 29 juill. 2008, n° 211, p. 3, v. sp. les propos introductifs ; M. HOUSSIN, *Une nouvelle utilisation des mécanismes fiduciaires dans la procédure collective*, *LPA* 16 avr. 2018, n° 76, p. 7, n° 4 ; Ph. PÉTEL et F. LEGRAND, *Liquidation judiciaire – Répartition des fonds*, *Rev. proc. coll.* nov. 2015, n° 6, fiche pratique n° 4, *in limine* ; C. REGNAUT-MOUTIER, obs. ss Com. 21 sept. 2010, n° 09-68.604, *Bull. civ.* IV, n° 139, *Act. proc. coll.* nov. 2010, n° 18, comm. 257 ; A. JACQUEMONT et R. VABRES, *Droit des entreprises en difficulté*, coll. « Manuel », LexisNexis, 9e éd., 2015, nos 1041 *in limine* et 1045 *in limine*, v. aussi note 2 p. 592 ; F. PÉROCHON, *Entreprises en difficulté*, coll. « Manuel », LGDJ - Lextenso, 10e éd., 2014, n° 1307 ; Ph. SIMLER et Ph. DELEBECQUE, *Les sûretés. La publicité foncière*, coll. « Précis », Dalloz, 7e éd., 2016, n° 792 ; M. BOURASSIN, V. BRÉMOND et M.-N. JOBARD-BACHELLIER, *Droit des sûretés*, coll. « Sirey université », Sirey, 5e éd., 2016, p. 793.

[5]. P.-M. LE CORRE, 9e éd., préc.

[6]. B. SOINNE, art. préc., n° 33.

tiennent, non seulement à la complexité intrinsèque du droit des procédures collectives, mais également à son imparfaite conjugaison avec le droit des sûretés[7]. La sphère des répartitions abrite en effet des problématiques pour la résolution desquelles le défaut de coordination entre les règles de droit commun et les règles spéciales conduit à la possible admission de solutions contraires à l'essence des procédures collectives[8]. Peut-être la difficulté provient-elle aussi de ce que le législateur n'a pas véritablement appréhendé les répartitions comme une phase ou une institution autonome méritant un corpus juridique plus approfondi au sein du Code de commerce : le dispositif légal de la liquidation judiciaire, archétype de la procédure collective dans le cadre de laquelle des répartitions ont vocation à intervenir, ne réserve à ces dernières qu'une demi-douzaine d'articles[9]. Dans ces conditions, dégager de grandes lignes directrices[10], c'est-à-dire de grands principes permettant de rendre intelligible la question des répartitions, constitue une entreprise aussi délicate que nécessaire ; et pour identifier ces grands principes, encore faut-il déterminer ce qu'il convient d'entendre par le terme « répartitions ».

---

[7]. Rappr. : E. GARAUD, *Sûretés et procédures collectives : l'articulation des réformes*, *LPA* 17 juin 2009, n° 120, p. 4, n° 1 ; H. LEFEVRE, *Les conséquences de la réforme des sûretés sur le droit des procédures collectives*, *LPA* 27 mars 2008, n° 63, p. 71, v. sp. II ; D. LEGEAIS, *Quelle réforme pour le droit des sûretés ? – Rapport introductif*, *RDBF* janv. 2016, n° 1, doss. 2, v. sp. 2., *L'appréhension du droit des sûretés par l'ordonnance du 18 décembre 2008*, Interv. Colloque *Sûretés réelles et droit des entreprises en difficulté,* Nice 20 mars 2010, *LPA* 11 févr. 2011, n° 30, p. 27, v. sp. II, et *La réforme des sûretés, la fiducie et les procédures collectives*, *Rev. sociétés* 2007. 687, n°s 2, 3 et 5 ; P. CROCQ, *La réforme des procédures collectives et le droit des sûretés*, *D*. 2006. 1306, n°s 1 et 2.

[8]. V. par ex. : J.-P. SÉNÉCHAL, *La vente des immeubles et la distribution de leur prix*, *LPA* 28 oct. 1998, n° 129, p. 36, II.-C.-1. Rappr. : B. SOINNE, *Traité des procédures collectives*, avec la collab. de E. KERCHKOVE, coll. « Traités », Litec, 2e éd., 1995, n° 2488. *Adde* F. PÉROCHON, 10e éd., n°s 1308 à 1310.

[9]. Art. L. 643-4 à L. 643-8 C. com.

[10]. Rappr. : J. BOULANGER, *Principes généraux du droit et droit positif*, *Mél. RIPERT*, t. I, Librairie générale de droit et de jurisprudence, 1950, p. 51 et s., sp. p. 56, n° 5 *in fine* : « *« On appelle principes, disent les philosophes, l'ensemble des* ***propositions directrices****... auxquelles tout le développement ultérieur est subordonné ». C'est ce qui se constate en droit aussi bien qu'en philosophie : il existe en droit des propositions auxquelles des séries de solutions positives sont subordonnées.* ***Ces propositions doivent être considérées comme des principes****.* » (mise en gras par l'auteur de ces lignes).

2. « ***Débutons par définir si l'on ne veut pas finir par buter.*** »[11] – La France étant un pays de Droit écrit, l'étude d'une institution a pour inexorable commencement l'analyse des textes y afférents. À la lecture des dispositions du Livre VI du Code de commerce, les répartitions présentent essentiellement trois traits caractéristiques dont le rapprochement permet d'entrapercevoir la nature de la notion, car, en dépit des multiples occurrences du vocable, le dispositif normatif intéressant les procédures collectives ne comprend aucune définition des répartitions. Tout d'abord, ces dernières irriguent le droit des entreprises en difficulté en ce qu'elles se retrouvent dans les textes relatifs à tous les aspects du traitement judiciaire des difficultés d'entreprise : les procédures de sauvetage[12], les plans de sauvegarde et de redressement[13], le plan de cession[14] et la liquidation judiciaire[15]. Ensuite, il apparaît que les répartitions sont en rapport avec le paiement des créanciers[16], et partant, avec l'apurement du passif. Enfin, il est significatif de relever qu'à maintes reprises, les textes semblent y faire référence en employant à titre de synonyme le terme « distributions »[17].

À cet égard, l'analyse des définitions prêtées à la fois aux répartitions et aux distributions met en exergue la ténuité du lien qui unit ces termes. Pour expliquer l'un, il est recouru à l'autre. Ainsi la répartition est-elle définie comme la « *distribution d'une masse de biens entre les ayants droit*

---

[11]. P.-M. LE CORRE, *Le privilège de la conciliation*, *Gaz. proc. coll.* 8 sept. 2005, n° 251, p. 50, II *in limine*.

[12]. V. art. L. 622-26, al. 1er, C. com., pour la sauvegarde, rendu applicable en redressement judiciaire par L. 632-14, al. 1er, du même Code. *Adde* R. 622-19, al. 2, C. com., pour la sauvegarde, rendu applicable en redressement judiciaire par R. 631-16 du même Code ; A. 663-23 du même Code.

[13]. V. art. L. 626-21, al. 3 et 5, C. com., pour le plan de sauvegarde, rendu applicable en plan de redressement par L. 631-19, I, du même Code. *Adde* R. 626-43 C. com., pour le plan de sauvegarde, rendu applicable en plan de redressement par R. 631-35, al. 1er, du même Code ; R. 663-16, al. 1 et 2, du même Code ; A. 663-16 du même Code.

[14]. V. art. L. 642-12, al. 1er, C. com.

[15]. V. art. L. 643-4, al. 1er, L. 644-3, L. 644-4, al. 1, 2 et 4, et L. 651-2, d. al., C. com. *Adde* R. 641-24, al. 1er, C. com., R. 641-38, du même Code ; R. 663-30 du même Code ; A. 663-28 du même Code.

[16]. V. par ex. : art. L. 644-4, al. 1er, préc. : « [...] *Toutefois, s'il apparaît que les sommes à* ***répartir*** *ne permettent que le* ***paiement*** *des créanciers mentionnés au II de l'article L. 641-13...* » (mise en gras par l'auteur de l'auteur de ces lignes).

[17]. V. par ex. : art. L. 643-4 préc. : « *Si une ou plusieurs distributions de sommes précèdent la répartition du prix des immeubles...* ».

ou d'une dette entre ceux qui doivent la supporter »[18] ; et en parallèle, la distribution s'entend de l'opération « *consistant à attribuer à chacun ce qui lui revient en vertu d'une répartition* »[19], ou, selon d'autres auteurs, d'un « *dispositif de règlement du passif intervenant en cas de réalisation d'un bien du débiteur* »[20] et supposant l'établissement d'un « *projet de répartition* »[21]. Dès lors, il y a lieu de tenir les vocables pour synonymes et, dans une première approximation, de les comprendre, à travers le prisme des procédures collectives, comme un dispositif d'apurement du passif intervenant après encaissements, recouvrement d'actifs ou réalisation de tout ou partie des éléments du gage commun des créanciers, et réalisant, à l'aide du produit de ces actions, un paiement collectif ordonné de ces derniers. Bien qu'il faille concéder que cette définition s'avère perfectible, elle permet néanmoins, eu égard à la méthode inductive ayant présidé à sa formalisation, d'approcher les grands principes gouvernant la matière.

3. « *Qu'on ne s'imagine pas d'ailleurs que toute difficulté est résolue à partir du moment où l'on a dégagé un principe.* »[22] – Quant à la question de savoir si une compréhension unitaire de la notion de principe est envisageable, et si, par conséquent, tous les principes sont de même sorte, il a été démontré que la réponse ne peut qu'être négative : la référence aux principes renvoie à une multitude de significations et de réalités[23], et les principes ainsi invoqués obéissent à une classification qu'il est certes difficile d'établir[24], mais dont la réalité semble difficilement contestable. De façon schématique, et non sans emprunter un puissant raccourci, les grands principes qu'il est proposé de dégager ont pour objet de « *présenter une étude systématique des caractères essentiels* »[25] du droit positif des procédures collectives ; ils se proposent de dégager l'esprit de la

---

18. G. CORNU (dir.), *Vocabulaire juridique*, coll. « Quadrige », PUF, 11e éd., 2016, p. 899, déf. donnée ss « *Répartition* ».

19. *Ibid.*, p. 359, déf. donnée ss « *Distribution* ». V. aussi, p. 360, la déf. particulière donnée pour « *Distribution par contribution* » : « ***répartition*** *judiciaire entre les créanciers d'un même débiteur du produit de la vente sur saisie de ses biens...* » (mise en gras par l'auteur de ces lignes).

20. Th. DEBARD et S. GUINCHARD (dir.), *Lexique des termes juridiques 2017-2018*, coll. « Lexique », Dalloz, 25e éd., 2017, p. 409, déf. donnée ss « *Distribution des deniers* ».

21. *Ibid.*

22. J. BOULANGER, art. préc., no 19 *in limine*.

23. *Ibid.*, nos 2 et s., v. sp. nos 2, 3 et 4.

24. *Ibid.*, nos 7, 8 et s., v. sp. nos 11, 12 et 13.

25. *Ibid.*, no 3.

législation[26] relative aux répartitions et d'en exposer les grandes tendances. Sous cet angle, l'emploi des termes « grands principes des répartitions » traduit l'annonce « *d'un effort doctrinal de synthèse* »[27] destiné à pourvoir les répartitions d'un cadre qui se veut général en son volet théorique et précis en ses aspects pratiques. Toutefois, la formalisation de ces principes ne permet pas, à elle seule, de purger la matière de toutes ses incertitudes ou de résoudre tous les problèmes, car, non sans logique, il est de l'essence des répartitions d'être complexes et de faire naître des difficultés.

4. « *Les lois mathématiques sont hélas incompressibles.* »[28] – Si les répartitions constituent presque naturellement des « *opérations complexes* »[29], c'est parce qu'elles sont la réponse à la question suivante : comment désintéresser les créanciers lorsque cela n'est pas possible ? S'il est vrai que le libellé de la question se veut caricatural et que si, posée de la sorte, celle-ci n'appelle pas de réponse franche – si ce n'est peut-être l'invocation de l'adage « à l'impossible, nul n'est tenu » –, il n'en demeure pas moins que le simple fait de l'énoncer permet de rappeler que, d'un point de vue fondamental, la problématique des répartitions tient à l'appréhension par le Droit d'une réalité mathématique. Et du fait de l'incompressibilité des lois mathématiques – les textes ne pouvant créer un actif qui fait défaut pour corriger une balance négative[30] –, le Droit doit composer avec cette impossible satisfaction de l'ensemble des créanciers et ne peut, en conséquence, que procéder à un véritable arbitrage entre les intérêts en présence. En somme, ne pouvant remédier à la pénurie, le système juridique doit se contenter de fournir les instruments permettant de la gérer. Les répartitions représentent en effet une terre de conflits entre les intérêts des créanciers, et non une simple zone de rencontre. Lors d'une répartition de fonds, les créanciers se confrontent, leurs intérêts s'entrechoquent[31]. L'intérêt que peuvent partager les créanciers quant à la survivance de l'entreprise débitrice n'est pas en cause au moment d'une répartition[32].

---

26. *Ibid.*

27. *Ibid.*

28. B. SOINNE, 2e éd., n° 32-1.

29. B. SOINNE, art. préc., n° 33.

30. J. PERCEROU et M. DESSERTEAUX, *Des faillites & banqueroutes et des liquidations judiciaires*, coll. « Ancienne collection Thaller », t. I, Librairie Arthur Rousseau, 2e éd., 1935, n° 24.

31. C. SAINT-ALARY-HOUIN, *Rapport de synthèse : la hiérarchisation des intérêts dans les procédures collectives*, *BJE* mai 2016, n° 3, p. 223, n° 2.

32. Sur l'intérêt des créanciers à la survie de l'entreprise débitrice, v. not. : B. SOINNE, 2e éd., préc. : « *Il est de l'intérêt de tous que l'entreprise se poursuive.* ».

Cela se comprend aisément en matière de liquidation judiciaire compte tenu des objectifs et conditions d'intervention de cette procédure[33], mais la mise hors de cause de cet intérêt relatif à la survie de l'entreprise se vérifie également dans le cadre d'une procédure de sauvetage, et ce dans la mesure où, en théorie, la réalisation d'un actif au cours de la période d'observation, diligentée aux fins de paiement des créanciers, ne peut intervenir que si elle n'attente pas à l'intérêt de l'entreprise[34]. Et il en va de même en matière de plans de sauvegarde et de redressement puisque, du fait de la pratique judiciaire consistant à banaliser[35] l'application de l'article L. 626-14 du Code de commerce[36], les biens nécessaires à la poursuite d'activité sont inaliénables. En sorte que la répartition du prix de vente d'un bien en dehors d'une procédure liquidative est, normalement[37], incompatible avec une quelconque atteinte portée à l'endroit de la pérennité de l'activité du débiteur. D'où il résulte que le seul élément de convergence des intérêts des différents créanciers, la survie de l'entreprise débitrice, est hors de propos en matière de répartitions. Ce qui signifie que les distributions collectives correspondent bel et bien à une zone de tension entre les créanciers : l'intérêt de chacun d'entre eux tient exclusivement au paiement de sa créance. Cet état de fait, à savoir la coexistence d'intérêts que l'insuffisance

---

[33]. Art. L. 640-1, al. 1er, C. com., selon lequel « *Il est institué une procédure de liquidation judiciaire ouverte à tout débiteur mentionné à l'article L. 640-2 en cessation des paiements et dont le* ***redressement est manifestement impossible****.* » et *ibid.*, al. 2, qui énonce que « *La procédure de liquidation judiciaire est destinée à* ***mettre fin à l'activité*** *de l'entreprise ou à réaliser le patrimoine du débiteur par une cession globale ou séparée de ses droits et de ses biens.* » (mise en gras par l'auteur de ces lignes).

[34]. V. not. : J. THÉRON, *Le rôle du juge-commissaire dans les cessions isolées*, *Rev. proc. coll.* mars 2015, n° 2, doss. 19, nos 7 et 8, sp. n° 8.

[35]. Rappr. : F. DERRIDA, n. ss CA Paris, 3e ch. A, 29 juin 1993, *LPA* 8 févr. 1995, n° 17, p. 24, *in limine*.

[36]. Art. L. 626-14, al. 1er, C. com. : « *Dans le jugement arrêtant le plan ou le modifiant, le tribunal peut décider que les biens qu'il estime indispensables à la continuation de l'entreprise ne pourront être aliénés, pour une durée qu'il fixe, sans son autorisation. La durée de l'inaliénabilité ne peut excéder celle du plan.* », rendu applicable en redressement judiciaire par L. 631-19, I, du même Code.

[37]. V. l'hypothèse exceptionnelle prévue par la deuxième phrase de l'art. L. 622-7, II, al. 1er, C. com. : « *Le juge-commissaire peut autoriser le débiteur à faire un acte de disposition étranger à la gestion courante de l'entreprise, à consentir une hypothèque, un gage ou un nantissement ou à compromettre ou transiger. Néanmoins, si cet acte est susceptible d'avoir une incidence déterminante sur l'issue de la procédure, le juge-commissaire ne peut statuer qu'après avoir recueilli l'avis du ministère public.* », rendu applicable en redressement judiciaire par L. 631-14, al. 1er, du même Code.

du gage commun rend suprêmement antagonistes, explique que le système d'organisation ayant vocation à arbitrer entre ces intérêts soit complexe.

5. Évolution historique – Il faut néanmoins relever que les répartitions n'ont pas toujours présenté le même degré de complexité qu'à l'heure actuelle. Sans qu'il ne soit question de retracer l'entier historique des répartitions, il est possible de faire mention de quelques éléments susceptibles de mettre en évidence le fait que la physionomie des répartitions en droit positif est une physionomie moderne. En droit romain, la loi des XII Tables instituait une procédure, la *manus injectio*, permettant aux créanciers d'un débiteur défaillant de se saisir de ce dernier afin de le réduire en esclavage ou le tuer[38]. Le cadavre du débiteur pouvait éventuellement être partagé entre les créanciers, et, comme cela a pu être relevé, l'Histoire ne renseigne pas sur les modalités de répartition[39]. La *manus injectio* pouvait conduire à une vente en bloc des biens du débiteur et le prix « *se répartissait sans doute au marc le franc entre les créanciers* »[40]. Le droit romain est ensuite entré dans une seconde phase avec la *missio in possessionem*, procédure qui consistait en une appréhension immédiate des actifs du débiteur sans recourir préalablement à une saisie de corps[41]. Le prix de vente des biens était réparti aux marc le franc[42]. Au Moyen-Âge, deux techniques de saisies et de répartitions ont coexisté : une saisie collective, héritée du droit romain, aboutissant à une répartition au marc le franc[43] ; et une saisie individuelle, héritée du droit germanique, par laquelle le premier saisissant était en droit de se désintéresser sans concours[44]. La Coutume de Paris, en 1510, mit fin à cette dualité et entérina définitivement la répartition au marc le franc[45]. Il semble que la répartition au marc le franc soit demeurée la règle[46] jusqu'à une époque récente puisque les créanciers titulaires de sûretés n'ont intégré le périmètre de la procédure qu'à la faveur de la loi du 13 juillet 1967[47]. De ce fait, le gage commun leur ayant été ouvert[48], et la

---

[38]. J. PERCEROU et M. DESSERTEAUX, *op. cit.*, n° 7.

[39]. P.-M. LE CORRE, 9e éd., n° 042.11.

[40]. J. PERCEROU et M. DESSERTEAUX, *op. cit.*, préc. *in fine*.

[41]. *Ibid.*, *op. cit.*, n° 8

[42]. *Ibid.*

[43]. *Ibid.*, n° 12

[44]. *Ibid.*

[45]. *Ibid.*

[46]. *Ibid.*, nos 13 à 37 (jusqu'en 1935).

[47]. L. n° 67-563, 13 juil. 1967, sur le règlement judiciaire, la liquidation des biens, la faillite personnelle et les banqueroutes, *JO* 14 juill. 1967, p. 7059. *Adde* F. PÉROCHON, 10e éd., n° 8 *in fine*.

répartition au marc le franc ne se justifiant plus[49], les répartitions sont entrées dans leur ère moderne.

6. La mise en exergue de l'élément de complication – *A priori*, il semble y avoir une contradiction entre l'affirmation selon laquelle il est de l'essence des répartitions d'être des opérations complexes, et celle selon laquelle elles n'ont pas toujours nécessairement présenté ce trait de caractère. En réalité, la contradiction n'est qu'apparente parce qu'il ne s'agit pas de raisonner véritablement sur des situations identiques, ni même analogues, car, en raison de la nature même d'une sûreté, l'intégration dans le périmètre de la procédure collective de créanciers qui en sont munis constitue une circonstance de nature à bouleverser la physionomie d'une procédure collective, et partant, celle des répartitions. En conséquence, il n'est pas erroné d'énoncer qu'il est de l'essence des répartitions d'être complexes dès lors que, d'une part, il est rappelé qu'il s'agit de raisonner sur des répartitions qui appréhendent les titulaires de sûretés, et d'autre part, qu'il apparaît que si les répartitions sont devenues complexes, c'est précisément en raison de l'intégration de ces créanciers dans le périmètre de la procédure. En somme, les sûretés constituent l'élément de complication rendant opaque la question des répartitions.

7. Les intérêts et les enjeux – De cet élément, il est possible d'inférer deux conséquences. Tout d'abord, l'enjeu de la matière tient principalement à la façon dont les procédures collectives appréhendent les sûretés dans le cadre des répartitions. C'est dire que l'enjeu réside dans l'articulation entre le droit des sûretés et le droit des procédures collectives. L'intérêt est donc de voir dans quelle mesure le droit des procédures collectives imprime sa marque sur les sûretés, ou selon une autre approche, quel espace de liberté il est laissé au droit des sûretés dans ce cadre spécifique que constituent des distributions collectives qui présupposent l'impossible satisfaction de tous les créanciers. Ensuite, dès l'instant où la physionomie des répartitions a été modifiée par la prise en compte des sûretés, et ce, de telle sorte que les distributions en ont perdu de leur intelligibilité, alors, les grands principes des répartitions dans les procédures collectives sont, sinon tous, du moins une fraction substantielle d'entre eux, afférents aux sûretés.

---

48. M. SÉNÉCHAL, *L'effet réel de la procédure collective : Essai sur la saisie collective du gage commun des créanciers*, préf. M.-H. MONSÈRIÉ-BON, coll. « Bibl. dr. entreprise », t. 59, Litec, 2002, n° 671.

49. *Ibid.*

8. Problématique – La première interrogation que fait naître cette constatation tient à l'identification de ces grands principes et peut conséquemment être formulée comme suit : quels sont-ils ? Pour répondre à cette question, il convient de relever que, parce qu'il s'agit de grands principes, ils ont nécessairement trait aux aspects fondamentaux des répartitions. Ils répondent donc aux questions essentielles : qui ? quoi ? quand ? comment ? et pourquoi ? Concernant le « pourquoi », la question a déjà été abordée dans les propos liminaires et il s'agit d'un aspect qui transparaîtra tout au long de l'étude derrière les réponses à ces autres questions.

9. Plan de l'étude – En réalité, ces différentes questions ne se situent pas sur le même plan. En effet, si les seuls créanciers compris dans le périmètre de la procédure sont des créanciers chirographaires, les répartitions de fonds s'opèreront au marc le franc. En revanche, en présence de créanciers privilégiés, les répartitions tiendront compte de ces sûretés et les répartitions ne s'opèreront pas au marc le franc mais selon les rangs des créanciers. Il apparaît donc que la qualité du créancier a une incidence sur la façon dont s'opèrent les répartitions. Ce qui revient à énoncer que le « qui » et le « quoi » sont déterminants du « comment », et que par voie de conséquence leur étude ne peut qu'être préalable. Et dès lors qu'ils consistent en une délimitation du périmètre subjectif et objectif des répartitions, ils relèvent de la phase préparatoire de ces dernières. Cela signifie également que le « comment » correspond à la phase opératoire des répartitions. Ainsi les grands principes des répartitions sont-ils les grands principes préparatoires (Chapitre I) et les grands principes opératoires (Chapitre II).

CHAPITRE I – LES GRANDS PRINCIPES PRÉPARATOIRES

10. Des grands principes bidimensionnels – La phase préparatoire des répartitions correspond à l'appréhension par l'organe répartiteur de l'historique de la procédure collective[50], les distributions constituant pour ainsi dire une phase terminale de la procédure[51]. Nombre d'événements intervenus au cours du déroulement de cette dernière ont, ou sont susceptibles d'avoir, une incidence sur la physionomie des répartitions. La phase préparatoire regroupe également une série d'actes et d'opérations préalables aux opérations de distributions, au rang desquels figurent, par exemple, les opérations de régularisation de Taxe sur la Valeur Ajoutée[52], l'accomplissement des formalités de purge[53] ou encore la vérification du règlement des frais de procédure aux tiers[54].

Les grands principes préparatoires des répartitions correspondent aux corps de règles régissant les informations les plus importantes, les éléments fondamentaux, les données essentielles aux fins de compréhension de l'architecture conceptuelle des distributions collectives : sans doute la purge des inscriptions constitue-t-elle une diligence de premier ordre, de sorte que les règles y afférentes pourraient être agrégées en un véritable principe de la phase préparatoire. Mais il ne semble pas s'agir d'un grand principe en ce sens qu'un tel principe ne paraît pas s'analyser comme la traduction d'un caractère essentiel des répartitions.

Ainsi les grands principes préparatoires ont-ils pour fonction de fournir les éléments de base à partir desquels les répartitions pourront entrer dans leur phase opératoire. Dès lors, leur objet se comprend de la délimitation du périmètre des répartitions. Sous cet angle, les grands principes de la phase préparatoire constituent les principes permettant de répondre à deux questions fondamentales. La première peut se formuler comme suit : quelles sont les personnes devant être destinataires d'un paiement lors des répartitions de fonds ? Quant à la seconde, elle peut se

---

[50]. B. SOINNE, art. préc., n° 33.

[51]. Rappr. : Y. BOURGOIN et Th. MONTÉRAN, art. préc., *in limine*.

[52]. V. par ex. : *Ibid.* ; B. SOINNE, 2e éd., n° 2480-1.

[53]. Art. R. 643-3 et R. 643-4 C. com. *Adde* N. LEURET et P.-M. LE CORRE, *Atelier n° 4. Les répartitions en liquidation judiciaire*, *LPA* 29 mars 2016, n° 63, p. 27, II.-A.

[54]. Y. BOURGOIN et Th. MONTÉRAN, art. préc.

rédiger en ces termes : chez ces personnes, quels sont les attributs à prendre en compte ? En somme, ces deux questions ont respectivement trait à la délimitation des périmètres subjectif et objectif des répartitions. Le grand principe qui incarne la dimension subjective de la phase préparatoire s'entend du principe de participation universelle des créanciers aux répartitions (Section I), tandis que celui qui en représente la dimension objective se comprend du principe de considération des sûretés dans les répartitions (Section II).

SECTION I – LE PRINCIPE DE PARTICIPATION UNIVERSELLE DES CRÉANCIERS AUX RÉPARTITIONS

11. L'énoncé sommaire du principe de participation universelle des créanciers aux répartitions – Ce principe s'entend de celui selon lequel tous les créanciers d'un débiteur se trouvant sous l'empire d'une procédure collective viennent aux répartitions. Limpide en son énoncé, il exhorte toutefois à quelques observations sur sa justification (§ 1) et sa portée (§ 2) ; ce qui, somme toute, équivaut à reconsidérer sa signification véritable. À ce titre, il importe d'ores et déjà d'indiquer que la vigueur du principe, malgré son libellé assertif, est tempérée en diverses hypothèses qui ne seront que par suite exposées.

§ 1 : La justification de l'existence d'un principe universaliste

12. Une double justification – Lorsque le législateur envisage le paiement collectif des créanciers dans le cadre des répartitions, il ne fait état d'aucune restriction quant à la participation de ces derniers. Bien au contraire, en ce qu'il est énoncé que le montant de l'actif est réparti entre tous les créanciers[55], le Code de commerce postule le caractère universaliste des distributions collectives et semble consacrer un puissant effet attractif de ces dernières. Il serait néanmoins réducteur de ne chercher la justification de l'existence du principe de participation universelle des créanciers que dans la lettre de l'article L. 643-8 du Code de commerce, car, non content d'être doté d'une source textuelle univoque, le principe sous examen peut bénéficier de fondements de nature à ne pas l'abandonner aux aléas

---

[55]. Art. L. 643-8, al. 1er, C. com. : « *Le montant de l'actif, distraction faite des frais et dépens de la liquidation judiciaire, des subsides accordés au débiteur personne physique ou aux dirigeants ou à leur famille et des sommes payées aux créanciers privilégiés, est* ***réparti entre tous les créanciers*** *au marc le franc de leurs créances admises.* » (mise en gras par l'auteur de ces lignes).

rédactionnels, et ce, dans la mesure où son existence se justifie tant organiquement (A) que techniquement (B).

A. La justification organique

13. Un principe présent en toute procédure – S'il est permis d'évoquer une justification organique du principe de participation universelle des créanciers, c'est en raison de sa vocation à se retrouver en toute procédure. Ce principe semble relever de l'essence même du traitement judiciaire des difficultés d'entreprise puisque, d'une part, il se révèle consubstantiel aux procédures collectives (1) et que, d'autre part, le caractère semi-collectif[56] de la procédure de sauvegarde financière accélérée ne constitue qu'un obstacle apparent à son applicabilité (2).

1. Un principe consubstantiel aux procédures collectives

14. La question de l'incidence de la nature de la procédure – Compte tenu des finalités de la liquidation judiciaire, il n'y a aucune difficulté à soutenir que le principe de participation universelle des créanciers aux répartitions est inhérent aux procédures liquidatives (a), cependant que la nature même des procédures de sauvetage pourrait être perçue comme faisant obstacle à un tel caractère. En réalité, à l'instar de la sauvegarde financière accélérée, les procédures de sauvetage ne représentent qu'un faux problème (b).

a. Un principe inhérent aux procédures liquidatives

15. Un principe en rapport avec la finalité de la liquidation judiciaire – La participation universelle des créanciers aux répartitions prend valeur de principe au regard de la finalité intrinsèque de la liquidation judiciaire. À la lecture des dispositions du premier article intéressant le régime de cette procédure collective, il se comprend, en ce qu'il y est énoncé que la procédure est destinée à mettre un terme à l'activité ou à réaliser le patrimoine du débiteur par cession globale ou isolée de ses droits et de ses biens[57], que celle-ci a pour objectif principal[58], voire unique[59], la réalisation

---

56. P.-M. Le Corre, *L'avènement prochain d'une procédure semi-collective*, *Gaz. proc. coll.* 16 oct. 2010, n° 289, p. 3

57. Art. L. 640-1, al. 2, C. com.

des actifs du débiteur afin de désintéresser ses créanciers. C'est dire qu'il s'agit là de sa finalité essentielle[60]. Or, si la répartition du produit des réalisations d'actifs aux fins de désintéressement des créanciers est consubstantielle à la liquidation judiciaire, si elle relève de l'essence même de cette procédure, il faut admettre que, par principe, tous les créanciers du débiteur ont vocation à participer aux répartitions, et que ce ne sera que par exception que certains d'entre eux ne pourront prétendre à une telle participation.

Décider du contraire, c'est-à-dire décider que tous les créanciers n'ont pas, par principe, vocation à participer aux répartitions, revient corrélativement à poser un principe selon lequel une fraction du passif n'a pas à être apurée, lors même que cette fraction compose le passif en considération duquel a été décidée l'ouverture ou le prononcé de la liquidation judiciaire. En conséquence de quoi il faudrait décider, par exemple, que seule une partie du passif exigible – la fraction ayant vocation à être effectivement apurée – doit être confrontée à l'actif disponible afin de caractériser l'état de cessation des paiements[61], et ce, à peine d'illogisme. Il serait d'une incongruité certaine de considérer qu'il y a cessation des paiements et impossibilité manifeste de redresser l'entreprise – c'est-à-dire considérer que sont réunies les conditions d'intervention d'une liquidation judiciaire[62] – sur la base de dettes qui n'auront par principe pas à être payées. Et puisqu'aucune disposition du Code de commerce relative à la caractérisation de l'état de cessation des paiements n'offre d'assise textuelle à une telle appréciation, il convient de conclure précisément que pareille appréciation est condamnée.

De sorte qu'en exposant ainsi les objectifs de la procédure de liquidation judiciaire sans pour autant apporter une restriction *de jure* à la participation des créanciers aux distributions du produit de l'actif de la procédure, soit de façon explicite, soit de façon implicite par une modulation de l'étendue du passif à appréhender aux fins de caractérisation de l'état de cessation des paiements, le Code de commerce pose indirectement,

---

58. P.-M. LE CORRE, 9e éd., no 550.09 ; C. SAINT-ALARY-HOUIN, *Droit des entreprises en difficulté*, coll. « Précis Domat », LGDJ - Lextenso, 10e éd., 2016, no 1251.

59. F. PÉROCHON, 10e éd., no 1305.

60. A. JACQUEMONT et R. VABRES, 9e éd., no 854 ; P.-M. LE CORRE, 9e éd., préc. ; F. PÉROCHON, 10e éd., no 1189 ; Ph. PÉTEL, *Procédures collectives*, coll. « Cours », Dalloz, 9e éd., 2017, no 296 ; C. SAINT-ALARY-HOUIN, 10e éd., no 1368 ; B. SOINNE, 2e éd., nos 2341 *in fine* et 2342.

61. Art. L. 631-1, al. 1er, et L. 640-1, al. 1er, C. com.

62. Art. L. 640-1, al. 1er, C. com.

mais nécessairement, le principe selon lequel tous les créanciers ont vocation à participer aux répartitions.

16. – Si est acquise la consubstantialité de ce principe à la procédure de liquidation judiciaire, plus délicate est la question de savoir si cette immanence se retrouve en toute procédure collective. Autrement dit, la difficulté tient à la détermination du caractère intrinsèque de ce principe aux procédures collectives considérées généralement, au-delà des seules procédures liquidatives.

b. Le faux problème des procédures de sauvetage

17. Une apparente difficulté – À dire vrai, malgré la différence de nature qui réside entre les procédures liquidatives et les procédures de sauvetage, la difficulté n'est qu'apparente. Bien que ces dernières soient orientées tautologiquement vers le sauvetage de l'entreprise en difficulté, il n'en demeure pas moins que le législateur tente, sinon de ménager un équilibre, à tout le moins de ne pas amplifier un éventuel déséquilibre entre les intérêts en cause, à savoir ceux des créanciers et ceux du débiteur[63] – étant passé sous silence le sacrosaint intérêt général consistant en la protection de l'ordre public économique. En effet, certes les droits des créanciers sont-ils paralysés – voire sacrifiés – pendant le déroulement de la procédure afin d'obvier à la dégénérescence de la situation du débiteur, mais il reste que l'apurement du passif, c'est-à-dire le paiement des créanciers par le biais de distributions collectives, représente un objectif du droit des procédures collectives[64]. Sans doute cet objectif, eu égard à la rédaction du texte et la hiérarchie qu'elle suggère[65], n'est-il pas prioritaire[66],

---

[63]. V. B. SOINNE, 2e éd., n° 32-1, qui atténue éminemment l'opposition entre ces différents intérêts, not. en la jugeant « *largement artificielle* ».

[64]. Art. L. 620-1, al. 1er, C. com. pour les procédures de sauvetage (sauvegarde et redressement judiciaire) et L. 640-1, al. 2, du même Code pour la liquidation judiciaire.

[65]. Art. L. 620-1, préc. V. not. A. JACQUEMONT et R. VABRES, 9e éd., n° 23 ; P.-M. LE CORRE, 9e éd., n° 042.51 ; F. PÉROCHON, 10e éd., n° 12 ; C. SAINT-ALARY-HOUIN, 10e éd., n° 47 ; B. SOINNE, 2e éd., n° 13 ; F. DERRIDA, P. GODÉ et J.-P. SORTAIS, *Redressement et liquidation judiciaires des entreprises. Cinq années d'application de la loi du 25 janvier 1985*, avec la collab. de A. HONORAT, Dalloz, 3e éd., 1991, nos 4 (v. note n° 39) et 502.

[66]. P.-M. LE CORRE, *Les créanciers antérieurs dans le projet de sauvegarde des entreprises*, Interv. Colloque CRAJEFE, Nice 27 mars 2004, *LPA* 10 juin 2004, n° 116, p. 25, n° 1 et *1807 - 2007 : 200 ans pour passer du droit de la faillite du débiteur au droit de sauvegarde de l'entreprise*, *Gaz. proc. coll.* 21 juill. 2007,

mais la subsistance de son affirmation, dans le cadre d'un paradigme marqué par le sauvetage du débiteur[67], conduit justement à considérer que le législateur entend permettre à tous les créanciers – à condition pour ces derniers d'être diligents ou dignes de sa mansuétude – de venir aux répartitions[68].

18. – Une fois abordée la question de l'applicabilité du principe de participation universelle des créanciers aux répartitions en matière de procédures collectives de sauvetage, il convient d'étudier l'applicabilité du principe à la procédure « *partiellement collective* »[69] que constitue la sauvegarde financière accélérée.

2. L'apparente inapplicabilité du principe à une procédure semi-collective

19. L'apparente incompatibilité entre restriction du périmètre de la procédure et participation de tous les créanciers – En réalité, la difficulté naît de l'introduction en Droit français de la procédure de sauvegarde financière accélérée qui concerne exclusivement, par essence, les créanciers financiers du débiteur admis au bénéfice de ladite procédure[70]. En cela, la difficulté résulte de la circonstance selon laquelle le dispositif normatif français comprend une procédure, qui ne peut se qualifier de « collective », à laquelle n'est pas conviée l'intégralité des créanciers du débiteur, mais uniquement une partie d'entre eux. Ce qui signifie, par symétrie, qu'il s'agit d'une procédure destinée à n'apurer qu'une partie du passif du débiteur. *A priori*, cette procédure, si elle contrarie véniellement l'objectif d'apurement du passif, semble déroger gravement au principe de participation universelle des créanciers aux répartitions. Là encore, la difficulté n'est qu'apparente.

---

n° 202, p. 3, n°s 10, 39 et s. ; A. JACQUEMONT et R. VABRES, 9e éd., préc. ; P.-M. LE CORRE, 9e éd., préc. ; F. PÉROCHON, 10e éd., n° 13.

67. V. sur la question : J. PAILLUSSEAU, *Du droit des faillites au droit des entreprises en difficulté, Mél. HOUIN*, Dalloz Sirey, p. 109 ; P.-M. Le Corre, *1807 - 2007 : 200 ans pour passer du droit de la faillite du débiteur au droit de sauvegarde de l'entreprise, Gaz. proc. coll.* 21 juill. 2007, n° 202, p. 3 ; A. JACQUEMONT et R. VABRES, 9e éd., n° 2 ; P.-M. LE CORRE, 9e éd., n° 041.11 ; F. PÉROCHON, 10e éd., n°s 2 et 6 ; C. SAINT-ALARY-HOUIN, 10e éd., n°s 9 et s.

68. En ce sens, semble-t-il : F. DERRIDA, P. GODÉ et J.-P. SORTAIS, 3e éd., n° 502.

69. Ph. PÉTEL, *Entreprises en difficulté : encore une réforme !*, *JCP E* 2014. 1223, n° 11.

70. Art. L. 628-9, *in fine*, C. com.

20. L'affinement du principe – Comme énoncé précédemment, la sauvegarde financière accélérée ne concerne que les créanciers financiers : seuls ces derniers seront astreints à discipline collective tandis que les créanciers non-financiers seront traités en tant que créanciers hors procédure[71]. En ce que tous les créanciers du débiteur ne seront pas inclus dans la procédure, tous n'auront pas vocation à participer aux distributions collectives. Mais faut-il pour autant en déduire que le principe de participation universelle ne trouve pas à s'appliquer ou qu'il n'est pas inhérent aux procédures collectives ? La retenue s'impose. D'une part, il apparaîtrait bien présomptueux de conclure à une absence de consubstantialité du principe à la notion générique de procédure collective sur la base d'une procédure spécifique largement circonscrite dans son étendue[72] et son effectivité pratique – pour ne pas dire qu'il s'agit d'une procédure d'application marginale. D'autre part, deux catégories de créanciers se démarquent, la catégorie de ceux concernés par la procédure, les financiers, et celle de ceux qui ne le sont pas, les non-financiers. Or, tous les créanciers financiers participeront aux répartitions cependant que les créanciers non-financiers recevront paiement de leur créance en dehors de la procédure, dans les conditions du droit commun. En sorte que, à la vérité, l'exemple de la sauvegarde financière accélérée ne remet pas en cause le principe de participation universelle mais invite simplement à en affiner les contours en le comprenant, plus exactement, comme le principe selon lequel tous les créanciers inclus dans le périmètre de la procédure viennent aux répartitions.

21. De la justification organique à la justification technique : l'affirmation formelle de la participation universelle – Depuis la loi de sauvegarde des entreprises, les règles afférentes aux répartitions du produit de la liquidation judiciaire, à savoir les recouvrements et réalisations d'actifs, ainsi que le cas échéant, les produits de la plupart des actions en responsabilité intentées à l'encontre de certains tiers, sont prescrites aux

---

[71]. Art. L. 628-9, préc. *Adde* P.-M. LE CORRE, *L'avènement prochain d'une procédure semi-collective*, *Gaz. proc. coll.* 16 oct. 2010, n° 289, p. 3 ; F.-X. LUCAS, *Caractère collectif de la procédure et sauvegarde financière accélérée*, *Rev. proc. coll.* mai 2012, n° 3 ; A. JACQUEMONT et R. VABRES, 9e éd., n° 775 ; P.-M. LE CORRE, 9e éd., nos 225.09 et 225.32 ; A. LIENHARD, *Entreprises en difficulté (Sauvegarde accélérée), Rép. com.*, Dalloz, 2016, nos 56, 57 et 58 ; F. PÉROCHON, 10e éd., nos 1069 et s. ; C. SAINT-ALARY-HOUIN, 10e éd., nos 974 et 975.

[72]. À ce titre, v. P.-M. LE CORRE, art. préc., qui la qualifie de « *semi-collective* » ; F.-X. LUCAS, art. préc., n° 11, qui l'estime « *quasi* » collective ; Ph. PÉTEL, art. préc., n° 11.

articles L. 643-4 à L. 643-8 du Code de commerce. À ce titre, l'implantation qui est dévolue aux articles susmentionnés au sein du Code de commerce exhorte à considérer que la structure même du Titre IV du Livre VI de ce Code pose le principe de participation universelle des créanciers aux répartitions du produit de l'actif de la liquidation judiciaire. En effet, les règles du droit des procédures collectives régissant les distributions du produit de la liquidation judiciaire sont incluses dans une Section première intitulée « Du règlement des créanciers », s'intégrant elle-même au sein du Chapitre III, intitulé « De l'apurement du passif », du Livre IV sus-évoqué.

Ainsi est-il possible d'inférer de l'architecture du Code de commerce, relativement à la question des répartitions, la volonté du législateur de permettre à tous les créanciers d'un débiteur se trouvant sous l'empire d'une procédure de liquidation judiciaire de participer aux distributions du produit de celle-ci, en concordance avec la finalité intrinsèque de cette procédure collective. En ce sens, il est significatif que les dispositions se rapportant aux répartitions confèrent à celles-ci la finalité d'apurement du passif – considéré largement eu égard au libellé du Chapitre au sein duquel s'incorporent lesdites dispositions – en les érigeant en modalité de désintéressement des créanciers, visés universellement par la section précitée. En cela, le législateur envisage le paiement des créanciers, opéré par le jeu des distributions, comme le moyen, sinon privilégié, du moins ordinaire de l'apurement du passif dont l'importance a présidé à l'ouverture ou le prononcé de la liquidation judiciaire. Dès lors que les répartitions constituent le moyen de payer les créanciers, et que le paiement de ces derniers est un moyen d'apurement du passif, alors, par syllogisme, les répartitions correspondent à un moyen d'apurement du passif.

Et c'est précisément parce que le législateur vise exclusivement le paiement des créanciers dans le cadre d'un concept comptable et financier qui transcende le règlement des créances – l'apurement du passif – qu'il faut en conclure que le paiement des créances est le mode principal, naturel, d'apurement du passif[73]. En procédant de la sorte, le législateur décide, nécessairement, que tous les créanciers, en tant qu'ils incarnent ce passif, ont vocation à participer aux distributions. Or, au moment des répartitions, le passif est appréhendé nécessairement en sa globalité, sans qu'il ne soit question d'ostraciser par principe un ou plusieurs créanciers, puisque tous disposent, en application d'une règle technique rapportée ci-après, du droit d'être payés.

---

73. En ce sens, de manière très nette : F. DERRIDA, P. GODÉ et J.-P. SORTAIS, 3e éd., préc.

22. – Toutefois, cette règle technique constitutive d'une justification du principe de participation universelle des créanciers aux répartitions ne correspond qu'à l'un des versants de la justification technique dudit principe. Elle s'accompagne en effet d'une autre règle qui revêt quant à elle une portée plus générale, dans la mesure où elle est inhérente aux procédures collectives et non à une seule d'entre elles. Ces deux règles incarnent la justification technique du principe.

B. La justification technique

23. Légitimité de l'ordre de présentation – De façon générale, la logique de l'ordonnancement juridique français commande de présenter les dispositions de portée générale avant celles de portée spéciale. Néanmoins, deux raisons peuvent être avancées afin de légitimer l'approche consistant à exposer en premier lieu la technique spécifique à la liquidation judiciaire (1). La première raison tient à la circonstance selon laquelle cette présentation n'attente pas à la cohérence puisque la liquidation judiciaire constitue le cadre privilégié des répartitions. La seconde raison tient au fait que la règle de l'interdiction des paiements, technique justificative commune à toutes les procédures (2), revêt une importance fondamentale quant à la détermination de la portée du principe sous examen, qui sera étudiée subséquemment.

1. La technique spécifique à la liquidation judiciaire

24. Un principe justifié techniquement par la déchéance du terme – Ainsi qu'il l'a été mentionné précédemment, le passif à apurer dans le cadre d'une procédure de liquidation judiciaire est appréhendé en son entièreté. En effet, l'exclusion de principe de certains créanciers est à proscrire compte tenu de ce que tous sont en droit de recevoir paiement de leurs créances, indépendamment de la date d'exigibilité à laquelle elles étaient subordonnées initialement, en application de la règle de la déchéance du terme.

25. Généralités sur la déchéance du terme – Soit la créance était échue, et partant, exigible, au jour du jugement de liquidation, et en cette occurrence, son titulaire disposait du droit d'être payé, droit qui se trouvera simplement paralysé, de plein droit, par l'effet du jugement d'ouverture, en application de la règle de l'interdiction des paiements individuels des créances[74], pendant le déroulement des opérations de liquidation judiciaire jusqu'au moment des répartitions. Soit la créance était non échue, et partant, non exigible, au jour du jugement de liquidation, et alors, par l'intervention même de ce jugement, la créance devient échue, donc exigible, en vertu de la règle de la déchéance du terme, corollaire du jugement de liquidation[75]. Ainsi un tel jugement produit-il notamment deux effets de plein droit à l'égard du créancier titulaire d'une créance non exigible au jour dudit jugement : sa créance devient échue mais son droit individuel[76] d'en recevoir paiement subira concomitamment une temporaire paralysie.

26. Généralité de la déchéance du terme – Il convient à cet égard de souligner qu'au vu de la généralité de la formulation du texte instituant la déchéance du terme, aucune distinction n'est à opérer entre les créances non échues au jour du jugement de liquidation ; de sorte que deviennent exigibles, du seul fait de l'intervention d'un tel jugement, l'ensemble des créances non exigibles à la date de ladite intervention. Au regard de la rédaction des dispositions instaurant la déchéance du terme, la doctrine a pu synthétiser la portée de la règle à travers un « *principe de généralité* » des créances concernées[77], qui peut également être formulé comme le principe de généralité des créanciers concernés.

27. Une généralité au service de la participation universelle – Mécanisme logiquement effectif de plein droit[78], la déchéance du terme se justifie par la finalité même d'une procédure de liquidation judiciaire. Puisque le sauvetage du débiteur n'est plus envisageable, il faut liquider ses actifs pour désintéresser la collectivité de ses créanciers dans le cadre d'un « *règlement global* »[79]. Or, pour que ces derniers puissent être payés,

---

[74]. Art. L. 622-7, I, al. 1er, C. com., applicable en procédure de sauvegarde, rendu également applicable en redressement judiciaire par L. 631-14, al. 1er, et en liquidation judiciaire par L. 641-3, al. 1er, du même Code.

[75]. Art. L. 643-1, al. 1er, C. com.

[76]. Rappr. : P.-M. LE CORRE, *La règle de l'interdiction des paiements au lendemain de l'ordonnance du 18 décembre 2008*, *Gaz. proc. coll.* 10 mars 2009, n° 69, p. 25 ; P.-M. LE CORRE, 9e éd., n° 631.11 ; Ph. PÉTEL, 9e éd., n° 168, qui soulignent que la prohibition ne porte que sur les paiements individuels dans la mesure où le principe demeure celui du paiement des créanciers, mais simplement dans un cadre collectif, global.

[77]. P.-M. LE CORRE, 9e éd., n° 642.41.

[78]. *Ibid.*, n° 642.31.

[79]. Ph. PÉTEL, 9e éd., n° 181. Comp. : A. JACQUEMONT et R. VABRES, 9e éd., nos 1035 et 1036, qui précisent que la déchéance du terme tend à permettre un « *règlement ordonné* » entre les créanciers ainsi « *placés sur un pied d'égalité* ».

encore faut-il qu'ils en aient le droit, et l'existence de ce droit est subordonnée à la survenance de l'exigibilité de leurs créances, dans l'hypothèse où elles n'étaient pas encore échues[80]. Aussi apparaît-il que la raison ayant présidé à l'édiction de la règle de la déchéance du terme se trouve constituée en la volonté du législateur de permettre à tous les créanciers de participer aux distributions collectives, sans que ne puisse y faire obstacle la question de l'exigibilité. Par ailleurs, le différé d'effectivité de la règle en cas de poursuite provisoire d'activité autorisée au motif qu'un plan de cession totale ou partielle est envisageable – la déchéance du terme étant alors provoquée au jour du jugement statuant sur le plan de cession, ou à défaut, à la date de fin du maintien provisoire d'activité[81] – ne contrarie aucunement cet esprit puisque lorsqu'il sera question de désintéresser les créanciers, la déchéance du terme interviendra et conférera la possibilité à tous les créanciers de venir aux distributions.

En somme, toutes les créances – fussent-elles initialement des créances à terme – étant mécaniquement échues au moment des répartitions, le principe selon lequel tous les créanciers ont vocation à participer à ces dernières est affirmé techniquement par le droit des procédures collectives. Étant précisé que la règle examinée présentement se circonscrit aux seules dettes à terme, et que ne sauraient intégrer son périmètre d'application les dettes conditionnelles. En effet, le caractère conditionnel de la créance rend symétriquement conditionnelle la qualité de créancier, si bien que la créance sous condition rend *ipso facto* contingente la participation de son titulaire aux répartitions[82], sans préjudice du principe de participation universelle des créanciers.

28. – La technique spécifique à la liquidation judiciaire constitutive d'une justification du principe de participation universelle des créanciers ayant été étudiée, il convient à présent de s'appesantir sur la technique commune à toutes les procédures, à savoir l'interdiction des paiements. Comme cela a été annoncé précédemment, la règle de l'interdiction des paiements est fondamentale quant à la compréhension du principe de participation universelle des créanciers. Elle permet en effet d'assurer la

---

80. Rappr. : G. RIPERT et R. ROBLOT, *Traité de droit commercial*, LGDJ, t. II, *Effets de commerce, banque, contrats commerciaux, procédures collectives*, 17e éd., par Ph. DELEBECQUE et M. GERMAIN, 2004, n° 3235, qui estiment que la déchéance du terme intervient « *pour les besoins d'une liquidation globale de l'actif* » ; F. PÉROCHON, 10e éd., n° 1305, qui explique que dans la perspective du paiement des créanciers, « *le jugement de liquidation entraînait traditionnellement la déchéance du terme…* ».

81. Art. L. 643-1, al. 1er, C. com.

82. Rappr. : P.-M. LE CORRE, 9e éd., n° 663.41 ; B. SOINNE, 2e éd., nos 1984 et 2165.

jonction entre la justification de l'existence du principe et la détermination de sa portée. C'est pourquoi les développements y afférents, s'ils évoqueront l'aspect justificateur, ne s'y borneront pas et le dépasseront assez largement.

2. La technique commune à toutes les procédures

29. Établissement du parallèle avec le principe d'interdiction des paiements – Eu égard à l'axiome universaliste du principe gouvernant la participation des créanciers aux répartitions, il importe d'en délimiter négativement la portée. En réalité, s'agissant d'un principe latitudinaire, l'effectivité de sa portée ne s'apprécie qu'à l'aune des exceptions qui lui sont assorties. Et ce, à l'instar du principe – aussi généraliste[83] – d'interdiction des paiements individuels des créances, dont le domaine se mesure essentiellement à travers ses exceptions, ainsi que le suggère le texte l'instituant[84]. En ce sens, il est particulièrement significatif de relever que la règle de l'interdiction des paiements individuels est présentée usuellement de la sorte, c'est-à-dire par le biais d'un exposé du principe passablement succinct comparativement à l'ampleur des développements consacrés aux exceptions qu'il connaît[85].

30. Un parallélisme légitime – Or, à cet égard, la pertinence du parallélisme opéré présentement se justifie compte tenu de ce que ces deux principes entretiennent un lien d'une indéfectible ténuité. Comme il l'a été spécifié opportunément, les créanciers « *doivent, par principe, être payés dans le cadre de distributions collectives...* »[86], ils « *ont vocation à être payés dans le cadre d'un règlement global* [...] *ce qui exclut un paiement individuel anticipé...* »[87]. Ce dont il résulte implicitement mais

---

83. Rappr. : P.-M. Le Corre, 9e éd., n° 631.22 ; F. Pérochon, 10e éd., nos 563 et 569 ; Ph. Pétel, 9e éd., n° 168 ; C. Saint-Alary-Houin, 10e éd., n° 711 ; F. Macorig-Venier, *Entreprises en difficulté (Les créanciers - 1° Situation des créanciers), Rép. com.*, 2017, nos 187, 194 et 195.

84. Art. L. 622-7, préc.

85. V. not. A. Jacquemont et R. Vabres, 9e éd., nos 376 à 391 ; P.-M. Le Corre, 9e éd., nos 631.11 à 633.59 ; F. Pérochon, 10e éd., nos 563 à 623 ; Ph. Pétel, 8e éd., nos 168 à 173 ; C. Saint-Alary-Houin, 10e éd., nos 710 à 719 ; F. Macorig-Venier, *Entreprises en difficulté (Les créanciers - 1° Situation des créanciers), Rép. com.*, 2017, nos 187 à 247.

86. P.-M. Le Corre, 9e éd., n° 631.11, à propos de la présentation générale de la règle de l'interdiction des paiements et de la prohibition qu'elle emporte à l'endroit des seuls paiements individuels.

87. Ph. Pétel, 9e éd., n° 168.

nécessairement, en premier lieu, que les créanciers viennent par principe aux répartitions, et, en second lieu, que l'interdiction des paiements a été édictée notamment pour permettre ce paiement collectif. En effet, la participation aux répartitions présuppose d'avoir la qualité de créancier – ou, de façon plus exacte, d'être reconnu comme tel dans le cadre de la procédure collective –, laquelle qualité implique, quant à elle, l'absence d'extinction du lien obligationnel unissant les parties. Autrement dit, pour être reconnu comme créancier, encore faut-il que l'obligation du débiteur n'ait pas été éteinte intégralement. Et puisque le paiement correspond à l'archétype des mécanismes extinctifs d'obligations[88], cela revient à énoncer que pour participer aux répartitions, un créancier ne doit pas avoir reçu paiement intégral de sa créance en amont de la phase distributive.

31. La nécessaire prohibition des paiements individuels – Ainsi considéré, le principe d'interdiction des paiements individuels constitue un préalable nécessaire aux distributions collectives et au corrélatif principe selon lequel tous les créanciers viennent y participer. En somme, la dynamique qu'a fondée le législateur se résume comme suit : les créanciers sont tous, par principe, payés collectivement ; pour que tous soient réglés dans le cadre d'un paiement global, tous doivent pouvoir venir aux distributions collectives ; pour que tous puissent venir aux répartitions, il faut interdire les paiements individuels[89].

32. L'interdépendance fondamentale des principes – Sous cet angle, il apparaît que le principe de participation universelle des créanciers se comprend comme une justification et une finalité de la règle de l'interdiction des paiements, laquelle devenant par contrecoup un moyen d'y parvenir : c'est parce que les créanciers doivent être par principe payés collectivement dans le cadre des répartitions que les paiements individuels sont proscrits. Ce qui tend à accréditer la thèse selon laquelle l'interdiction des paiements individuels « *participe surtout de l'organisation collective de la procédure* »[90]. C'est précisément en ce sens qu'il existe une

---

[88]. A. BÉNABENT, *Droit des obligations*, coll. « Précis Domat », LGDJ - Lextenso, 16e éd., 2017, n° 746 ; B. FAGES, *Droit des obligations*, coll. « Manuel », LGDJ - Lextenso, 6e éd., 2016, n° 479 ; J. GHESTIN, M. BILLIAU et G. LOISEAU, *Traité de droit civil*, J. GHESTIN (dir.), *Le régime des créances et des dettes*, coll. « Traités », LGDJ, 2005, nos 528 et 529 ; Ph. MALAURIE, L. AYNÈS et Ph. STOFFEL-MUNCK, *Droit des obligations*, coll. « Droit civil », LGDJ - Lextenso, 9e éd., 2017, n° 1074 ; F. TERRÉ, Ph. SIMLER et Y. LEQUETTE, *Droit civil. Les obligations*, coll. « Précis », Dalloz, 11e éd., 2013, n° 1315.

[89]. Ph. PÉTEL, 9e éd., préc.

[90]. P.-M. LE CORRE, 9e éd., n° 631.13.

interdépendance fondamentale entre les principes : s'il est permis d'affirmer que le principe de participation universelle existe, c'est parce qu'il finalise le principe d'interdiction des paiements individuels, c'est parce que ce dernier a été notamment édicté pour parvenir à une participation universelle des créanciers. En un sens, le principe de participation universelle existe parce qu'il constitue le présupposé latent de la règle d'interdiction des paiements individuels. En outre, il est acquis que la recherche d'une égalité de traitement entre les créanciers est un fondement de l'interdiction des paiements[91]. Mais dans la mesure où cette règle technique est un procédé permettant de parvenir à la participation universelle des créanciers aux répartitions, il devient patent que si l'interdiction des paiements se recommande de l'égalité de traitement des créanciers, c'est parce qu'elle poursuit l'objectif de permettre à tous les créanciers de venir aux répartitions. La participation de principe de tous les créanciers aux distributions est en effet la concrétisation du traitement égalitaire de ces derniers.

33. Le cohérent recours à une méthode de présentation similaire – Par suite, le domaine de l'interdiction des paiements conditionne partiellement – mais éminemment – celui du principe de participation universelle. Un créancier privé du droit de recevoir un paiement individuel aura mécaniquement vocation à participer aux répartitions. À l'inverse, un créancier destinataire d'un paiement intégral par dérogation à la règle de l'interdiction des paiements ne participera pas aux répartitions. Par le jeu de l'interdiction des paiements, le principe de participation universelle tolère donc des exceptions. Il s'ensuit qu'est valable l'assertion selon laquelle la portée effective du principe, nonobstant le postulat du caractère apodictique de ce dernier, n'est pas absolue. Pour ces raisons, la manière de présenter le domaine du principe d'interdiction des paiements des créances vaut tout aussi bien pour celui du principe de participation universelle des créanciers aux répartitions.

---

[91]. A. JACQUEMONT et R. VABRES, 9e éd., n° 376 ; P.-M. LE CORRE, 9e éd., préc. ; A. LIENHARD, *Procédures collectives*, coll. « Encyclopédie Delmas », Delmas, 6e éd., 2015/2016, n° 75.18 ; F. PÉROCHON, 10e éd., nos 563 et 564 ; Ph. PÉTEL, 9e éd., préc. ; C. SAINT-ALARY-HOUIN, 10e éd., n° 712. V. Com. 3 oct. 2006, n° 04-13.987, NP, censurant une cour d'appel, au visa du « *principe de l'égalité des créanciers dans la procédure collective* », d'avoir jugé illicite le paiement litigieux alors que ce dernier « *ne porte pas atteinte au principe de l'égalité des créanciers...* ».

§ 2 : La détermination de la portée négative d'un principe relatif

34. Un principe nuancé matériellement – Si le principe est celui de la participation universelle des créanciers, cela ne signifie nullement qu'il s'imprègne d'absolutisme en ne souffrant aucune nuance ou exception. C'est pourquoi il convient d'indiquer que, par exception, tous les créanciers d'un débiteur ne participeront pas aux distributions collectives. Il faut en effet combiner cette participation de principe avec l'ensemble des règles spéciales gouvernant les procédures collectives. En ce sens, certaines de ces règles, en tant qu'elles instituent les mécanismes orchestrant les procédures collectives, feront office d'exceptions contingentes au principe de participation universelle des créanciers aux répartitions (A) ; cependant que d'autres règles, en ce qu'elles excluront directement ou indirectement certains créanciers du champ des répartitions en de très précises occurrences, feront figure d'exceptions systématiques (B). Ce qui revient à dire que le principe selon lequel tous les créanciers participent aux répartitions est soumis à deux conditions cumulatives négatives. En effet, en vue de participer aux répartitions, les créanciers doivent, d'une part, ne pas se trouver dans une situation de contrariété, ou selon le cas, de dérogation à l'endroit des règles inhérentes aux procédures collectives et, d'autre part, ne pas intégrer le champ de diverses exceptions légales.

A. Les exceptions contingentes

35. La substance de la portée négative du principe – C'est ainsi que, compte tenu des éléments susmentionnés, se soustraient machinalement du champ du principe de participation universelle les créanciers dont la situation caractérise une exception en regard de la règle de l'interdiction des paiements individuels, à supposer intervenu le paiement dérogatoire dont ils sont susceptibles d'être rendus destinataires. Autrement dit, parce que se sera produit exceptionnellement le règlement de leur créance durant la procédure collective en-dehors de toute phase distributive, ces créanciers, en raison de l'extinction corrélative de leur créance – et donc de la disparition de leur qualité de créancier –, n'auront plus vocation à venir aux répartitions. Ce qui exhorte à affirmer conséquemment l'existence d'un schéma dichotomique d'exceptions au principe de participation universelle des créanciers aux distributions collectives, schéma dans lequel les exceptions satisfactoires (1) se distinguent de celles qui ne le sont pas (2).

1. Les exceptions satisfactoires

36. Des exceptions reposant sur le mécanisme du paiement – En ce que le paiement est un mécanisme extinctif d'obligation emportant satisfaction du créancier[92], certains créanciers ne participeront pas aux répartitions parce qu'au moment de leur intervention, ils ne disposeront plus de cette qualité en raison du paiement qu'ils auront reçu. Il importe alors de présenter sommairement les créanciers non visés par la règle de l'interdiction des paiements dans la mesure où le règlement dérogatoire de leur créance les écartera mécaniquement du jeu des distributions, lors même qu'à défaut d'un tel paiement, le principe de participation universelle des créanciers aux répartitions les y destinait logiquement.

37. Panorama des créanciers concernés par les exceptions satisfactoires contingentes – Ainsi, dès lors que le paiement éteindra intégralement leur créance, ne viendront pas aux répartitions : les créanciers dont la créance entretient un lien de connexité avec celle que détient sur eux le débiteur[93] ; ceux dont la créance a fait l'objet d'un processus de paiement enclenché irrévocablement avant le jugement d'ouverture mais n'ayant pas abouti à cette date (paiement par chèque, lettre de change, carte bancaire, billet à ordre, affacturage)[94] ; ceux dont la créance a fait l'objet d'un paiement après autorisation du juge-commissaire afin d'empêcher la revendication ou la restitution de leur bien meuble[95] ; ceux dont la créance a fait l'objet d'un paiement après autorisation du juge-commissaire pour la levée de l'option d'achat d'un contrat de crédit-bail[96] ; ceux dont la créance a fait l'objet d'un paiement après autorisation du juge-commissaire parce que leur situation les rend éligibles à la règle du retrait contre paiement, c'est-à-dire les titulaires d'un droit de rétention opposable à la procédure collective, que ce droit de rétention soit autonome ou attribut d'un gage : il s'agira des rétenteurs effectifs et des rétenteurs fictifs de droit spécial en période d'observation[97] ainsi que de tous les rétenteurs – effectifs et tous les fictifs –

---

92. Art. 1342 et 1343 C. civ., *adde* J. GHESTIN, M. BILLIAU et G. LOISEAU, *op. cit.*, n°s 528 et 529 ; Ph. MALAURIE, L. AYNÈS et Ph. STOFFEL-MUNCK, *op. cit.*, n° 1074 ; F. TERRÉ, Ph. SIMLER et Y. LEQUETTE, *op. cit.*, n° 1315.

93. Art. L. 622-7, I, al. 1er, C. com.

94. P.-M. LE CORRE, 9e éd., n° 633.11 ; F. PÉROCHON, 10e éd., n° 574.

95. Art. L. 624-16, al. 4, C. com.

96. Art. L. 622-7, II, al. 2, C. com., en période d'observation et L. 641-3, al. 2, du même Code en liquidation judiciaire.

97. Art. L. 622-7, I, al. 2 et II, al. 2, C. com.

en liquidation judiciaire[98] ; ceux dont la créance a fait l'objet d'un paiement effectué par un tiers[99], encore qu'il ne s'agisse pas en cette occurrence d'une exception véritable à l'interdiction des paiements en ce sens que les paiements émanant de tiers n'intègrent pas le champ d'application de la prohibition légale[100], il n'en demeure pas moins, toutefois, que de tels paiements correspondent à une exception au principe de participation universelle examiné présentement ; enfin, ceux dont la créance a fait l'objet d'un paiement autorisé par le juge-commissaire parce que leur situation les rend éligibles à la règle du retour contre paiement, c'est-à-dire ceux dont la créance est garantie par le mécanisme de la fiducie-sûreté[101].

38. – Compte tenu du mécanisme sur lequel elles reposent, à savoir le paiement, les exceptions satisfactoires exposées ci-dessus n'appellent pas de remarques supplémentaires quant à l'étude du principe de participation universelle des créanciers. En revanche, les exceptions non-satisfactoires, en ce qu'elles reposent sur des mécanismes endogènes aux procédures collectives, exigent de leur consacrer de plus amples développements.

2. Les exceptions non-satisfactoires

39. Les exceptions non-satisfactoires contingentes – Ainsi qu'il l'a été énoncé préalablement, le principe de participation universelle connaît diverses exceptions contingentes qui ne satisferont pas le créancier en cause. Exceptions tout d'abord parce qu'il s'agit de situations dans lesquelles certains créanciers ne pourront venir aux distributions. Contingentes ensuite dans la mesure où elles sont fonction d'événements déterminés dont la survenance n'est pas assurée. Le Code de commerce énonce en effet diverses règles, participant de la discipline collective ou de la répartition des prérogatives entre organes de procédure, dont le non-respect emporte

---

98. Art. L. 641-3, al. 1er et al. 2, C. com. L'al. 1er, opérant par renvoi, exclut expressément l'application de L. 622-7, I, al. 2 du même Code en cas de liquidation judiciaire.

99. A. JACQUEMONT et R. VABRES, 9e éd., n° 376 ; P.-M. LE CORRE, 9e éd., nos 611.11, 633.41 et s. ; F. MACORIG-VENIER, *Entreprises en difficulté (Les créanciers - 1° Situation des créanciers)*, *Rép. com.*, 2017, n° 193 ; F. PÉROCHON, 10e éd., nos 569 et 575 ; C. SAINT-ALARY-HOUIN, 10e éd., n° 719.

100. V. not. Com. 26 nov. 2002, n° 99-12.426, NP ; *RDBF* mars 2003, n° 77, p. 102, obs. F.-X. LUCAS, qui a nettement jugé que la règle de l'interdiction des paiements est inapplicable aux paiements effectués par un tiers.

101. Art. L. 622-7, II, al. 2, C. com.

inopposabilité de la créance à la procédure collective[102], et partant, impossibilité pour son titulaire de participer aux répartitions. Aussi convient-il d'étudier ces deux causes de privation du droit de venir aux distributions, c'est-à-dire ces deux causes d'inopposabilité de la créance que sont le défaut de déclaration (a) et la naissance irrégulière (b).

a. L'impossibilité fondée sur l'inopposabilité de la créance pour défaut de déclaration

40. L'inopposabilité à la procédure collective de la créance non déclarée – La déclaration de créance se définit comme un acte procédural par lequel un créancier manifeste sa volonté de faire reconnaître son droit de créance dans la procédure collective et d'en obtenir conséquemment le paiement. Hors du débat que la déclaration de créance alimente abondamment à propos de sa nature juridique[103], il ressort immédiatement de

---

[102]. L'inopposabilité présupposant un tiers ayant la personnalité juridique, v. sur la personnification de la procédure collective : M. CABRILLAC, *L'impertinente réapparition d'un condamné à mort ou la métempsychose de la masse des créanciers*, *Mél. GAVALDA*, Dalloz, 2001, p. 69 ; A. MARTIN-SERF, *L'intérêt collectif des créanciers ou l'impossible adieu à la masse*, *Mél. HONORAT*, éd. Frison-Roche, 2000, p. 143 ; P.-M. LE CORRE, 9e éd., nos 611.21 et 665.75.

[103]. La Cour de cassation l'assimile constamment à une demande en justice depuis Com. 14 déc. 1993, n° 93-11.690, *Bull. civ.* IV, n° 471 ; *Rev. sociétés* 1994. 100, n. Y. CHARTIER ; *RTD com.* 1994. 367, obs. A. MARTIN-SERF ; Ass. plén. 4 févr. 2011, n° 09-14.619, *Bull. ass. plén.*, n° 2 ; *D.* 2011. 2069, obs. F.-X. LUCAS ; *Act. proc. coll.* mars 2011, n° 80, n. Ph. ROUSSEL GALLE ; *Gaz. pal. entr. diff.* 2 avr. 2011, p. 30, n. E. LE CORRE-BROLY ; *JCP E* 2011. 1263, n° 7, obs. Ph. PÉTEL ; *BJE* mai 2011, p. 130, n. P.-M. LE CORRE ; *RTD com.* 2011. 412, obs. A. MARTIN-SERF ; Com. 14 oct. 2014, n° 13-16.609, NP ; Com. 3 juin 2009, n° 08-10.249, NP ; *D.* 2009. 1691, obs. A. LIENHARD (cassation d'un arrêt qui avait retenu que les déclarations de créance s'inscrivaient dans les actes conservatoires). *Adde,* en faveur de cette analyse et de sa subsistance : C. SAINT-ALARY-HOUIN, 10e éd., n° 765 ; G. TEBOUL, *La déclaration des créances : actualité et perspectives*, *Gaz. Pal.* 23 févr. 2016, n° 8, doctr. p. 21, sp. p. 22, considérant qu'à ce propos, l'ordonnance du 12 mars 2014 n'apporte « *rien de bien nouveau* ». *Contra* avant l'ordonnance : P.-M. LE CORRE, *Déclaration, vérification, admission des créances et procédure civile*, *LPA* 28 nov. 2008, n° 239, p. 72 et n. ss Ass. plén. 4 févr. 2011, préc., *BJE* mai 2011, p. 130 ; J.-L. VALLENS, *La déclaration de créance n'est pas une demande en justice*, *RTD com.* 2009. 214 ; *adde*, partageant la critique : F. PÉROCHON, 9e éd., 2012, n° 1332 et 10e éd., 2014, n° 1509. Et après l'ordonnance : P.-M. LE CORRE, 9e éd., n° 661.12 ; *Premiers regards sur l'ordonnance du 12 mars 2014 réformant le droit des entreprises en difficulté*, *D.* 2014. 733, n° 52 ; *L'ordonnance du 12 mars 2014 et les modifications affectant*

sa définition – quant à elle admise unanimement[104] – qu'elle est la condition *sine qua non* au paiement d'une créance dans le cadre de la procédure collective dès lors que son titulaire y est assujetti. Et à cet égard, qu'importe, à la vérité, son exacte nature juridique : que la déclaration de créance s'analyse en un acte équivalant à une demande en justice ou en un acte conservatoire du droit de créance, il n'en demeure pas moins que le créancier contraint d'y procéder ne participera pas aux répartitions s'il s'est abstenu d'en diligenter l'accomplissement.

Cette solution résulte des textes dans la rédaction que leur donne la loi de sauvegarde des entreprises, par la suite complétée par l'ordonnance du 18 décembre 2008. Dans un premier temps, le Code de commerce a réglé expressément le sort du créancier non-déclarant en énonçant sans équivoque que le défaut de déclaration de créance emporte privation pour le créancier du droit de participer aux distributions collectives[105]. La doctrine s'est alors attachée à analyser la nature juridique de cette exclusion contrevenant frontalement au principe de participation universelle des créanciers aux répartitions. Partant du constat que le législateur condamnait manifestement l'ancienne solution, qui consistait en une extinction de la créance non déclarée, une proposition remarquée[106], derrière laquelle s'est rangée la

la déclaration et la vérification des créances, *Gaz. Pal. entr. diff.* 6-8 avr. 2014, p. 47 ; *Vers une nouvelle analyse de la déclaration de créance*, *Gaz. Pal. entr. diff.* 21 juill. 2015, n° 200, doctr. p. 5 ; *adde*, partageant l'analyse sur l'abandon : A. JACQUEMONT et R. VABRES, 9e éd., n° 521, et Ph. PÉTEL, *Entreprises en difficulté : encore une réforme !*, *JCP E* 2014. 1223, n° 32 ; partageant l'analyse sur l'abandon et la nature d'acte conservatoire : F. PÉROCHON, 10e éd., n° 1529 ; F. MACORIG-VENIER, *Les créanciers antérieurs hors comités après l'ordonnance du 12 mars 2014 : un vent de simplification en faveur de la reconnaissance de leur droit de créance*, *BJE* mai 2014, p. 185.

[104]. V. not. A. JACQUEMONT et R. VABRES, 9e éd., n° 521 ; P.-M. LE CORRE, 9e éd., n° 661.11 ; F. PÉROCHON, 10e éd., n° 1509 ; Ph. PÉTEL, 9e éd., n° 386 ; C. SAINT-ALARY-HOUIN, 10e éd., n° 765 ; B. SOINNE, 2e éd., n° 2144.

[105]. Art. L. 622-26, al. 1er, C. com., applicable en procédure de sauvegarde, rendu également applicable en redressement judiciaire par L. 631-14, al. 1er, et en liquidation judiciaire par L. 641-3, al. 4, du même Code, qui dispose que le créancier non-déclarant n'est pas « *admis dans les répartitions et les dividendes* » sauf à être, le cas échéant, relevé de la forclusion.

[106]. P.-M. LE CORRE, *Les créanciers antérieurs dans le projet de sauvegarde des entreprises*, Interv. Colloque CRAJEFE, Nice 27 mars 2004, *LPA* 10 juin 2004, n° 116, p. 25, n° 14. *Adde* P.-M. LE CORRE, *Premiers regards sur la loi de sauvegarde des entreprises*, *D.* 2005. 2297, n° 68 et *Les nouvelles règles de fixation du passif du débiteur*, *Gaz. proc. coll.* 10 sept. 2005, n° 253, p. 17, nos 13 et s.

doctrine de façon presque unanime[107], concevant la sanction nouvelle comme une inopposabilité de la créance à la procédure collective, a émergé. Par la suite, le législateur a entériné définitivement, et expressément, le principe d'une inopposabilité[108] de la créance non déclarée, que ne remet cependant pas en cause la patente maladresse rédactionnelle du législateur qui vise une inopposabilité au débiteur – alors que l'inopposabilité s'entend de l'inefficacité d'un acte à l'égard de tiers, non des parties[109] –, maladresse que n'ont pas manqué de relever certains auteurs[110]. Déniant en outre à la procédure collective la qualité de tiers, un auteur préfère substituer à l'inopposabilité une déchéance du « *droit de participer à la procédure* »[111], pendant la procédure, et une « *déchéance du droit d'agir* »[112], pendant et après l'exécution du plan, le cas échéant. Néanmoins, la jurisprudence ayant précisé promptement que l'inopposabilité se comprenait d'une inopposabilité à la procédure collective[113], le débat semble révolu.

---

107. J.-C. BOULAY, *Les créanciers antérieurs dans les procédures de sauvegarde, de redressement et de liquidation judiciaires*, *JCP E* 2006. 2407, n° 45 ; F. DERRIDA et J.-P. SORTAIS, *La situation des créanciers forclos dans les nouvelles procédures collectives*, *LPA* 22 mars 2006, n° 58, p. 7, n° 2 ; F. MACORIG-VENIER et C. SAINT-ALARY-HOUIN, *La situation des créanciers dans la loi du 26 juillet 2005 de sauvegarde des entreprises*, *RDBF* janv. 2006, n° 29. V. not. : P.-M. LE CORRE, 9e éd., n° 665.75, note n° 9 et F. PÉROCHON, 10e éd., n° 1558, note n° 177.

108. Art. L. 622-26, al. 2, C. com.

109. Comp. : la déf. donnée ss « *Inopposabilité* » in G. CORNU (dir.), *Vocabulaire juridique*, coll. « Quadrige », PUF, 11e éd., 2016 et in Th. DEBARD et S. GUINCHARD (dir.), *Lexique des termes juridiques 2017-2018*, coll. « Lexique », Dalloz, 25e éd., 2017.

110. Ph. PÉTEL, *Le nouveau droit des entreprises en difficulté : acte II. Commentaire de l'ordonnance n° 2008-1345 du 18 décembre 2008*, *JCP E* 2009. 1049, n° 32 ; C. SAINT-ALARY-HOUIN, n. ss Com. 3 nov. 2010, n° 09-70.312, *Bull. civ.* IV, n° 165, *BJE* juill. 2011, n° 3, comm. 89, p. 186 ; P.-M. LE CORRE, 9e éd., n° 665.76, p. 2164.

111. C. SAINT-ALARY-HOUIN, 10e éd., n° 796.

112. C. SAINT-ALARY-HOUIN, n. ss Com. 3 nov. 2010, préc., *BJE* juill. 2011, n° 3, comm. 89, p. 186. Rappr. : P.-M. LE CORRE, 9e éd., préc., qui estime qu'il « *aurait été plus juridique d'évoquer une interdiction du droit d'agir à l'égard du débiteur...* ».

113. Com. 3 nov. 2010, préc. ; *D.* 2010. 2645, n. A. LIENHARD ; *D.* 2011. 2069, obs. F.-X. LUCAS ; *Gaz. Pal. entr. diff.* 8 janv. 2011, n° 8, p. 18, n. E. LE CORRE-BROLY ; *JCP E* 2011. 1030, n° 10, obs. M. CABRILLAC ; *Rev. sociétés* 2011. 194, n. Ph. ROUSSEL GALLE ; *Gaz. Pal. dr. banc.* 26 févr. 2011, n° 57, p. 21, n. S. REIFEGERSTE ; *BJE* juill. 2011, n° 3, comm. 89, p. 186, n. C. SAINT-ALARY-HOUIN ; *RTD com.* 2011. 413, obs. A. MARTIN-SERF. *Adde* Com. 13 mai 2014, n° 13-20.650, NP.

41. Le champ de l'incontestable privation du droit de venir aux distributions – En tout état de cause, que la forclusion atteignant le créancier non-déclarant entraîne inopposabilité de sa créance à la procédure collective ou qu'il soit considéré qu'elle le déchoit de son droit d'y participer ainsi que de son droit d'action à l'encontre du débiteur, le créancier non-déclarant forclos est privé indiscutablement du droit de participer aux répartitions, quelles qu'elles soient. Étant précisé qu'en la matière, est opérée une assimilation entre le défaut de déclaration et la déclaration irrégulière[114]. De sorte que le créancier ayant déclaré irrégulièrement sa créance connaîtra un traitement identique à celui que les textes réservent au créancier ayant omis de la déclarer.

42. – Ainsi, à défaut de déclaration de créance adressée dûment à l'organe chargé de la défense de l'intérêt collectif des créanciers, le créancier ne participera pas, par exception, aux distributions collectives, entendues largement. À présent, il faut noter que dans la catégorie des exceptions non-satisfactoires contingentes, le défaut de déclaration de créance n'est pas l'unique cause d'exclusion des répartitions puisque pareille sanction atteindra identiquement le titulaire d'une créance née irrégulièrement.

b. L'impossibilité fondée sur l'inopposabilité de la créance pour défaut de naissance régulière

43. La régularité d'un acte juridique : considérations générales – De manière générale, le Droit pose une exigence selon laquelle l'effectivité d'un acte juridique est notamment fonction de sa régularité. Il en découle, *a contrario*, qu'un acte irrégulier est ineffectif. Or, la régularité d'un acte juridique, sur le plan des conditions de fond, suppose que ce dernier ait été passé par une personne investie du pouvoir de l'accomplir. Par voie de conséquence, un acte réalisé par une personne dépourvue d'une telle prérogative sera privé d'effet en raison de l'irrégularité qui l'affecte.

---

114. Rappr. : J.-C. BOULAY, art. préc., n° 45, qui procède à cette assimilation en précisant que sont sanctionnés identiquement les créanciers n'ayant pas déclaré, ceux ayant déclaré irrégulièrement et ceux ayant déclaré tardivement, dès lors qu'ils n'ont pas été relevés de la forclusion ; F. MACORIG-VENIER, *Entreprises en difficulté (Les créanciers - 1° Situation des créanciers)*, *Rép. com.*, 2017, n° 107 ; P.-M. LE CORRE, *La créance non déclarée et la clôture de la liquidation judiciaire pour extinction du passif exigible*, *JCP* E 2011. 1318, n[os]13 et s. *Adde* A. JACQUEMONT et R. VABRES, 9e éd., n°s 574, 576 et s. ; P.-M. LE CORRE, 9e éd., n°s 665.75 et s. ; Ph. PÉTEL, 9e éd., n° 393 ; C. SAINT-ALARY-HOUIN, 10e éd., n°s 795 et s. ; F. MACORIG-VENIER et C. SAINT-ALARY-HOUIN, art. préc., n° 29.

44. La régularité en droit des procédures collectives – À travers le prisme du droit des procédures collectives, la notion de régularité de la naissance de la créance se comprend essentiellement du respect des règles de répartitions des pouvoirs entre organes de la procédure[115]. Par le seul effet du jugement d'ouverture, plusieurs actes seront proscrits, cependant que la passation de certains autres exigera l'intercession de l'administrateur judiciaire ou du liquidateur selon le cas, voire commandera de passer par le canal du juge-commissaire. La créance naîtra donc régulièrement si la passation de l'acte qui la sous-tend intervient conformément aux règles instaurant et régissant l'administration contrôlée et le dessaisissement, et ce parce que ce sont ces règles qui déterminent les modalités d'accomplissement de tel ou tel acte – en indiquant notamment quelle est la personne habilitée à cette fin.

45. Un domaine d'appréciation mécaniquement restreint – En toute logique, l'exigence de naissance régulière n'est appréhendée par les textes gouvernant les procédures collectives qu'en matière de créances postérieures au jugement d'ouverture[116]. En effet, appréciée à l'aune de la répartition des prérogatives entre organes de la procédure, la régularité, au sens spécifique du droit des entreprises en difficulté, ne se conçoit nullement à propos de créances antérieures, c'est-à-dire des créances nées dans un contexte où les règles de l'administration contrôlée et du dessaisissement ne trouvaient aucunement, par hypothèse, à s'appliquer.

46. La sanction de la naissance irrégulière de la créance postérieure – Statuant sous l'empire de la loi du 13 juillet 1967, la jurisprudence a décidé qu'une créance née irrégulièrement est inopposable à la masse des créanciers[117]. Compte tenu de la renaissance de la masse à travers la personnification de la procédure collective[118], rien ne justifiât l'absence de reconduction de la solution sous l'empire des législations ultérieures. C'est en ce sens que s'est par la suite prononcée la jurisprudence

---

[115]. V. not. A. JACQUEMONT et R. VABRES, 9e éd., n° 453 ; P.-M. LE CORRE, 9e éd., n° 452.11 ; F. MACORIG-VENIER, *Entreprises en difficulté (Les créanciers - 1° Situation des créanciers)*, *Rép. com.*, 2017, n° 573 ; F. PÉROCHON, 10e éd., n°s 779 et 780 ; Ph. PÉTEL, 9e éd., n° 210 ; C. SAINT-ALARY-HOUIN, 10e éd., n° 666. *Adde* Com. 30 mars 2010, n° 09-10.729, *Bull. civ.* IV, n° 66 ; *D.* 2010. 1110, n° 1, n. M.-L. BÉLAVAL ; *Rev. proc. coll.* mars 2012, n° 2, comm. 40, n. C. SAINT-ALARY-HOUIN ; *RTD com.* 2010. 612, obs. A. MARTIN-SERF.

[116]. Art. L. 622-17, I, C. com. pour les procédures de sauvegarde et de redressement judiciaire et L. 641-13, I, al. 1er, du même Code pour la liquidation judiciaire.

[117]. Com. 14 oct. 2008, n° 07-11.570, NP.

[118]. V. réf. cit. *supra* note 102 ss n° 39. Rappr. : Com. 3 nov. 2010, préc.

en décidant lapidairement que les actes accomplis par le débiteur au mépris du dessaisissement qui l'atteint sont inopposables à la procédure collective[119]. De surcroît, la créance postérieure née irrégulièrement n'a pas à être déclarée au passif de la procédure[120] dans la mesure où la déclaration de créance a pour objectif de rendre opposable la créance à la procédure collective ; étant inopposable par nature en raison de l'irrégularité de sa genèse, elle ne peut faire l'objet d'un acte tendant à la rendre opposable, à moins d'attenter sévèrement à la plus élémentaire des logiques. En ce sens, il s'agit véritablement d'une créance hors procédure [121]. Dès lors, puisque la créance née irrégulièrement est hors procédure, en ce qu'elle est inopposable à la procédure par nature, son titulaire ne peut participer aux répartitions.

47. – Les exceptions contingentes, qu'elles satisfassent ou non le créancier, ne constituent pas les seules hypothèses dans lesquelles un créancier ne participera pas aux répartitions. Il se dégage des développements y afférents que ces exceptions surgissent en raison de dérogations ou d'irrespect portés à l'endroit de mécanismes structurants des procédures collectives – paiements interdits, déclaration de créance, naissance régulière d'une créance postérieure – cependant que les canons gouvernant les exceptions systématiques se recommandent d'une toute autre logique.

B. Les exceptions systématiques

48. Une véritable certitude et une fausse incertitude – Les exceptions systématiques appellent deux analyses distinctes. D'une part, certains créanciers sont par principe exclus des répartitions, et ce, sans qu'aucun doute ne soit permis à ce sujet parce que le législateur a clairement exprimé ses intentions. Ces exclusions sont directes car les textes organisent sans ambages la soustraction – qui n'est pas nécessairement absolue – de certains créanciers du champ des répartitions (1). D'autre part, il convient de faire mention d'une difficulté quant à l'exclusion d'autres

---

[119]. Com. 23 mai 1995, n° 93-16.930, *Bull. civ.* IV, n° 150 ; *D.* 1995. 413, n. F. DERRIDA ; *JCP E* 1995. 513, n° 7, obs. M. CABRILLAC. *Adde* F. PÉROCHON, 10e éd., nos 783, 1114 et 1164.

[120]. Art. L. 622-24, al. 6, C. com., *a contrario*.

[121]. Com. 5 juill. 2005, n° 04-13.266, *Bull. civ.* IV, n° 152 ; *D.* 2005. 2146, n. A. LIENHARD ; *Gaz. Pal.* 5 nov. 2005, n° 309, p. 25, n. L.-C. HENRY. *Adde* C. SAINT-ALARY-HOUIN, n. ss Com. 30 mars 2010, n° 09-10.729, préc., *Rev. proc. coll.* mars 2012, n° 2, comm. 40, *in fine* ; F. PÉROCHON, 10e éd., nos 783 et 1164.

créanciers, à savoir les créanciers postérieurs éligibles au traitement préférentiel. À la différence des hypothèses d'exclusions régies expressément par les dispositions du Code de commerce, l'absence de participation des créanciers postérieurs privilégiés ne résulterait pas de prescriptions légales explicites mais de la seule circonstance selon laquelle l'action en responsabilité pour insuffisance d'actif s'analyse classiquement en une action en responsabilité civile délictuelle. C'est en ce sens que cette exclusion, aussi douteuse soit-elle, serait qualifiable d'indirecte (2).

1. Les indubitables exclusions directes

49. Des exclusions nées de la volonté univoque du législateur – Il sera ici question d'aborder des occurrences où le législateur a expressément signalé qu'il ne voulait pas, par principe, que les créanciers concernés participent aux répartitions, soit que ce défaut de participation procède d'une volonté bienveillante du législateur (a), soit qu'il résulte au contraire d'une volonté sanctionnatrice de celui-ci (b).

a. La volonté bienveillance du législateur : les exceptions satisfactoires théoriquement systématiques

50. Le caractère satisfactoire des exceptions : le paiement obligé – Certains créanciers ne devraient pas – en théorie du moins – participer aux répartitions, non seulement en raison de leur extraction expresse du domaine de l'interdiction des paiements, mais encore parce que le paiement de leur créance est une obligation incombant au débiteur ou aux organes de la procédure, selon le cas. En résumé, ils n'ont par nature pas vocation à participer aux répartitions parce qu'ils devront être désintéressés par la procédure collective, pendant la procédure, ou par le débiteur, en dehors de la procédure. Aussi l'assurance de l'intervention d'un tel paiement au bénéfice de ces catégories de créanciers dénote-t-elle assurément la complaisance du législateur à leur égard, laquelle prenant la forme d'exceptions satisfactoires théoriquement systématiques.

51. Le caractère théorique de la systématicité des exceptions – Sans doute l'antéposition du vocable théorique aux fins de qualification du caractère systématique des exceptions en cause apparaît-elle bien singulière – pour ne dévoiler que par euphémisme l'apparent paradoxe qui se profile. En effet, dès lors qu'est posée l'obligation de satisfaire tel ou tel créancier pendant la procédure collective, satisfaction conduisant à l'extinction de la créance[122], et donc, par voie de conséquence, à l'absence de participation du créancier à une quelconque distribution collective, le caractère systématique de l'absence de participation du créancier aux répartitions semble au contraire tout à fait véritable. Ainsi l'inopportunité du qualificatif employé se révèlerait-elle de façon manifeste. Néanmoins, il convient de ne pas occulter le contexte dans lequel s'inscrit la présente étude, à savoir celui d'une entreprise en difficulté. Et il s'agit précisément de la raison pour laquelle, en dépit d'un paiement dont la loi prescrit pourtant la survenance, certains de ces créanciers viendront aux répartitions. C'est en ce sens que leur absence de participation aux distributions collectives – c'est-à-dire l'exception au principe de participation universelle – est théoriquement systématique. À cet égard, le législateur fait montre d'un pragmatisme certain dans la mesure où, tout en instaurant un ensemble de mécanismes destinés au règlement d'une partie des créances étudiées présentement, il confère à leurs titulaires une cause de préférence avantageuse dans la perspective de leur participation aux répartitions, c'est-à-dire dans l'éventualité d'un défaut de paiement en cours de procédure.

52. Les créanciers postérieurs éligibles au traitement préférentiel – Tout d'abord, parce qu'il incombe à la procédure de les payer à l'échéance[123], intègrent cette catégorie d'exceptions les créanciers éligibles au traitement préférentiel, qui s'entendent de ceux dont la créance répond aux conditions de régularité, de postériorité et de finalité exigées légalement. Ces créances dérogent par nature à l'interdiction des paiements, ce qui signifie que leurs titulaires, en tant qu'ils doivent être désintéressés en temps et en heure, n'ont pas vocation naturelle à participer aux répartitions. Tant la lettre que la structure du texte commandent cette analyse. En effet, le texte débute par l'énoncé du principe en la matière, à savoir le paiement à l'échéance – emportant, *ipso facto*, exclusion de la participation aux répartitions de ces créanciers éligibles au traitement préférentiel – et poursuit en évoquant l'exception, le paiement par privilège – dans le cadre, par hypothèse, de répartitions. Étant précisé, plus exactement, que le paiement par privilège n'interviendra qu'à défaut de paiement à l'échéance[124]. Ce faisant, le texte ne fait mention de la participation de tels créanciers à des distributions collectives que par exception, signifiant en

---

122. Art. 1342 et 1343 C. civ.

123. Art. L. 622-17, I, C. com., pour la procédure de sauvegarde et de redressement judiciaire, et L. 641-13, I, al. 1er du même Code pour la liquidation judiciaire.

124. Art. L. 622-17, II, C. com., pour la procédure de sauvegarde et de redressement judiciaire, et L. 641-13, II, du même Code pour la liquidation judiciaire.

cela, *a contrario*, que pour ces créanciers, le principe est théoriquement celui de l'exclusion.

53. Les salariés – Dans une optique similaire, le droit des procédures collectives réserve un traitement singulier aux créances salariales couvertes par le superprivilège des salaires puisqu'une disposition particulière les soustrait expressément au domaine de l'interdiction des paiements. Le Code de commerce, après avoir posé le principe d'une interdiction générale de paiement individuel des créances antérieures au jugement d'ouverture, écarte sans équivoque l'application de la prohibition susvisée en énonçant, en substance, que dans les dix jours de l'intervention du jugement d'ouverture, l'organe chargé de la gestion de l'entreprise doit, sur décision du juge-commissaire, payer ces créances salariales sur les fonds disponibles ou, à défaut, sur les premières rentrées de fonds[125], au besoin en recourant à la technique du paiement provisionnel[126], instituée spécialement afin d'évacuer la difficulté qu'induirait l'établissement des relevés de créances salariales dans un laps de temps aussi bref[127].

De manière générale, par l'intermédiaire d'un ensemble de mesures qu'il ne convient pas d'examiner présentement, le législateur a entendu éviter aux salariés, autant que faire se peut, d'avoir à venir aux distributions collectives aux fins de recouvrement de leurs créances. En ce sens, tout est mis en œuvre pour que les créances salariales soient réglées promptement pendant la procédure collective en dehors de toute phase distributive. Or, puisqu'il est tenté d'apurer le passif salarial préexistant à l'ouverture de la procédure, pendant la procédure, et qu'il ne devrait pas – en théorie – y avoir de passif salarial postérieur au jugement d'ouverture, et ce parce que de telles créances sont éligibles au traitement préférentiel conférant à leur titulaire le droit au paiement à l'échéance évoqué ci-dessus, les salariés n'ont pas naturellement vocation à venir aux répartitions. À l'instar des créanciers éligibles au traitement préférentiel, la participation des salariés aux répartitions est conçue par le législateur comme une situation ne devant se présenter que de manière exceptionnelle.

54. Les créanciers alimentaires – Enfin, en concordance avec la circonstance selon laquelle le défaut de paiement de pensions alimentaires est constitutif du délit d'abandon de famille[128], le Code de commerce fait

---

[125]. Art. L. 625-8 C. com.

[126]. Art. L. 625-8, al. 2, C. com.

[127]. P.-M. LE CORRE, 9e éd., no 691.24. Rappr. : A. JACQUEMONT et R. VABRES, 9e éd., no 1206.

[128]. Art. 227-3 C. pén.

échapper totalement, et explicitement, les créances alimentaires au champ d'application de la règle de l'interdiction des paiements individuels[129]. Il en résulte l'obligation pour le débiteur de payer ses créanciers d'aliments à peine de commission d'une infraction pénale. Selon une fraction non négligeable de la doctrine, les solutions posées par la jurisprudence sous l'empire du régime antérieur à la loi de sauvegarde des entreprises sont reconductibles[130]. En conséquence, le régime de principe auquel est soumis le créancier alimentaire se comprend d'un régime hors procédure[131] : un paiement spontané doit être effectué à la diligence du débiteur sur les biens dont il a conservé la libre disposition et le défaut de survenance d'un tel paiement permet au créancier alimentaire de recouvrer sa créance par la voie de la procédure de paiement direct[132] ou par la voie de la procédure de recouvrement public des pensions alimentaires[133]. Il s'ensuit qu'en tant qu'ils doivent être payés en temps et en heure en dehors de la procédure, les créanciers alimentaires n'ont pas, par principe, vocation à venir aux répartitions.

55. La possible intégration du périmètre de la procédure – Il convient toutefois d'apporter un tempérament à cette non-participation de principe. Lequel tient à ce que, malgré la dispense de déclaration de

129. Art. L. 622-7, al. 1er, *in fine*, C. com.

130. R. CHENDEB, *Les créances alimentaires et les procédures collectives*, *Rev. proc. coll.* juill. 2009, n° 4, p. 40, nos 32 et s. ; M.-P. DUMONT-LEFRAND, *Droits des créanciers d'aliments*, *Rev. proc. coll.* mars 2009, n° 2, comm. 57, *in fine* ; A. JACQUEMONT et R. VABRES, 9e éd., n° 532, III ; P.-M. LE CORRE, 9e éd., n° 741.96 et *La règle de l'interdiction des paiements au lendemain de l'ordonnance du 18 décembre 2008*, *Gaz. proc. coll.* 10 mars 2009, n° 69, p. 25 ; F.-X. LUCAS, *Les innovations introduites par l'ordonnance n° 2008-1345 du 18 décembre 2008 : morceaux choisis*, *LPA* 22 avr. 2010, n° 80, p. 47 ; P. CAGNOLI, *L'obligation alimentaire est-elle une dette spécifique au regard du droit des procédures collectives d'entreprise ?*, *LPA* 24 juin 2010, n° 125, p. 37 ; Ph. PÉTEL, *Le nouveau droit des entreprises en difficulté : acte II. Commentaire de l'ordonnance n° 2008-1345 du 18 décembre 2008*, *JCP E* 2009. 1049, n° 34.

131. Com. 8 oct. 2003, n° 00-14.760, *Bull. civ.* IV, n° 152 ; *D.* 2003. 2637, n. A. LIENHARD ; *Gaz. Pal.* 4 nov. 2003, n° 308, p. 3, n. P.-M. LE CORRE ; *D.* 2004. 54, obs. F.-X. LUCAS ; *JCP G* 2004. II. 10012, n. S. BECQUÉ-ICKOWICZ, sp. nos 13 et s. ; *LPA* 7 juill. 2004, n° 135, p. 15, n. A. FLASAQUIER ; *RTD com.* 2004. 368, obs. A. MARTIN-SERF.

132. Art. L. 213-1 C. pr. exec.

133. Art. 1er, L. n° 75-618, 11 juill. 1975, relative au recouvrement public des pensions alimentaires.

créance instituée au profit du créancier d'aliments[134], il est acquis que ce dernier conserve la faculté de déclarer sa créance et d'entrer conséquemment dans la procédure[135], à charge pour lui de supporter les risques de la procédure de vérification des créances[136]. Si cette entrée dans la procédure est accueillie favorablement, en d'autres termes, si la créance alimentaire est admise au passif, son titulaire participera aux répartitions au rang que lui confère sa créance[137]. Il se peut alors considérer que par la déclaration de créance, le créancier alimentaire, ainsi introduit au sein de la procédure collective, intègre mécaniquement le périmètre du principe de participation universelle des créanciers aux répartitions.

56. Une double qualité, un paiement assuré – Pour synthétiser, en matière de créance alimentaire, son titulaire est un créancier hors procédure devant être payé en dehors de celle-ci et qui ne participera pas aux répartitions, sauf à user de sa faculté de déclaration de créance pour entrer dans la procédure et y être admis. Le cas échéant, il participera effectivement aux répartitions ou aura à tout le moins vocation à y venir. Dit autrement, selon la lecture qu'il convient de faire des textes eu égard à la volonté du législateur d'assurer la satisfaction des créanciers d'aliments en toute occurrence – ce qu'accrédite la répression pénale du défaut de paiement de tels créanciers – le législateur pose un principe de paiement extra-procédure des créanciers d'aliments, cependant qu'est toléré, par exception, et sans doute cumulativement[138], son paiement dans le cadre de la procédure, au moyen des répartitions et dividendes.

---

134. Art. L. 622-24, d. al., C. com.

135. Com. 13 juin 2006, n° 05-17.081, *Bull. civ.* IV, n° 141 ; *D.* 2006. 1681, obs. A. LIENHARD ; *D.* 2006. 1969, n. C. VINCENT ; *Gaz. proc. coll.* 7 oct. 2006, n° 280, p. 26, n. P.-M. LE CORRE ; *RTD com.* 2006. 662, obs. A. MARTIN-SERF ; *D.* 2007. 42, obs. P.-M. LE CORRE.

136. Comp. : P.-M. LE CORRE, 9e éd., n° 741.93 *in fine* et A. LIENHARD, *La Cour de cassation précise le régime dérogatoire des créances alimentaires*, *D.* 2006. 1681, qui synthétise comme suit : « [...] *le créancier n'est pas obligé de déclarer ; mais s'il le fait, il n'échappe pas aux règles procédurales gouvernant la déclaration et l'admission des créances...* ».

137. Com. 13 juin 2006, préc. V. not. P.-M. LE CORRE, 9e éd., préc.

138. V. en faveur du cumul : P. CAGNOLI, *L'obligation alimentaire est-elle une dette spécifique au regard du droit des procédures collectives d'entreprise ?*, *LPA* 24 juin 2010, n° 125, p. 37, *in fine*, qui centre son étude sur l'idée que le créancier alimentaire a simultanément le « *droit d'ignorer* » la procédure et le « *droit de participer* » à la procédure ; C. VINCENT, *Créances alimentaires, jurisprudence et loi de sauvegarde des entreprises*, *D.* 2006. 1969, nos 15 *in fine* et 16 ; P.-M. LE CORRE, *Le sort des créanciers. Quel état des lieux ?*, *Dr. et patr.*

57. – En marge de ces exceptions théoriquement systématiques au principe de participation universelle des créanciers aux répartitions, marquées du sceau de la mansuétude du législateur et concernant des créanciers n'ayant pas naturellement vocation à venir aux distributions collectives – mais qui y participeront effectivement en certaines hypothèses – se trouve une exception qui, quant à elle, est véritablement systématique et qui, sous-tendue par une volonté sanctionnatrice du législateur, vise le dirigeant condamné à combler l'insuffisance d'actif à l'émergence ou à l'entretien de laquelle il a contribué.

b. La volonté sanctionnatrice du législateur : l'exception non-satisfactoire véritablement systématique

58. L'énoncé de l'exception : l'exclusion du dirigeant condamné au titre d'une décision de condamnation à combler l'insuffisance d'actif – Depuis l'ordonnance du 18 décembre 2008, le Code de commerce prive le dirigeant de la personne morale débitrice, condamné à combler l'insuffisance d'actif dont il a été reconnu responsable, de la possibilité de participer aux répartitions à concurrence des sommes au paiement desquelles il a été condamné. Le texte est à cet égard limpide en ce qu'il y est disposé qu'à concurrence des sommes au versement desquelles le dirigeant de la personne morale faisant l'objet d'une liquidation judiciaire – et en ce seul cas[139] – a été condamné, il n'est pas permis à celui-ci de venir aux répartitions[140]. Étant précisé que, par définition, la question ne se pose que dans l'hypothèse où se confondent en une même personne les qualités de dirigeant et de créancier de la personne morale débitrice. Cette exclusion de participation aux répartitions ne concernait initialement que le dirigeant d'une personne morale de droit privé condamné à combler l'insuffisance d'actif. L'ordonnance du 9 décembre 2010 l'a cependant étendu à l'hypothèse de l'entrepreneur individuel à responsabilité limitée, à l'endroit duquel est intervenu une liquidation judiciaire à raison de l'activité à laquelle le patrimoine est affecté, condamné à combler l'insuffisance d'actif dont il s'est rendu responsable[141]. Enfin, toujours à propos du domaine de la non-participation exceptionnelle aux répartitions du dirigeant-créancier, une partie de la doctrine estime que rien ne fait obstacle à la participation du

---

mars 2013, n° 223 ; P.-M. LE CORRE, 9e éd., n° 741.96, *in fine* ; B. DE BOYSSON, *De la faculté de déclarer sa créance alimentaire dans le cadre de la procédure collective et ses conséquences*, *RTD com*. 2013. 191, *in fine*.

139. Art. L. 651-2, al. 1er et 2, C. com.

140. Art. L. 651-2, al. 4, C. com.

141. Art. L. 651-2, al. 2 et 4, C. com.

dirigeant aux répartitions pour la fraction de sa créance dépassant le montant de la condamnation[142].

59. Controverse doctrinale – Cette exclusion totale de participation aux répartitions à concurrence du montant de la condamnation, subie par le dirigeant condamné à combler l'insuffisance d'actif, a provoqué un clivage doctrinal marqué. Certains auteurs ont approuvé ostensiblement la mesure, arguant de son caractère « *moral* » et « *logique* »[143] ou encore de l'anormalité de la solution inverse en regard du « *droit* » et de « *l'équité* »[144], cependant que d'autres émirent une critique acerbe à son encontre, soulignant sa complexion « *illogique* »[145], « *arbitraire* »[146] et « *contraire au principe de proportionnalité* »[147] ou encore son « *défaut de pertinence en tant que sanction* »[148], son iniquité[149] et la dénaturation qu'elle emporte à l'endroit de l'action en responsabilité[150].

60. – Certes la position approbatrice se range-t-elle assurément dans le sens de la *ratio legis* en ce que la finalité assumée de cette exclusion des répartitions est d'empêcher le dirigeant de la personne morale, ayant également la qualité de créancier de celle-ci, « *de récupérer une partie des sommes au paiement desquelles il avait été condamné* »[151], mais la

---

142. C. MASCALA, *La réforme du régime des sanctions*, *Dr. et patr.* déc. 2009, n° 187 ; P.-M. LE CORRE, 9e éd., n° 922.61 ; C. SAINT-ALARY-HOUIN, 10e éd., n° 1459.

143. A. LIENHARD, *Réforme du droit des entreprises en difficulté : présentation de l'ordonnance du 18 décembre 2008*, *D.* 2009. 110.

144. A. MARTIN-SERF, *Réforme des procédures collectives – sanctions civiles*, *Rev. proc. coll.* janv. 2009, n° 1, n° 29.

145. P.-M. LE CORRE, 9e éd., n° 922.61.

146. F. PÉROCHON, 10e éd., n° 1718.

147. P.-M. LE CORRE, 9e éd., préc. ; F. PÉROCHON, 10e éd., préc.

148. F. PÉROCHON, 10e éd., préc.

149. *Ibid.*, qui l'estime « ***injuste*** » (en gras dans l'ouvrage).

150. P.-M. LE CORRE, 9e éd., préc. ; Ph. ROUSSEL GALLE, *Le dirigeant de société et le "nouveau" droit des entreprises en difficulté issu de la réforme du 18 décembre 2008*, *Rev. sociétés* 2009. 249, n° 42.

151. Rapp. au Prés. de la Rép. relatif à l'ord. n° 2008-1345, 18 déc. 2008, portant réforme du droit des entreprises en difficulté, *JO* n° 0295, 19 déc. 2008, p. 19457, sp. Chap. V : « *Des responsabilités...* ». Comp. crit. : F. PÉROCHON, 10e éd., préc., pour qui la règle « *est une de ces « fausses bonnes idées » dont l'effet « marketing » prime sur l'analyse juridique* ».

véhémence des critiques portées à l'encontre de cette interdiction commande d'examiner les soubassements de ces dernières.

61. L'examen des critiques formulées à l'encontre de l'exclusion du dirigeant des répartitions – À titre liminaire, il faut indiquer qu'a été pris le parti de ne pas s'attacher à la discussion portant sur la moralité ou l'injustice de la mesure en cause. Non que le débat ne soit pas digne d'intérêt, mais encore faut-il que l'aspirant à sa clôture s'estime légitime à y prendre part. Ce n'est présentement pas le cas. Aussi l'attention sera-t-elle portée sur la critique fondée sur la contrariété de la règle au principe de proportionnalité (β), ce qui conduit inexorablement à se déporter au préalable vers l'analyse de la critique fondée sur la nature de l'action en responsabilité pour insuffisance d'actif (α).

α. La critique fondée sur la nature de l'action en responsabilité pour insuffisance d'actif

62. La nature juridique de l'action en responsabilité pour insuffisance d'actif – L'action en responsabilité pour insuffisance d'actif est présentée immanquablement comme une action ayant la nature d'une action en responsabilité civile délictuelle[152]. En cela, est tirée la conséquence que l'action en comblement de l'insuffisance d'actif en revêt les caractères et fonctions. Dans la tradition juridique française, la responsabilité civile revêt éminemment une fonction réparatrice[153]. Dès lors, l'action en responsabilité a pour indépassable horizon – au sens kuhnien du terme[154] –

[152]. P.-M. LE CORRE, 9e éd., n° 922.11 ; F. PÉROCHON, 10e éd., n° 1673 ; Ph. PÉTEL, 9e éd., n° 418 ; C. SAINT-ALARY-HOUIN, 10e éd., nos 1436 et 1439 ; B. SOINNE, 2e éd., n° 2582 ; P. LE CANNU, P. LUCHEUX, M. PITRON et J.-P. SÉNÉCHAL, *Entreprises en difficulté. Prévention, redressement et liquidation judiciaires*, coll. « Pratique des affaires », GLN Joly, 1995, n° 1636 ; G. RIPERT et R. ROBLOT, *op. cit.*, n° 3283.

[153]. V. not. Ph. LE TOURNEAU, *Responsabilité (en général), Rép. civ.*, Dalloz, 2017, nos 7 et s. ; Ph. MALAURIE, L. AYNÈS et Ph. STOFFEL-MUNCK, *op. cit.*, n° 22 ; G. VINEY, *Traité de droit civil*, J. GHESTIN (dir.), *Introduction à la responsabilité*, coll. « Traités », LGDJ, 3e éd., 2008, nos 36 et 37 ; B. FAGES, *op. cit.*, nos 364 et 443 ; F. TERRÉ, Ph. SIMLER et Y. LEQUETTE, *op. cit.*, nos 677, 2°, 678, 680 et 686.

[154]. T. S. KUHN, *La structure des révolutions scientifiques*, coll. « Champs sciences », Flammarion, 2008.

la compensation[155] du dommage subi, ni plus ni moins ; le dommage correspondant simultanément au plancher et au seuil de la réparation à laquelle est condamnée son auteur[156]. De manière classique donc, la réparation du préjudice constitue l'alpha et l'oméga d'une action en responsabilité civile. De la sorte, puisque la fonction de réparation du préjudice subi se trouve attachée traditionnellement à la responsabilité civile, l'action en responsabilité pour insuffisance d'actif présente inéluctablement une fonction réparatrice.

63. L'argument de l'absence de caractère répressif – En considération de ces éléments, afin de fonder leurs critiques, certains auteurs insistent sur le fait que l'action en responsabilité pour insuffisance d'actif ne présente pas de caractère répressif[157], que la répression n'en constitue ni un objet, ni une fin ; cependant que d'autres auteurs, à l'inverse, soutiennent sans ambiguïté que l'action en comblement se caractérise par son aspect répressif[158]. Or, en cas de condamnation à supporter l'intégralité de l'insuffisance d'actif, l'application de la disposition litigieuse peut conduire à un paiement, par le dirigeant condamné, dont le montant excèdera celui de l'insuffisance d'actif, c'est-à-dire celui du préjudice[159]. Somme toute, cela correspondrait à une « *double peine* »[160].

---

155. Formule empruntée à F. TERRÉ, Ph. SIMLER et Y. LEQUETTE, *op. cit.*, n° 898. Comp. : Ph. LE TOURNEAU, *Responsabilité (en général), Rép. civ.*, Dalloz, 2017, n° 10 *in fine*.

156. V. not. Ph. LE TOURNEAU, *Responsabilité (en général), Rép. civ.*, Dalloz, 2017, n°s 10 et 12 ; Ph. MALAURIE, L. AYNÈS et Ph. STOFFEL-MUNCK, *op. cit.*, n° 238 ; B. FAGES, *op. cit.*, n° 446 ; F. TERRÉ, Ph. SIMLER et Y. LEQUETTE, *op. cit.*, n°s 899 et 900. V. parmi bien d'autres : Civ. 3e, 8 juill. 2009, n° 08-10.869, *Bull. civ.* III, n° 170.

157. P.-M. LE CORRE, 9e éd., n°s 922.11 et 922.61 ; F. PÉROCHON, 10e éd., n° 1683 *in fine*. *Adde* Com. 9 fév. 1988, n° 87-14.523, *Bull. civ.* IV, n° 61, qui, sous l'empire de la loi du 25 janvier 1985, dénie expressément tout caractère répressif à une telle action. Comp. : F. DERRIDA, P. GODÉ et J.-P. SORTAIS, 3e éd., n° 581, considérant que cette décision est « *regrettable* ».

158. F. DERRIDA, P. GODÉ et J.-P. SORTAIS, 3e éd., préc., qui estiment que « *le caractère répressif de la solution demeure, même si elle présente toujours un aspect réparateur...* » et que la possible absence de réparation intégrale est un indice de la finalité répressive de l'action. *Adde* P. LE CANNU, P. LUCHEUX, M. PITRON et J.-P. SÉNÉCHAL, préc., qui précisent que l'action a un rôle de prévention et de « *répression des abus* » ; G. RIPERT et R. ROBLOT, *op. cit.*, n° 3277, pour qui les « *mesures patrimoniales* » sont destinées à réparer ou « *réprimer les fautes des dirigeants* » ; C. SAINT-ALARY-HOUIN, 10e éd., n° 1458, évoquant le « *caractère sanctionnateur* » de l'action.

159. P.-M. LE CORRE, 9e éd., n° 922.61.

Au titre de la critique, est également mise en avant la circonstance selon laquelle le législateur a insisté formellement sur le caractère indemnitaire de la responsabilité pour insuffisance d'actif pour la situer dans la lignée de la responsabilité civile de droit commun sur le plan de ses finalités[161]. L'analyse est incontestablement juste et repose notamment sur la conception traditionnelle de l'action en responsabilité civile. Une partie de la critique est centrée précisément sur ce point : une action en responsabilité n'est pas, par nature, punitive ; de sorte que, par syllogisme, l'action en responsabilité pour insuffisance d'actif étant une action en responsabilité civile, elle ne doit pas être punitive mais simplement réparatrice. En outre, le fait que le législateur intitule le Titre V du Livre VI du Code de commerce « Des responsabilités et des sanctions » autorise une interprétation selon laquelle le législateur, en distinguant les responsabilités des sanctions, n'entend pas conférer un caractère sanctionnateur à la responsabilité pour insuffisance d'actif. La réserve reste cependant de mise compte tenu de ce que l'implantation d'un Titre ainsi libellé au sein du Code procède de la loi de sauvegarde des entreprises alors que l'introduction d'une disposition prévoyant l'exclusion des répartitions du dirigeant condamné à combler l'insuffisance d'actif résulte d'une ordonnance postérieure à ladite loi. Il y aurait alors inadéquation entre la forme et le fond, de même qu'entre la volonté du législateur de 2005 et celle de celui de 2008.

64. La fonction punitive de la responsabilité civile[162] – Il importe toutefois de relever que l'évolution de la responsabilité civile, à l'analyse de laquelle s'ingénient les courants doctrinaux modernes, marque une propension à l'émergence de l'idée selon laquelle, si la fonction réparatrice demeure fondamentalement la fonction principale de l'action en responsabilité civile, elle n'est pas unique[163] dans la mesure où la responsabilité civile a été conçue dès l'origine comme un vecteur de

---

160. F. PÉROCHON, 10e éd., n° 1718. Rappr. : P.-M. LE CORRE, 9e éd., préc, qui évoque une « *sanction complémentaire* ».

161. Rappr. : P.-M. LE CORRE, 9e éd., n° 922.11 ; F. PÉROCHON, 10e éd., n° 1673.

162. V. T. MASTRULLO, *Responsabilité civile et droit des procédures collectives*, *RCA* mai 2017, n° 5, doss. 9, n° 2, pour qui il convient de ne pas occulter le fait que « *la fonction punitive de la responsabilité civile a tendue de plus en plus à s'affirmer…* » ; F. DERRIDA, P. GODÉ et J.-P. SORTAIS, 3e éd., préc., qui précisent que « *toute disposition fondée sur la faute prouvée comporte une finalité sanctionnatrice en raison du rôle préventif qui lui est attaché.* » ; F. TERRÉ, Ph. SIMLER et Y. LEQUETTE, *op. cit.*, n° 677, 2°, qui estiment que « *la sanction pénale et la sanction civile répondent aussi l'une et l'autre à un double désir de punition et d'intimidation, ou de dissuasion.* ».

163. F TERRÉ, Ph. SIMLER et Y. LEQUETTE, *op. cit.*, nos 678, 680 et 681.

prévention, de punition et de réparation[164]. Au demeurant, certains auteurs semblent estimer que la fonction punitive de la responsabilité civile se conjugue foncièrement avec sa fonction normative[165]. De surcroît, la dissociation de la responsabilité civile et de la responsabilité pénale ne se comprendrait qu'à l'aune du degré et de la nature de la sanction, et le fait que, d'un point de vue historique, la première ne soit apparue et n'ait été conçue primitivement qu'en tant que dérivé de la seconde[166], accrédite cette thèse. Cela signifierait que dès l'instant où la responsabilité civile trouve à s'appliquer exclusivement, c'est-à-dire hors les cas de cumul de responsabilités civile et pénale, elle renferme naturellement une fonction de punition de l'auteur du dommage, mais la gravité du fait générateur de responsabilité civile n'atteint simplement pas le stade de déclenchement de l'appareil répressif[167]. Cela dit, quand bien même cette fonction punitive de la responsabilité civile fût-elle présente dès l'origine, il ne saurait être question d'en apprécier exagérément la valeur. En effet, la tradition juridique française, pour ne pas dire la culture juridique française, relègue drastiquement l'aspect sanctionnateur derrière le caractère réparateur de la responsabilité civile. Il faut cependant concéder que, malgré le rôle largement mineur qui lui est dévolu, la fonction punitive, qui se recommande grandement de la fonction normative de la responsabilité civile, semble aujourd'hui être un phénomène d'une réalité guère discutable et à prendre en considération[168].

65. La fonction punitive de l'action en responsabilité pour insuffisance d'actif[169] – Aussi ne serait-il pas totalement inconcevable d'envisager une action spéciale en responsabilité dans laquelle la fonction punitive se trouverait accentuée par rapport à une action en responsabilité de droit commun. Et dans l'esprit de la responsabilité pour insuffisance d'actif, en particulier avec l'ajout de la disposition contestée, certes la fonction indemnitaire demeure-t-elle prépondérante, mais la fonction punitive y est simplement plus marquée qu'en droit commun. Sous cet angle,

164. *Ibid.*, n° 681.

165. Ph. LE TOURNEAU, *Responsabilité (en général), Rép. civ.*, Dalloz, 2017, n° 116 ; G. VINEY, *op. cit.*, n°s 39 et s. ; F. TERRÉ, Ph. SIMLER et Y. LEQUETTE, *op. cit.*, n° 677, 2° ; F. DERRIDA, P. GODÉ et J.-P. SORTAIS, 3e éd., préc.

166. Ph. MALAURIE, L. AYNÈS et Ph. STOFFEL-MUNCK, *op. cit.*, n° 24 ; G. VINEY, *op. cit.*, n°s 67 et s. ; F. TERRÉ, Ph. SIMLER et Y. LEQUETTE, *op. cit.*, n°s 675 et s., 680 *in fine*.

167. Comp. : F. TERRÉ, Ph. SIMLER et Y. LEQUETTE, *op. cit.*, n° 677, 1°.

168. Rappr. : T. MASTRULLO, art. préc., n° 2.

169. V. F. DERRIDA, P. GODÉ et J.-P. SORTAIS, 3e éd., préc.

l'argument tiré de ce que la responsabilité pour insuffisance serait dénaturée en devenant, non principalement punitive, mais notablement punitive, n'apparaît pas absolument irréfutable. À cet égard, un commentateur de l'ordonnance du 18 décembre 2008 semble, non pas abonder en ce sens puisqu'il paraît critiquer « *l'aspect punitif* » que revêt, depuis la réforme, l'action en comblement de l'insuffisance d'actif, mais intégrer cette donnée en énonçant que la fonction punitive n'est pas la fonction première de cette action en responsabilité[170]. Or, affirmer que telle n'est pas sa fonction première, n'est-ce pas là reconnaître, implicitement mais nécessairement, que cette fonction existe ? D'autant plus qu'une partie de la doctrine la qualifiait d'action mixte, telle que cette dernière était conçue sous l'empire de la loi du 13 juillet 1967, en ce qu'elle était destinée à la réparation et à la sanction[171].

Compte tenu de ce que les raisons ayant présidé à l'édiction de la mesure litigieuse se puisent dans la volonté politique de préserver l'ordre public économique, il ne serait pas absolument incongru de faire de l'action en responsabilité pour insuffisance d'actif une action en responsabilité dans laquelle la fonction punitive est accentuée – mais non, d'évidence, principale – en regard d'une action de droit commun. Par ailleurs, quand bien même l'aspect punitif d'une action en responsabilité civile serait-il réfuté – car, il est vrai, le consensus doctrinal fait sur ce point défaut –, l'action en comblement de l'insuffisance d'actif reposant sur un fondement qui se rattache à l'intérêt général, il ne serait pas excessivement choquant de concevoir l'action en responsabilité pour insuffisance d'actif comme la seule

---

170. Ph. ROUSSEL GALLE, *Le dirigeant de société et le "nouveau" droit des entreprises en difficulté issu de la réforme du 18 décembre 2008*, *Rev. sociétés* 2009. 249, n° 42. Comp. : C. MASCALA, *Les sanctions en droit des entreprises en difficulté : flux, reflux et incohérence*, *Dr. et patr.* mars 2013, n° 223, qui, expliquant qu'en la matière, les sanctions civiles ont « *principalement pour fonction de responsabiliser celui qui les subit, plutôt que de véritablement le sanctionner* », semble ne pas exclure la fonction punitive de l'action en question en lui reconnaissant une importance très mineure. *Contra* P. LE CANNU, P. LUCHEUX, M. PITRON et J.-P. SÉNÉCHAL, préc. ; G. RIPERT et R. ROBLOT, *op. cit.*, n° 3283, qui relèvent qu'avec l'action en comblement de passif, le législateur entend aussi bien réparer le dommage que sanctionner les dirigeants ; T. MASTRULLO, art. préc., n° 2, selon qui les fautes ayant causé l'insuffisance d'actif « *doivent pouvoir donner lieu à sanction et réparation.* ».

171. V B. SOINNE, 2e éd., n° 2582 et sp. réf. cit. ss note 9335. Comp. : A. JACQUEMONT et R. VABRES, 9e éd., n° 1103 *in fine*, qui concluent à une « *nature juridique ambivalente* » de l'action en comblement de l'insuffisance d'actif ; Ph. ROUSSEL GALLE, *La procédure civile dans les responsabilités et les sanctions civiles*, *LPA* 28 nov. 2008, n° 239, p. 80, n° 2, v. sp. réf. cit. ss note 4. *Adde* réf. cit. *supra* notes 169 et170 ss n° 65.

action en responsabilité de notre dispositif normatif présentant une fonction punitive. Auquel cas, ce qui apparaîtrait choquant ne serait pas tant la reconnaissance d'un tel aspect mais plutôt la brutalité avec laquelle il aurait émané, puisque se constaterait alors le passage d'un système normatif ne connaissant aucune responsabilité civile à caractère punitif à un système qui connaîtrait une responsabilité civile dans laquelle, non seulement cette fonction serait consacrée, mais où, en outre, elle se ferait si impétueusement jour.

66. Une fonction justifiée par le particularisme de l'action – Ainsi considérée, l'action en responsabilité pour insuffisance d'actif s'entendrait d'une action en responsabilité civile dérogatoire[172] où l'aspect sanctionnateur[173] appuyé – appuyé par rapport à la responsabilité de droit commun, non par rapport aux sanctions en général en droit des entreprises en difficulté[174] – prend notamment la forme d'une disposition *ad hoc* dont l'effet est de priver l'auteur du dommage de toute participation aux répartitions. Or, tous les éléments requis pour l'engagement de la responsabilité du dirigeant concourent au constat d'une extraordinaire particularité de cette action : la faute[175], le préjudice[176], le lien de causalité[177]

---

172. En ce sens : T. MASTRULLO, art. préc., n°s 2, 3 et 4, évoque une « *responsabilité civile propre au droit des procédures collectives* » ainsi qu'une « *responsabilité civile spécifique* » à ce droit.

173. Rappr. : Ph. ROUSSEL GALLE, *Que reste-t-il du caractère sanctionnateur des procédures ?, Rev. proc. coll.* mai 2012, n° 3, doss. 17, n° 2 ; A. JACQUEMONT et R. VABRES, 9e éd., préc. *Adde* P. LE CANNU, P. LUCHEUX, M. PITRON et J.-P. SÉNÉCHAL, préc. ; G. RIPERT et R. ROBLOT, *op. cit.*, préc. ; F. DERRIDA, P. GODÉ et J.-P. SORTAIS, 3e éd., préc.

174. Ph. ROUSSEL GALLE, art. préc., C. MASCALA, art. préc. et T. MASTRULLO, art. préc., qui démontrent que le caractère sanctionnateur des procédures collectives a connu un recul au fil des réformes.

175. V. not. : A. JACQUEMONT et R. VABRES, 9e éd., n°s 1123 et s. ; P.-M. LE CORRE, 9e éd., n°s 922.21 et s. ; F. PÉROCHON, 10e éd., n°s 1697 et s. ; Ph. PÉTEL, 9e éd., n° 422 ; C. SAINT-ALARY-HOUIN, 10e éd., n° 1440.

176. V. not. : A. JACQUEMONT et R. VABRES, 9e éd., n° 1122 ; P.-M. LE CORRE, 9e éd., n°s 922.31 et s. ; F. PÉROCHON, 10e éd., n°s 1705 et s. ; Ph. PÉTEL, 9e éd., préc. ; C. SAINT-ALARY-HOUIN, 10e éd., n°s 1441 et s.

177. V. not. : A. JACQUEMONT et R. VABRES, 9e éd., n° 1126 ; P.-M. LE CORRE, 9e éd., n° 922.41 ; F. PÉROCHON, 10e éd., n°s 1708 et s. ; Ph. PÉTEL, 9e éd., préc. ; C. SAINT-ALARY-HOUIN, 10e éd., n° 1445. *Adde*, pour une illustration, le très didactique attendu : « [...] *le dirigeant d'une personne morale peut être déclaré responsable, sur le fondement de l'article L. 651-2 du code de commerce, même si la faute de gestion qu'il a commise n'est que l'une des causes de l'insuffisance d'actif,*

et le pouvoir d'appréciation du tribunal[178], qui peut ne pas condamner le dirigeant dont la faute a provoqué le préjudice, ne sont-ils pas particuliers ? En ce cas, pourquoi la fonction de la responsabilité ne pourrait-elle pas être également particulière ? S'il est postulé qu'aucune action en responsabilité ne présente d'aspect punitif, pour quelles raisons ne serait-il pas possible d'adjoindre à la fonction réparatrice une fonction punitive subsidiaire ? À l'inverse, si toutes les actions en responsabilité présentent un tel caractère, pourquoi cette fonction punitive mineure ne pourrait-elle pas être plus marquée, et ce, dans un contexte où s'invite remarquablement – au sens premier du terme – l'intérêt général ?

De plus, le caractère exceptionnel du droit des procédures collectives est bien souvent souligné. Il se peut alors concevoir une action spécifique à cette branche juridique qui se comprendrait d'une action en responsabilité civile notablement dérogatoire[179]. D'autant que la circonstance selon laquelle le législateur prévoit un régime spécial de responsabilité dans le Livre VI du Code de commerce accrédite cette thèse dans la mesure où de telles spécifications n'auraient nullement été nécessaires s'il fallait parfaitement se calquer sur le régime de droit commun. Après tout, en cas d'insuffisance d'actif dans le cadre d'une liquidation judiciaire, la collectivité des créanciers subit invariablement un préjudice[180], et à la rigueur, un simple renvoi eût pu être opportun : le législateur aurait pu indiquer aux liquidateurs que l'insuffisance d'actif constitue un dommage, au sens de la responsabilité civile de droit commun, leur permettant d'engager la responsabilité du dirigeant dans les conditions du droit commun dès lors qu'une faute lui étant imputable a provoqué ce préjudice. Tel n'a pas été le parti du législateur qui, plutôt que d'opérer par renvoi, a préféré instituer une responsabilité spéciale ; ce qui dénote précisément deux choses : d'une part, certes la responsabilité est-elle civile, mais elle est spécifique, et d'autre part, l'attention particulière qui est portée à cet endroit traduit l'intégration du préjudice subi par la collectivité des créanciers dans la sphère de l'intérêt général.

---

et peut être condamné à supporter la totalité ou une partie des dettes sociales, même si sa faute n'est à l'origine que d'une partie d'entre elles... », Com. 14 juin 2017, n° 16-11.513, NP ; *Gaz. Pal.* 26 sept. 2017, n° 32, p. 65, obs. J.-M. MOULIN.

178. V. not. : A JACQUEMONT et R. VABRES, 9e éd., nos 1103 *in fine*, 1131 et 1132 ; P.-M. LE CORRE, 9e éd., n° 922.16 ; F. PÉROCHON, 10e éd., n° 1712 ; Ph. PÉTEL, 9e éd., n° 423 ; E. MOUIAL-BASSILANA, *Entreprises en difficulté (Responsabilités et sanctions), Rép. com.*, Dalloz, 2017, nos 94 et s.

179. Rappr. : T. MASTRULLO, art. préc., nos 2 et 4 ; A. JACQUEMONT et R. VABRES, 9e éd., nos 1102 et s. ; Ph. PÉTEL, 9e éd., nos 417, 418 et 423.

180. Rappr. : T. MASTRULLO, art. préc., n° 2 ; Ph. PÉTEL, 9e éd., n° 415.

67. Une fonction justifiée par l'intérêt général – Eu égard aux objectifs poursuivis par les pouvoirs publics et à l'importance manifeste que revêtent les considérations économiques, il ne semblerait pas totalement incohérent, sur le principe, de prévoir une responsabilité civile punitive en matière commerciale, ou plutôt en matière économique puisque les procédures collectives transcendent le champ du droit commercial au regard des débiteurs qui y sont éligibles[181]. Il pourrait être objecté que l'aspect punitif de l'action contrarierait fondamentalement le paradigme gouvernant le droit des défaillances d'entreprise, le droit de la faillite étant révolu. Ce serait cependant occulter la conservation au sein de l'arsenal juridique français de sanctions commerciales et pénales dans les cas les plus graves. Et bien que cela ne surgisse que marginalement, il demeure que les procédures collectives permettent d'évacuer de la vie des affaires les débiteurs malhonnêtes, c'est-à-dire ceux qui préjudicient à la vie des affaires, ceux qui troublent l'ordre public économique[182].

68. Une sémantique indubitablement évocatrice – En réalité, le droit des entreprises en difficulté, du point de vue sémantique, signifie qu'est postulée l'absence de malhonnêteté, de malfaisance, de la part des sujets de droits et qu'à ce titre, ils ne méritent pas, par principe, d'être sanctionnés. En sus, il signifie qu'au regard de la conjoncture économique peu satisfaisante – insatisfaction conjoncturelle qui paraît, au demeurant, avoir muté de longue date en déficience structurelle – il faut les aider à surmonter les difficultés. Dès lors, le droit des entreprises en difficulté traduit l'idée que le curseur est placé prioritairement sur ces débiteurs-ci pour satisfaire l'objectif de sauvetage[183]. En revanche, il n'a pas en parallèle pour signification une occultation de ceux qui préjudicient aux autres[184]. La sémantique indique certes que le curseur de priorité s'est déporté, mais la fonction dévolue historiquement aux faillites n'est pas pour autant bannie totalement de l'esprit du Droit français. En cela, le droit des procédures collectives se caractérise par une dualité fonctionnelle marquée par un déséquilibre en faveur du sauvetage et du traitement du passif, et par

---

[181]. V. art. L. 620-2, al. 1er, C. com. pour la sauvegarde, L. 631-2, al. 1er, et L. 640-2, al. 1er, du même Code, respectivement pour le redressement et la liquidation judiciaires.

[182]. Rappr. : A. JACQUEMONT et R. VABRES, 9e éd., no 1140 ; P.-M. LE CORRE, 9e éd., no 911.11 ; F. PÉROCHON, 10e éd., no 1668 ; Ph. PÉTEL, 9e éd., préc. (de manière nuancée), C. SAINT-ALARY-HOUIN, 10e éd., no 1423.

[183]. Rappr. : F. PÉROCHON, 10e éd., no 1664 ; F.-X. LUCAS, *L'ouverture de la procédure collective*, *LPA* 10 juin 2004, no 116, p. 4, no 26 *in fine* ; Ph. PÉTEL, 9e éd., préc. ; C. SAINT-ALARY-HOUIN, 10e éd., préc.

[184]. Rappr. : F. PÉROCHON, 10e éd., no 1665 ; C. SAINT-ALARY-HOUIN, 10e éd, préc.

symétrie, en défaveur de la sanction des impudents. Donc, la fonction punitive de la responsabilité pour insuffisance d'actif n'a pour autre but que de se situer dans une logique dépassant les aspects strictement réparateurs, voire de s'inscrire dans une logique para-infractionnelle, mais sans aller trop loin dans la sanction, en accord avec le paradigme moderne du droit des procédures collectives.

69. Une action potentiellement *sui generis* – En ce sens, la responsabilité pour insuffisance d'actif a oscillé entre droit des entreprises en difficulté et droit de la responsabilité civile au gré des évolutions respectives de ces derniers pour se placer dans une zone d'équilibre satisfaisant, ou tentant de satisfaire, les impératifs afférents à ces droits[185]. Il est ainsi envisageable de prolonger le raisonnement, par lequel l'action en comblement de l'insuffisance d'actif est regardée comme une action en responsabilité civile dérogatoire et spécifique aux procédures collectives, en qualifiant celle-ci d'action en responsabilité *sui generis*, dans laquelle la punition prend la forme d'une exclusion des répartitions à concurrence d'un certain montant. Certes cette solution dénote-t-elle un choix opéré en faveur de la facilité, mais elle présente l'intérêt de décrire plus justement l'action en responsabilité pour insuffisance d'actif, en s'affranchissant de la comparaison avec la responsabilité civile délictuelle de droit commun qu'induit leur indiscutable lien de parenté. Cette émancipation de la responsabilité pour insuffisance d'actif permet de ne pas chercher à la rattacher outre mesure à la responsabilité civile délictuelle et donc de ne plus tenter d'expliquer les lignes directrices de la première à travers le prisme des canons de la seconde. Au contraire, cela permet, d'abord, d'appréhender pertinemment les logiques qui sous-tendent la consécration et la mise en œuvre de la responsabilité pour insuffisance d'actif, et ensuite, d'en saisir avec justesse l'idiosyncrasie.

70. – Il s'ensuit, en tout état de cause, que le problème ne réside pas tant dans le caractère punitif de la mesure que dans la question de la proportionnalité. Au contraire, le caractère punitif renforce la nécessité de la proportion puisque, en Droit français, punition se conjugue avec proportionnalité.

---

185. V. sur la question : T. MASTRULLO, art. préc.

β. La critique fondée sur le principe de proportionnalité

71. L'exposé du principe de proportionnalité en matière de responsabilité pour insuffisance d'actif – Usité classiquement en droit pénal et en droit public[186], et se retrouvant en de nombreuses branches du Droit[187], le principe de proportionnalité s'est invité en droit des procédures collectives[188] à l'occasion d'une décision remarquée[189], dont la solution a été reconduite constamment[190], en réponse à la démonstration selon laquelle, en la matière, « *la sanction n'est pas proportionnée à la faute commise* » et que ce défaut de proportion contrarierait la Convention européenne de sauvegarde des droits de l'Homme et des libertés fondamentales[191]. Au visa du principe de proportionnalité, la jurisprudence a dégagé nettement la règle selon laquelle, bien que le montant de la condamnation relève de l'appréciation souveraine des juges du fond et dans la mesure où il n'excède pas l'insuffisance d'actif, lorsque plusieurs fautes de gestion ayant contribué à l'insuffisance d'actif sont retenues pour engager la responsabilité de leurs auteurs, obligation est faite aux juges du fond de justifier légalement chacune de ces fautes. À défaut d'une telle caractérisation, par exemple, si l'une des fautes retenues n'est pas établie légalement, la condamnation

---

186. P. NABET, *Le principe de proportionnalité s'invite en droit des procédures collectives*, *LPA* 8 avr. 2010, n° 70, p. 3, *in limine.*

187. N. MORELLI, *La proportionnalité étend son empire en droit des procédures collectives*, *Rev. sociétés* 2010. 256, n° 1.

188. P. NABET, art. préc. *Adde* N. MORELLI, art. préc.

189. Com. 15 déc. 2009, n° 08-21.906, *Bull. civ.* IV, n° 166 ; *D.* 2010. 10, n. A. LIENHARD ; *Gaz. Pal. entr. diff.* 17 avr. 2010, n° 107, p. 46, n. Th. MONTÉRAN ; *Act. proc. coll.* janv. 2010, n° 2, comm. 31, n. J. VALLANSAN ; *JCP E* 2010. 1164, n. Ph. DELMOTTE et Ph. ROUSSEL GALLE ; *Rev. proc. coll.* mai 2010, n° 3, comm. 115, n. A. MARTIN-SERF ; *Rev. dr. soc.* mars 2010, n° 3, comm. 55, n. J.-P. LEGROS ; *JCP E* 2010. 1296, n° 14, obs. Ph. PÉTEL ; *Rev. sociétés* 2010. 256, n. N. MORELLI ; *Dr. et patr.* oct. 2010, n° 196, n. C. SAINT-ALARY-HOUIN et M.-H. MONSÈRIÉ-BON ; *BJS* avr. 2010, n° 4, p. 364, n. L. CAMENSULI-FEUILLARD ; *LPA* 18 févr. 2010, n° 35, p. 8, n. G. TEBOUL ; *Defr.* 15 juill. 2010, n° 13, p. 1487, n. D. GIBIRILA.

190. V. par ex. : Com. 15 févr. 2011, n° 09-70.496, NP ; *Gaz. Pal. entr. diff.* 2 avr. 2011, n° 92, p. 47, n. Th. MONTÉRAN. *Adde* Com. 13 oct. 2015, n° 14-15.755, NP ; *BJS* mars 2016, n° 3, p. 157, n. J. HEINICH ; *Rev. dr. soc.* mai 2016, n° 5, comm. 87, n. J.-P. LEGROS ; *Rev. proc. coll.* mai 2016, n° 3, comm. 93, n. A. MARTIN-SERF.

191. C. MASCALA, *Les sanctions applicables aux dirigeants*, *LPA* 6 sept. 2000, n° 178, p. 50.

sera en son entièreté[192] entachée d'illicéité pour contrariété au principe de proportionnalité et, en conséquence, la décision l'ayant prononcée encourra la cassation pour ce motif. Cette exigence se comprend aisément en ce que le dirigeant peut être condamné à réparer l'intégralité du préjudice lors même qu'il peut ne pas en être totalement à l'origine[193]. En effet, les textes légaux prévoyant cette possibilité sans davantage de précision, il est apparu nécessaire d'assortir le comblement de l'insuffisance d'actif de garanties – en la forme d'un contrôle de la caractérisation légale de chaque faute retenue – destinées à éviter tout risque d'arbitraire. En ce sens, cette garantie que constitue le principe de proportionnalité, a été expressément jugée satisfaisante puisque le contrôle de proportionnalité qu'exerce ainsi la Cour de cassation, entre le montant de la condamnation et le nombre et la gravité des fautes commises, a permis au Conseil Constitutionnel de déclarer conforme à la Constitution l'article L. 651-2 du Code de commerce[194].

72. Une mesure possiblement contraire au principe de proportionnalité – Selon la doctrine contestataire, l'exclusion du dirigeant des répartitions à concurrence des sommes au versement desquelles il a été condamné se heurte au principe de proportionnalité dans la mesure où « *en cas de condamnation à la totalité de l'insuffisance d'actif,* […] *si le dirigeant exécute la condamnation, il aura à supporter plus que le montant de l'insuffisance d'actif, dès lors que sa créance aura été prise en compte dans le montant de l'insuffisance d'actif* »[195]. En effet, non seulement le dirigeant ne pourra recouvrer sa créance, mais il devra en outre s'acquitter de son montant auprès de l'organe chargé de la défense de l'intérêt collectif des créanciers. Par cette mesure, en un sens, sa créance devient dette. Ce qui signifie que dans cette hypothèse, la charge pesant sur le dirigeant condamné sera mécaniquement supérieure au montant du préjudice. De la sorte, il est tout à fait concevable que, ne pouvant recouvrer sa créance et devant s'acquitter du montant de la condamnation, « […] *le dirigeant condamné à la totalité de l'insuffisance d'actif* […] *grâce à cette belle innovation,*

---

192. V. sur cette indivisibilité : N. MORELLI, art. préc., n°s 4 et s., sp. 5 et 6.
193. C. MASCALA, art. préc.
194. Cons. const. 26 sept. 2014, n° 2014-415 QPC, *JO* 28 sept. 2014, p. 15790, sp. § 10 ; *Rev. dr. soc.* déc. 2014, n° 12, comm. 192, n. J.-P. LEGROS ; *Rev. proc. coll.* nov. 2014, n° 6, comm. 172, n. A. MARTIN-SERF ; *Act. proc. coll.* nov. 2014, n° 18, comm. 311, n. B. SAINTOURENS ; *Rev. sociétés* 2014. 753, n. Ph. ROUSSEL GALLE ; *BJS* nov. 2014, n° 11, p. 444, n. I. PARACHKÉVOVA ; *BJE* nov. 2014, n° 6, p. 377, n. Th. FAVARIO ; *Leden* oct. 2014, n° 9, p. 1, n. F.-X. LUCAS.
195. P.-M. LE CORRE, 9e éd., n° 922.61.

« paye » en réalité deux fois plus »[196]. Une telle solution apparaît éminemment singulière en considération du principe de proportionnalité qui, pour rappel, a pour objet d'établir un équilibre entre le montant de la condamnation et le nombre et la gravité des fautes commises. Enfin, dans le but de mettre en exergue la contrariété de la mesure contestée au principe de proportionnalité, est en outre avancé l'argument selon lequel cette mesure est arbitraire en ce que le montant de la créance du dirigeant est « *a priori étranger à la faute* »[197].

73. Une mesure potentiellement incongrue – S'inscrivant dans le prolongement de la critique émise à l'endroit de la disposition litigieuse relativement à sa contrariété au principe de proportionnalité, un auteur livre un convaincant exemple de raisonnement par l'absurde – semble-t-il tout du moins. Dans cet exemple, il est supposé que le dirigeant condamné soit l'unique créancier de la société débitrice. Si le montant de la condamnation est versé au débiteur, il n'y aurait alors plus d'insuffisance d'actif, et ce parce que le montant de la créance dont le paiement est proscrit devra être déduit du passif, et alors même que cette créance aura été appréciée pour établir l'insuffisance d'actif[198].

74. L'usage souhaitable de la disposition litigieuse – Eu égard aux critiques rapportées ci-dessus et au pouvoir d'appréciation conféré en la matière à la juridiction saisie de l'action en responsabilité pour insuffisance d'actif, il apparaît que la mesure peut ne pas contrarier le principe de proportionnalité. Autrement dit, selon l'usage que feront les juges du fond de leur pouvoir souverain d'appréciation quant à l'opportunité et la hauteur de la condamnation – et d'évidence, dans le respect de l'exigence de justification légale de chaque faute retenue – l'exclusion des répartitions sera ou non conforme au principe de proportionnalité. En effet, pour demeurer en conformité avec ce principe, les juridictions ayant à connaître d'actions en responsabilité pour insuffisance d'actif devront, en amont, tenir compte de la règle de l'exclusion du dirigeant des répartitions à concurrence des sommes au versement desquelles il a été condamné pour déterminer régulièrement le montant de ces sommes et ne pas aboutir à une « *double peine* »[199] ou une « *sanction complémentaire* »[200] excessive. Cela signifie que pour ne pas souffrir du grief d'irrespect du principe de proportionnalité, la disposition

---

196. F. PÉROCHON, 10e éd., no 1718. V. réf. cit. par l'auteur ss note 116.
197. *Ibid.*
198. *Ibid., in fine.*
199. *Ibid. in limine.*
200. P.-M. LE CORRE, 9e éd., préc.

litigieuse devra être considérée par la jurisprudence, au stade de la détermination du montant de la condamnation, comme une norme édictant une règle d'appréciation, c'est-à-dire une règle qui livre une modalité de détermination du montant à mettre à la charge du dirigeant fautif, dans le cas où a été prise la décision de le condamner. Il est vrai que dans l'éventualité d'une telle utilisation de la disposition en question, cette dernière recevrait une application qui s'inscrirait apparemment dans un sens contraire à celui que voulait lui imprimer le législateur. Un tel usage conduirait automatiquement à condamner le dirigeant à un montant moindre que celui qui aurait été mis à sa charge en l'absence de cette règle d'exclusion des répartitions. Pourtant, il s'agit là d'une condition de sa validité. À ce propos, un auteur appelle à nuancer les critiques formulées à l'encontre de la mesure en cause puisque, selon lui, il est hautement probable que les juridictions saisies d'une action en comblement de l'insuffisance d'actif « *prendront implicitement en compte* » la qualité de créancier du dirigeant, ou son défaut, lorsqu'il sera question de condamner ce dernier à supporter la totalité de l'insuffisance d'actif[201]. Cela revient à dire que les juges du fond tiendront compte de la règle de l'exclusion des répartitions pour se prononcer sur la condamnation.

75. Une solution insatisfaisante – Mais cet état de fait demeure insatisfaisant en raison de l'imperfection théorique qu'il traduit. Dès l'instant où il est virtuellement possible que la mesure soit contraire au principe de proportionnalité, étant théoriquement possible que le dirigeant ait à supporter plus que l'insuffisance d'actif, et dès lors que sa conformité est fonction d'une restriction *de facto* du pouvoir souverain d'appréciation des juges du fond, et non d'une limitation *de jure*, alors se présente le risque qu'un dirigeant soit condamné de manière disproportionnée, au mépris du principe imposant une solution contraire. La sécurité juridique, à laquelle il est ici attentée notablement, commande de remédier à cette situation. *De lege ferenda*, si l'action en responsabilité pour insuffisance d'actif peut être regardée comme une action *sui generis*, il pourrait être prévu que si le dirigeant est également créancier – ce qui signifiera le plus souvent qu'il aura fait crédit à la société débitrice qu'il dirige[202] – le tribunal ne pourra mettre à sa charge la totalité de l'insuffisance d'actif. Ou bien, il pourrait être disposé que la créance du dirigeant ne pourra être prise en compte pour l'établissement du montant de l'insuffisance d'actif. De la sorte, le dirigeant

[201]. Ph. ROUSSEL GALLE, *Le dirigeant de société et le "nouveau" droit des entreprises en difficulté issu de la réforme du 18 décembre 2008*, *Rev. sociétés* 2009. 249, n° 42.
[202]. F. PÉROCHON, 10e éd., préc.

subirait une punition pour les fautes par lui commises en étant privé du droit de participer aux répartitions à hauteur du montant au paiement duquel il a été condamné, mais n'aura pas à supporter plus que l'insuffisance d'actif.

76. – Ainsi, en matière de responsabilité pour insuffisance d'actif, il apparaît que la question de la privation du droit à répartition que subit le dirigeant condamné reste sujette à débat. Toutefois, cette difficulté n'est pas la seule à s'être présentée, et bien que cette autre difficulté semble aisément résoluble, il convient d'en faire présentement état. En effet, selon la réponse qui lui est apportée, s'ajouterait dans notre droit une nouvelle exception non-satisfactoire véritablement systématique au principe de participation universelle des créanciers aux répartitions.

2. La douteuse exclusion indirecte

77. La participation des créanciers postérieurs à la répartition du produit de l'action – Outre la question de l'exclusion du dirigeant condamné à combler l'insuffisance d'actif aux répartitions à concurrence du montant mis à sa charge, a été soulevée également une interrogation relative à la participation des créanciers postérieurs au jugement d'ouverture à la répartition du produit de l'action[203]. En effet, d'une part, la faute de gestion ayant contribué à l'insuffisance d'actif ne peut être constituée que de faits antérieurs au jugement d'ouverture[204], et d'autre part, le préjudice, c'est-à-dire l'insuffisance d'actif, ne s'apprécie qu'à l'aune des créances antérieures audit jugement[205]. De sorte que, *a priori*, dans l'esprit de la responsabilité pour insuffisance d'actif, les faits constitutifs de fautes de gestion préjudicient uniquement aux créanciers antérieurs[206]. Or, si le préjudice n'est subi que par ces créanciers et si l'action en responsabilité pour insuffisance d'actif est regardée exclusivement comme une action ayant une vocation indemnitaire, alors les sommes recouvrées au titre de la condamnation à combler l'insuffisance d'actif ne peuvent recevoir qu'une seule destination : le paiement des créanciers antérieurs. Reconnaître que le montant de la condamnation est affecté au désintéressement de tous les créanciers, en ce compris les postérieurs, équivaudrait à poser une solution selon laquelle

---

[203]. P.-M. LE CORRE, 9e éd., n° 922.62 ; C. SAINT-ALARY-HOUIN, 10e éd., n° 1459.

[204]. Com. 10 mars 2015, n° 12-16.956, *Bull. civ.* IV, n° 44 ; *Rev. sociétés* 2015. 406, n. L.-C. HENRY ; *BJE* juill. 2015, n° 4, p. 249, n. Th. FAVARIO ; *BJS* juin 2015, n° 6, p. 302, n. E. MOUIAL-BASSILANA.

[205]. Com. 17 sept. 2013, n° 12-26.360, NP. Comp., *contra* : F. PÉROCHON, 10e éd., n° 1706.

[206]. Rappr. : F. PÉROCHON, 10e éd., n° 1709 (crit.).

viendraient aux répartitions du produit de l'action des créanciers n'ayant pas subi le préjudice en réparation duquel a été prononcée la condamnation. Les principes cardinaux de la responsabilité civile ainsi que les finalités qui lui sont attachées classiquement s'en trouvent alors fortement contrariés.

78. La participation fondée sur la lettre du texte – Une partie de la doctrine s'appuie sur la lettre du texte régissant les modalités de la répartition du produit de l'action pour se positionner en faveur d'une participation des créanciers postérieurs à ladite répartition[207]. En ce qu'il y est disposé que les sommes versées au titre de la condamnation à combler l'insuffisance d'actif « *sont réparties au marc le franc entre tous les créanciers* »[208], et eu égard à l'adage « *ubi lex non distinguit, nec nos distinguere debemus* » selon lequel il n'y a pas lieu de distinguer là où la loi ne distingue pas, il ne semble effectivement pas devoir être distingué entre les créanciers antérieurs et postérieurs. Si bien que tous – en ce compris des créanciers postérieurs n'ayant par hypothèse pas subi ce préjudice – ont vocation à venir à la répartition du produit de l'action, nonobstant la dénaturation qu'emporte cette solution à l'endroit de l'action en comblement de l'insuffisance d'actif, en ce que cette dernière est appréhendée traditionnellement comme une action en responsabilité civile. Et il s'agit précisément de la raison pour laquelle cette interprétation, bien que bénéficiant d'un socle textuel univoque, a pu être qualifiée d'illogique par l'un de ses propres promoteurs[209].

79. La participation fondée sur la défense de l'intérêt collectif des créanciers – En outre, la notion d'intérêt collectif des créanciers offre une perspective intéressante quant à la résolution du problème. Ainsi est-il d'emblée possible d'affirmer que le recours à l'intérêt collectif des créanciers conduit à dégager la conclusion selon laquelle les créanciers postérieurs viennent aux répartitions du produit de l'action en responsabilité pour insuffisance d'actif. Il convient au demeurant de préciser immédiatement que la notion d'intérêt collectif des créanciers se comprend essentiellement, en réalité, de manière fonctionnelle, c'est-à-dire à travers la question de sa défense par le mandataire judiciaire en sauvegarde et en redressement judiciaire, et par le liquidateur en liquidation judiciaire.

80. Le caractère collectif de l'intérêt – Tout d'abord, il importe de saisir l'acception du caractère collectif de l'intérêt dont la défense est assurée

---

207. P.-M. LE CORRE, 9e éd., préc. *in fine* ; C. SAINT-ALARY-HOUIN, 10e éd., préc.
208. Art. L. 651-2, d. al., C. com.
209. P.-M. LE CORRE, 9e éd., préc.

par ces derniers. D'évidence, l'intérêt collectif et l'intérêt individuel entretiennent un lien d'antinomie. En sorte qu'il n'appartient pas à l'organe chargé de la défense de l'intérêt collectif des créanciers de n'agir qu'aux fins de défense de l'intérêt individuel d'un créancier[210]. De même, doit être regardée comme n'étant pas une action tendant à la défense de l'intérêt collectif des créanciers celle intentée aux fins de défense de l'intérêt d'un groupe de créanciers[211], c'est-à-dire d'une partie des créanciers inclus dans le périmètre de la procédure collective. En somme, selon la Cour de cassation, les actions intentées par le représentant des créanciers ne peuvent tendre qu'à la défense de l'intérêt de tous les créanciers, sans exception[212].

81. La défense monopolistique de l'intérêt collectif – De surcroît, il doit être rappelé que les textes instituent le représentant des créanciers défenseur exclusif de leur intérêt collectif dans les procédures dans le cadre desquelles il est appelé à intervenir. En effet, les textes confèrent expressément un monopole dans l'exercice des actions tendant à la défense de cet intérêt collectif en reconnaissant qualité à agir à cette fin au seul mandataire judiciaire, ou au liquidateur le cas échéant[213]. Aussi la jurisprudence a-t-elle dû définir l'action tendant à la défense de l'intérêt collectif dans le but de préciser le périmètre d'intervention de l'organe chargé de la défense de cet intérêt, et donc pour cerner corrélativement les restrictions portées au droit d'action individuelle des créanciers astreints à discipline collective. C'est ainsi que l'action tendant à la défense de l'intérêt collectif des créanciers s'entend de celle tendant à la protection et à la reconstitution du gage commun des créanciers[214]. Liant indéfectiblement la

---

[210]. Com. 7 janv. 2003, n° 99-10.781, *Bull. civ.* IV, n° 1 ; *D.* 2003. 274, obs. A. LIENHARD ; *JCP E* 2003. 760, n° 13, obs. M. CABRILLAC et Ph. PÉTEL.

[211]. Com. 7 janv. 2003, préc. ; Com. 9 nov. 2004, n° 02-13.685, *Bull. civ.* IV, n° 193 ; *D.* 2004. 3069, obs. A. LIENHARD ; *D.* 2005. 292, obs. P.-M. LE CORRE ; *Dr. et patr.* avr. 2005, n° 136, obs. M.-H. MONSÈRIÉ-BON ; *LPA* 13 avr. 2005, n° 73, p. 3, obs. F.-X. LUCAS ; *RTD com.* 2005. 247, obs. B. SAINTOURENS.

[212]. V. *Contra* F. PÉROCHON, *L'intérêt collectif n'est pas l'intérêt de tous les créanciers sans exception*, *BJE* mai 2016, n° 3, p. 218, sp. n° 6. Comp. : P.-M. LE CORRE, *L'intérêt collectif est-il l'intérêt de tous les créanciers ?, BJE* mai 2016, n° 3, p. 214, *in limine*.

[213]. Art. L. 622-20, al. 1er, C. com., pour la sauvegarde, rendu applicable en redressement judiciaire par L. 631-14, al. 1er, et en liquidation judiciaire par L. 641-4, al. 4, du même Code. V. aussi L. 641-4, al. 1er, du même Code.

[214]. Com. 2 juin 2015, n° 13-24.714, *Bull. civ.* IV, n° 94 ; *D.* 2015. 1205, n. A. LIENHARD ; *D.* 2015. 1970, n. P.-M. LE CORRE et F.-X. LUCAS ; *D.* 2015. 2205, n. S. TRÉARD ; *Gaz. Pal. entr. diff.* 21 juill. 2015, n° 202, p. 28, n. C. GAILHBAUD ; *Gaz. Pal. entr. diff.* 20 oct. 2015, n° 293, p. 29, n. I. ROHART-

notion d'intérêt collectif à celle de gage commun[215], la jurisprudence exprime clairement que, dès lors qu'il est question de gage commun, le droit d'action y afférent appartient de manière monopolistique à l'organe chargé de la défense de l'intérêt collectif des créanciers. Quant à la réciproque, elle se peut ainsi libeller : lorsque le droit d'intenter une action particulière est conféré au défenseur de l'intérêt collectif des créanciers, ce droit ne peut être exercé que par cet organe et concerne nécessairement le gage commun des créanciers[216].

82. La notion structurante : le gage commun – Quant au gage commun des créanciers, et ainsi que l'a consacré implicitement la jurisprudence[217], celui-ci s'entend du gage accessible – ne serait-ce que de façon théorique – par l'ensemble des créanciers[218]. Sous cet angle, le gage commun des créanciers correspond aux éléments d'actifs du débiteur sur lesquels les créanciers, sans distinction, ont vocation à se désintéresser, peu important qu'une fraction d'entre eux ne le soient effectivement pas[219]. Il s'ensuit, en considération des éléments évoqués précédemment, ainsi que du fonctionnement même d'une procédure collective, que seuls les éléments d'actifs composant le gage commun sont soumis à l'effet réel de la procédure, c'est-à-dire que seuls ces éléments en intègrent l'assiette. Dès lors, le périmètre de la procédure collective, et donc la latitude d'action de l'organe chargé de la défense de l'intérêt collectif des créanciers, sont fonction de l'identification de ce gage commun, et ce dans la mesure où se manifeste la logique suivante : le gage commun permet de délimiter la collectivité des créanciers inclus dans le champ de la procédure et cette délimitation, en ce qu'elle détermine ainsi l'objet de l'intérêt collectif des créanciers, permet à son tour de préciser les contours du droit d'action du représentant des créanciers. Ce dernier ne peut agir, pour rappel, que pour autant qu'est en jeu la défense de l'intérêt collectif des créanciers. En cela,

---

MESSAGER ; *Act. proc. coll.* juill. 2015, n° 12, comm. 184, n. F.-X. LUCAS ; *JCP E* 2015. 1422, n° 7, n. Ph. PÉTEL ; *JCP E* 2015. 1522, n. S. LE GAC-PECH ; *Gaz. Pal. pr. civ.* 22 sept. 2015, n° 265, p. 19, n. J. THÉRON ; *Rev. proc. coll.* mars 2016, n° 2, comm. 73, n. D. JACOTOT.

215. En ce sens : P.-M. LE CORRE, *La notion d'action tendant à la défense de l'intérêt collectif des créanciers*, *BJE* sept. 2015, n° 5, p. 269 et *L'intérêt collectif est-il l'intérêt de tous les créanciers ?*, *BJE* mai 2016, n° 3, p. 214.

216. Rappr. : F. PÉROCHON, *L'intérêt collectif n'est pas l'intérêt de tous les créanciers sans exception*, *BJE* mai 2016, n° 3, p. 218, n° 7 *in fine*.

217. V. not. Com. 13 mars 2012, n° 10-27.087, NP ; *D.* 2012. 2196, n. P.-M. LE CORRE ; *Rev. proc. coll.* mai 2012, n° 3, comm. 111, n. C. LISANTI.

218. P. M. LE CORRE, 9e éd., n° 562.13-2.

219. *Ibid.*, n° 611.31.

par syllogisme, et ainsi qu'il l'a déjà été énoncé, tout droit d'action conféré légalement à cet organe porte inévitablement sur le gage commun des créanciers.

83. Le corollaire du caractère attitré de l'action : la participation de tous les créanciers aux répartitions – Par voie de conséquence, puisque, en matière de responsabilité pour insuffisance d'actif, le législateur précise nettement que le demandeur à l'action s'entend du liquidateur[220], ou, le cas échéant, du ministère public, l'action en comblement de l'insuffisance d'actif relève nécessairement de la défense de l'intérêt collectif des créanciers et concerne mécaniquement le gage commun de ceux-ci – il s'agit, pour être rigoureux, d'une action tendant à la reconstitution du gage commun. Or, eu égard à la définition du gage commun des créanciers, la totalité de ces derniers est concernée sans qu'il y ait lieu d'opérer une distinction. Donc, cela signifie que les créanciers postérieurs au jugement d'ouverture doivent pouvoir participer aux répartitions du produit de l'action en responsabilité pour insuffisance d'actif. En somme, non contente de bénéficier d'une assise textuelle, cette solution repose sur une justification technique.

84. La synthèse du principe de participation universelle des créanciers aux répartitions – Il ressort des développements antérieurs que le principe de participation universelle des créanciers aux répartitions se comprend comme la finalisation de divers principes et mécanismes structurants des procédures collectives. D'un point de vue plus technique, il sert à déterminer le domaine subjectif des répartitions par l'identification des créanciers qui y participeront, et ce car son étude révèle que, malgré son postulat universaliste, il n'est pas absolu et tolère diverses séries d'exceptions. En conclusion, son approfondissement exhorte à l'appréhender plus finement – c'est-à-dire, en réalité, plus exactement – en le comprenant comme le principe selon lequel tous les créanciers inclus dans le périmètre de la procédure collective ont vocation à participer aux répartitions.

85. Le principe de participation universelle : un principe primordial – Ainsi la signification véritable du principe de participation universelle des créanciers est-elle révélée. Eu égard à ces fonctions, c'est-à-dire délimiter le périmètre subjectif des répartitions, ce principe est primordial – au sens premier du terme. Toutefois, ce principe, aussi primordial soit-il, ne renseigne que partiellement sur la complexe réalité de la phase préparatoire, car, si cette dernière se résumait à la

---

220. Art. L. 651-3, al. 1er, C. com.

détermination des créanciers qui participent aux répartitions, celles-ci n'auraient vraisemblablement pas été qualifiées de « *mission impossible* »[221]. Les véritables difficultés naissent du grand principe qui accompagne le principe de participation universelle des créanciers, à savoir le principe de considération des sûretés dans les répartitions. Ce dernier complète le principe de participation universelle dans la mesure où, dans le cadre de la phase préparatoire des opérations de répartitions, il a pour fonction de délimiter le périmètre objectif des répartitions.

SECTION II – LE PRINCIPE DE CONSIDÉRATION DES SÛRETÉS DANS LES RÉPARTITIONS

86. La justification de l'énonciation du principe – *A priori*, l'énonciation d'un tel principe relève du truisme le plus accusé, de telle sorte que lui consacrer d'abondants développements s'apparenterait à une démarche superfétatoire. Toutefois, eu égard aux intérêts théoriques majeurs qu'induit l'existence même du principe de considération des sûretés dans les répartitions, et compte tenu de l'envergure des enjeux pratiques qui en découle, l'explicitation de sa signification, sa légitimité, son domaine et sa portée effective, sont requises. En effet, il convient de signaler dès à présent que ce principe s'avère fondamental – au sens premier du terme – dans la mesure où les principes gouvernant la phase opératoire des répartitions lui sont majoritairement conséquents.

87. La signification élémentaire du principe de considération des sûretés dans les répartitions – Ce principe s'entend de celui selon lequel sont prises en compte les sûretés assortissant les créances dont leurs titulaires ont vocation à participer aux répartitions. Autrement dit, les créanciers prenant part aux répartitions y viennent, par principe, avec leurs sûretés. Aussi péremptoire l'affirmation puisse-t-elle être, la dispense de clarification n'est nullement acquise. Cette considération des sûretés revêt la signification suivante : sauf exception, lors des phases distributives, le droit des procédures collectives n'ignore pas les sûretés afin de pouvoir composer avec elles. Soit qu'il s'abstienne de les neutraliser purement et simplement lorsque leur constitution s'est effectuée dans les conditions du droit commun avant le jugement d'ouverture de la procédure, sous réserve de l'absence d'introduction d'une action en nullité de la période suspecte tendant à

[221]. B. SOINNE, *Les répartitions ou la mission impossible*, *Rev. proc. coll.* sept. 1997, n° 3, p. 249.

l'annulation d'une sûreté réelle[222] ou d'une fiducie-sûreté[223]. Soit qu'il en institue spécialement en faveur de certains créanciers, aussi bien antérieurs[224] que postérieurs[225]. Au demeurant, cette seconde circonstance serait en mesure de justifier, à elle seule, l'existence d'un principe de considération des sûretés dans les répartitions (§ 1), sauf à insinuer que le droit des entreprises en difficulté soit édifié sous l'empire de la déraison. En outre, et ainsi que cela a été énoncé ci-dessus, ce principe est de première importance compte tenu de ce que les grands principes de la phase opératoire des répartitions, en tant qu'ils ont trait au déploiement des effets des sûretés, reposent sur la prise en compte de ces dernières. Aussi, en ce que le principe de considération des sûretés constitue le présupposé technique des grands principes opératoires, la délimitation précise de son domaine s'impose-t-elle (§ 2).

§ 1 : L'affirmation de l'existence d'un principe complexe

88. Le logique rôle cardinal de la notion de sûreté – Pour faire écho aux propos tenus dans le précédent développement, le fait que le droit des procédures collectives institue des sûretés au bénéfice de certains créanciers est un indice de ce qu'il considère ces dernières. Toutefois, il ne s'agit pas du seul élément autorisant à énoncer que le Droit affirme la prise en compte des sûretés dans les procédures collectives et, de manière plus spécifique, dans les répartitions. L'examen des attributs du principe de prise en compte des sûretés (A) démontre que ce principe est affirmé par le système juridique.

En elle-même, la notion de sûreté est délicate à appréhender en tant que catégorie juridique en ce qu'elle paraît n'être qu'un agrégat de mécanismes juridiques qui, pour certains, ne semblent se trouver ainsi réunis que par gauchissement d'une partie de leurs caractères. Puisque le principe de considération des sûretés dans les répartitions fait de cette notion son centre de gravité, il en emprunte nécessairement ses aspects, parmi lesquels figure la complexité. C'est donc au travers de l'indispensable étude des attributs de son objet (B), la sûreté, que ce principe révèlera ses caractères, et en particulier sa complexité ; et ce, d'autant plus que c'est à la faveur de

---

222. Art. L. 632-1, I, 6°, C. com., pour le redressement judiciaire, rendu applicable en liquidation judiciaire par L. 641-14, al. 1er, *in fine*, du même Code.
223. Art. L. 632-1, I, 9°, C. com., pour le redressement judiciaire, rendu applicable en liquidation judiciaire par L. 641-14, préc.
224. V. par ex. : art. L. 611-11, al. 1er, C. com. (privilège de conciliation) et art. L. 3253-2, al. 1er, C. trav. (superprivilège des salaires).
225. Art. L. 622-17, II, et L. 641-13, II, C. com.

l'analyse des attributs de son objet que son domaine, difficile à délimiter, pourra être examinée. Au demeurant, il n'est pas surprenant que la sûreté, en raison de ses attributs, joue ce double rôle consistant à permettre à la fois de délimiter le domaine du principe en cause et d'en apprécier les traits caractéristiques.

A. Les attributs du principe de considération des sûretés

89. Légitimité et relativité – Le principe de prise en compte des sûretés dans les répartitions présente deux caractéristiques essentielles. La première, sa légitimité (1), fait éminemment appel à la notion de sûreté. La seconde, sa relativité (2), résulte de la confrontation du droit des sûretés avec le droit des procédures collectives.

1. Un principe légitime

90. Une double légitimité – Le principe de prise en compte des sûretés est légitime à deux égards : d'une part, il dispose d'une assise textuelle solide (a), et d'autre part, il bénéficie d'une indiscutable légitimité fonctionnelle (b).

a. La légitimité textuelle du principe de prise en compte des sûretés

91. Le fondement textuel principal : l'article L. 643-8 du Code de commerce – Le fondement textuel du principe de prise en compte des sûretés se trouve constitué principalement par l'article L. 643-8 du Code de commerce[226], dont il faut concéder que la rédaction n'incline pas à en extraire un grand principe des répartitions. En effet, le texte semble procéder par prétérition en concentrant syntaxiquement son objet sur la répartition au marc le franc du produit de la liquidation et en agrégeant le paiement des créanciers privilégiés aux multiples distractions d'actifs. Pourtant, cette référence au règlement des créanciers privilégiés, bien qu'allusive, démontre précisément la latence du principe de considération des sûretés, car, pour qu'un créancier soit privilégié, encore faut-il considérer sa sûreté. De surcroît, l'article susmentionné doit être rapproché de celui dont il

---

[226]. Art. L. 643-8, al. 1er, C. com. : « *Le montant de l'actif, distraction faite des frais et dépens de la liquidation judiciaire, des subsides accordés au débiteur personne physique ou aux dirigeants ou à leur famille et des sommes payées aux créanciers* ***privilégiés****, est réparti entre tous les créanciers au marc le franc de leurs créances admises.* » (mise en gras par l'auteur de ces lignes). V. aussi les art. L. 643-4 et s., du même Code.

représente une finalisation, à savoir l'article L. 622-25 du même Code, selon lequel les créanciers à qui incombe l'obligation de déclarer leur créance doivent indiquer l'existence de leur sûreté dans leur déclaration. Dans la mesure où la déclaration de créance correspond à une condition de participation aux répartitions pour les créanciers assujettis à la discipline collective[227], le fait de porter sur la déclaration de créance l'existence de la sûreté apparaît comme une condition de participation aux répartitions à titre privilégié. En sorte qu'un créancier soumis à discipline collective ne pourra bénéficier de la règle prescrite par l'article L. 643-8 que s'il a satisfait aux exigences de l'article L. 622-25. Autrement dit, l'article L. 622-25 puise sa raison d'être dans l'article L. 643-8 qui, par contrecoup, lui donne tout son sens puisque l'obligation de déclarer sa sûreté n'a d'utilité que s'il est concomitamment prévu une prise en compte des sûretés, ce que traduit la présence d'un texte prescrivant le paiement des créanciers privilégiés dans les répartitions.

92. – En marge de sa légitimité textuelle, le principe de considération des sûretés bénéficie d'une indéniable légitimité fonctionnelle qu'il importe d'exposer de façon plus détaillée compte tenu des éléments sur laquelle elle repose.

b. La légitimité fonctionnelle du principe de prise en compte des sûretés

93. La légitimité du principe dictée par la nature de son propre objet – La légitimité du principe sous examen s'appuie essentiellement sur les fins auxquelles les sûretés entendent parvenir et sur le rôle prêté classiquement à ces dernières, rôle dérivant desdites fins. En d'autres termes, la prise en compte des sûretés dans les répartitions se justifie logiquement, et prend véritablement valeur de principe, en raison des objectifs (α) qu'elles se proposent d'atteindre ainsi que des fonctions (β) qui leur sont assignées corrélativement.

---

227. V. *supra* n°s 40 et s.

α. Les objectifs des sûretés

94. Un mécanisme à double détente – Les buts des sûretés s'évincent naturellement de « *l'idée de sûreté* »[228], car, en substance, les sûretés instituées légalement, judiciairement ou conventionnellement au profit d'un créancier visent l'amélioration de sa situation en regard du risque de survenance d'un défaut de paiement de la part de son débiteur. C'est ainsi que, d'un point de vue général, les sûretés constituent, en un sens, des mécanismes à double détente. Leur constitution tend à obvier à la survenance d'un défaut de paiement à l'endroit des créanciers au bénéfice desquels elles sont établies en leur conférant une chance supplémentaire d'obtenir paiement de leur créance[229]. Et dans l'éventualité où les sûretés ne parviendraient pas à conjurer le défaut de paiement, leur réalisation a vocation à en atténuer les affres en assurant néanmoins aux créanciers une satisfaction totale ou partielle. Par prolongement, il est affirmé traditionnellement que les sûretés permettent aux créanciers de se prémunir contre l'insolvabilité de leurs débiteurs[230].

95. – Eu égard aux objectifs pour la satisfaction desquels une sûreté est constituée, et en particulier celui consistant à prémunir un créancier

---

228. Selon la formule de M. CABRILLAC, Ch. MOULY, S. CABRILLAC et Ph. PÉTEL, *Droit des sûretés*, coll. « Manuel », LexisNexis, 10e éd., 2015, n° 2 *in limine*. Comp. : Avant-projet H. CAPITANT, art. 2286.

229. Ou en « *diminuant* [leurs] *risques de ne pas* [être payés] ... », selon F. PÉROCHON, *Le choix de garanties efficaces*, Interv. Colloque *Le droit des entreprises en difficulté à l'épreuve de la crise économique*, *BJE* sept. 2012, n° 5, p. 321, n° 1.

230. V. not. : Ch. ALBIGES et M.-P. DUMONT-LEFRAND, *Droit des sûretés*, coll. « HyperCours », Dalloz, 6e éd., 2017, nos 1 et 3 ; M. BOURASSIN, V. BRÉMOND et M.-N. JOBARD-BACHELLIER, 5e éd., nos 3 et 8 ; M. CABRILLAC, Ch. MOULY, S. CABRILLAC et Ph. PÉTEL, 10e éd., n° 4 ; Ph. MALAURIE, L. AYNÈS et P. CROCQ, *Droit des sûretés*, coll. « Droit civil », LGDJ - Lextenso, 10e éd., 2016, n° 1 ; H., L. et J. MAZEAUD et F. CHABAS, *Sûretés. Publicité foncière*, t. III, 1er vol., par Y. PICOD, Montchrestien, 7e éd., 1999, n° 2 ; D. LEGEAIS, *Droit des sûretés et garanties du crédit*, coll. « Manuel », LGDJ - Lextenso, 11e éd., 2016, n° 2 *in limine*; S. PIEDELIÈVRE, *Droit des sûretés*, coll. « Cours magistral », Ellipses, 2e éd., 2015, nos 5 à 15 ; J.-B. SEUBE, *Droit des sûretés*, coll. « Cours », Dalloz, 7e éd., 2014, n° 1 ; Ph. SIMLER et Ph. DELEBECQUE, 7e éd., n° 2. Comp. : J. MESTRE, E. PUTMAN et M. BILLIAU, *Traité de droit civil*, J. GHESTIN (dir.), *Droit commun des sûretés réelles*, coll. « Traités », LGDJ, 1996, n° 3, pour qui les sûretés réelles ne constituent pas à proprement parler des garanties contre l'insolvabilité mais relèvent davantage de la catégorie des garanties de paiement ou de crédit.

contre l'insolvabilité de son débiteur, il est possible de mesurer l'importance du rôle que les sûretés sont appelées à jouer, tant dans le cadre des procédures collectives qu'en dehors.

β. Les fonctions des sûretés

96. Un vecteur de confiance – Au regard des objectifs à l'accomplissement desquels sont destinées les sûretés, ces dernières apparaissent comme vecteur de confiance, et partant, source de crédit[231]. À dire vrai, les sûretés sont devenues, *de facto*, une condition de l'octroi de crédit par les établissements habilités à cette fin[232]. À cet égard, certains auteurs livrent une très éclairante explication en mettant en évidence le lien entre le caractère presque indispensable des sûretés et la règlementation prudentielle, prescrite par les Accords de Bâle III, relative aux exigences de fonds propres pesant sur les établissements de crédit[233]. Ainsi garanties et crédit sont-ils indissociables[234]. Sous cet angle, les sûretés s'entendent de mécanismes de nature à instaurer une relation de confiance accrue entre les opérateurs économiques. En somme, les sûretés sont des instruments juridiques destinés à pallier l'insécurité, tant juridique qu'économique.

---

231. M. BOURASSIN, V. BRÉMOND et M.-N. JOBARD-BACHELLIER, 5e éd., nos 2 et 3 ; M. CABRILLAC, Ch. MOULY, S. CABRILLAC et Ph. PÉTEL, 10e éd., no 5 ; Ph. MALAURIE, L. AYNÈS et P. CROCQ, 10e éd., no 1 ; J. MESTRE, E. PUTMAN et M. BILLIAU, vol. I, no 2, qui soulignent avec justesse le paradoxe de la chose puisque « *prendre une sûreté, c'est, fondamentalement, ne pas faire confiance au débiteur...* » ; D. LEGEAIS, 11e éd., no 2 ; S. PIEDELIÈVRE, 2e éd., no 10 ; J.-B. SEUBE, 7e éd., préc. ; Ph. SIMLER et Ph. DELEBECQUE, 7e éd., préc.

232. M. BOURASSIN, V. BRÉMOND et M.-N. JOBARD-BACHELLIER, 5e éd., no 3 *in fine* ; M. CABRILLAC, Ch. MOULY, S. CABRILLAC et Ph. PÉTEL, 10e éd., préc., *in limine* ; Ph. SIMLER et Ph. DELEBECQUE, 7e éd., préc., qualifiant les sûretés « ***d'auxiliaires du crédit*** » (en gras dans l'ouvrage). ***Adde*** P. CROCQ, *Propriété et garantie*, préf. M. GOBERT, coll. « Bibl. dr. privé », t. 248, LGDJ, 1995, no 1 *in fine*.

233. Ph. MALAURIE, L. AYNÈS et P. CROCQ, 10e éd., no 7 : en substance, la teneur des exigences de fonds propres dépend de l'exposition au risque, réduite en présence de sûretés.

234. M. CABRILLAC, Ch. MOULY, S. CABRILLAC et Ph. PÉTEL, 10e éd., préc. ; Ph. MALAURIE, L. AYNÈS et P. CROCQ, 10e éd., no 1, énonçant lapidairement que « *sans sûreté, pas de crédit...* » ; D. LEGEAIS, 11e éd., préc. ; S. PIEDELIÈVRE, 2e éd., no 24 *in fine* ; Ph. SIMLER et Ph. DELEBECQUE, 7e éd., préc., qui estiment que les sûretés « *sont les irremplaçables* ***auxiliaires du crédit*** » (en gras dans l'ouvrage).

97. La parenté entre sûretés et procédures collectives ou la source conceptuelle d'un lien intime par nature – En outre, bien qu'une procédure collective corresponde à la réalisation du risque en prévision duquel a été constituée une sûreté, et bien qu'elle puisse apparaître ainsi comme un coup porté à la relation de confiance établie entre créancier et débiteur, le droit des sûretés et celui des procédures collectives n'en demeurent pas moins unis par un lien de parenté manifeste, pour filer métonymiquement la métaphore de Monsieur le Professeur LEGEAIS[235]. Certes ces droits sont-ils « *souvent des frères ennemis* »[236], mais l'ardeur de cet antagonisme fraternel ne doit pas faire oublier leur appartenance à la même famille : celle du droit du crédit[237]. Cette famille, si elle est *a priori* peu nombreuse, se compose néanmoins de véritables mastodontes, à savoir le droit bancaire, le droit des sûretés et le droit des procédures collectives[238]. En dépit d'une identification distincte, qui n'est que la résultante d'une segmentation artificielle d'un ensemble cohérent[239], le droit des sûretés et celui des procédures collectives « *sont intimement liés* »[240] par nature.

98. La révélation de l'efficacité d'une sûreté par les procédures collectives ou la source fonctionnelle d'un lien inextricable – Par ailleurs, si l'essence de ces droits explique le rapport souvent conflictuel qu'ils entretiennent, il faut néanmoins faire état de ce que leurs rôles et logiques respectifs mettent en exergue leur complémentarité fonctionnelle puisque, au regard des finalités même des sûretés, l'intervention d'une procédure collective représente l'hypothèse dans laquelle une sûreté révèle son

---

235. D. LEGEAIS, *L'appréhension du droit des sûretés par l'ordonnance du 18 décembre 2008*, Interv. Colloque *Sûretés réelles et droit des entreprises en difficulté,* Nice 20 mars 2010, *LPA* 11 févr. 2011, n° 30, p. 27, *in limine*, s'exprimant en ces termes : « *les spécialistes du droit du crédit forment une grande famille.* ».

236. *Ibid.*

237. *Ibid. Adde* D. LEGEAIS, 11e éd., n° 1.

238. D. LEGEAIS, 11e éd., préc. Comp. : J.-B. SEUBE, 7e éd., n° 2, qui agrandit la famille en y incluant le droit des sociétés et le droit des régimes matrimoniaux, et en signalant que le droit des sûretés est un « ***droit au cœur du droit*** » (en gras dans l'ouvrage).

239. D. LEGEAIS, 11e éd., préc., expliquant que l'étude fragmentée du droit du crédit procède d'impératifs académiques et éditoriaux.

240. Expression empruntée à P. CROCQ, *La réforme des procédures collectives et le droit des sûretés*, *D.* 2006. 1306, n° 1. *Adde* not. sur ce lien : D. LEGEAIS, 11e éd., préc. et art. préc., *in limine* ; S. FARHI, *Fiducie-sûreté et droit des entreprises en difficulté. Étude de l'efficacité du mécanisme*, préf. P.-M. LE CORRE, coll. « Bibl. dr. entr. diff. », t. 6, LGDJ, 2016, n° 8 ; M. CABRILLAC, Ch. MOULY, S. CABRILLAC et Ph. PÉTEL, 10e éd., n° 8, qui parlent de « *compénétration* » de ces droits.

efficacité véritable[241]. Cela signifie que la confrontation d'une sûreté à une procédure collective constitue l'examen que doit subir impérieusement toute sûreté pour convaincre de sa vitalité. En effet, une procédure collective dévoile le paroxysme de l'efficience d'une sûreté en ce qu'elle est l'incarnation d'une conjoncture dans laquelle un débiteur se trouve le plus souvent en état de cessation des paiements, c'est-à-dire un état où se constate immuablement un défaut de paiement, non à l'endroit d'un seul créancier, mais à l'égard d'une collectivité de créanciers. En sorte que dans le cadre d'une procédure collective, un créancier titulaire d'une sûreté en confrontera l'efficacité à celle des sûretés détenues par les autres créanciers.

99. Une nécessaire double faculté de résistance – Ainsi la force d'une sûreté s'apprécie-t-elle à l'aune de son aptitude à procurer satisfaction à son titulaire nonobstant l'intervention d'une procédure collective. Ce qui exigera de la sûreté une double faculté de résistance. D'une part, cela présuppose sa capacité à résister à la procédure elle-même[242] : il est possible de songer, par anticipation, au droit de rétention fictif de droit commun[243] – en postulant qu'il s'agit d'une sûreté[244] –, inopposable aux procédures de sauvegarde et de redressement judiciaire par le seul effet du

---

241. Cette idée est si largement admise en doctrine que la bibliographie y afférente est incroyablement nourrie, pour ne pas dire colossale. Toute tentative de la reporter exhaustivement serait perpétuelle, et en tant que telle, condamnée à l'inanité. Ainsi, v. parmi bien d'autres : S. FARHI, *op. cit.*, préc. ; C. HOUIN-BRESSAND et F. PÉROCHON, *Quelle efficacité pour l'hypothèque unique dans le droit des procédures collectives ?*, *RDBF* mars 2016, doss. n° 16, n° 1 ; Ph. ROUSSEL GALLE, *Les sûretés réelles et le droit des entreprises en difficulté*, *RDBF* sept. 2014, doss. n° 38, n° 3 ; O. GOUT, *Les sûretés face aux procédures collectives*, *JCP N* 2012. 1339, n° 1 ; P.-M. LE CORRE, *Les incidences de la réforme du droit des sûretés sur les créanciers confrontés aux procédures collectives*, *JCP E* 2007. 1185, n° 1 ; P. CROCQ, art. préc. ; Ph. DELEBECQUE, *Sûretés réelles et procédures collectives*, *Dr. et patr.* juill. 2002, n° 106, *in limine* ; F. VAUVILLÉ et J.-M. COQUEMA, *Le créancier hypothécaire dans la procédure*, *Dr. et patr.* juin 2001, n° 94, *in limine* ; S. PIEDELIÈVRE, *La mise en œuvre des sûretés réelles dans les procédures collectives*, *LPA* 20 sept. 2000, n° 188, p. 12, v. sp. n°s 1 et 2 ; M. BOURASSIN, V. BRÉMOND et M.-N. JOBARD-BACHELLIER, 5e éd., n°s 40 et 75 ; J.-B. SEUBE, 7e éd., n° 491.

242. Comp. : S. FARHI, *op. cit.*, préc., évoquant le « cuneum formate *de la procédure collective* ». Le *cuneum formate* étant une « *technique d'infanterie romaine permettant de briser et écraser les lignes ennemies.* » (déf. rapportée par l'auteur).

243. Art. 2286, 4°, C. civ.

244. Postulat reposant sur le libellé du Livre IV du C. civ. : « *Des sûretés* », au sein duquel s'incorpore l'art. 2286 préc. Comp. : Avant-projet H. CAPITANT, art. 2327, 4°, inclus dans le Titre II dénommé « *Des sûretés réelles* ».

jugement d'ouverture[245], ou encore à la fiducie-sûreté, pouvant être paralysée en période d'observation par le jeu des règles relatives à la continuation des contrats en cours, lorsque s'y adjoint une convention de mise à disposition[246]. D'autre part, cela implique qu'elle soit susceptible de résister aux sûretés de chacun des autres créanciers, c'est-à-dire qu'elle doit conférer à son titulaire le droit de primer les autres quant à l'ordre des paiements[247]. En résumé, la sûreté fiable s'entend de celle permettant à son titulaire de ne pas succomber aux deux lois terrassantes auxquelles il se heurte en cas de procédure collective de son débiteur : la loi de la procédure et la loi du concours. C'est pourquoi il a pu se constater chez les agents économiques une propension à la recherche d'une situation, non de primauté mais d'exclusivité[248] ; ce que traduit le développement des mécanismes ayant pour objet, ou pour effet, de placer un créancier dans une telle situation[249].

100. – Il en résulte que l'éventualité d'une procédure collective oriente le choix d'un créancier quant à la sûreté devant assortir sa créance[250], et ce parce que dans le monde des affaires, l'intervention d'une telle procédure manifeste la réalisation du risque suprême dans l'optique duquel un créancier décide de constituer une sûreté. Le consensus doctrinal qui s'est formé autour de l'idée selon laquelle les procédures collectives sont révélatrices de l'efficacité d'une sûreté semble attester de la véracité du phénomène. Par contrecoup, non contente de se justifier pleinement,

---

245. Art. L. 622-7, I, al. 2, C. com. pour la sauvegarde, rendu applicable en redressement judiciaire par L. 631-14, al. 1er, du même Code.

246. En raison du jeu concomitant des art. L. 622-13, VI, et L. 622-23-1 C. com., pour la sauvegarde, rendus applicables en redressement judiciaire par L. 631-14, préc.

247. Comp. : J.-B. SEUBE, 7e éd., n° 3 : « *chaque créancier cherche à disposer de la sûreté la plus efficace pour évincer les autres...* ».

248. F. MACORIG-VENIER, *L'exclusivité*, Interv. Colloque *Sûretés réelles et droit des entreprises en difficulté*, Nice 20 mars 2010, *LPA* 11 févr. 2011, n° 30, p. 59, qui précise que « *L'exclusivité* [...] *attire, fascine...* » puisque dans « *un monde où la compétition est exacerbée, le rêve caressé n'est plus seulement d'être le premier, ou même seulement parmi les premiers, mais d'être hors concours* ». *Adde* D. LEGEAIS, 11e éd., n° 735 ; S. FARHI, *op. cit.*, n° 16 *in fine*. Rappr. : J.-B. SEUBE, 7e éd., n° 474.

249. P. CROCQ, *op. cit.*, nos 1 *in fine*, 4 *in limine* et 62 ; S. FARHI, *op. cit.*, préc. *Adde* M. BOURASSIN, V. BRÉMOND et M.-N. JOBARD-BACHELLIER, 5e éd., n° 649.

250. V. not. : D. LEGEAIS, *La réforme des sûretés, la fiducie et les procédures collectives*, *Rev. sociétés* 2007. 687, nos 2 et 4, et art. préc. (introduction). *Adde* D. LEGEAIS, 11e éd., nos 433 et s. Rappr. : S. FARHI, *op. cit.*, préc. ; J. MESTRE, E. PUTMAN et M. BILLIAU, vol. I, n° 518 *in limine*.

l'existence d'une prise en compte des sûretés dans les répartitions participe à la finalisation du droit des sûretés par le droit des procédures collectives, ce qui légitime l'érection de la considération des sûretés dans les répartitions en véritable principe. En effet, à défaut de reconnaissance d'une telle valeur, le droit des sûretés serait, non totalement, mais éminemment vidé de son sens, pour ne pas dire privé de sa raison d'être.

101. La relativisation du principe – Aussi logiques et légitimes la prise en compte des sûretés dans les répartitions et sa corrélative valeur de principe puissent-elles être, l'application des règles du droit des entreprises en difficulté conduira, directement ou indirectement, à l'absence de considération de tout ou partie des sûretés lors de la phase distributive. Cet effet de l'application des règles gouvernant les procédures collectives correspond à l'un des attributs caractéristiques de leur droit : son impérialisme. Il s'ensuit que malgré l'impérieuse nécessité de la reconnaissance du principe de prise en compte des sûretés, et en dépit de la généralité que suggère son libellé, sa portée effective n'est pas absolue.

2. Un principe relatif

102. L'impérialisme du droit des procédures collectives : la cause de la relativité du principe – De façon classique, le droit des procédures collectives est qualifié d'impérialiste[251], tant il est vrai qu'à maints égards, ce qualificatif lui sied parfaitement. En effet, cette formule fort évocatrice est usitée en doctrine pour désigner le phénomène récurrent selon lequel le droit des procédures collectives ressort victorieux du conflit l'opposant à une autre branche juridique en cas d'incompatibilité des règles afférentes aux

---

[251]. V. par ex. : Ph. ROUSSEL GALLE, *L'impérialisme du droit des procédures collectives et les droits de préemption ruraux*, obs. ss Com. 15 oct. 2002, n°s 98-21.669 et 99-17.765, *Bull. civ.* IV, n°s 144 et 143, Civ. 3e, 5 févr. 2003, n° 01-17.145, *Bull. civ.* III, n° 28 et Com. 18 mars 2003, n° 99-20.122, NP, *LPA* 14 juill. 2003, n° 139, p. 8 ; J. HAUSER, *Pas d'incapable en droit des affaires : l'impérialisme du droit des procédures collectives, RTD civ.* 1999. 359, obs. ss Com. 8 déc. 1998, n° 96-15.315, *Bull. civ.* IV, n° 292 ; S. CABRILLAC, *L'impossibilité pour les créanciers du conjoint in bonis de saisir ses gains et salaires ou l'impérialisme des procédures collectives*, n. ss Com. 16 nov. 2010, n° 09-68.459, *Bull. civ.* IV, n° 176, *BJE* mai 2011, n° 2, p. 150 ; G. SERRA, *Baux commerciaux et procédures collectives : l'arrêt de l'Assemblée plénière du 7 mai 2004 et le déclin de l'impérialisme du droit des procédures collectives*, n. ss Ass. plén. 7 mai 2004, n° 02-13.225, *Bull. ass. plén.* n° 9, *LPA* 8 déc. 2004, n° 245, p. 7 ; P. HILT, *L'impérialisme du droit des entreprises en difficultés : nouvelle illustration !, AJ fam.*2005. 407, n. ss Com. 4 nov. 2005, n° 04-12.610, *Bull. civ.* IV, n° 193.

branches en cause[252]. En d'autres termes, quand se pose la question de savoir quel corps de règles appliquer dans l'hypothèse où la combinaison des deux régimes en présence est impossible, le plus souvent, le droit des procédures collectives l'emporte et reçoit conséquemment application exclusive. En somme, le vocable impérialiste est employé pour traduire l'idée d'un droit prédominant : le droit des procédures collectives a vocation à primer les autres.

103. L'impérialisme du droit des procédures collectives et le droit des sûretés – Concernant l'influence du droit des procédures collectives sur le droit des sûretés, l'impérialisme du premier se matérialise directement dans le droit commun du second, autrement dit dans le Livre du Code civil consacré aux sûretés, sous la forme d'un article *ad hoc*[253] fournissant une règle de conflit limpide : la prééminence du droit des procédures collectives[254], et ce dans la mesure où il est énoncé que les dispositions du Livre susmentionné ne font pas obstacle aux règles prévues en cas d'ouverture d'une procédure collective. C'est dire que le droit des sûretés lui-même instaure expressément sa soumission au droit des entreprises en difficulté[255], non sans intervertir les rôles des Codes auxquels se rattache chacune de ces branches juridiques puisqu'en la matière, le Code civil devient dérogatoire par rapport au Code de commerce[256]. En cela, il est indiqué sans équivoque que les sûretés ne pourront produire leurs effets qu'à la condition que le droit des procédures collectives n'y fasse pas obstacle de manière frontale et que les exigences posées par ce dernier soient respectées.

Dans les rapports entre droit des procédures collectives et droit des sûretés, une manifestation extrême de cet impérialisme aurait pu aboutir à une absence totale de prise en compte des sûretés dans les répartitions, à la faveur d'une compréhension captieuse du principe d'égalité des créanciers – principe dont le libellé est lui-même fallacieux[257]. Tel n'est pas l'état du droit positif. Certes le principe de neutralité du droit des procédures collectives,

---

252. V. par ex. : réf. cit. *supra* note précédente.

253. Art. 2287 C. civ. Comp. : Avant-projet H. CAPITANT, art. 2287.

254. Rappr. : D. LEGEAIS, *La réforme des sûretés, la fiducie et les procédures collectives*, *Rev. sociétés* 2007. 687, n° 2.

255. D. LEGEAIS, 11e éd., n° 25.

256. P. CROCQ, art. préc., n° 5. *Adde* L. AYNÈS, *La réforme du droit des sûretés par l'ordonnance n° 2006-346 du 23 mars 2006. Présentation générale de la réforme*, *D.* 2006. 1289, *in limine*.

257. En ce sens : N. GHALIMI, *Le traitement différencié des créanciers dans les plans de sauvegarde et de redressement*, *LPA* 19 déc. 2014, n° 253, p. 4, n° 12.

qu'appelle de ses vœux une partie de la doctrine[258], n'est-il pas consacré, mais, si le droit des procédures collectives est impérialiste, il n'est pas pour autant absolutiste. En effet, bien que le droit des entreprises en difficulté malmène les sûretés en perturbant notablement le déploiement de leurs effets, il tient compte, par principe, de ces dernières dans les répartitions. Aussi reste-t-il à déterminer comment se manifeste concrètement cet impérialisme à la lumière de la considération des sûretés dans les répartitions. Ce qui, somme toute, équivaut à se demander comment le droit des procédures collectives soumet le droit des sûretés.

104. La présentation synoptique de la méthode suivie – Une fois énoncée et justifiée la relativité de la portée du principe sous examen, encore faut-il expliciter la démarche au terme de laquelle se dégagera la portée effective de ce principe ; ce qui, somme toute, reviendra à déterminer les critères de prise en compte des sûretés dans les répartitions. Pour identifier ces critères de considération, il importe de délimiter préalablement le domaine du principe étudié présentement. En effet, la délimitation du domaine procurera les éléments à partir desquels pourra s'opérer le travail d'induction par lequel se dévoileront les critères de prise en compte. Or, pour ce faire, il faut préciser en amont ce qu'il convient d'entendre par la notion de sûreté dans la mesure où cette dernière incarne l'objet du principe en question. Ainsi la chronologie des développements est-elle donnée en ce qu'il s'agira de présenter les attributs de l'objet du principe de considération des sûretés avant d'approcher le domaine de ce dernier. Une fois ce résultat obtenu, après induction, seront fournis les critères de considération des sûretés. Partant, la portée effective du principe sous examen sera livrée et sa compréhension précise possible.

B. Les attributs de l'objet du principe de considération des sûretés

105. La notion de sûreté – Puisque la sûreté représente l'institution sur laquelle s'exerce la cause de la relativité du principe dont elle constitue l'ossature, son analyse correspond à l'incontournable point de départ de toute étude consacrée à celui-ci. L'enjeu n'est ni purement académique, ni simplement didactique. En premier lieu, approcher autant que faire se peut l'essence de cette notion s'avère nécessaire afin d'être en mesure d'assigner un sens et une portée, tant aux différents textes tendant à la considération des

---

258. De façon nette : D. LEGEAIS, 11e éd., préc., et art. préc., n° 2. En ce sens, semble-t-il : M. BOURASSIN, V. BRÉMOND et M.-N. JOBARD-BACHELLIER, 5e éd., n° 1218, jugeant l'impérialisme des procédures collectives « *pour le moins discutable...* ».

sûretés qu'à ceux dont l'objet, ou l'effet, s'inscrit précisément dans la perspective contraire. Et en second lieu, ainsi qu'il le sera approfondi par la suite, la portée du principe sous inspection variera mécaniquement selon la conception de la sûreté qu'il est décidé de faire prévaloir. En effet, si au regard de l'ensemble des éléments susmentionnés, l'idée même de sûreté commande l'existence d'un éminent principe dont l'objet est d'en tenir compte dans les répartitions, et nonobstant, de manière globale, un agencement du dispositif légal en ce sens, encore faut-il faire mention de ce que le cœur du principe, la notion de sûreté, demeure, sinon insaisissable[259] (1), à tout le moins peu intelligible (2).

1. L'insaisissable notion de sûreté

106. L'appréhension délicate d'une notion approximative – Bien que le législateur ait disséminé les références au concept de sûreté au sein de notre dispositif normatif en en faisant le centre de gravité de divers textes[260], et qu'ainsi, le sens à donner à ces derniers soit fonction de la compréhension qui est faite de la notion de sûreté[261], il est à déplorer qu'aucune définition n'en ait été fournie légalement. Apporter une telle définition devint conséquemment une tâche à l'accomplissement de laquelle s'est évertuée logiquement la doctrine. Or, définir la sûreté est apparu comme un exercice des plus délicats, et ce à tel point que certains qualifièrent d'impossible une telle entreprise[262]. Dans une optique similaire, d'autres auteurs estiment que la notion de sûreté est « *difficile à définir* »[263], voire « *rebelle à la définition* »[264], de sorte que toute définition serait « *nécessairement vague* »[265]. Ne serait-ce que saisir l'essence profonde de la sûreté s'avère ardue, comme en témoigne la multiplicité des substantifs

[259]. Rappr. : M. CABRILLAC, Ch. MOULY, S. CABRILLAC et Ph. PÉTEL, 10e éd., n° 2, qui évoquent : « ***L'introuvable notion de sûreté.*** » (en gras dans l'ouvrage).
[260]. V. par ex. art. 1305-5 et 1752 C. civ. ou encore L. 622-8, al. 2, L. 622-25, al. 1er et L. 622-28, al. 1er, C. com.
[261]. V. not. : Ph. SIMLER et Ph. DELEBECQUE, 7e éd., n° 37 *in limine* ; D. LEGEAIS, 11e éd., n° 20 *in fine*.
[262]. Ph. THÉRY, *Sûretés et publicité foncière*, coll. « Droit fondamental », PUF, 2e éd., 1998, n° 6.
[263]. M. CABRILLAC, Ch. MOULY, S. CABRILLAC et Ph. PÉTEL, 10e éd., préc. *Adde* P. Crocq, *op. cit.*, n° 265.
[264]. J.-B. SEUBE, 7e éd., n° 4.
[265]. M. CABRILLAC, Ch. MOULY, S. CABRILLAC et Ph. PÉTEL, 10e éd., préc.

employés pour l'appréhender fondamentalement : maintes fois notion[266], souvent mécanisme[267], parfois institution[268], quelquefois concept[269], la sûreté exhale l'approximation[270]. Son caractère hétéroclite la rend réfractaire à toute catégorisation juridique homogénéisée et la disqualifie de toute compréhension unitaire[271]. En somme, ainsi que l'ont résumé fort élégamment certains spécialistes de la matière, « *la sûreté n'est pas une notion, ce n'est qu'une étiquette qui s'accommode du disparate* »[272] – c'est dire le désagrément éprouvé compte tenu de ce que le principe en question repose pleinement sur la notion de sûreté.

2. Une notion peu intelligible

107. Une notion, deux conceptions – Quoique la notion de sûreté ne puisse-t-elle être trouvée, toujours est-il que la doctrine s'ingénie inflexiblement à en proposer une définition. Mais alors, outre les nombreuses définitions ainsi dégagées et se rejoignant sensiblement[273],

---

266. Ch. ALBIGES et M.-P. DUMONT-LEFRAND, 6e éd., nos 6, 7 et 362 ; M. CABRILLAC, Ch. MOULY, S. CABRILLAC et Ph. PÉTEL, 10e éd., préc. ; P. CROCQ, *op. cit.*, nos 264 et s. ; D. LEGEAIS, 11e éd., nos 20 et s. ; J. MESTRE, E. PUTMAN et M. BILLIAU, vol. I, nos 1, 5, 6 et 9 ; J.-B. SEUBE, 7e éd., préc. ; Ph. SIMLER et Ph. DELEBECQUE, 7e éd., préc. ; H., L. et J. MAZEAUD et F. CHABAS, *op. cit.*, no 5-1.

267. M. BOURASSIN, V. BRÉMOND et M.-N. JOBARD-BACHELLIER, 5e éd., no 8 ; D. LEGEAIS, 11e éd., préc. ; J.-B. SEUBE, 7e éd., no 1.

268. P. CROCQ, *op. cit.*, no 266 ; Ph. MALAURIE, L. AYNÈS et P. CROCQ, 10e éd., no 1 ; J. MESTRE, E. PUTMAN et M. BILLIAU, vol. I, no 5.

269. P. CROCQ, *op. cit.*, no 264 ; Ph. SIMLER et Ph. DELEBECQUE, 7e éd., préc. ; H., L. et J. MAZEAUD et F. CHABAS, *op. cit.*, préc.

270. *Contra* P. CROCQ, *op. cit.*, nos 261 et s., sp. no 282.

271. Rappr. : M. CABRILLAC, Ch. MOULY, S. CABRILLAC et Ph. PÉTEL, 10e éd., préc., pour qui « *l'emploi fréquent du pluriel est significatif de l'impossibilité de réunir dans un concept unique* [...] *les sûretés personnelles et les sûretés réelles* ». *Contra* P. CROCQ, *op. cit.*, nos 264 et 282, qui considère que « *le concept est unitaire* » et pour qui « *il apparaît que l'on peut donner à la notion de sûreté un contenu unitaire et précis...* ».

272. M. CABRILLAC, Ch. MOULY, S. CABRILLAC et Ph. PÉTEL, 10e éd., préc. V. *Contra* P. CROCQ, *op. cit.*, préc.

273. V. les déf. proposées par Ch. ALBIGES et M.-P. DUMONT-LEFRAND, 6e éd., no 7 ; M. BOURASSIN, V. BRÉMOND et M.-N. JOBARD-BACHELLIER, 5e éd., no 8 ; M. CABRILLAC, Ch. MOULY, S. CABRILLAC et Ph. PÉTEL, 10e éd., nos 2 et 4 ; D. LEGEAIS, 11e éd., préc. ; Ph. MALAURIE, L. AYNÈS et P. CROCQ, 10e éd., nos 1 et 2 ; J. MESTRE, E. PUTMAN et M. BILLIAU, vol. I, nos 5 et 9 ; S. PIEDELIÈVRE, 2e éd.,

la question se déporte invariablement vers les différentes conceptions de la notion de sûreté[274], différence qui gouverne la distinction faite entre sûreté et garantie[275]. En substance, deux approches s'opposent en la matière, l'une conceptuelle, l'autre fonctionnelle ; la première se veut catégorielle et restrictive (a), tandis que la seconde est finaliste et extensive (b).

a. La restrictive approche catégorielle de la notion de sûreté

108. L'approche conceptuelle – L'approche conceptuelle, ou classique, à laquelle la doctrine destine majoritairement sa prédilection[276], consiste à envisager la sûreté comme un concept circonscrit avec précision, faisant office de véritable catégorie juridique et comprenant ses propres critères à défaut de réunion desquels l'institution ou le mécanisme sous inspection ne peut prétendre valablement à la qualification de sûreté et, par voie de conséquence, ne peut être assujetti automatiquement au régime

---

n°s 16 et 17 ; J.-B. SEUBE, 7e éd., n°s 1, 4 et 18 ; Ph. SIMLER et Ph. DELEBECQUE, 7e éd., préc.

[274]. V. not. sur la question : P. CROCQ, *op. cit.*, n°s 261 à 297. *Adde* Ch. ALBIGES et M.-P. DUMONT-LEFRAND, 6e éd., n°s 7 et s. ; M. BOURASSIN, V. BRÉMOND et M.-N. JOBARD-BACHELLIER, 5e éd., n°s 8 et s. ; M. CABRILLAC, Ch. MOULY, S. CABRILLAC et Ph. PÉTEL, 10e éd., n°s 2 et s. ; D. LEGEAIS, 11e éd., préc. ; Ph. MALAURIE, L. AYNÈS et P. CROCQ, 10e éd., n°s 2 et s. ; J. MESTRE, E. PUTMAN et M. BILLIAU, vol. I, n°s 5 et s. ; S. PIEDELIÈVRE, 2e éd., n°s 16 et s. ; J.-B. SEUBE, 7e éd., n°s 18 et s. ; Ph. SIMLER et Ph. DELEBECQUE, 7e éd., préc. ; H., L. et J. MAZEAUD et F. CHABAS, *op. cit.*, préc.

[275]. V. réf. cit. *supra* note précédente. *Adde* C. GINESTET, *La qualification des sûretés (première partie)*, *Defr.* 30 janv. 1999, n° 2, p. 80, n°s 6 et s.

[276]. En ce sens : P. CROCQ, *op. cit.*, n°s 261 à 297, sp. n° 287, qui, en tant que principal artisan de la mise en exergue de la distinction entre sûreté et garantie, a démontré que la notion de sûreté est conceptuelle et que celle de garantie est fonctionnelle. *Adde* not. M. CABRILLAC, Ch. MOULY, S. CABRILLAC et Ph. PÉTEL, 10e éd., n° 4, qui se positionnent en faveur d'une approche conceptuelle de la sûreté par laquelle cette dernière intègre un « *sous-ensemble* » s'inscrivant « *dans l'ensemble constitué par les garanties...* » ; Ph. MALAURIE, L. AYNÈS et P. CROCQ, 10e éd., n° 2 ; D. LEGEAIS, 11e éd., n° 20, pour qui tous les mécanismes utilisés à des fins de garanties sont des techniques qui « *ne sauraient* [...] *être assimilées* » car « le terme de sûreté a un sens juridique précis *qu'il convient de lui conserver* » ; S. PIEDELIÈVRE, 2e éd., n° 16, qui estime préférable « *au plan juridique de s'en tenir à une conception stricte...* » ; Ch. ALBIGES et M.-P. DUMONT-LEFRAND, 6e éd., n° 7, pour lesquels tous les mécanismes ayant une fonction de garantie ne bénéficient pas des « *particularités des sûretés au sens strict.* » ; J. MESTRE, E. PUTMAN et M. BILLIAU, vol. I, n°s 2 et s., sp. n° 5 ; C. GINESTET, art. préc., n° 2, 5 et s. ; H., L. et J. MAZEAUD et F. CHABAS, *op. cit.*, préc.

afférent à la notion, régime qui aura été nécessairement dégagé, et organisé, sur la base d'un tronc commun, de principes « *invariants* »[277] – sans quoi ne saurait se concevoir une véritable catégorie juridique. Dès lors, déceler quels sont ces principes caractéristiques de la notion de sûreté est impératif. Certes celle-ci tolère-t-elle de multiples définitions, le plus souvent propres à leurs auteurs, mais toutes devront satisfaire aux exigences dictées par la nature de leur objet.

Si préférence est donnée à cette approche, alors la notion de sûreté – en tant qu'espèce se rapportant au genre qui la transcende naturellement – se subsume sous la notion de garantie[278]. L'orthodoxie juridique ordonnerait en conséquence de n'appréhender que les mécanismes qualifiables de sûretés lorsqu'un texte s'y réfère spécifiquement, et imposerait symétriquement d'écarter du champ d'application de pareil texte les garanties étant insusceptibles de recevoir la qualification de sûreté à l'aune des critères de qualification propres à cette notion. Autrement dit, l'approche catégorielle de la notion de sûreté implique *ipso facto* une application restrictive de tout texte visant les sûretés.

109. – L'approche restrictive et catégorielle de la notion de sûreté, qui tend à faire de cette dernière un concept défini avec précision et à laquelle souscrit une partie importante de la doctrine, ne suscite pas de consensus doctrinal ; une fraction minoritaire de la doctrine, dans un souci de pragmatisme, préfère en effet retenir une approche extensive et finaliste de la notion.

---

[277]. Selon la formule de J. MESTRE, E. PUTMAN et M. BILLIAU, vol. I, n° 5.

[278]. En ce sens, v. l'expression aphoristique de Ph. MALAURIE, L. AYNÈS et P. CROCQ, 10e éd., préc. : « *La sûreté est donc une garantie* […] *Mais toute garantie n'est pas une sûreté.* ». *Adde* M. CABRILLAC, Ch. MOULY, S. CABRILLAC et Ph. PÉTEL, 10e éd., préc., qui, préconisant d'isoler « *dans l'ensemble constitué par les garanties le sous-ensemble formé par les sûretés…* », indiquent souscrire à la formule cit. *in limine* dans cette note même. Rappr. : J. MESTRE, E. PUTMAN et M. BILLIAU, vol. I, nos 2 à 4, pour qui « la sûreté n'est qu'une technique de garantie parmi d'autres » (en italique dans l'ouvrage ; n° 2 *in fine*) et « *toutes les garanties ne sont pas des sûretés.* » (n° 4 *in fine*) ; S. PIEDELIÈVRE, 2e éd., n° 17 ; Ch. ALBIGES et M.-P. DUMONT-LEFRAND, 6e éd., préc. ; H., L. et J. MAZEAUD et F. CHABAS, *op. cit.*, préc.

b. L'extensive approche finaliste de la notion de sûreté

110. L'approche fonctionnelle[279] – Par l'approche fonctionnelle, ou pragmatique[280], la sûreté se conçoit surtout à travers un prisme téléologique : serait susceptible de recevoir la qualification de sûreté tout mécanisme voué à prémunir un créancier d'une obligation contre l'inexécution de cette dernière par son débiteur. Selon cette conception, présentée usuellement comme représentative de la réalité économique[281], les termes de sûreté et de garantie entretiennent un lien de synonymie. En conséquence de quoi, cette approche conduit mécaniquement à étendre la notion de sûreté de manière considérable. Se regroupe en son sein une multiplicité de mécanismes fort dissemblables – ou susceptibles de l'être. Se constate alors l'impossibilité de catégoriser juridiquement la notion de sûreté aux fins de détermination, et de production, d'effets inhérents à la notion, et ce en raison même de l'hétérogénéité marquée de son contenu puisque ce dernier englobe des mécanismes dont le seul élément de convergence s'en trouve constitué par leur finalité, circonstance insuffisante à l'élaboration, et à l'application conséquente, d'un régime juridique unitaire cohérent[282]. Sous cet angle, l'approche fonctionnelle rend la notion de sûreté imperméable à toute définition tendant à en faire un concept délimité avec

---

[279]. En faveur, semble-t-il, de cette conception : M. BOURASSIN, V. BRÉMOND et M.-N. JOBARD-BACHELLIER, 5e éd., nos 7 à 11, qui, tout en donnant deux définitions distinctes des notions de sûretés et de garanties (nos 8 et 9), concluent à un possible emploi synonymique des termes, la distinction étant « *inutile* » en pratique (no 11). En effet, pour ces auteurs, cette distinction entre « *sûretés et garanties doit être transcendée par leur effet commun...* » ; Ph. THÉRY, *op. cit.*, préc. ; Ph. SIMLER et Ph. DELEBECQUE, 7e éd., préc., *in fine*, en ce que ces auteurs considèrent qu'il « *peut paraître préférable de donner de la notion de sûreté une définition fonctionnelle, conforme à la réalité* ».

[280]. Qualificatif employé par Ph. SIMLER et Ph. DELEBECQUE, 7e éd., préc.

[281]. J.-B. SEUBE, 7e éd., no 20 *in fine* ; Ph. SIMLER et Ph. DELEBECQUE, 7e éd., préc. ; S. PIEDELIÈVRE, 2e éd., no 16 (bien que partisan d'une approche conceptuelle).

[282]. En ce sens : C. GINESTET, art. préc., no 2, qui, étant favorable à une approche conceptuelle de la sureté, estime que « *la finalité de la sûreté ou de la garantie ne doit pas primer sur l'analyse du mécanisme juridique* », et qui, pour souligner le caractère primordial d'une qualification précise des sûretés, distinctes de la notion générique de garantie, ajoute que le « *critère de la finalité apparaît en outre inutilisable dans un domaine où* » la finalité est toujours la même. Comp. : M. BOURASSIN, V. BRÉMOND et M.-N. JOBARD-BACHELLIER, 5e éd., no 11 *in fine*, qui constatent également que la finalité est identique, mais pour en tirer une conclusion diamétralement opposée : l'inutilité de la distinction et le possible emploi synonymique des termes.

précision, en ce que l'identification de critères communs et de principes structurants s'avère effectivement, sinon impossible, du moins inutile[283].

Si cette conception l'emporte, l'effet sera inverse à celui qu'implique l'approche conceptuelle. Cela conduira à une application extensive des textes se référant à la notion de sûreté, peu important que le mécanisme en cause ne remplisse pas les conditions requises pour la qualification de sûreté au sens où peut s'entendre celle-ci au regard de l'approche conceptuelle.

111. – À ce stade de l'analyse, il n'apparaît pas satisfaisant de recourir à une conception par laquelle aucune définition précise de la sûreté ne peut être donnée, cependant qu'il est question d'apprécier la substance et la portée d'un principe qui en fait son noyau. De surcroît, quand bien même l'approche classique ne serait-elle pas exempte d'imperfection, elle n'en demeure pas moins la conception à laquelle se rallient presque unanimement les auteurs. Aussi faut-il décider d'arrêter un prodrome participant de l'approche conceptuelle, quitte à s'en écarter significativement par la suite – voire à s'en affranchir résolument – pour tendre finalement vers l'approche fonctionnelle.

112. Le socle définitionnel retenu – En dépit de la difficulté manifeste d'apporter une définition générale du concept de sûreté, un auteur, dans le cadre de sa thèse, a entrepris cette épineuse démarche[284] au terme de laquelle a émergé une proposition qui, si elle ne suscite pas totalement et unanimement l'approbation, se trouve suffisamment relayée en doctrine – de manière plus ou moins directe selon les auteurs[285] – pour constituer un socle définitionnel sur lequel peut s'appuyer la présente étude. Aussi importe-t-il de la restituer *in extenso* : « *une sûreté est l'affectation à la satisfaction du créancier d'un bien, d'un ensemble de biens ou d'un patrimoine, par l'adjonction aux droits résultant normalement pour lui du contrat de base, d'un droit d'agir, accessoire de son droit de créance, qui améliore sa situation juridique en remédiant aux insuffisances de son droit de gage général, sans être pour autant une source de profit, et dont la mise en œuvre satisfait le créancier en éteignant la créance en tout ou partie, directement ou indirectement.* »[286].

---

283. Rappr. : Ph. THÉRY, *op. cit.*, préc.

284. P. CROCQ, *op. cit.*, n°s 265 à 282.

285. Mais il demeure que cette définition a été éminemment inspiratrice. V. par ex. : J. MESTRE, E. PUTMAN et M. BILLIAU, vol. I, n° 5, qui s'y rallient « *pour l'essentiel* » et H., L. et J. MAZEAUD et F. CHABAS, *op. cit.*, préc. V. aussi : Avant-projet H. CAPITANT, art. 2286-1.

286. P. CROCQ, *op. cit.*, n° 282.

113. – L'axiome définitionnel ayant été arrêté, il est désormais possible de débuter l'étude du domaine du principe. Aux fins de délimitation de ce dernier, il importe de revenir sur les caractères que revêt une sûreté. Une sûreté se caractérise par : sa finalité, qui est d'améliorer, sans enrichissement, la situation du créancier en comparaison de celle qui serait la sienne s'il devait se contenter de son droit de gage général ; son caractère accessoire à la créance dont elle a vocation à garantir le paiement ; et enfin, son effet, à savoir l'extinction satisfactoire, totale ou partielle, de la créance. Mais, en réalité, en vue de la délimitation du domaine du principe, seule l'étude préalable du caractère accessoire de la sûreté se révèle pertinent, à tel point qu'il est permis de qualifier d'accessoire le principe de considération des sûretés dans les répartitions.

§ 2 : La délimitation du domaine d'un principe accessoire

114. **« *Accessorium sequitur principale* » –** L'accessoire suit le sort du principal, « *et tout est dit* »[287] serait-il tentant d'ajouter, pour imiter les propos introductifs de l'auteur qui, dans sa célèbre thèse, a démontré justement que tel n'était pas le cas : tout n'est pas dit par la simple évocation de cette antique maxime. Si l'initiateur de la recherche sur la nature *a priori* insondable et la signification profonde de la règle de l'accessoire qualifie cette tâche d'une « *ampleur extrême* »[288], tout en indiquant n'en tenter qu'une esquisse[289], il ne saurait être ici question de prétendre à l'exhaustivité. Il importe, bien au contraire, d'insister sur l'extrême superficialité des développements consacrés à cette règle, réduite par conséquent à certains de ses aspects. La simplification opérée est telle qu'elle confine à la fausseté.

Véritable principe général du Droit[290], au sens technique que peuvent revêtir ces termes[291], et règle de « *bon sens* »[292], telle que la matière juridique comprend cette locution[293], la règle de l'accessoire repose fondamentalement

---

287. G. GOUBEAUX, *La règle de l'accessoire en droit privé*, préf. D. TALLON, coll. « Bibl. dr. privé », t. XCIII, Paris, Librairie générale de droit et de jurisprudence, 1969, n° 1 *in fine*.
288. *Ibid.*, n° 5 *in limine*.
289. *Ibid.*
290. *Ibid.*, n°s 6 et 7.
291. *Ibid.*, n° 6, tirant cette conclusion sur la base du critère mis en lumière par J. BOULANGER, *Principes généraux du droit et droit positif*, *Mél. RIPERT*, t. I, Librairie générale de droit et de jurisprudence, 1950, p. 51 et s., sp. n° 5.
292. G. GOUBEAUX, *op. cit.*, n°s 39 et 40.
293. *Ibid.*, n° 40.

sur un lien, celui unissant l'accessoire à ce qui fait office de principal[294]. Chacun de ces éléments n'a de véritable sens qu'à la lumière de son rapport à l'autre : le principal n'est principal qu'en raison de l'adjonction d'un accessoire, et l'accessoire ne peut exister à défaut de principal[295]. La raison d'être de l'accessoire est d'être couplé au principal, son but est de le servir[296] : « *L'accessoire coupé de son but n'est qu'un « corps sans âme ». Mais introduire ce but, c'est faire appel au principal.* »[297]. Il existe deux types d'accessoires. D'un côté, se trouvent les accessoires par affectation[298], qui recouvrent l'hypothèse d'un accessoire mis au service du principal ; en ce cas, de façon générale, l'accessoire est exogène au principal. De l'autre côté, il existe des accessoires par production[299], qui, pour l'essentiel, dérivent naturellement du principal ; dans cette hypothèse, l'accessoire est endogène au principal, c'est pourquoi les accessoires par production comprennent essentiellement les fruits.

115. Le particularisme du rapport d'accessoire à principal – La présentation du domaine du principe de considération des sûretés reposant sur la nature du rapport d'accessoire à principal, elle exige une compréhension suffisante de ce dernier. Le lien unissant ces deux éléments place le rapport de droit accessoire dans une situation entre « *l'indépendance totale et l'assimilation complète au principal* »[300], et il s'agit précisément de la raison permettant « *de comprendre pourquoi l'accessoire a vocation à suivre le sort du principal* »[301]. En effet, l'accessoire répondra à un régime juridique qui n'est pas totalement identique à celui du principal et affrontera seul certaines circonstances, sans que le principal n'ait à en embrasser le bénéfice ou à en subir les affres, cependant qu'il épousera la situation du principal. Monsieur le Professeur GOUBEAUX le résume ainsi :

---

[294]. *Ibid.*, n° 7 *in fine* : « *Toute la signification du principe dépend du sens que l'on donne au mot « suivre » ...* », et n° 18.

[295]. *Ibid.*, n° 18, énonçant que ce qui les distingue – et donc ce qui leur donne leur signification – « *ne tient pas à une différence de valeur, mais à la relation originale unissant les deux éléments, à la manière dont l'accessoire vient s'ajouter au principal* ».

[296]. *Ibid.*, n° 19, répondant : « *parce que tel est son but* » à la question « *Pourquoi l'accessoire vient-il se joindre au principal ?* », et n° 24 : « [...] *le but de l'accessoire est le service du principal.* ».

[297]. *Ibid.*, n° 24.

[298]. *Ibid.*, n°s 19 et 20.

[299]. *Ibid.*, n°s 21 et 22.

[300]. *Ibid.*, n° 22 *in fine*, B.

[301]. *Ibid.*

« *Distinct du principal et cependant lié,* [l'accessoire] *s'ajoute sans s'y absorber.* »[302]. Ce qui affecte le rapport de droit principal se répercute sur l'accessoire alors que ce qui affecte l'accessoire n'a pas vocation à infléchir le principal. Il en résulte que l'accessoire, s'il « *n'est pas indépendant,* [...] *ne fait pas davantage partie du principal* »[303], il « *ne se confond pas avec* »[304] lui. Il faut comprendre que le rapport de droit principal s'ancre profondément dans celui qui est accessoire et en imprime les orientations, mais que l'accessoire ne se greffe que de manière superficielle sur le principal, c'est-à-dire sans l'atteindre en ses aspects fondamentaux. Peut-être la formule suivante, à défaut d'être juste et rigoureuse, est-elle évocatrice : l'accessoire observe le principal mais n'influe pas sur lui en ses aspects fondamentaux cependant que le principal influe sur l'accessoire en son entièreté mais ne l'observe pas. Il faut relever qu'il n'est pas question d'une interdépendance mais d'une dépendance à sens unique[305] qui présuppose, néanmoins, une autonomie entre les notions[306], une individualisation[307] de chacune d'elles.

116. Le caractère accessoire des sûretés : une inhérence – L'idée même de sûreté, telle qu'exposée *supra*[308], suppose son caractère accessoire en ce sens qu'une sûreté est affecté à la garantie du paiement d'une créance. En effet, dans la mesure où la sûreté représente un rapport de droit qui ne dérive pas du droit de créance et où elle est destinée à garantir le paiement d'une créance, puisque son but est de servir celle-ci, elle correspond à un rapport de droit accessoire exogène au droit de créance, auquel s'accole par contrecoup le qualificatif de principal. Ainsi apparaît-il que la sûreté est un accessoire, par affectation, du droit principal de créance. En ce que par nature, la sûreté ne peut se concevoir sans créance à garantir[309], son caractère accessoire lui est consubstantiel ; de sorte qu'il en devient un critère d'identification nécessaire et élève la règle de l'accessoire en véritable principe du droit des sûretés[310]. Ce qui signifie, d'abord,

302. *Ibid.*, n° 23, *in fine.*
303. *Ibid.*, n° 30.
304. *Ibid.*, n° 23.
305. *Ibid.*, n° 39, qui évoque une « *dépendance unilatérale* ».
306. P. CROCQ, *op. cit.*, n° 121. Rappr. : G. GOUBEAUX, *op. cit.*, préc.
307. G. GOUBEAUX, *op. cit.*, préc.
308. V. *supra* n°s 94 et s.
309. *Ibid.*, n° 42.
310. Rappr. : *Ibid.*, et la déf. de la sûreté donnée par P. CROCQ, *op. cit.*, n° 282. *Adde* Ch. ALBIGES et M.-P. DUMONT-LEFRAND, 6e éd., n°s 7 et 668 ; M. BOURASSIN, V. BRÉMOND et M.-N. JOBARD-BACHELLIER, 5e éd., n°s 8, 39, 632 et 1017,

qu'en l'absence de caractère accessoire, un mécanisme donné ne peut recevoir la qualification de sûreté et, ensuite, qu'une institution qualifiable, et qualifiée, de sûreté, obéira à la règle de l'accessoire. La formule « *accessorium sequitur principale* » trouve ainsi dans le champ des sûretés un terrain d'élection. La sûreté, en tant qu'accessoire, a donc vocation à suivre le sort de la créance, qui forme le principal ; en d'autres termes, ce qui affecte la créance se répercute sur la sûreté. Or, l'aspect le plus significatif de la règle de l'accessoire s'entend de la disparition de l'accessoire en suite de celle du principal[311], « *l'accessoire périt avec le principal* »[312] parce qu'il est privé du but au service duquel il se destinait : l'extinction de la créance en garantie du paiement de laquelle avait été constituée la sûreté prive cette dernière de son but et l'éteint par voie accessoire[313]. À cet égard, le Code civil fait mention de cet effet de la règle de l'accessoire pour certaines sûretés comme le cautionnement[314], les privilèges immobiliers et l'hypothèque[315], ou encore le gage immobilier[316].

---

faisant état d'un « *caractère accessoire général* » de l'ensemble des sûretés en ce que toute sûreté présente un caractère accessoire ; M. CABRILLAC, Ch. MOULY, S. CABRILLAC et Ph. PÉTEL, 10e éd., nos 2, 63 et s., 582, 3) et 593 ; D. LEGEAIS, 11e éd., nos 21, 385 et 387 ; Ph. MALAURIE, L. AYNÈS et P. CROCQ, 10e éd., no 2 ; J. MESTRE, E. PUTMAN et M. BILLIAU, vol. I, nos 5 et 9 ; J.-B. SEUBE, 7e éd., no 32 ; Ph. SIMLER et Ph. DELEBECQUE, 7e éd., nos 37, 360 et 617. Comp. : Avant-projet H. CAPITANT, art. 2286-2.

311. G. GOUBEAUX, *op. cit.*, no 41. Rappr. : M. CABRILLAC, Ch. MOULY, S. CABRILLAC et Ph. PÉTEL, 10e éd., no 66 *in fine*.

312. G. GOUBEAUX, *op. cit.*, préc.

313. *Ibid.*, no 42. Il est à noter qu'en dépit du silence que conserve le Code à l'endroit de certaines sûretés, la doctrine considère unanimement que la règle de l'accessoire justifie l'extinction par voie accessoire de toute sûreté. Ainsi, v. not. : Ch. ALBIGES et M.-P. DUMONT-LEFRAND, 6e éd., nos 1, 7, 203 et s. et 668 ; M. BOURASSIN, V. BRÉMOND et M.-N. JOBARD-BACHELLIER, 5e éd., nos 342 et s., 713, 766, 851, 1017, 1114 et 1118 ; M. CABRILLAC, Ch. MOULY, S. CABRILLAC et Ph. PÉTEL, 10e éd., nos 63, 66, 225 et s., 649, 775, 921, 1014 et 1015 ; D. LEGEAIS, 11e éd., nos 195 et s., 626 et 652 ; Ph. MALAURIE, L. AYNÈS et P. CROCQ, 10e éd., nos 252, 400 et 699 ; J. MESTRE, E. PUTMAN et M. BILLIAU, vol. I, nos 350 et 351 ; S. PIEDELIÈVRE, 2e éd., nos 162, 163, 337, 406 et 725 ; J.-B. SEUBE, 7e éd., nos 122, 123, 404 et s. ; Ph. SIMLER et Ph. DELEBECQUE, 7e éd., nos 238, 239, 562, 563, 617 et 645, 1). Comp. : Avant-projet H. CAPITANT, art. 2286-2.

314. Art. 2313, al. 1er, C. civ., selon lequel « *La caution peut opposer au créancier toutes les exceptions qui appartiennent au débiteur principal, et qui sont inhérentes à la dette.* ». V. pour une illustration d'une extinction du cautionnement par voie accessoire sur le fondement de cet art. (anc. art. 2036 C. civ.) : Com. 5 déc. 1995, no 94-14.793, *Bull. civ.* IV, no 277 ; *D.* 1996. 268, n. L. Aynès ; *JCP G* 1996. I. 3935, no 18, obs. M. CABRILLAC ; *RTD civ.* 1996. 431, obs. P. CROCQ. Rappr. :

117. Le prolongement méthodique du principe de participation universelle – Eu égard au particularisme du lien unissant l'accessoire au principal, il peut être soutenu, en ce que les sûretés sont accessoires aux créances dont elles garantissent le paiement, que le principe de considération des sûretés dans les répartitions représente le prolongement méthodique du principe de participation universelle des créanciers aux répartitions, c'est-à-dire qu'il en constitue intellectuellement le stade subséquent. En effet, une fois étudié le principe relatif au principal, le principe de participation universelle des créanciers dans les répartitions pouvant se comprendre comme un principe tendant à la considération universelle des créances, il importe d'analyser le principe afférent à l'accessoire, le principe de considération des sûretés. Si le premier de ces principes tend à la délimitation du périmètre subjectif des répartitions, le second quant à lui, en ce qu'il permet d'identifier les attributs dont se parent et peuvent par principe se prévaloir les créanciers en cause, tend à la délimitation objective des répartitions. En somme, cela signifie qu'après avoir déterminé qui participe aux répartitions en vertu du principe de participation universelle, il faut préciser comment participent les protagonistes ainsi identifiés. En cela, les deux principes sus-désignés s'inscrivent dans le même schéma réflexif, car, dans la mesure où le principe de prise en compte des sûretés incline à décomposer la catégorie générique à l'émanation de laquelle a présidé le principe de participation universelle, c'est-à-dire celle des créanciers ayant vocation à participer aux répartitions, celui-là constitue logiquement un affinement de celui-ci.

118. Le corollaire du prolongement – Dès lors que le principe de prise en compte des sûretés s'entend du prolongement méthodique du principe de participation universelle, il en épouse naturellement, et nécessairement, les contours quant à son domaine. Or, compte tenu du rapport d'accessoire à principal, le domaine du second conditionne celui du premier puisque, pour qu'une sûreté soit prise en compte dans les

---

Com. 26 mai 2010, n° 09-13.884, NP ; *Rev. proc. coll.* juill. 2010, n° 4, comm. 165, n. N. PATUREAU et C. PEROT-REBOUL.

[315]. Art. 2488, al. 1er, C. civ., disposant que « *Les privilèges et hypothèques s'éteignent : 1° Par l'extinction de l'obligation principale...* ». *Adde* Civ. 3e, 23 janv. 1973, n° 71-14.197, *Bull. civ.* III, n° 69 ; *D.* 1973, jur. 427, sp. 428 et s., n. E. FRANCK : « *Attendu que l'hypothèque est éteinte lorsqu'elle a produit son effet légal, et que d'un droit sur la chose elle a été transformée en un droit sur le prix* [...] *il en est ainsi notamment lorsque la créance qu'elle garantit est payée* ».

[316]. Art. 2392 C. civ. : « *Les droits du créancier titulaire d'un droit de gage immobilier s'éteignent notamment : 1° Par l'extinction de l'obligation principale...* ».

répartitions, encore faut-il que son titulaire y participe. Il apparaît donc, par syllogisme, que c'est la règle de l'accessoire qui justifie le fait que le principe de considération des sûretés emprunte son domaine à celui du principe de participation universelle.

119. La synthèse du rapport d'implication induit par la règle de l'accessoire – Pour mesurer dans quelle proportion le principe de prise en compte des sûretés détermine son domaine par rapport à celui du principe de participation universelle, il est possible d'entreprendre une systématisation du rapport d'implication induit par la règle de l'accessoire. Pour ce faire, il importe d'en rappeler l'axiome : la prise en compte d'une sûreté implique la participation de son titulaire aux répartitions. Une fois opéré le rappel de la proposition fondamentale, le contrôle de la véracité de sa réciproque s'impose puisque, le cas échéant, cela signifie que le domaine du principe de considération des sûretés se calque parfaitement sur celui du principe de participation universelle[317]. En ce cas, il ne serait nul besoin de dépeindre outre mesure le champ d'application du principe sous inspection et il serait, bien au contraire, plus judicieux de se reporter aux développements afférents au principe de participation universelle des créanciers. Or, et ainsi qu'il le sera approfondi ultérieurement, l'affirmation selon laquelle la participation d'un créancier aux répartitions implique la prise en compte de sa sûreté est erronée, notamment parce qu'un créancier titulaire d'une sûreté ayant omis de la déclarer participera aux répartitions en qualité de créancier chirographaire, dès lors que sa créance aura été admise à ce titre[318]. Il en résulte que les domaines ne se superposent pas parfaitement et qu'il apparaît que le principe de considération des sûretés répond à certaines règles qui lui

---

[317]. La validité de la réciproque de l'implication initiale signifiant que la prémisse et la conclusion sont équivalentes.

[318]. Solution constante. V. not. : Com. 6 juill. 1999, n° 96-21.684, *Bull. civ.* IV, n° 151 ; *D.* 2000. 327, n. A. Honorat ; Com. 8 juin 1999, n° 97-12.233, *Bull. civ.* IV, n° 125 ; *D.* 2000. 388, n. S. Piedelièvre ; *JCP E* 2000. 124, § 50, n° 13, obs. M. Cabrillac ; *JCP E* 2000. 411, § 54, n° 18, obs. Ph. Delebecque ; *RTD com.* 1999. 968, obs. A. Martin-Serf ; *RTD com.* 2000. 167, obs. B. Bouloc ; Com. 18 janv. 2005, n° 03-14.600, NP ; *Gaz. proc. coll.* 30 avr. 2005, n° 120, p. 32, n. P.-M. Le Corre ; *adde* CA Caen, 2e ch. civ. et com., 15 mai 2014, RG n° 13/00026, jugeant que l'obligation *« faite aux créanciers de déclarer leurs créances au passif de leur débiteur leur impose d'indiquer dans le délai légal, s'ils prétendent bénéficier d'un privilège, d'une hypothèque ou d'un nantissement et de joindre à leur déclaration les pièces tendant à établir le caractère privilégié de leurs créances »*, que la connaissance par le mandataire judiciaire de l'existence d'une sûreté n'est pas « *de nature à remettre en cause l'insuffisance de la déclaration* » ne faisant pas mention de la sûreté et qu'en conséquence « *l'admission ne* [pouvait] *intervenir qu'à titre chirographaire* ».

sont propres. Au demeurant, ce constat coïncide avec la nature du rapport d'accessoire à principal, qui n'entraîne pas une unité absolue de régime juridique.

120. – Mais, en réalité, plutôt que la proposition fondamentale évoquée ci-dessus, il est préférable de retenir sa contraposée comme assise à partir de laquelle entamer la présentation du domaine du principe de considération des sûretés. Cette contraposée se formule comme suit : l'absence de participation d'un créancier aux répartitions implique l'absence de prise en compte de sa sûreté lors de la phase distributive. Puisque le domaine du principe de participation universelle a fait l'objet d'une délimitation négative, et dans la mesure où le principe sous inspection en représente le prolongement, il est tout à fait rationnel d'opérer un parallélisme quant à la présentation du champ d'application du principe de prise en compte des sûretés. Ce qui revient à définir négativement ledit domaine en n'exposant uniquement les exceptions que tolère le principe en question.

Il s'ensuit, eu égard au libellé et à la signification de cette contraposée, ainsi qu'à la fausseté de la réciproque de l'implication fondamentale, que le principe de considération des sûretés dans les répartitions connaît un domaine négatif emprunté (A) et un domaine négatif propre (B).

A. Le domaine négatif emprunté

121. L'emprunt des exceptions du principe de participation universelle des créanciers – En vertu de la règle de l'accessoire, selon laquelle l'accessoire suit le sort du principal, les exceptions au principe de participation universelle des créanciers aux répartitions constituent également des exceptions au principe de considération des sûretés. C'est ainsi que ce dernier, en raison de l'emprunt de domaine, supporte des exceptions satisfactoires (1) – à propos desquelles il n'est nul besoin de s'appesantir en raison du mécanisme sur lequel elles reposent – et des exceptions non-satisfactoires (2).

1. Les exceptions satisfactoires

122. Créance payée, sûreté éteinte – Comme énoncé antérieurement, l'effet le plus remarquable de la règle de l'accessoire s'entend de l'extinction de l'accessoire en suite de celle du principal. La sûreté est un accessoire de la créance dont elle a vocation à garantir le paiement, et la créance se comprend de l'objet du rapport d'obligation principal. Or, le paiement correspond à l'archétype des modes extinctifs d'obligations[319]. De sorte que tout créancier désintéressé intégralement par le paiement verra s'éteindre par voie accessoire la sûreté qui assortissait sa créance. Ainsi le principe de considération des sûretés embrasse-t-il les exceptions satisfactoires que tolère le principe de participation universelle[320].

2. *Les exceptions non-satisfactoires*

123. Les exceptions non-satisfactoires – Il est ici question d'envisager les occurrences de non-appréhension d'une créance ne résultant pas d'une extinction satisfactoire de celle-ci. Autrement dit, il s'agit de traiter présentement de l'inopposabilité de la créance, dont il est acquis qu'elle emporte privation pour son titulaire du droit de participer aux répartitions, que cette inopposabilité procède d'un défaut de déclaration ou d'une naissance irrégulière de la créance. Puisque, en vertu de la règle de l'accessoire, ce dernier suit le sort du principal, l'inopposabilité de la créance à la procédure collective entraîne inopposabilité de la sûreté envers cette même procédure. En effet, lorsqu'une créance est inopposable à la procédure collective, elle est tenue pour inexistante à l'endroit de la procédure, par la procédure. En cela, par le mécanisme de l'inopposabilité de la créance, la procédure collective tient pour inexistant le principal. *A fortiori* destine-t-elle l'accessoire à un sort identique. Ce qui signifie que les dispositions régissant le sort de la créance non-déclarée et celui de la créance irrégulièrement déclarée[321] renferment implicitement, mais nécessairement, la spécification suivante : l'inopposabilité de la créance à la procédure collective emporte privation pour son titulaire du droit de venir aux répartitions avec les sûretés assortissant ladite créance.

124. Le sort du dirigeant condamné à combler l'insuffisance d'actif – Le dirigeant condamné à combler l'insuffisance d'actif de la personne morale dont il est également créancier mérite que lui soit portée une attention particulière. Le législateur, animé par la volonté d'assurer une réparation du préjudice subi par la collectivité des créanciers de la société débitrice, et désireux de sanctionner le dirigeant fautif, prive ce dernier du

---

319. Art. 1342 et 1343 C. civ. *Adde* J. GHESTIN, M. BILLIAU et G. LOISEAU, *op. cit.*, n°s 528 et 529 ; Ph. MALAURIE, L. AYNÈS et Ph. STOFFEL-MUNCK, *op. cit.*, n° 1074 ; F. TERRÉ, Ph. SIMLER et Y. LEQUETTE, *op. cit.*, n° 1315. Rappr. : A. BÉNABENT, *op. cit.*, n° 746 ; B. FAGES, *op. cit.*, n° 479.

320. V. *supra* n°s 36 et s.

321. Art. L. 622-26, al. 1 et 2, C. com., applicable en procédure de sauvegarde, rendu également applicable en redressement judiciaire par L. 631-14, al. 1er, et en liquidation judiciaire par L. 641-3, al. 4, du même Code.

droit de participer aux répartitions à concurrence des sommes au versement desquelles il a été condamné[322]. Ainsi les effets de la décision de condamnation sont-ils renseignés expressément par le législateur à propos de la créance du dirigeant, et, en vertu de la règle de l'accessoire, la privation du droit à répartition ainsi instituée emporte, dans le cadre des répartitions, défaut de considération de la sûreté dont pourrait être titulaire le dirigeant. Mais dans l'hypothèse où le montant mis à sa charge n'équivaut pas à la totalité de l'insuffisance d'actif, et dans la mesure où rien ne fait obstacle à ce qu'il puisse participer aux répartitions pour la fraction de sa créance excédant ledit montant[323], se pose la question de savoir si la sûreté assortissant sa créance, le cas échéant, sera tout de même considérée pour cette fraction, à supposer que l'actif constituant l'assiette de sa sûreté n'ait pas encore été réalisé ou le prix de vente distribué. En ce cas, *a priori*, la réponse devrait être positive.

La solution réside dans le principe d'indivisibilité des sûretés réelles[324], ou principe de garantie complète[325], en ce sens qu'en vertu de ce principe, une sûreté a vocation à garantir une créance en son intégralité, peu important que cette dernière ait pu faire l'objet d'une extinction partielle. Tant que la créance n'est pas intégralement éteinte, pour quelque

---

322. Art. L. 651-2, d. al., C. com.

323. C. MASCALA, *La réforme du régime des sanctions*, *Dr. et patr.* déc. 2009, n° 187 ; P.-M. LE CORRE, 9e éd., n° 922.61 ; C. SAINT-ALARY-HOUIN, 10e éd., n° 1459.

324. V. art. 2339, 2349, 2393, al. 2, C. civ. *Adde* J. SOUHAMI, *Retour sur le principe d'indivisibilité des sûretés réelles*, *RTD civ.* 2008. 27, sp. nos 19 et s. ; J. MESTRE, E. PUTMAN et M. BILLIAU, vol. I, nos 447 et s., qui font de l'indivisibilité, par hypothèse, un trait caractéristique des sûretés réelles ; Ch. ALBIGES et M.-P. DUMONT-LEFRAND, 6e éd., n° 391 ; M. BOURASSIN, V. BRÉMOND et M.-N. JOBARD-BACHELLIER, 5e éd., nos 757, 801, 851 et 1018 ; M. CABRILLAC, Ch. MOULY, S. CABRILLAC et Ph. PÉTEL, 10e éd., nos 645 (selon lesquels la « *règle de l'indivisibilité* [...] *s'applique aux différentes sûretés* ») et 774 ; D. LEGEAIS, 11e éd., nos 388, 467 et 718, et n. ss Com. 10 juill. 2012, n° 11-22.846, NP, *RDBF* sept. 2012, n° 5, comm. 152, *in fine*, pour qui « *le principe vaut pour toute sûreté réelle* » ; Ph. MALAURIE, L. AYNÈS et P. CROCQ, 10e éd., nos 405 (« *toutes les sûretés réelles sont indivisibles* »), 432, 448, 516 et 680 ; S. PIEDELIÈVRE, 2e éd., nos 329, 396 ; Ph. SIMLER et Ph. DELEBECQUE, 7e éd., nos 392 (précisant ici que l'hypothèque est indivisible, « *comme toutes les sûretés réelles* »), 610 et 638. Comp. : Avant-projet H. CAPITANT, art. 2326.

325. Expression employée en ces lignes pour désigner l'une des manifestations du principe général d'indivisibilité des sûretés réelles. En effet, ce principe se révèle protéiforme en ce qu'il se comprend diversement et produit une multiplicité d'effets. Rappr. : J. SOUHAMI, art. préc., qui met en exergue le caractère « *polymorphe* » (n° 1) du principe d'indivisibilité.

cause que ce soit, la sûreté qui en constitue l'accessoire subsiste aux fins de garantie de la fraction restante[326]. Eu égard à l'hypothèse sur laquelle il est question de se focaliser, que la privation du droit de participer aux répartitions s'analyse en une extinction de créance ou en une inopposabilité de celle-ci à la procédure collective, il demeure que, par hypothèse, la créance n'est pas concernée en son entièreté. De sorte que pour le reliquat à concurrence duquel le dirigeant-créancier a conservé le droit de participer aux répartitions, celui-ci participera avec sa sûreté si la situation s'y prête, c'est-à-dire si sa sûreté a vocation à produire son effet.

Il peut être pris pour exemple l'hypothèse d'un dirigeant titulaire d'une sûreté réelle grevant un bien de la personne morale qu'il dirige et dont il est concomitamment créancier. Il faut ensuite supposer que ce dirigeant soit condamné, au titre d'une décision de justice par laquelle il est reconnu responsable d'une insuffisance d'actif, à verser une somme d'un montant inférieur à celui de la créance qu'il détient sur la personne morale débitrice. Alors, il ne pourra prétendre participer aux répartitions à titre privilégié que sur le prix de vente du bien grevé par sa sûreté, et seulement à concurrence de la fraction de sa créance excédant le montant de la condamnation.

125. – En somme, le domaine négatif emprunté se définit comme suit : le défaut d'appréhension d'une créance emporte défaut de considération de la sûreté qui en est l'accessoire. Ce qui exhorte à se référer au principe relatif à la créance – le principe de participation universelle – pour obtenir les premiers éléments du domaine du principe de considération des sûretés. En revanche, ainsi qu'il l'a été annoncé, le principe en cause connaît un domaine négatif propre qui commande de lui consacrer de plus amples développements.

---

[326]. V. réf. cit. *supra* note 324 ; *adde* pour des illustrations franches du principe d'indivisibilité : Com. 10 juill. 2012, n° 11-22.846, NP ; *JCP E* 2012. 1748, n° 18, obs. Ph. DELEBECQUE ; *RDBF* sept. 2012, n° 5, comm. 152, n. D. LEGEAIS ; *RLDC* oct. 2012, n° 97, n. G. MARRAUD DES GROTTES ; *Dr. et patr.* févr. 2013, n° 222, obs. L. AYNÈS et Ph. DUPICHOT ; Com. 6 oct. 2009, n° 08-19.458, NP ; *Dr. et patr.* sept. 2010, n° 195, obs. L. AYNÈS et Ph. DUPICHOT ; *JCP N* 2010. 1007, n° 12, obs. Ph. DELEBECQUE ; *RDBF* janv. 2010, n° 1, comm. 10, n. D. LEGEAIS ; *RLDC* oct. 2010, n° 75, obs. L. ANDREU et N. THOMASSIN ; *D.* 2011. 1643, obs. D. R. MARTIN. *Adde*, rejetant le moyen (n° 9) selon lequel lorsque la connexité sur laquelle se fonde le droit de rétention est juridique, la rétention doit être proportionnée et divisible : Com. 16 juin 2015, n°s 13-23.097 et 13-23.911, NP ; *RDBF* sept. 2015, n° 5, comm. 157, n. D. LEGEAIS.

B. Le domaine négatif propre

126. Le domaine de la soumission des sûretés – C'est ici que le concept de loi de la procédure prend toute sa dimension et que se concrétise l'impérialisme des procédures collectives – ou la soumission des sûretés, c'est selon. De façon plus précise, le domaine négatif propre se compose de deux séries d'exceptions : celles tenant au défaut de diligence du créancier et celles indifférentes à l'attitude du créancier. Aussi le principe de considération des sûretés dans les répartitions comporte-t-il des exceptions éventuelles (1), ou *de facto*, et des exceptions automatiques (2), ou *de jure*.

1. Les exceptions éventuelles

127. Les exceptions tenant au défaut de diligence du créancier ou exceptions *de facto* – Les exceptions tenant au défaut de diligence du créancier renvoient essentiellement à la question de l'opposabilité de la sûreté à la procédure collective. En cela, elles sont de deux ordres : certaines exceptions ont trait à l'absence d'inscription de la sûreté (a), cependant que d'autres tiennent au défaut d'accomplissement des formalités déclaratives afférentes à la sûreté (b).

a. Les exceptions éventuelles tenant à l'absence d'inscription

128. Propos liminaires – Les modalités de publication des sûretés font l'objet d'une abondante réglementation, de telle sorte que, pour confiner à l'hyperbole, chaque sûreté dispose en la matière de son propre régime de publication et revêt donc une spécificité quant à son inscription. Ainsi serait-il vain de prétendre en faire le complet inventaire. C'est pourquoi il ne s'agit pour l'heure que de livrer un exposé synoptique sur ce point. À titre indicatif, sont notamment concernées par l'exigence d'inscription les hypothèques, certains gages et nantissements, ainsi que certains privilèges. Une fois ces précisions apportées, il convient d'examiner en quoi la question mérite d'être abordée dans la perspective des répartitions dans les procédures collectives.

129. L'inscription de la sûreté aux fins d'opposabilité à la procédure – Comme cela vient d'être signalé, un certain nombre de sûretés réelles exige une publication aux fins d'opposabilité aux tiers[327]. Or,

---

[327]. V. not. : Ph. PÉTEL, 9e éd., n° 194 *in limine*, faisant état d'une « *publicité* [des sûretés] *requise pour assurer leur opposabilité aux tiers…* ». Comp. : A. JACQUEMONT et R. VABRES, 9e éd., n° 511, l'énonçant de manière négative :

la procédure collective constitue un tiers par rapport au créancier et au débiteur-constituant[328]. Donc, dès lors que l'opposabilité d'une sûreté donnée est fonction de sa publicité, celle-ci ne peut être opposée à la procédure qu'à la condition que l'inscription requise ait été effectuée. À défaut, elle devra être tenue pour inexistante par la procédure, lors même que la créance en garantie de laquelle elle a été constituée a été dûment déclarée et rendue opposable à la procédure.

130. Le nécessaire rapprochement avec la règle de l'arrêt du cours des inscriptions – Pour mesurer la portée de la problématique, et donc pour apprécier celle de l'exception en cause, cette exigence de publicité doit être rapprochée de la règle de l'arrêt du cours des inscriptions de sûretés, selon laquelle, sauf exceptions[329], les créanciers antérieurs au jugement d'ouverture ne peuvent plus inscrire de sûretés après ce jugement[330]. Si d'aventure un créancier soumis à la règle de l'arrêt du cours des inscriptions contrevenait à cette dernière en inscrivant une sûreté après le jugement d'ouverture, celle-ci ne pourrait être prise en compte dans la mesure où la jurisprudence a décidé nettement qu'une telle inscription était inopposable à la procédure[331]. Par ailleurs, la Cour de cassation estime que la règle de l'arrêt du cours des inscriptions ne prive pas un créancier, ayant provisoirement inscrit une sûreté judiciaire avant le jugement d'ouverture de la procédure collective du débiteur sur le bien duquel a été prise la sûreté, du droit de procéder à l'inscription définitive confirmative de l'inscription provisoire après jugement d'ouverture[332].

« [Les créanciers n'ayant pas inscrit leur sûreté] *ne peuvent plus opposer leur garantie aux tiers...* ».

328. Sol. impl. : Com. 7 nov. 2006, n° 05-11.551, NP ; Com. 24 mars 2009, n° 08-11.055, NP ; *Gaz. proc. coll.* 28 juill. 2009, n° 209, p. 29, n. Ph. ROUSSEL GALLE ; *Rev. proc. coll.* sept. 2009, n° 5, comm. 114, n. F. MACORIG-VENIER. Rappr. : déf. donnée ss « *Inopposabilité* » *in* G. CORNU (dir.), *op. cit.*, et *in* Th. DEBARD et S. GUINCHARD (dir.), *op. cit. Adde* P.-M. LE CORRE, 9e éd., n° 651.31. Comp. : A. JACQUEMONT et R. VABRES, 9e éd., préc., (de façon implicite).

329. Art. L. 622-30, al. 2 et 3, C. com. *Adde* A. JACQUEMONT et R. VABRES, 9e éd., nos 515 et 516 ; P.-M. LE CORRE, 9e éd., nos 652.13 et 652.14 ; F. PÉROCHON, 10e éd., n° 656 ; Ph. PÉTEL, 9e éd., nos 197 et 198 ; C. SAINT-ALARY-HOUIN, 10e éd., nos 740 et 741.

330. Art. L. 622-30, al. 1er, C. com., pour la sauvegarde, rendu applicable en redressement judiciaire par L. 631-14, al. 1er, et en liquidation judiciaire par L. 641-3, al. 1er, du même Code.

331. Com. 7 nov. 2006, préc. ; Com. 24 mars 2009, préc.

332. Com. 3 mai 2016, n° 14-21.556, *Bull. civ.* IV [à paraître] ; *Act. proc. coll.* juin 2016, n° 10, comm. 136, obs. A. PEDEMONS ; *BJE* sept. 2016, n° 5, p. 317,

131. La signification exacte de l'exception – Il résulte de la combinaison de l'ensemble des paramètres exposés ci-dessus que l'exception en question se doit d'être affinée comme suit : ne seront pas considérées dans les répartitions les sûretés détenues par les créanciers antérieurs n'ayant pas fait l'objet d'une publication, ne serait-ce que provisoire, avant le jugement d'ouverture, c'est-à-dire au plus tard la veille du jour dudit jugement en ce que ce dernier rétroagit à zéro heure de sa date[333].

132. – Si la publication d'une sûreté, lorsque l'opposabilité aux tiers de cette dernière est conditionnée par sa publicité, s'avère nécessaire afin qu'elle soit prise en compte dans les répartitions, elle demeure néanmoins insuffisante. En effet, nombreuses sont les sûretés qui, pour être considérées lors de la phase distributive, doivent être rendues opposables de manière spécifique à la procédure collective par l'accomplissement de formalités déclaratives propres au droit des entreprises en difficulté. Il s'infère de cette dernière exigence, propre à la matière – contrairement à celle relative à l'inscription d'une sûreté –, que le principe sous examen supporte des exceptions éventuelles tenant au défaut d'accomplissement des formalités déclaratives auxquelles sont astreints, dans leur majorité, les créanciers titulaires de sûretés, s'ils entendent se prévaloir de celles-ci dans le cadre des répartitions.

b. Les exceptions éventuelles tenant au défaut d'accomplissement des formalités déclaratives

133. Précisions liminaires à propos de l'emploi du concept de formalités déclaratives – Le concept de formalités déclaratives est employé en ces lignes pour satisfaire à la rigueur qu'impose la matière sur le plan

---

n. L. LE MESLE ; *Dr. et patr.* oct. 2016, n° 262, obs. P. CROCQ ; *Gaz. Pal. entr. diff.* 18 oct. 2016, n° 36, p. 60, obs. Ph. ROUSSEL GALLE ; *JCP E* 2016. 1466, n. Ch. LEBEL ; *JCP N* 2016. 1321, n° 16, obs. Ph. DELEBECQUE ; *Leden* juill. 2016, n° 7, p. 5, obs. L. CAMENSULI-FEUILLARD ; *RDBF* juill. 2016, comm. 170, n. S. PIEDELIÈVRE ; *Rev. proc. coll.* juill. 2016, n° 4, comm. 122, n. F. MACORIG-VENIER ; *RTD com.* 2016. 550, obs. A. MARTIN-SERF.

[333]. Art. R. 621-4, al. 2, C. com., précisant que le « *jugement d'ouverture de la procédure prend effet à compter de sa date* », rendu applicable en redressement judiciaire par R. 631-7, et en liquidation judiciaire par R. 641-1, du même Code. V. CA Limoges, 29 oct. 1991, selon lequel les effets du jugement d'ouverture doivent s'appliquer à compter de sa date, laquelle se situe entre zéro et vingt-quatre heures le jour de la décision. *Adde* P.-M. LE CORRE, 9e éd., n° 233.41, v. not. note 5 ss ce n°.

sémantique. En droit des entreprises en difficulté, le terme « déclaration » est empreint d'une forte connotation en ce sens qu'il renvoie à un acte juridique d'une telle singularité qu'il en est devenu un véritable concept structurant du droit des procédures collectives. Et en dépit de toute la nébulosité qui en entoure la nature, il reste que la simple évocation de ce terme exhorte à se référer incessamment à un édifice normatif particulier, celui de la déclaration de créance. Par conséquent, il convient de réserver l'usage du terme « déclaration » à la désignation de l'acte procédural par lequel un créancier manifeste sa volonté de faire reconnaître dans la procédure collective son droit de créance ainsi que les accessoires qui s'y greffent.

134. La *summa divisio* des créanciers, *summa divisio* des formalités déclaratives – De façon schématique, le Code de commerce met en exergue l'existence d'une *summa divisio* entre les créanciers en distinguant ceux qui se trouvent soumis à discipline collective de ceux qui en sont affranchis. La formalité déclarative à laquelle les premiers sont contraints aux fins d'opposabilité de leur sûreté est une déclaration (α), cependant que celle à laquelle les seconds doivent se plier est une production (β), pour s'aligner sur la préconisation terminologique de Monsieur le Professeur LE CORRE[334]. Les textes font en effet état de ce que les créanciers postérieurs éligibles au traitement préférentiel doivent porter leur créance à la connaissance des organes de la procédure dans un certain délai s'ils souhaitent conserver leur privilège[335]. Les auteurs analysent

[334]. P.-M. LE CORRE, 9e éd., n° 456.16, p. 1092, et *Les déclarations de créances*, *LPA* 14 juin 2007, n° 119, p. 64. Comp. : F. PÉROCHON, 10e éd., n° 818, employant le terme de « *communication* ».

[335]. Art. L. 622-17, IV, C. com., pour la sauvegarde, rendu applicable en redressement judiciaire par L. 631-14, al. 1er, et art. L. 641-13, IV, du même Code pour la liquidation judiciaire. *Adde* art. R. 622-15, al. 1er, et R. 641-39, al. 1er, C. com.

unanimement cette diligence en une obligation d'information[336], toutefois, par commodité, les termes « production de créance » lui seront substitués[337].

α. *La déclaration aux fins d'opposabilité de la sûreté*

135. Propos liminaires : le postulat, l'évidence et la singularité – À titre liminaire, deux précisions s'imposent. D'une part, les développements à intervenir postuleront que la créance a été régulièrement déclarée puisque, dans le cas contraire, la problématique se situe, non sur le terrain du domaine propre, mais sur celui du domaine emprunté, et il convient alors de se reporter aux exceptions non-satisfactoires relevant de ce dernier[338]. D'autre part, le domaine subjectif de la règle examinée présentement s'infère de son propre libellé : la déclaration étant réservée aux créanciers soumis à discipline collective, ne sont ici concernés que les créanciers non éligibles au traitement préférentiel des articles L. 622-17 et L. 641-13 du Code de commerce, à savoir les créanciers dont la créance est née antérieurement au jugement d'ouverture de la procédure ainsi que les créanciers dont la créance est née régulièrement après ledit jugement sans satisfaire au critère téléologique posé par les articles susmentionnés.

---

336. V. not. : D. BOUSTANI, *Les créanciers postérieurs d'une procédure collective confrontés aux enjeux du droit des entreprises en difficulté*, préf. P.-M. LE CORRE, coll. « Bibl. dr. entr. diff. », t. 4, LGDJ, 2015, n°s 466 et s., et *La conservation du privilège des créanciers postérieurs*, Interv. Colloque *Sûretés réelles et droit des entreprises en difficulté*, Nice 20 mars 2010, *LPA* 11 févr. 2011, n° 30, p. 15, n°s 7 et s. ; A. JACQUEMONT et R. VABRES, 9e éd., n°s 467 et s. ; P.-M. LE CORRE, 9e éd., préc., p. 1092 et s. et *Les créances postérieures et l'ordonnance du 12 mars 2014*, *BJE* mai 2014, n° 3, p. 191, (II-A) ; F. PÉROCHON, 10e éd., n°s 812 et s. ; Ph. PÉTEL, 9e éd., n° 216 ; C. SAINT-ALARY-HOUIN, 10e éd., n°s 682 et 683.

337. L'idée est, fondamentalement, identique ; encore que la notion d'information semble traduire plus fidèlement l'esprit des textes et l'objet de la diligence incombant aux créanciers éligibles au traitement préférentiel. Sous cet angle, le vocable informationnel ne peut que susciter l'adhésion. Cependant, la notion d'obligation d'information peut être regardée comme reflétant davantage une action qu'un acte en lui-même. Or, ainsi qu'il l'a été énoncé, la déclaration de créance fait écho à un acte juridique éponyme. De sorte que la notion de déclaration a, presque de manière apodictique, un objet matérialisé, alors que l'objet d'une information peut n'être qu'idéal et ne sera matérialisé que de façon assertorique. Dans les présents développements, l'idée étant d'insister sur la décomposition dichotomique des créanciers ainsi que sur l'opposition de nature entre deux actes analogues, le choix que nous opérons en faveur du terme « production » ne trahit qu'une préférence de style.

338. V. *supra* n°s 121 et s.

Néanmoins, il faut indiquer qu'un créancier éligible au traitement préférentiel peut être concerné par la déclaration de la sûreté aux fins d'opposabilité de cette dernière à la procédure s'il a déclaré sa créance au passif nonobstant ladite éligibilité. En raison de la triple autorité de chose jugée attachée à la décision d'admission au passif, portant sur l'existence, la nature et le montant de la créance déclarée, la créance née régulièrement après jugement d'ouverture répondant au critère téléologique, mais ayant tout de même été déclarée, sera traitée comme une créance soumise à discipline collective. Autrement dit, en déclarant sa créance éligible au traitement préférentiel, un créancier non soumis à discipline collective, par l'effet de l'autorité de la chose jugée attachée à la décision d'admission au passif, transforme sa créance en créance non éligible au traitement préférentiel et, partant, se soumet aux règles de la discipline collective[339].

136. Le domaine objectif rudimentaire de l'obligation de déclaration de la sûreté – Le Code de commerce oblige les créanciers soucieux de voir leurs sûretés produire leurs effets dans le cadre d'une procédure collective, et donc, dans le cadre de distributions collectives, à en indiquer, et en justifier, l'existence. Pour ce faire, le Code indique expressément la marche à suivre : le créancier soumis à discipline collective devra en faire mention dans sa déclaration de créance[340]. Ainsi le créancier doit-il préciser la « *nature du privilège ou de la sûreté...* »[341]. Une telle rédaction appelle immédiatement une remarque tenant à l'adage « *ubi lex non distinguit, nec nos distinguere debemus* » selon lequel il n'y a pas lieu de distinguer là où la loi ne distingue pas. La généralité de la formulation permet d'englober tout privilège et toute sûreté, sans qu'il faille distinguer, par exemple, selon l'origine légale, judiciaire ou conventionnelle de la

339. Com. 3 mai 2011, n° 10-18.031, *Bull. civ.* IV, n° 63 ; *Act. proc. coll.* juin 2011, n° 10, comm. 148, obs. L. FIN-LANGER ; *BJE* sept. 2011, n° 4, comm. 127, p. 250, n. S. BENILSI ; *D.* 2011. 1279, n. A. LIENHARD ; *D.* 2011. 2069, n. P.-M. LE CORRE ; *Gaz. Pal. entr. diff.* 9 juill. 2011, n° 190, p. 12, obs. E. LE CORRE-BROLY ; *JCP E* 2011. 1596, § 10 et 11, obs. Ph. PÉTEL ; *Leden* juin 2011, n° 6, p. 3, obs. N. BORGA ; *RTD com.* 2011. 798, obs. A. MARTIN-SERF ; *JCP N* 2012. 1160, obs. J.-P. GARÇON ; *Rev. proc. coll.* janv. 2012, n° 1, comm. 3, n. P. CAGNOLI ; *Rev. proc. coll.* mars 2012, n° 2, comm. 46, n. C. SAINT-ALARY-HOUIN.

340. Art. L. 622-25, al. 1er, C. com., pour la sauvegarde, rendu applicable en redressement judiciaire par L. 631-14, al. 1er, ainsi qu'en liquidation judiciaire par L. 641-3, d. al., du même Code. *Adde* R. 622-23, d. al., C. com., pour la sauvegarde, rendu applicable en redressement judiciaire par R. 631-27, ainsi qu'en liquidation judiciaire par R. 641-39, al. 4, du même Code.

341. Art. L. 622-25, préc.

sûreté, ou encore selon la catégorie d'actif qu'elle grève ; la source de la sûreté, de même que son assiette, apparaissent indifférentes.

137. Une curieuse redondance – À cet égard, le texte fait apparaître une curieuse précision semblant dissocier les privilèges des sûretés, lors même que les premiers ne sont qu'une variété des secondes[342], les privilèges se définissant classiquement comme des sûretés réelles instituées légalement au profit de certains créanciers en raison de la qualité de leur créance[343]. Peut-être cette redite traduit-elle l'impéritie rédactionnelle à laquelle le législateur a accoutumé ses lecteurs les plus zélés, mais il n'en demeure pas moins qu'une telle formulation permet d'évacuer une difficulté qu'aurait pu faire émerger la nature même des privilèges. Puisque ces derniers sont conférés aux créanciers en raison de la qualité de leur créance, il aurait pu se concevoir que dès l'instant où le créancier justifie de la qualité de sa créance, la seule opposabilité de celle-ci à la procédure emporte *ipso facto* opposabilité du privilège qui l'assortit. En ne se contentant pas de viser largement les sûretés, mais en précisant expressément que le créancier titulaire d'un privilège doit en faire mention dans sa déclaration de créance, le Code de commerce indique sans équivoque que la qualité d'une créance est insuffisante à l'imprégner d'un caractère privilégié dans le cadre de la procédure collective et qu'il appartiendra au créancier souhaitant se prévaloir d'un privilège de le déclarer régulièrement.

138. La sanction du défaut de déclaration de la sûreté – Bien que le Code demeure silencieux quant à la sanction de l'inexécution de l'obligation de déclaration de la sûreté, la jurisprudence, sous l'empire de la législation antérieure à la loi de sauvegarde des entreprises, jugea que dans l'hypothèse où un créancier a régulièrement déclaré sa créance sans faire mention de la sûreté qui l'assortit, cette dernière est privée de toute efficacité dans le cadre de la procédure collective, c'est-à-dire que la sûreté ne peut y déployer ses effets et que son titulaire ne peut s'en prévaloir[344]. Il s'agit du

---

[342]. V. sp. : Art. 2329 C. civ. : « *Les sûretés sur les meubles sont : 1° Les privilèges mobiliers…* » et art. 2373, al. 1er, du même Code : « *Les sûretés sur les immeubles sont les privilèges, le gage immobilier et les hypothèques.* ». *Adde* Com. 9 janv. 2001, n° 98-15.102, *Bull. civ.* IV, n° 6 ; *JCP E* 2001. 750, n° 7, obs. M. CABRILLAC ; *RTD civ.* 2001. 399, obs. P. CROCQ, de laquelle décision il se comprend sans ambiguïté que les privilèges sont des sûretés. Comp. : Avant-projet H. CAPITANT, art. 2329, 2330, 2388 et 2389.

[343]. Art. 2324 C. civ. : « *Le privilège est un droit que la qualité de la créance donne à un créancier d'être préféré aux autres créanciers, même hypothécaires.* ».

[344]. Com. 8 juin 1999, n° 97-12.233, *Bull. civ.* IV, n° 125 ; *D.* 2000. 388, n. S. PIEDELIÈVRE ; *JCP E* 2000. 124, § 50, n° 13, obs. M. CABRILLAC ;

sens à donner aux concepts de perte de privilège[345] et d'impossible opposabilité de la sûreté aux autres créanciers[346] auxquels fait référence la Cour de cassation. Il faut comprendre que la sûreté non-déclarée est inopposable à la procédure collective[347] : cette dernière ne peut considérer la sûreté et le créancier ne peut se targuer d'une quelconque qualité de privilégié à son endroit. Aux yeux de la procédure collective, le créancier ayant omis d'indiquer, et de prouver, l'existence de sa sûreté dans sa déclaration de créance est donc un créancier chirographaire[348]. Autrement dit, la sanction du défaut de déclaration de la sûreté est une dégénérescence qualitative de la créance[349] : cette dernière revêt désormais une nature chirographaire, et non plus privilégiée. Certes la solution a-t-elle été rendue sous l'empire de la législation antérieure, mais aucun élément introduit par la loi de sauvegarde des entreprises ni par les réformes ultérieures ne fait obstacle à la reconduction de la solution[350].

139. Le domaine objectif élaboré de l'obligation de déclaration de la sûreté – Ainsi l'objet de la sanction du défaut de déclaration de la sûreté s'entend-il d'une privation d'effectivité de celle-ci dans le cadre de la procédure collective. Il s'ensuit que l'effet de la sanction se comprend d'une absence de prise en compte de la sûreté dans les répartitions. Du point de vue de la créance, cela se traduit par une transmutation de sa nature :

JCP E 2000. 411, § 54, n° 18, obs. Ph. DELEBECQUE ; *RTD com.* 1999. 968, obs. A. MARTIN-SERF ; *RTD com.* 2000. 167, obs. B. BOULOC ; Com. 6 juill. 1999, n° 96-21.684, *Bull. civ.* IV, n° 151 ; *D.* 2000. 327, n. A. HONORAT. Rappr. : M. CABRILLAC, n. ss Com. 20 mai 1997, n° 95-11.915, *Bull. civ.* IV, n° 141, *JCP G* 1997. I. 4054, n° 10, qualifiant la sanction de « *déchéance des sûretés non-déclarées* » ; expression relayée par C. SAINT-ALARY-HOUIN, 10e éd., n° 776, note 234.

345. Com. 8 juin 1999, préc.

346. Com. 6 juill. 1999, préc.

347. A. JACQUEMONT et R. VABRES, 9e éd., n° 582 ; F. PÉROCHON, 10e éd., n° 1563 ; P.-M. LE CORRE, 9e éd., n° 666.42, p. 2195, évoquant également une inopposabilité de la sûreté en ce que « *La sûreté non déclarée est seulement* ***inopposable*** *à la première procédure, mais n'est pas éteinte...* » (mise en gras par l'auteur de ces lignes).

348. Com. 18 janv. 2005, n° 03-14.600, NP ; *Gaz. proc. coll.* 30 avr. 2005, n° 120, p. 32, n. P.-M. LE CORRE ; CA Caen, 2e ch. civ. et com., 15 mai 2014, RG n° 13/00026.

349. Rappr. : P.-M. LE CORRE, 9e éd., préc., p. 2195 et 2196.

350. En ce sens : A. JACQUEMONT et R. VABRES, 9e éd., préc.

privilégiée au commencement, chirographaire au dénouement[351]. Or, dans la mesure où en raison de son objet et de son effet, cette sanction aboutit justement à une telle dégénérescence de la créance, le domaine de l'obligation de déclaration de la sûreté s'affine en comparaison de l'interprétation extensive à laquelle exhorte la formulation générale du texte qui l'institue. En effet, de prime abord, la généralité du texte invite à ne pas distinguer et à comprendre largement le domaine objectif de l'obligation. Mais, en réalité, seules sont concernées les sûretés conférant un droit de préférence[352]. En effet, par définition, une sûreté ne conférant pas de droit de préférence à son titulaire n'imprime pas à la créance un caractère privilégié, celle-ci demeure chirographaire. Or, la sanction du défaut de déclaration d'une telle sûreté, en ce qu'elle consiste à la rendre ineffective de telle sorte que la créance dont elle a vocation à garantir le paiement devienne chirographaire dans le cadre de la procédure collective, n'a aucun sens si la créance est déjà chirographaire[353]. Donc, lorsqu'à l'occasion d'une procédure collective, la sûreté n'influe pas sur la nature de la créance qu'elle garantit, c'est-à-dire lorsqu'elle ne confère pas de droit de préférence à son titulaire, elle n'intègre pas le champ d'application de l'obligation de déclaration de la sûreté pour être opposable à la procédure et être considérée dans les répartitions. Sitôt précisé que l'opposabilité d'une telle sûreté à la procédure n'en est pas pour autant inconditionnelle : la règle de l'accessoire commande que le support de la sûreté, à savoir la créance à laquelle elle s'adjoint, soit impérativement déclarée et rendue opposable à la procédure.

140. La mise en exergue du critère véritable – À dire vrai, l'affirmation précédente, selon laquelle le critère d'intégration d'une sûreté dans le périmètre de l'obligation de déclaration s'entend de l'octroi d'un droit de préférence, se révèle, sinon inexacte, du moins imprécise. En effet, dans l'hypothèse où un tiers au rapport d'obligation principal affecte un de ses biens en garantie de la dette principale, par exemple, en grevant d'une hypothèque l'un de ses propres immeubles, la sûreté ainsi consentie conférera bel et bien un droit de préférence au créancier. Mais, puisque par hypothèse, il ne s'agit pas d'un élément d'actif sur lequel s'exerce l'effet réel de la procédure collective sous l'empire de laquelle se trouve le débiteur principal, le créancier, bien que bénéficiaire d'un droit de préférence,

---

351. V. P.-M. LE CORRE, 9e éd., préc., p. 2195, s'exprimant ainsi : « *Seule la nature de sa créance change : de créancier privilégié, il est relégué au rang de créancier chirographaire.* ».

352. V. *Ibid.*

353. En ce sens : *ibid.*, évoquant en cette hypothèse une absence d'intérêt de l'indication de la sûreté.

ne pourra s'en prévaloir dans le cadre de la procédure collective, et, s'il déclare sa créance, participera, certes, aux répartitions, mais en qualité de chirographaire, non de privilégié. Et ce, encore une fois, parce que l'élément d'actif constituant l'assiette de sa sûreté ne sera pas compris dans le périmètre de la procédure et ne sera donc pas réalisé à l'occasion de la procédure, par la procédure. C'est pourquoi le critère permettant de déterminer les sûretés devant être mentionnées dans la déclaration de créance aux fins de prise en compte lors de la phase distributive se comprend, en réalité, de l'influence de la sûreté sur la nature de la créance dans le cadre exclusif de la procédure collective.

141. – Puisque les sûretés n'influant pas sur la nature de la créance ne sont pas concernées par l'obligation de déclaration, *a contrario*, seules intègrent le domaine de ladite obligation celles ayant une influence sur la nature de la créance. Eu égard à la sanction de l'inexécution de cette obligation, c'est-à-dire l'inopposabilité, il peut donc être affirmé que ne seront pas considérées dans les répartitions les sûretés influant, dans le cadre de la procédure collective, sur la nature de la créance de leur titulaire si ce dernier s'est abstenu d'en faire mention dans la déclaration de créance à laquelle il est contraint. En somme, ce sont les répartitions, ou, de façon plus exacte, la perspective des répartitions, qui circonscrivent le champ de l'obligation de déclaration des sûretés. Désormais, il importe d'étudier, plus brièvement, le sort de la sûreté assortissant la créance dont le titulaire doit en diligenter, non la déclaration, mais la production.

β. La production aux fins de conservation de la sûreté

142. Une conservation de la sûreté subordonnée à la production de la créance – Le Code de commerce institue un privilège, dont la doctrine, malgré le mutisme législatif, estime unanimement qu'il est pleinement général[354], au profit des créanciers postérieurs éligibles au traitement

[354]. D. BOUSTANI, *op. cit.*, n°s 437 et s., et art. préc., n° 4 ; P.-M. LE CORRE, 9e éd., n° 456.15 *in limine* ; F. PÉROCHON, 10e éd., n° 811 ; C. SAINT-ALARY-HOUIN, 10e éd., n° 663 ; A. JACQUEMONT et R. VABRES, 9e éd., n° 464, de façon implicite en faisant de « *la totalité du patrimoine du débiteur* » l'assiette du privilège ; M. BOURASSIN, V. BRÉMOND et M.-N. JOBARD-BACHELLIER, 5e éd., n° 1222, §2 ; M. CABRILLAC, Ch. MOULY, S. CABRILLAC et Ph. PÉTEL, 10e éd., n° 698 ; Ch. ALBIGES et M.-P. DUMONT-LEFRAND, 6e éd., n° 760 ; Ph. MALAURIE, L. AYNÈS et P. CROCQ, 10e éd., n° 465 ; D. LEGEAIS, 11e éd., n° 673 ; S. PIEDELIÈVRE, 2e éd., n° 308 ; J.-B. SEUBE, 7e éd., n° 218.

préférentiel[355]. Aucune autre condition[356] que l'éligibilité au traitement préférentiel n'est requise quant à l'attribution de ce « *privilège de procédure* »[357]. En revanche, le législateur a subordonné sa conservation à l'exécution d'une obligation d'information prenant la forme d'une production de créance. Pour pouvoir se prévaloir de son privilège et le mettre en œuvre dans le cadre de distributions collectives, le créancier doit produire sa créance, c'est-à-dire la porter à la connaissance de l'organe de la procédure adéquat[358].

143. La sanction du défaut de production – Le Code de commerce énonce expressément la sanction du défaut de production dans les délais impartis à cette fin : le créancier s'étant abstenu de produire sa créance perd son privilège de procédure[359]. Cette perte, conçue comme une péremption de privilège[360], s'analyse en une déchéance[361] des droits attachés au privilège de

---

355. Art. L. 622-17, II, C. com., pour la sauvegarde, rendu applicable en redressement judiciaire par L. 631-14, al. 1er, et art. L. 641-13, II, du même Code, pour la liquidation judiciaire.

356. D. BOUSTANI, *op. cit.*, n° 466, et art. préc., n° 7, précisant que « *le privilège est automatique dans son attribution* ».

357. Formulation largement employée. V. not. : Ph. ROUSSEL GALLE, *Les privilèges de procédure*, *Cah. dr. entr.* juill. 2009, n° 4, doss. n° 24 ; F. GREAU, *Pour un véritable privilège de procédure*, *LPA* 12 juin 2008, n° 118, p. 4 ; L.-C. HENRY, *La notion de privilège de procédure dans la loi de sauvegarde*, *Rev. proc. coll.* avr. 2008, n° 2, comm. 15 ; Ph. PÉTEL et J.-L. BRÉNAC, *Les créances de procédure*, *Rev. proc. coll.* avr. 2008, n° 2, doss. n° 7 ; C. SAINT-ALARY-HOUIN, *Les privilèges de la procédure*, *LPA* 14 juin 2007, n° 119, p. 70, nos 6 et s. ; D. BOUSTANI, *op. cit.*, n° 437 ; Ph. PÉTEL, 9e éd., nos 208 et s. ; F. PÉROCHON, 10e éd., préc. ; M. BOURASSIN, V. BRÉMOND et M.-N. JOBARD-BACHELLIER, 5e éd., préc. ; M. CABRILLAC, Ch. MOULY, S. CABRILLAC et Ph. PÉTEL, 10e éd., n° 688 ; D. LEGEAIS, 11e éd., préc.

358. Art. L. 622-17, IV, C. com., pour la sauvegarde, rendu applicable en redressement judiciaire par L. 631-14, préc., et art. L. 641-13, IV, du même Code, pour la liquidation judiciaire.

359. V. art. cit. *supra* note précédente.

360. Rapp. J.-J. HYEST, *au nom de la commission des Lois constitutionnelles, de législation, du suffrage universel, du Règlement et d'administration générale sur le projet de loi de sauvegarde des entreprises*, n° 335, 2005, p. 203, dans lequel il est écrit que : « *Le 3° du présent article compléterait l'article L. 622-15 nouveau* [actuel L. 622-17 C. com.] *par un paragraphe IV instituant une* ***péremption des privilèges prévus par cette disposition***. » (en gras dans le rapport).

361. D. BOUSTANI, *op. cit.*, nos 481 et s., sp. nos 491 et s., et art. préc., nos 24, 30 et s. ; P.-M. LE CORRE, 9e éd., n° 456.19 ; F. PÉROCHON, 10e éd., n° 825 ; Ph. MALAURIE,

procédure privant le créancier du droit de s'en prévaloir lors des distributions collectives, il ne pourra donc faire valoir de droit de préférence au titre du privilège des créanciers postérieurs éligibles au traitement préférentiel lors des répartitions. De sorte que si le privilège de procédure constituait l'unique sûreté dont était titulaire le créancier ayant omis de produire sa créance, cette dernière, à l'instar de celle du créancier soumis à discipline collective s'étant abstenu de déclarer sa sûreté, dégénère en créance chirographaire. Dès lors, en appréhendant la sanction du défaut de production à travers le prisme du thème en cause, il apparaît que cette sanction s'entend d'une absence de considération du privilège de procédure lors des phases distributives.

144. – Ainsi le domaine négatif propre du principe de considération des sûretés dans les répartitions se compose-t-il d'exceptions éventuelles caractérisant des situations dans lesquelles le comportement du créancier provoque le défaut de prise en compte de sa sûreté. Il est cependant diverses occurrences où l'impérialisme du droit des procédures collectives se manifeste plus radicalement encore en ce sens que, nonobstant l'accomplissement de toutes les diligences requises aux fins d'opposabilité de leurs sûretés à la procédure, certains créanciers, voire parfois la totalité des créanciers, ne pourront se prévaloir des droits que leur confèrent leurs sûretés. Dès lors que la procédure collective néglige ces sûretés sans qu'un quelconque manquement ne soit imputable à leurs titulaires, il est permis de soutenir que dans le cadre de son domaine négatif propre, le principe sous examen connaît des exceptions automatiques, ou *de jure*.

2. Les exceptions automatiques

145. Les exceptions indifférentes à l'attitude du créancier ou exceptions *de jure* – Tel que l'a préludé le précédent paragraphe, les exceptions *de jure* se recommandent de deux logiques : l'une sélective, l'autre universaliste. Certaines exceptions affecteront tous les créanciers cependant que d'autres ne concerneront qu'une partie d'entre eux. En d'autres termes, il peut arriver, soit qu'aucune sûreté ne soit considérée lors des répartitions, soit que pareil sort ne soit réservé qu'à certaines sûretés particulières. Ainsi la structure des exceptions automatiques est-elle renseignée en ce que le principe sous examen supporte des exceptions

---

L. AYNÈS et P. CROCQ, 10e éd., préc., *in fine* ; M. CABRILLAC, Ch. MOULY, S. CABRILLAC et Ph. PÉTEL, 10e éd., no 699.

automatiques générales (a), ou universelles, et des exceptions automatiques spéciales (b), ou sélectives.

a. Les exceptions automatiques générales : les répartitions en matière de responsabilité pour insuffisance d'actif

146. Une exception automatique universelle certaine et une exception automatique universelle incertaine, ou la distinction entre produit de l'action et produit de la transaction – Ces exceptions ont trait à la répartition de sommes en lien avec la question de la responsabilité pour insuffisance d'actif du dirigeant. À cet égard, une nuance se doit d'être apportée immédiatement, car s'il est acquis qu'aucune sûreté ne sera prise en compte lors de la répartition du produit de l'action en responsabilité pour insuffisance d'actif (α), le sort des sûretés dans l'hypothèse de la conclusion d'une transaction est quant à lui plus incertain (β).

α. L'indubitable absence de considération des sûretés : la répartition du produit de l'action

147. La répartition au marc le franc – En la matière, les dispositions du Code de commerce ne souffrent aucune équivoque : le produit de l'action en responsabilité pour insuffisante d'actif entre dans le patrimoine du débiteur et fait l'objet d'une répartition au marc le franc entre tous les créanciers[362], c'est-à-dire qu'il est réparti entre les créanciers en proportion du montant de leur créance. Eu égard à la lettre du texte, qui vise la totalité des créanciers, et compte tenu de ce que la répartition au marc le franc constitue par définition une modalité de distribution exclusive de toute préférence ou priorité, le Code de commerce énonce explicitement que les sûretés ne sont pas considérées lors de la répartition du produit de l'action en responsabilité pour insuffisance d'actif. Il importe de mesurer l'exacte portée de la règle. Étant expressément édictée par le législateur en matière de responsabilité pour insuffisance d'actif, et s'agissant d'une exception portée aux règles de répartition, le principe étant la considération des sûretés – ce que traduit implicitement, mais nécessairement, l'existence d'un texte instituant cette modalité de répartition au marc le franc –, la règle est d'interprétation stricte. En ce que la répartition au marc le franc fait office d'exception restrictive de droits pour les créanciers privilégiés, le raisonnement par analogie est proscrit. De sorte que dès l'instant où ne sont pas en cause des sommes relatives à une action en responsabilité pour

---

[362]. Art. L. 651-2, d. al., C. com.

insuffisance d'actif, et aussi ressemblante l'action en question puisse-t-elle être – par exemple, l'action exercée contre un banquier au titre de concours fautifs sur le fondement de l'article L. 650-1 du Code de commerce –, le texte ne peut recevoir application et les répartitions devront intervenir dans le respect des principes classiques qui les gouvernent, et en particulier celui tendant à la considération des sûretés. Certes, telle ne fut pas toujours la position de la jurisprudence qui, en certaines occurrences, a procédé par analogie[363] ; mais il faut relever que la Cour de cassation a abandonné cette position contestable par un arrêt rendu le 11 juin 2014[364] ayant marqué un « *retour à l'orthodoxie* »[365] plébiscité par une partie de la doctrine[366]. En résumé, malgré les errances jurisprudentielles passées, cette répartition dérogatoire ne joue effectivement qu'en matière de responsabilité pour insuffisance d'actif.

148. Une absence de considération des sûretés critiquée – Durant les travaux préparatoires de la loi de sauvegarde des entreprises, loi par laquelle a été intronisée au sein du Code de commerce cette modalité de répartition du produit de l'action en comblement de l'insuffisance d'actif, il a été avancé que le caractère indemnitaire de cette action sous-tendait cette

---

363. V. not. pour un ex. de généralisation de la répartition dérogatoire : Com. 7 avr. 2009, n° 08.10.427, NP ; *Gaz. proc. coll.* 28 juill. 2009, n° 209, p. 26, n. I. ROHART-MESSAGER ; *JCP E* 2009. 1814, n° 14, obs. M. CABRILLAC ; *Leden* juin 2009, n° 3, p. 5, obs. E. MOUIAL-BASSILANA ; *Rev. proc. coll.* nov. 2009, n° 6, comm. 177 et *RTD com.* 2009. 809, obs. crit. A. MARTIN-SERF. *Adde*, en matière d'action en responsabilité pour soutien abusif intentée à l'encontre d'un banquier : Com. 6 mai 1997, n° 94-20.855, *Bull. civ.* IV, n° 119.

364. Com. 11 juin 2014, n° 13-12.658, *Bull. civ.* IV, n° 102 ; *Act. proc. coll.* juill. 2014, n° 12, comm. 226, obs. J. VALLANSAN ; *D.* 2014. 2196, n. J. LECAROZ ; *Gaz. Pal. entr. diff.* 7 oct. 2014, n° 280, p. 37, n. I. ROHART-MESSAGER ; *JCP E* 2014. 1447, n° 4, obs. Ph. PÉTEL ; *JCP N* 2014. 1339, n° 20, obs. Ph. DELEBECQUE ; *Leden* sept. 2014, n° 8, p. 4, obs. L. CAMENSULI-FEUILLARD ; *RDBF* nov. 2014, n° 6, comm. 212, n. C. HOUIN-BRESSAND ; *Rev. sociétés* 2014. 532, obs. Ph. ROUSSEL GALLE ; *RLDA* juill. 2014, n° 95, obs. Ch. LEBEL ; *Rev. proc. coll.* mai 2015, n° 3, comm. 71, n. A. MARTIN-SERF.

365. F. PÉROCHON, 9e éd., n° 1306.

366. *Ibid.*, nos 1306 et 1657, estimant que la solution antérieure « *paraît fort heureusement condamnée, durablement faut-il espérer...* » ; A. MARTIN-SERF, n. ss Com. 11 juin 2014, préc., *Rev. proc. coll.* mai 2015, n° 3, comm. 71 ; Ph. PÉTEL, n. ss Com. 11 juin 2014, préc., *JCP E* 2014. 1447, n° 4, *in limine* ; L. CAMENSULI-FEUILLARD, n. ss Com. 11 juin 2014, préc., *Leden* sept. 2014, n° 8, p. 4, *in fine* ; I. ROHART-MESSAGER, n. ss Com. 11 juin 2014, préc., *Gaz. Pal. entr. diff.* 7 oct. 2014, n° 280, p. 37, *in fine*. Rappr. : P.-M. LE CORRE, 9e éd., n° 611.37, qualifiant une telle solution de « *logique* ».

déchéance ponctuelle des causes de préférence[367]. Toutefois, ainsi que l'ont relevé certains auteurs, cette justification ne convainc guère et fait atteindre au système « *le comble de l'incohérence* »[368]. Justification peu convaincante en ce sens que le caractère indemnitaire ne permet pas, à lui seul, de fonder techniquement la disparition des causes de préférence[369] ; et solution incohérente dans la mesure où, ainsi qu'il l'a été souligné à maintes reprises, le texte, en ce qu'il institue une répartition sans prise en compte des sûretés tout en indiquant que les sommes intègrent le patrimoine du débiteur – intégration provoquée par la disparition de la masse des créanciers[370] –, renferme une sérieuse contradiction[371]. En effet, la circonstance selon laquelle les sommes entrent dans le patrimoine du débiteur correspond précisément à la raison pour laquelle les causes de préférence devraient pouvoir s'exercer[372] : le produit d'une action représente un actif mobilier sur lequel les privilèges absolument généraux et les privilèges généraux mobiliers ont par nature vocation à s'exercer, peu important que cet élément d'actif ne fut pas présent dans le patrimoine du débiteur lors de la naissance de la créance garantie par le privilège.

---

367. Rapp. X. DE ROUX, *au nom de la commission des Lois constitutionnelles, de la législation, et de l'administration générale de la République sur le projet de loi de sauvegarde des entreprises*, n° 2095, 2005, p. 426, selon lequel « *Cette solution strictement égalitaire* [découle] *du caractère indemnitaire des sommes recouvrées...* ».

368. A. MARTIN-SERF, *L'intérêt collectif des créanciers ou l'impossible adieu à la masse*, *Mél. HONORAT*, éd. Frison-Roche, 2000, p. 143, sp. p. 155.

369. F. PÉROCHON, 10e éd., n° 1716, jugeant une telle déduction « ***inexacte*** » (en gras dans l'ouvrage) et précisant que « *indemnitaires ou non, elles* [les sommes] *devraient y être soumises aux privilèges généraux...* ».

370. P.-M. LE CORRE, 9e éd., n° 922.61.

371. M. CABRILLAC, *L'impertinente réapparition d'un condamné à mort ou la métempsychose de la masse des créanciers*, *Mél. GAVALDA*, Dalloz, 2001, p. 69, sp. p. 75, n° 12, saluant ironiquement « *le superbe paradoxe et l'incohérence que constitue l'exhumation de la règle de la répartition au marc le franc par le législateur de 1985 au moment même où il entendait supprimer le socle sur lequel elle avait été édifiée* [la masse des créanciers] *et alors qu'il précisait que les sommes en question tombaient dans le patrimoine du débiteur.* » ; A. MARTIN-SERF, art. préc., p. 155, jugeant sévèrement qu'il « *est inconcevable de proclamer à la fois que le produit de l'action en comblement contribue à reconstituer le patrimoine du débiteur mais que les privilèges portant sur le patrimoine du débiteur ne peuvent plus jouer...* » ; P.-M. LE CORRE, 9e éd., préc. ; F. PÉROCHON, 10e éd., préc.

372. M. CABRILLAC, art. préc., p. 75, n° 12 ; A. MARTIN-SERF, art. préc., p. 155 ; Y. GUYON, *Droit des affaires*, t. II, *Entreprises en difficultés. Redressement judiciaire – Faillite*, coll. « Droit des Affaires et de l'Entreprise », Economica, 9e éd., 2003, n° 1382.

En outre, un auteur pour qui est indifférente la question de savoir dans quel patrimoine entrent ces sommes[373] – celui du débiteur ou celui de la masse –, démontre l'inopportunité de la mesure à la lumière de l'organisation collective moderne de la procédure. À l'origine, les créanciers titulaires de sûretés demeuraient en dehors de l'organisation collective[374], et ainsi, la répartition au marc le franc se comprenait parce que seuls les créanciers chirographaires étaient astreints à discipline collective[375]. Mais puisque les créanciers titulaires de sûretés ont intégré cette organisation collective de la procédure, l'accès au gage commun leur a été mécaniquement ouvert[376]. Par conséquent, selon cet auteur, la « *répartition au marc le franc n'a plus de raison d'exister* »[377].

En tout état de cause, aussi dénuée de fondement juridique[378] la mesure puisse-t-elle être, elle n'en est pas moins l'émanation de la Loi et, en réalité, il faut en chercher la justification davantage dans l'arbitraire de celui qui en est le légitime détenteur que dans une quelconque logique juridique. Il a été écrit non sans justesse que cette règle se justifiait par un « *zeste d'équité* »[379] de la part du législateur « *en faveur des créanciers chirographaires* »[380]. Certes, mais alors, pour pasticher Madame le Professeur MARTIN-SERF, le système atteint le comble de l'hypocrisie, et ce dans la mesure où le législateur se proclame défenseur des créanciers chirographaires alors qu'il en a été le patent fossoyeur en raison de la prolifération de privilèges dont il est, par définition, le géniteur exclusif[381].

---

373. M. SÉNÉCHAL, *L'effet réel de la procédure collective : Essai sur la saisie collective du gage commun des créanciers*, préf. M.-H. MONSÈRIÉ-BON, coll. « Bibl. dr. entreprise », t. 59, Litec, 2002, n° 672, p. 729.

374. *Ibid.*, n° 671 *in limine.*

375. *Ibid.*, n° 671 *in fine*, qui ajoute que « *Sans cause de préférence, tous les créanciers recevaient un dividende égal.* ».

376. *Ibid.*

377. *Ibid.*

378. Y. GUYON, *op. cit.*, préc.

379. F. PÉROCHON, 10e éd., préc., note 108. Rappr. : Y. GUYON, *op. cit.*, préc. ; P.-M. LE CORRE, 9e éd., préc.

380. F. PÉROCHON, 10e éd., préc. Rappr. : Y. GUYON, *op. cit.*, préc.

381. En ce sens : B. SOINNE, 2e éd., n° 32-1, constatant que « *Le sort des créanciers chirographaires dans le cadre de la procédure collective est depuis belle lurette réglé. On sait bien que la multiplication des privilèges a constitué le chant du cygne de ces créanciers.* [...] *Le développement des privilèges fiscaux et sociaux a constitué l'acte de décès des chirographaires.* ».

149. – Ainsi le produit de l'action en comblement de l'insuffisance d'actif fait-il l'objet d'une répartition dérogatoire par laquelle il n'est pas tenu compte des diverses causes de préférence ; et bien que la doctrine la plus avertie appréhende cette mesure, et donc cette exception au principe de considération des sûretés, avec une circonspection certaine, celle-ci appartient à notre dispositif normatif et doit recevoir application lorsque sont réunies les conditions requises à cet effet. Ce point est acquis. En revanche, quant aux modalités de répartition des sommes versées par un dirigeant, non au titre d'une condamnation à combler l'insuffisance d'actif, mais en vertu d'un accord transactionnel, l'incertitude règne.

β. Le douteux défaut de prise en compte des sûretés : la répartition du produit de la transaction

150. Une nouvelle exception au principe de considération des sûretés ? – La question de la répartition du produit de la transaction intervenue dans le cadre d'une action en responsabilité pour insuffisance d'actif n'a surgi initialement que de manière incidente[382], au moment où la faculté pour le liquidateur de conclure un accord transactionnel avec un dirigeant polarisait l'attention de la doctrine. Cette possibilité a été ouvertement reconnue par la Haute juridiction[383] dans une décision dont les commentateurs s'accordent à dire qu'elle clôt un débat doctrinal ayant suscité une abondante littérature, tout en soulevant quelques interrogations[384], au rang desquelles figure notamment celle afférente à la répartition des sommes versées en exécution d'une transaction[385]. Sur ce point, le consensus doctrinal fait actuellement défaut et, en toute logique,

---

382. V. par ex. : F. PÉROCHON, *Le traitement des difficultés de l'entreprise à l'épreuve des cloisonnements de patrimoines : vers l'implosion de la procédure collective*, *BJE* sept. 2013, n° 5 ; O. PÉCHENARD, *La transaction en matière de condamnation en responsabilité pour insuffisance, in Responsabilités des dirigeants*, *BJE* nov. 2012, n° 6, p. 419.

383. Com. 8 mars 2017, n° 15-16.005, *Bull. civ.* IV [à paraître] ; *BJE* mai 2017, n° 3, p. 228, n. Th. FAVARIO ; *BJS* mai 2017, n° 5, p. 336, n. M.-H. MONSÈRIÉ-BON ; *Gaz. Pal.* 26 sept. 2017, n° 32, p. 64, obs. B. DONDERO ; *Gaz. Pal. entr. diff.* 27 juin 2017, n° 24, p. 69, obs. Th. MONTÉRAN ; *JCP E* 2017. 1242, n. A. CERATI-GAUTHIER ; *JCP E* 2017. 1460, n° 24, obs. A. TEHRANI ; *JCP G* 2017. 416, n. B. SAINTOURENS ; *Leden* mai 2017, n° 5, p. 1, obs. F.-X. LUCAS ; *Rev. dr. soc.* mai 2017, n° 5, comm. 87. n. J.-P. LEGROS.

384. V. sp. M.-H. MONSÈRIÉ-BON, n. ss Com. 8 mars 2017, préc., *BJS* mai 2017, n° 5, p. 336 ; Th. FAVARIO, n. ss Com. 8 mars 2017, préc., *BJE* mai 2017, n° 3, p. 228.

385. V. sp. M.-H. MONSÈRIÉ-BON, art. préc., *in fine*.

deux tendances se dégagent : tandis qu'une partie de la doctrine estime que les modalités de répartition du produit de l'action en responsabilité pour insuffisance d'actif sont transposables au produit de la transaction[386], d'autres auteurs font montre de réserve et paraissent destiner leur faveur à la solution inverse[387]. La question est donc posée : faut-il répartir le produit de la transaction au marc le franc ou faut-il au contraire procéder à sa distribution en tenant compte des causes de préférence ? Autrement dit, se pose la question de savoir si la répartition doit intervenir en négligeant les sûretés ou en les considérant. Ce qui, somme toute, revient à se demander si le domaine négatif propre du principe sous examen s'accroît par augmentation du nombre des exceptions ou non. Un raisonnement en deux temps permet, semble-t-il, d'apporter divers éléments de réponse.

151. Le premier temps : l'argument formel – La France étant un pays de Droit écrit, le premier temps du raisonnement consiste à se concentrer sur le texte instituant la répartition au marc le franc du produit de l'action en comblement de l'insuffisance d'actif : l'article L. 651-2 du Code de commerce. Il convient de s'attarder particulièrement sur le dernier alinéa[388] de la disposition sus-indiquée. *A priori*, il devrait être fait usage de la règle d'interprétation selon laquelle il n'y a pas lieu de distinguer là où la loi ne distingue pas. En effet, le texte, en sa deuxième phrase, ne vise les sommes à répartir au marc le franc que par l'intermédiaire du pronom personnel « elles », qui ne peut faire référence qu'au dernier groupe nominal féminin pluriel qui le précède, constitué en l'occurrence des termes « les sommes versées ». Il faut donc comprendre que ce sont les sommes versées par les dirigeants ou l'entrepreneur individuel à responsabilité limitée qui sont réparties au marc le franc entre tous les créanciers. Or, s'il n'est pas permis de distinguer là où la loi ne distingue pas, alors, aucune distinction ne peut être opérée relativement à ces sommes. La généralité de la formulation conduirait ainsi à inclure dans le champ d'application de la répartition dérogatoire toutes les sommes en lien avec une insuffisance d'actif,

---

386. D. LAMBREY DE SOUZA, *Un cadre légal pour la transaction lors d'une instance en responsabilité pour insuffisance d'actif ?, JCP E* 2017. 1594, n° 5 ; O. PÉCHENARD, art. préc., *in fine*.

387. M.-H. MONSÈRIÉ-BON, art. préc., *in fine* ; F. PÉROCHON, art. préc.

388. Art. L. 651-2, d. al., C. com. : « ***Les sommes versées*** *par les dirigeants ou l'entrepreneur individuel à responsabilité limitée entrent dans le patrimoine du débiteur.* ***Elles*** *sont réparties au marc le franc entre tous les créanciers. Les dirigeants ou l'entrepreneur individuel à responsabilité limitée ne peuvent pas participer aux répartitions à concurrence des* ***sommes au versement desquelles ils ont été condamnés****.* » (mises en gras des termes utiles à la compréhension du développement par l'auteur de ces lignes).

peu important qu'elles aient été versées par le dirigeant en vertu d'une décision de condamnation ou en exécution d'un accord transactionnel conclu avec le liquidateur. La validité d'un tel raisonnement ne souffrirait aucune contestation s'il n'était pas question d'une modalité de répartition dérogatoire. En effet, la répartition au marc le franc correspond à une exception restrictive de droits que tolère le principe de considération des sûretés. Partant, le texte qui la prescrit est d'interprétation stricte[389] et l'adage « *ubi lex non distinguit, nec nos distinguere debemus* » doit, sinon être frappé d'ostracisme, du moins s'infléchir notablement. À cet égard, le texte lui-même renferme les éléments permettant de décrypter ce pronom personnel « elles » ainsi que le groupe nominal auquel il se rapporte.

152. Le premier élément : l'alinéa – Tout d'abord, la dernière phrase de l'alinéa sous inspection, régissant le sort du dirigeant dans les répartitions, évoque les sommes au paiement desquelles celui-ci a été condamné. Il pourrait être objecté que la circonstance selon laquelle le législateur s'est employé à inscrire exclusivement cette précision dans l'ultime phrase indique, au contraire, qu'il y a lieu de ne pas confondre les « sommes versées » visées dans les phrases précédentes avec les sommes au versement desquelles le dirigeant a été condamné. Cependant, compte tenu de ce que cette dernière phrase a été adjointe aux deux autres par l'ordonnance du 18 décembre 2008, c'est-à-dire après l'implémentation de ces dernières au sein du Code de commerce par la loi de sauvegarde des entreprises, l'argument semble inopérant. Et ce d'autant plus qu'il eût été loisible au législateur de créer un nouvel alinéa afin de marquer la distinction si tel était son but. Le fait que le législateur ait ajouté cette dernière phrase, qui régit la participation du dirigeant aux répartitions, à un alinéa préexistant, invite à comprendre unitairement ce dernier et à donner une signification convergente à ses composants ; et puisqu'il est question d'un texte d'interprétation stricte, cela aboutit à entendre les termes généraux de sommes versées comme des sommes versées au titre d'une condamnation.

153. Le second élément : l'article – Ensuite, dans le prolongement de ce qui a été exposé ci-dessus, l'article L. 651-2, en son ensemble, a vocation à préciser le régime de l'action en responsabilité pour insuffisance d'actif. Le champ lexical judiciaire y est omniprésent, en quelque alinéa que ce soit, comme en témoignent la récurrence du terme « tribunal » ainsi que l'emploi des termes « décision », « condamner » et « jugement ». Il en résulte que le législateur n'a conçu cet article que dans une perspective

---

389. En ce sens : M.-H. MONSÈRIÉ-BON, art. préc., *in fine* ; F. PÉROCHON, art. préc. Rappr. : Com. 11 juin 2014, préc.

judiciaire et que cette disposition doit être appréhendée en tant qu'ensemble unitaire et cohérent. En sorte que, eu égard à l'interprétation stricte à laquelle il faut recourir, les sommes auxquelles il est fait maintes fois référence se comprennent de sommes dues, et le cas échéant payées, en vertu d'une décision de condamnation.

154. Le second temps : l'argument substantiel – L'argument substantiel prend désormais le relai afin de parachever la démonstration. Pour qu'une décision de condamnation au paiement d'une somme d'argent soit rendue en raison de l'engagement de sa responsabilité par la partie condamnée, encore faut-il que la responsabilité de cette dernière ait été légalement établie et reconnue par la juridiction. D'évidence, pour qu'un dirigeant soit condamné au titre d'une action en responsabilité pour insuffisance d'actif, il est impératif que la juridiction le déclare responsable. Or, l'effet déclaratif de la transaction, contrat par lequel les parties terminent une contestation née ou en préviennent une à naître[390], n'en fait pas un acte récognitif : par le biais d'une transaction, une partie ne reconnaît pas le bien-fondé de la demande de l'autre. Une transaction ne vaut pas reconnaissance de responsabilité, la jurisprudence est constante[391] et la doctrine unanime[392]. À cet égard, la Cour de cassation a précisé que les signataires d'une transaction ne peuvent se voir exclure de la répartition de la somme versée en application de ladite transaction au motif qu'ils auraient reconnu implicitement leur responsabilité dans la constitution de l'insuffisance d'actif[393]. Donc, dans la mesure où une décision de condamnation présuppose la reconnaissance par la juridiction de la

---

[390]. Art. 2044, al. 1er, C. civ.

[391]. V. sp. Civ. 3e, 18 févr. 1981, *JCP G* 1981. IV. 159 : « *Une transaction qui met fin à un litige et qui suppose des concessions réciproques, ne constitue pas en elle-même une reconnaissance de responsabilité si aucune mention relative à ce point n'a été insérée dans l'acte.* ». *Adde* not. Civ. 1re, 5 févr. 2014, n° 13-10.791, *Bull. civ.* I, n° 18 ; *JCP G* 2014. 504, n. J.-B. PERRIER, pour qui « *L'absence de reconnaissance de responsabilité liée aux pourparlers transactionnels est somme toute logique : si elle est dotée d'un effet déclaratif, la transaction n'implique pas nécessairement reconnaissance du bien-fondé des prétentions de l'autre partie.* » ; *JCP G* 2014. 597, n° 12, obs. G. PILLET.

[392]. V. not. : J.-B. PERRIER, *Pourparlers transactionnels : l'absence de caractère recognitif implique l'absence d'effet interruptif de prescription*, n. ss Civ. 1re, 5 févr. 2014, préc., *JCP G* 2014. 504 ; G. Pillet, art. préc. ; Ph. MALAURIE, L. AYNÈS et P.-Y. GAUTIER, *Les contrats spéciaux*, coll. « Droit civil », LGDJ - Lextenso, 7e éd., 2014, n° 1124 ; P. CHAUVEL, *Transaction*, *Rép. civ.*, Dalloz, 2014, nos 194 et 539.

[393]. Com. 16 juin 2004, n° 01-15.745, NP.

responsabilité de la partie condamnée, et alors qu'une transaction n'est pas récognitive de responsabilité, les sommes dues en vertu d'un accord transactionnel ne peuvent aucunement être regardées comme dérivant d'une décision de condamnation.

155. Un appui jurisprudentiel : l'apparition du caractère exclusif de la transaction – De surcroît, puisqu'en matière de responsabilité pour insuffisance d'actif, la jurisprudence décide que la transaction est proscrite une fois intervenue la décision de condamnation[394], passée en force de chose jugée ou non[395], il apparaît que l'accord transactionnel ne peut intervenir qu'antérieurement à toute décision de condamnation. Ce qui signifie, non seulement que la transaction constitue une voie alternative à la condamnation au comblement de l'insuffisance d'actif[396], mais surtout que l'accord transactionnel est, du fait de cette tendance jurisprudentielle combinée à l'effet extinctif du droit d'agir inhérent à un tel accord, exclusif de toute décision de condamnation. Il s'ensuit, soit que le dirigeant est tenu de combler tout ou partie de l'insuffisance d'actif en vertu d'une décision de justice, soit qu'une telle obligation lui incombe en raison d'un engagement contractuel. En d'autres termes, il s'agit de deux hypothèses distinctes d'obligation à la dette, de telle sorte que l'une ne peut se concevoir en présence de l'autre : si le dirigeant est tenu au titre d'une décision de condamnation, cela présuppose l'absence de transaction ; et s'il est tenu par suite d'un accord transactionnel, cela présuppose l'absence de décision de condamnation. Il est donc inenvisageable, par hypothèse, de considérer des sommes dues en vertu d'une transaction comme des sommes au versement desquelles le dirigeant a été condamné.

156. Un indice textuel : la disparition de la notion d'autorité de chose jugée – Par ailleurs, en dépit des similitudes que peuvent présenter une transaction et une décision de justice, le législateur a marqué nettement

---

394. Com. 5 nov. 2003, n° 00-11.876, *Bull. civ.* IV, n° 164 ; *BJS* févr. 2004, n° 2, p. 205, n. C. BOILLOT ; *JCP G* 2004. I. 153, n° 5, obs. Ph. PÉTEL ; *Rev. dr. soc.* déc. 2004, n° 12, comm. 213, n. J.-P. LEGROS ; *RTD com.* 2004. 604, obs. C. MASCALA. *Adde* Com. 8 mars 2017, préc., *a contrario*.

395. Com. 24 mars 2009, n° 07-20.383, NP ; *Gaz. proc. coll.* 28 juill. 2009, n° 209, p. 49, n. Th. MONTÉRAN ; *JCP E* 2009. 1787, n. C. DELATTRE ; *Rev. dr. soc.* août 2009, n° 8-9, comm. 169, obs. J.-P. LEGROS ; *Rev. proc. coll.* mai 2010, n° 3, comm. 116, n. A. MARTIN-SERF. *Adde* Com. 8 mars 2017, préc., *a contrario*.

396. Com. 8 mars 2017, préc. : « *l'insuffisance d'actif ne peut être mise* […] *à la charge d'un dirigeant* […] *seulement par une décision de condamnation* ***ou****, avant l'intervention d'une telle décision, par une transaction…* » (mise en gras par l'auteur de ces lignes).

la différence de nature existant entre les deux à l'occasion de la réforme de modernisation de la justice opérée par la loi du 18 novembre 2016[397]. En effet, l'article 2052 du Code civil, dans sa rédaction issue de ladite loi, ne fait plus référence à la notion d'autorité de chose jugée[398] – référence qui, au demeurant, était auparavant perçue comme évocatrice[399], et non comme dotant la transaction d'une autorité de chose jugée *stricto sensu.*

157. Une impossible assimilation, une impossible répartition dérogatoire – Compte tenu de ce qu'une transaction ne peut équivaloir à une décision de condamnation, faute pour l'accord transactionnel de revêtir un caractère récognitif de responsabilité ; eu égard à ce qu'en la matière, la transaction est exclusive de toute décision de condamnation ; et au regard du fait que le législateur lui-même a atténué les similitudes entre la transaction et la décision de justice, il est manifeste que le rapport qu'entretiennent la transaction et la décision de condamnation n'est pas d'identité, mais de ressemblance. Or, les développements précédents doivent être mis en perspective avec la technique d'interprétation devant sous-tendre le régime juridique de la répartition au marc le franc, à savoir l'interprétation stricte, prohibitive de tout raisonnement par analogie. Ainsi n'est-il pas permis, en la matière, de procéder par analogie et d'assimiler un accord transactionnel à une décision de condamnation rendue aux fins de comblement d'une insuffisance d'actif. De sorte que, *a fortiori* et au vu des éléments exposés antérieurement, il n'est pas davantage admis d'assimiler des sommes dues, ou payées, par l'effet d'une transaction, à celles dues, ou versées, en vertu d'une décision de condamnation, seules ces dernières étant susceptibles d'intégrer le champ d'application de la répartition au marc le franc, conformément à la règle d'interprétation stricte à l'aune de laquelle doit se lire l'article qui la prévoit. Qu'il soit donc permis de ne pas souscrire à l'analyse selon laquelle « *aucune différence de nature n'existe entre les sommes versées au titre de l'article L. 651-2 et l'indemnité*

397. L. n° 2016-1547, 18 nov. 2016, de modernisation de la justice du XXIe siècle, dite « J21 », *JO* n° 0269, 19 nov. 2016.

398. Art. 2052 C. civ. : « *La transaction fait obstacle à l'introduction ou à la poursuite entre les parties d'une action en justice ayant le même objet.* ». Comp. : anc. art. 2052 C. civ., qui énonçait que « *Les transactions ont, entre les parties, l'autorité de la chose jugée en dernier ressort.* ».

399. Rappr. : A. BÉNABENT, *Droit des contrats spéciaux civils et commerciaux*, coll. « Précis Domat », LGDJ - Lextenso, 11e éd., 2015, nos 1006 et s. ; Ph. MALAURIE, L. AYNÈS et P.-Y. GAUTIER, *op. cit.*, nos 1128 et s.

transactionnelle »[400], et sur la base de laquelle il a pu être affirmé que « *la répartition doit être identique et se faire au marc le franc* »[401].

158. – De plus, ces divers arguments doivent être rapprochés de la position désormais orthodoxe de la Cour de cassation quant aux modalités de répartition du produit des actions engagées contre des tiers, autres que celles intentées à l'encontre des dirigeants au titre de leur contribution à une insuffisance d'actif. Sous cet angle, et bien qu'il faille se garder de prédire les inclinations futures de la jurisprudence, il est probable que cette dernière s'oriente vers une modalité de répartition classique du produit de la transaction, c'est-à-dire prenant en compte les sûretés, et qu'ainsi, le principe de considération des sûretés ne recense pas une nouvelle exception. Quoi qu'il en soit, il demeure que cette difficulté n'est pas, selon toute vraisemblance, la seule dont aura à connaître la Haute juridiction car les exceptions automatiques spéciales se structurent de la même manière que les exceptions automatiques générales.

b. Les exceptions automatiques spéciales : les répartitions en matière de droit de rétention fictif

159. Une nouvelle situation asymétrique – Ces exceptions sont afférentes à la problématique de l'inopposabilité à la procédure collective du droit de rétention fictif de droit commun, à savoir celui conféré à tout gagiste sans dépossession, que le législateur semble qualifier de sûreté eu égard à l'emplacement dévolu à la disposition l'instituant[402]. Ici encore, se constatent deux situations asymétriques : aucune difficulté n'est à déplorer lorsque la réalisation de l'actif grevé du droit de rétention et la distribution de son prix de vente se déroulent dans le cadre d'une procédure collective dont la nature ne s'est pas transformée ; cependant que l'hypothèse contraire révèle une complication majeure, ainsi que l'a démontré Monsieur le Professeur LE CORRE[403]. Autrement dit, si la solution est acquise lorsqu'un actif grevé

---

400. O. PÉCHENARD, art. préc., *in fine*.

401. *Ibid. Adde* D. LAMBREY DE SOUZA, art. préc., n° 5, semblant faire de l'engendrement de la transaction « *dans le cadre d'une action en responsabilité pour insuffisance d'actif* » le critère déterminant de la transposition de la solution édictée par l'art. L. 651-2, d. al., préc.

402. Art. 2286, 4°, C. civ., compris dans le Livre IV intitulé « *Des sûretés* ». Comp. : Avant projet H. CAPITANT, art. 2327, 4°, inclus dans le Titre II dénommé « *Des sûretés réelles* ».

403. P.-M. LE CORRE, 9e éd., n° 482.12 et *La vente de biens grevés de sûretés en période d'observation*, *Gaz. Pal. entr. diff.* 12 avr. 2016, n° 14, p. 80, question n° 10.

d'un gage sans dépossession est réalisé au cours d'une procédure de sauvetage et que le prix de vente en est distribué durant une telle procédure (α), en revanche, l'éventualité de l'intercalation d'une conversion de procédure modificative de sa nature, entre le moment de la réalisation et celui de la répartition du prix de vente, est propice à la plus grande perplexité (β).

α. L'inéluctable défaut de considération en procédure de sauvetage

160. Une exception justifiée par la perspective du sauvetage de l'entreprise – Par l'ordonnance du 18 décembre 2008, le législateur a entendu coordonner les objectifs des procédures de sauvetage, que sont la sauvegarde et le redressement judiciaire, avec l'innovation introduite auparavant par la loi du 4 août 2008[404], à savoir le droit de rétention fictif conféré au gagiste sans dépossession auquel aucune loi spéciale ne reconnait de droit de rétention fictif. Selon le rapport au Président de la République relatif à ladite ordonnance, l'encadrement dont fait désormais l'objet le droit de rétention fictif de droit commun, en cas de procédure collective du débiteur ayant constitué le gage sans dépossession, se justifie par la volonté de « *préserver les chances de sauvetage de l'entreprise* »[405]. En d'autres termes, parce que l'heure est au sauvetage de l'entreprise et au maintien de l'exploitation, et parce que le droit de rétention fictif du créancier gagiste sans dépossession constitue une prérogative de nature à faire obstacle à la satisfaction de ces impératifs[406], le législateur a instauré une inopposabilité de plein droit dudit droit de rétention lorsque s'ouvre une procédure de sauvegarde ou de redressement judiciaire. C'est ainsi que, par le seul effet du jugement d'ouverture d'une telle procédure, le droit de rétention fictif de droit commun est inopposable durant la période d'observation et pendant l'exécution d'un plan de sauvegarde ou de redressement[407]. Par ailleurs, puisque la perspective du sauvetage de l'entreprise a présidé à l'édiction de l'inopposabilité du droit de rétention fictif, cette inopposabilité est sans objet

---

404. L. n° 2008-776, 4 août 2008, de modernisation de l'économie, dite « LME », *JO* 5 août 2008, n° 0181, p. 12471.

405. Rapp. au Prés. de la Rép. relatif à l'ord. n° 2008-1345, 18 déc. 2008, portant réforme du droit des entreprises en difficulté, *JO* n° 0295, 19 déc. 2008, p. 19457, *in limine*.

406. *Ibid.*, sp. Chap. II, § II-3, à propos de l'article 22 de ladite ordonnance : la neutralisation du droit de rétention fictif faciliterait « *la poursuite de l'activité* » et serait favorable au « *maintien de l'exploitation* ».

407. Art. L. 622-7, I, al. 2, C. com., pour la sauvegarde, rendu applicable en redressement judiciaire par L. 631-14, al. 1er, du même code.

dans le cadre d'une procédure liquidative. En toute logique, la disposition n'a pas été retranscrite dans le corpus juridique gouvernant la liquidation judiciaire[408]. L'inopposabilité du droit de rétention fictif de droit commun n'est donc pas transposable aux procédures liquidatives et se circonscrit aux seules hypothèses de sauvegarde et de redressement judiciaire.

161. Le domaine de l'inopposabilité du droit de rétention fictif de droit commun – À titre liminaire, il convient de noter que malgré le silence que conserve le texte quant au point de savoir à qui le droit de rétention fictif de droit commun est inopposable, l'idée d'une inopposabilité à la procédure collective s'est rapidement imposée, sans que cela ne suscite de difficulté particulière eu égard à la rédaction de l'article L. 641-13 du Code de commerce[409] et au consensus doctrinal qui s'est forgé autour de cette solution[410]. De même, le domaine de l'inopposabilité ne soulève aucune difficulté. S'agissant d'un texte d'exception visant précisément le droit de rétention fictif conféré par l'article 2286, 4°, du Code civil, ne seront pas frappés d'inopposabilité à la procédure collective les droits de rétention effectifs, ou réels, ainsi que les droits de rétention fictifs conférés par une disposition autre que celle sus-indiquée, autrement dit, les droits de rétention fictifs de droit spécial. Outre la limpide rédaction du texte instituant l'inopposabilité du droit de rétention fictif de droit commun, qui ne laisse planer aucun doute à propos des droits de rétention concernés par la mesure, le rapport au Président de la République est dépourvu d'équivoque sur ce point : « *cette disposition* [le nouvel art. L. 622-7, I, al. 2, C. com.] *n'affectera pas les droits de rétention institués par des textes spéciaux* »[411].

---

408. V. art. L. 641-3, al. 1er, C. com., qui écarte clairement l'application de l'art. L. 622-7, I, al. 2, du même Code.

409. Art. L. 641-13, II, C. com., évoquant les droits de rétention « *opposables à la procédure collective* ».

410. V. not. : P.-M. LE CORRE, 9e éd., nos 456.41 et 482.12, et *La mesure de l'efficacité des gages sans dépossession dans les procédures collectives. L'inopposabilité du droit de rétention conféré par l'article 2286-4° du Code civil aux créanciers gagistes sans dépossession*, *JCP E* 2009. 1204, n° 18 ; F. PÉROCHON, 10e éd., nos 572 et 614, et *Les interdictions de paiement et le traitement des sûretés réelles*, *D.* 2009. 651, n° 19 *in fine* ; F. MACORIG-VENIER, *Les apports de la réforme du 18 décembre 2008 en matière de sûretés*, *Dr. et patr.* janv. 2010, n° 188 ; O. BUISINE, *L'opposabilité du droit de rétention « fictif » dans le cadre du plan de cession*, *Rev. proc. coll.* nov. 2011, n° 6, comm. 31, n° 25 *in fine* ; A. JACQUEMONT et R. VABRES, 9e éd., n° 397, I ; C. SAINT-ALARY-HOUIN, 10e éd., n° 607 ; S. PIEDELIÈVRE, 2e éd., n° 394.

411. Rapp. au Prés. de la Rép., préc., Chap. II, § II-3. *Adde* not. P.-M. LE CORRE, 9e éd., préc. et *La mesure de l'efficacité des gages sans dépossession dans les*

Dans l'optique d'appréhender exactement l'enjeu de la mesure, il importe de faire mention d'une subtilité : pour déterminer les droits de rétention inopposables à la procédure, l'examen doit se porter sur la source du droit de rétention et non sur celle de la sûreté dont il dérive. À ce titre, est indifférente la circonstance selon laquelle le gage sans dépossession en cause relève d'une législation spéciale, et non du droit commun du gage, dès lors que le droit de rétention fictif qui s'y adjoint n'est pas conféré par cette législation spéciale mais par l'article 2286, 4°, du Code civil. Il est possible de songer au gage de stocks, régi par une législation spéciale ne conférant pas de droit de rétention fictif à son titulaire[412]. En conséquence de quoi, lorsque le gage sur stocks est conclu sans dépossession, le gagiste bénéficie d'un droit de rétention fictif issu de l'article 2286, 4°, du Code civil, qui est, en tant que tel, inopposable à la procédure de sauvegarde ou de redressement judiciaire par le seul effet du jugement d'ouverture.

162. Les effets de l'inopposabilité du droit de rétention fictif de droit commun – L'inopposabilité à la procédure collective du droit de rétention fictif de droit commun signifie que celle-ci est en droit de le tenir pour inexistant[413]. À l'endroit de la procédure, le gagiste sans dépossession n'est alors titulaire d'aucun droit de rétention. La première conséquence en est l'impossibilité pour le créancier de faire jouer la règle du retrait contre paiement[414] selon laquelle, en dérogation de la règle de l'interdiction des paiements individuels des créances non éligibles au traitement préférentiel, le juge-commissaire peut, lorsque la poursuite d'activité le justifie,

---

procédures collectives. L'inopposabilité du droit de rétention conféré par l'article 2286-4° du Code civil aux créanciers gagistes sans dépossession, *JCP E* 2009. 1204, n° 7 ; F. PÉROCHON, art. préc., n° 19 *in limine* ; Ph. PÉTEL, 9e éd., n° 170 note 2 et *Le nouveau droit des entreprises en difficulté : acte II. Commentaire de l'ordonnance n° 2008-1345 du 18 décembre 2008*, *JCP E* 2009. 1049, n° 51 ; F. MACORIG-VENIER, art. préc.

412. Art. L. 527-1 et s., C. com. V. sp. art. L. 527-1, al. 3.

413. A. AYNÈS, *Précisions sur le sort du gage sans dépossession en cas de procédure collective*, *JCP G* 2009. I. 119, n° 4 ; P.-M. LE CORRE, *La vente de biens grevés de sûretés en période d'observation*, *Gaz. Pal. entr. diff.* 12 avr. 2016, n° 14, p. 80, question n° 8.

414. V. not. : A. AYNÈS, art. préc., nos 4 et 5 ; F. MACORIG-VENIER, art. préc. ; F. PÉROCHON, 10e éd., nos 571 et 572 et art. préc., n° 19 *in fine* ; P.-M. LE CORRE, 9e éd., n° 456.11, p. 1105, art. préc., n° 22 et *Un exemple d'exclusivité : le droit de rétention fictif du gagiste sans dépossession,* Interv. Colloque *Sûretés réelles et droit des entreprises en difficulté*, Nice 20 mars 2010, *LPA* 11 févr. 2011, n° 30, p. 68, II-B ; A. JACQUEMONT et R. VABRES, 9e éd., préc. ; Ph. PÉTEL, 9e éd., préc. et art. préc., n° 51 in fine ; C. SAINT-ALARY-HOUIN, 10e éd., préc.

autoriser l'organe de procédure habilité à cette fin – le débiteur ou l'administrateur judiciaire le cas échéant – à payer une créance antérieure pour retirer la chose retenue[415]. Il apparaît que la règle présuppose que la chose soit retenue par un créancier. Or, si le droit de rétention est inopposable à la procédure, il est tenu pour inexistant par cette dernière et le bien qui en est le siège ne peut être regardé comme retenu. Il s'ensuit que le bien peut être valablement utilisé par le débiteur sans que le rétenteur fictif n'ait à être désintéressé.

La seconde conséquence intéresse plus directement la question des répartitions. Puisque les organes de la procédure sont « *fondés à agir comme si le droit de rétention n'existait pas* »[416], ce dernier ne peut, par hypothèse, constituer un obstacle à la réalisation de l'actif. Rien ne s'oppose donc à la vente du bien durant la période d'observation. Cependant, une lecture attentive de l'article L. 622-7 du Code de commerce fait apparaître que l'inopposabilité ne frappe que le droit de rétention et n'atteint pas le gage. Ainsi le bien en question demeure-t-il grevé d'un gage. Dès lors, en ce que la réalisation d'un actif grevé de sûretés s'analyse en un acte de disposition étranger à la gestion courante[417] dont la passation requiert l'aval du juge-commissaire[418], la vente du bien gagé, si elle n'impose pas le paiement du rétenteur fictif, exigera l'autorisation du juge-commissaire. En outre, s'agissant d'un bien gagé, le mécanisme de la consignation de la quote-part du prix de vente correspondant au montant de la créance garantie par une sûreté spéciale[419] doit recevoir application. Or, lorsque la nature de l'actif dont il est question d'envisager la réalisation déclenche l'obligation de consignation en compte de dépôt à la Caisse des dépôts et consignations, le Code de commerce indique expressément que le prix de vente est distribué entre les créanciers titulaires de sûretés grevant le bien après adoption du plan et suivant l'ordre de préférence qui existe entre eux[420]. En conséquence, le droit de rétention fictif étant également inopposable durant l'exécution du

415. Art. L. 622-7, II, al. 2, C. com., pour la sauvegarde, rendu applicable en redressement judiciaire par L. 631-14, al. 1er, du même Code.

416. A. AYNÈS, art. préc., n° 4.

417. A. JACQUEMONT et R. VABRES, 9e éd., n° 395 ; P.-M. LE CORRE, 9e éd., n° 481.21 ; Ph. PÉTEL, 9e éd., nos 174 et 175 ; J.-P. SÉNÉCHAL, *La vente des immeubles et la distribution de leur prix*, *LPA* 28 oct. 1998, n° 129, p. 36, I.-B. *in limine*.

418. Art. L. 622-7, II, al. 1er, C. com., pour la sauvegarde, rendu applicable en redressement judiciaire par L. 631-14, al. 1er, du même Code.

419. Art. L. 622-8, al. 1er, C. com., pour la sauvegarde, rendu applicable en redressement judiciaire par L. 631-14, préc.

420. *Ibid.*

plan[421] – et faute de report du droit de rétention sur le prix de vente –, le gagiste sans dépossession ne pourra s'en prévaloir et prétendre être payé hors concours : il sera payé au rang qui est le sien, déterminé par le droit de préférence que lui confère son gage.

163. – Il ressort des précédents développements qu'en l'absence de conversion de la procédure en liquidation judiciaire entre le moment de la réalisation et celui de la répartition du prix de vente, aucune difficulté ne se présente : le droit de rétention fictif de droit commun est inopposable et n'a vocation à produire aucun effet. En cela, il n'est pas considéré lors des phases distributives des procédures de sauvetage, étant précisé que la conversion d'une procédure de sauvegarde en redressement judiciaire est sans incidence sur la solution du fait de l'unicité de régime juridique en matière d'inopposabilité du droit de rétention fictif. Toutefois, le sort réservé au droit de rétention fictif de droit commun en liquidation judiciaire est source de complications dans l'hypothèse où une telle procédure est prononcée entre la réalisation du bien gagé et la distribution de son prix de vente.

β. L'incertaine prise en compte en cas d'intercalation d'une conversion de procédure modificative de sa nature

164. L'hypothèse de réalisation *ante* conversion et de répartition *post* conversion : l'énoncé du problème – La difficulté tient à la réhabilitation du droit de rétention fictif de droit commun en liquidation judiciaire. Le dispositif légal régissant cette procédure ne neutralise pas ce droit de rétention[422]. En sorte que dans le cadre d'une procédure liquidative, le régime juridique du droit de rétention se comprend à rebours de celui qui lui est dévolu dans les procédures de sauvetage : le rétenteur fictif peut se prévaloir de la règle du retrait contre paiement[423] et, à défaut, le droit de rétention déploie son effet d'exclusivité, c'est-à-dire qu'il confère à son titulaire le droit d'être payé hors concours sur le prix de réalisation de l'actif grevé du droit de rétention. En effet, par souci de réalisme, le législateur a prévu qu'en cas de vente par le liquidateur d'un bien grevé d'un droit de rétention, s'opère de plein droit un report dudit droit de rétention sur le prix de vente[424]. Ce mécanisme est marqué du sceau du pragmatisme, car, ainsi que l'a relevé un auteur, la règle du retrait contre paiement est

---

421. Art. L. 622-7, I, al. 2, C. com.
422. Art. L. 641-3, al. 1er, C. com.
423. Art. L. 641-3, al. 2, C. com.
424. Art. L. 642-20-1, al. 3, C. com.

« *complètement inutile* »[425] en cas de report du droit de rétention sur le prix : pourquoi, dans l'optique de réaliser l'actif grevé du droit de rétention, le liquidateur paierait-il un créancier en vue d'éteindre le droit de rétention, alors que le bien n'est pas détenu physiquement par le créancier mais se trouve entre les mains du liquidateur, et alors que le droit de rétention se reportera de plein droit sur le prix de vente ? En effet, puisque le droit de rétention fictif de droit commun n'est pas inopposable à la liquidation judiciaire, la vente du bien qui en est le siège intègre le champ d'application du mécanisme du report du droit de rétention sur le prix. Ainsi la situation est-elle claire lorsque le bien est vendu à l'occasion d'une procédure liquidative : le droit de rétention a vocation à produire ses effets et à assurer à son titulaire l'hégémonie à laquelle il aspirait.

En revanche, si la vente du bien est intervenue, non dans le cadre d'une liquidation judiciaire, mais durant la période d'observation d'une procédure ayant fait l'objet d'une conversion modificative de sa nature avant que le prix de vente n'ait été distribué ; autrement dit, si le bien est vendu pendant une phase de la procédure durant laquelle le droit de rétention est inopposable, mais que le prix de vente doit être réparti à l'occasion d'une phase lors de laquelle ce même droit de rétention est opposable, que faut-il décider ? La conversion de la procédure de sauvetage en procédure liquidative a-t-elle pour effet de réactiver l'efficacité du droit de rétention et de permettre conséquemment à son titulaire de prétendre être désintéressé comme un rétenteur ? Ou, au contraire, le gagiste sans dépossession auquel aucune législation spéciale n'a octroyé de droit de rétention fictif sera-t-il payé en tant que simple gagiste, c'est-à-dire selon le rang que lui attribue le droit de préférence conféré par son gage ? L'enjeu est de taille : dans le premier cas, le gagiste sans dépossession est payé hors concours, cependant que dans le second, il subit la primauté des privilèges absolument généraux et des privilèges fiscaux.

165. L'incertaine prise en compte en cas de réalisation *ante* conversion et de répartition *post* conversion : les données du problème – Le cœur du problème réside dans le fait que dans l'hypothèse en question, le siège du droit de rétention a disparu par suite de sa réalisation, c'est-à-dire de sa transformation en liquidités. Le bien n'existant plus, le droit de rétention n'a plus d'assise. Dès lors, la solution selon laquelle en raison de l'absence d'inopposabilité du droit de rétention fictif en liquidation judiciaire, il y aurait place à la réactivation de celui-ci après conversion en

---

[425]. P.-M. LE CORRE, *Un exemple d'exclusivité : le droit de rétention fictif du gagiste sans dépossession,* Interv. Colloque *Sûretés réelles et droit des entreprises en difficulté*, Nice 20 mars 2010, *LPA* 11 févr. 2011, n° 30, p. 68, I.-A *in fine*.

procédure liquidative, requiert l'intercession d'une subrogation réelle, en ce qu'il est nécessaire de pourvoir le droit de rétention d'une assise. Par cette subrogation, pouvant se définir comme « *une technique permettant la conservation d'un droit dont l'existence est menacée par la disparition du bien sur lequel il porte (directement ou indirectement) au moyen du report de ce droit sur un nouveau bien* »[426], le droit de rétention s'exercerait alors sur le prix de vente du bien gagé.

166. Le principe : retenir et subroger ne vaut[427] – Toutefois, en matière de droit de rétention, la subrogation est exclue par principe[428]. De façon générale, l'idée même de droit de rétention ainsi que l'opposabilité *erga omnes* qui lui est reconnue le justifient. En effet, celui-ci se caractérise par la faculté de blocage qu'il octroie au rétenteur[429], faculté inexpugnable dans la mesure où, sauf exception légale, le rétenteur peut opposer son droit de rétention, certes au débiteur, mais aussi à tous, en ce compris l'ayant cause à titre particulier qui aurait acquis la qualité de propriétaire du bien par suite de l'aliénation de ce dernier[430]. Autrement dit, quand bien même le

---

426. E. SAVAUX et B. GRIMONPREZ, *Subrogation réelle*, *Rép. civ.*, Dalloz, 2014, n° 1. Comp. : V. RANOUIL, *La subrogation réelle en droit civil français*, préf. Ph. MALAURIE, coll. « Bibl. dr. privé », t. CLXXXVII, Paris, Librairie générale de droit et de jurisprudence, 1985, p. 27 et 272, la définissant comme un droit exceptionnel « *accordé à certains* individus » dans le but « *d'apporter une garantie variable à des droits particuliers portant sur une valeur réelle* » au moyen « *du report d'un objet ancien sur un objet nouveau* ».

427. Expression inspirée des apophtegmes de Monsieur le Professeur LE CORRE. V. par ex. : *La mesure de l'efficacité des gages sans dépossession dans les procédures collectives. L'inopposabilité du droit de rétention conféré par l'article 2286-4° du Code civil aux créanciers gagistes sans dépossession*, *JCP E* 2009. 1204, n° 22 *in fine* : « *retenir et substituer ne vaut* ».

428. E. SAVAUX et B. GRIMONPREZ, *Subrogation réelle*, *Rép. civ.*, Dalloz, 2014, n° 21. *Adde* Ph. MALAURIE, L. AYNÈS et P. CROCQ, 10e éd., n° 449, l'exprimant négativement : « [...] *par subrogation réelle, **exceptionnelle** dans le droit de rétention...* » (mise en gras par l'auteur de ces lignes).

429. A. AYNÈS, *L'extension du droit de rétention dans le projet de réforme des procédures collectives*, *JCP G* 2008. 300 ; Ph. MALAURIE, L. AYNÈS et P. CROCQ, 10e éd., nos 443 et s. ; Ch. ALBIGES et M.-P. DUMONT-LEFRAND, 6e éd., n° 391 ; Ph. SIMLER et Ph. DELEBECQUE, 7e éd., n° 610 ; J.-B. SEUBE, 7e éd., nos 465 et s. ; S. PIEDELIÈVRE, 2e éd., nos 328 et s. ; M. CABRILLAC, Ch. MOULY, S. CABRILLAC et Ph. PÉTEL, 10e éd., n° 643.

430. Solution constante. V. not. : Civ. 1re, 24 sept. 2009, n° 08-10.152, *Bull. civ.* I, n° 178 ; *JCP E* 2009. 2088, n. A. AYNÈS ; *RLDC* nov. 2009, n° 65, obs. C. LE GALLOU ; *Dr. et patr.* sept. 2010, n° 195, obs. L. AYNÈS et Ph. DUPICHOT ; *JCP E* 2010. 1011, n° 7, obs. M. CABRILLAC ; *JCP N* 2010. 1007,

débiteur se départirait-il du bien au moyen d'une vente, le rétenteur conserve le droit de le retenir jusqu'au complet paiement de sa créance en vertu du principe d'indivisibilité. Dès lors, la subrogation réelle par laquelle le droit de rétention se reporterait sur le prix de vente est sans objet, faute de disparition du bien sur lequel porte le droit du rétenteur, puisque ce dernier retient toujours la chose, et faute de menace portée à l'endroit de l'existence du droit de rétention, puisque celui-ci est opposable *erga omnes*.

Ce pouvoir de blocage et cette corrélative exclusion de principe de la subrogation se comprennent parfaitement en matière de droit de rétention effectif, mais apparaissent difficilement concevables en présence d'un droit de rétention fictif. Cependant, en dépit de sa fragilité en comparaison de celui dont bénéficie le rétenteur effectif, le pouvoir de blocage existe[431], en théorie du moins, car, d'une part, les gages sans dépossession spéciaux restreignent le droit de disposer du constituant, soit en subordonnant l'aliénation des biens gagés au désintéressement du créancier[432], soit en prohibant temporairement toute aliénation[433] ; et d'autre part, quant au gage sans dépossession de droit commun, « *bien que la loi ne le dise pas expressément, le constituant ne peut pas aliéner le gage* »[434]. Ainsi le rétenteur fictif, s'il ne détient pas physiquement le bien et ne peut certes pas exercer de contrainte de fait, exerce-t-il indirectement une contrainte juridique – fictive – qui rend la rétention fictive inconciliable, sur le principe, avec toute idée de subrogation, celle-ci supposant la disparition du bien.

L'affirmation d'une exclusion de principe de la subrogation réelle en la matière résulte donc d'une incompatibilité théorique des mécanismes[435] :

---

n° 17, obs. Ph. DELEBECQUE ; *Rev. proc. coll.* mars 2010, n° 2, comm. 67, n. F. PÉROCHON ; *RTD com.* 2010. 784, obs. A. MARTIN-SERF ; Com. 14 avr. 1992, n° 90-14.002, *Bull. civ.* IV, n° 164 ; *JCP E* 1992. I. 189, n° 20, obs. Ph. DELEBECQUE.

431. *Contra* A. AYNÈS, art. préc. et *Précisions sur le sort du gage sans dépossession en cas de procédure collective*, *JCP G* 2009. I. 119, n°s 2, 7 et 8 ; P. CROCQ, *L'ordonnance du 18 décembre 2008 et le droit des sûretés*, *Rev. proc. coll.* janv. 2009, n° 1, doss. n° 10, n° 42. Selon ces auteurs, le droit de rétention fictif de droit commun ne confère aucun pouvoir de blocage au gagiste.

432. V. not. : art. L. 342-8, al. 1er, C. rur. (warrant agricole) ; art. L. 523-8, al. 1er, C. com. (warrant hôtelier) ; art. L. 524-6, al. 1er, C. com. (warrant pétrolier).

433. V. not. : art. L. 525-7, al. 1er, C. com. (nantissement d'outillage et de matériel).

434. Ph. MALAURIE, L. AYNÈS et P. CROCQ, 10e éd., n° 511 *in fine*. En ce sens aussi : M. CABRILLAC, Ch. MOULY, S. CABRILLAC et Ph. PÉTEL, 10e éd., n° 782. V. sur la question : M. JULIENNE, *Les gages spéciaux : modèles pour le droit commun ?*, *D.* 2016. 1266, n°s 9 à 11, sp. n° 10 *in fine*.

435. V. not. : V. RANOUIL, *op. cit.*, p. 78 et s., sp. p. 79 et 97.

l'esprit du droit de rétention fait obstacle à la mise en œuvre de tout mécanisme subrogatoire. À cet égard, un auteur a démontré, d'abord, que l'extension de la subrogation réelle par reconnaissance d'un autre objet de remplacement était « *impossible* »[436] en présence d'un droit de rétention, et ensuite, qu'en raison du fonctionnement même du droit de rétention, « *à la supposer possible* »[437], la subrogation réelle « *serait souvent sans utilité* »[438]. Le principe est clair : retenir et subroger ne vaut.

167. L'exception : subrogation en rétention, deux textes il faut – En réalité, cette incompatibilité est, en soi, insuffisante à conférer une valeur de principe à l'exclusion de la subrogation. Il faut comprendre que l'exclusion de la subrogation réelle n'a valeur de principe que pour autant que l'efficacité du droit de rétention revêt elle-même une telle valeur. Or, tel est justement l'état du droit positif en ce qu'il affirme sans ambages la force du droit de rétention en cas de procédure collective. En effet, par l'entremise de la règle du retrait contre paiement[439], ainsi que de celle selon laquelle les paiements s'opèrent « *sans préjudice des droits de rétention opposables à la procédure collective* »[440], il apparaît que le droit de rétention résiste par principe à la loi de la procédure. De la sorte, puisqu'une procédure collective est un révélateur de l'efficacité d'une sûreté[441], la Loi pose nettement le principe de l'efficience du droit de rétention. En d'autres termes, le principe légal est celui de l'effectivité du pouvoir de blocage du droit de rétention, principe dans le sens inverse duquel seule la Loi peut œuvrer : seul un texte spécial peut attenter à l'efficience du pouvoir de blocage du droit de rétention. Il s'agit d'ailleurs de tout le sens à donner à l'inopposabilité du droit de rétention fictif de droit commun : si le législateur a spécialement introduit dans le Code une disposition pour en paralyser l'efficacité, c'est, en premier lieu, parce que ce droit de rétention est par principe efficace et produit un effet bloquant[442], et, en second lieu, parce qu'aucun texte ne permettait de remettre en question la force du droit de rétention[443].

---

436. *Ibid.*, p. 78 et s., sp. p. 78, 79, 81 et 82.
437. *Ibid.*, p. 95.
438. *Ibid.*
439. Art. L. 622-7, II, al. 2, et L. 641-3, al. 2, C. com.
440. Art. L. 641-13, II, C. com.
441. V. *supra* n° 98.
442. Rappr. : P.-M. LE CORRE, *Un exemple d'exclusivité : le droit de rétention fictif du gagiste sans dépossession,* Interv. Colloque *Sûretés réelles et droit des entreprises en difficulté,* Nice 20 mars 2010, *LPA* 11 févr. 2011, n° 30, p. 68, I.-B.
443. Rappr. : Rapp. au Prés. de la Rép., préc., Chap. II, § II-3.

En somme, le principe légal est celui de l'efficience du pouvoir de blocage du droit de rétention, ce qui emporte mécaniquement exclusion de principe du mécanisme de la subrogation réelle. *A contrario*, l'exception correspond à l'ineffectivité du pouvoir de blocage du droit de rétention ; de sorte que l'admission de la subrogation réelle constitue également une exception. Et puisque seul un texte d'exception peut priver d'efficacité un droit de rétention par la neutralisation de son pouvoir bloquant, il s'ensuit, par parallélisme, que seul un texte peut instaurer la subrogation réelle en matière de droit de rétention, et ce texte sera identiquement d'exception. En outre, il a été démontré que le droit de rétention n'était pas inclus dans les hypothèses où la subrogation peut faire l'objet d'une généralisation et s'étendre au-delà des prévisions légales[444]. L'exception est claire : pour subroger en rétention, deux textes il faut, l'un pour neutraliser l'efficacité du droit de rétention, l'autre pour instituer la subrogation.

168. Le texte d'exception : l'article L. 642-20-1 du Code de commerce – Au regard des précédents développements, le droit de rétention fictif de droit commun ne peut se reporter sur le prix de vente du bien que si deux textes abondent en ce sens : il faut que l'un perturbe le blocage induit par la rétention et que l'autre instaure la subrogation réelle. L'article L. 642-20-1, en son premier alinéa, perturbe l'efficacité du droit de rétention en ce qu'il autorise le liquidateur à ne pas satisfaire le créancier rétenteur afin de procéder à la vente du bien retenu. Cette faculté offerte au liquidateur s'analyse donc en une neutralisation de la règle du retrait contre paiement. Ce même article, en son ultime alinéa, prévoit le report du droit de rétention sur le prix de vente en cas de réalisation diligentée par le liquidateur. La dynamique se comprend aisément à la lecture de ces dispositions : le dernier alinéa présuppose la mise en œuvre du premier. Autrement dit, le report du droit de rétention sur le prix, qui s'analyse en une subrogation réelle[445], présuppose que le liquidateur ait diligenté la vente sans désintéresser le rétenteur, en dérogation de la règle du retrait contre paiement, dérogation qui s'analyse en une perte d'efficacité du droit de rétention. L'article sous inspection répond donc aux conditions susmentionnées : parce qu'il neutralise le pouvoir de blocage du rétenteur, il institue une subrogation réelle. Le corollaire en est que ce texte se révèle

---

444. V. RANOUIL, *op. cit.*, p. 109 et s.

445. P.-M. LE CORRE, 9e éd., n° 563.71 ; F. PÉROCHON, 10e éd., n° 1207 ; C. SAINT-ALARY-HOUIN, 10e éd., n° 1386 ; Ch. ALBIGES et M.-P. DUMONT-LEFRAND, 6e éd., n° 406 ; Ph. MALAURIE, L. AYNÈS et P. CROCQ, 10e éd., n° 449.

doublement d'exception[446], en sorte que sa lecture doit s'opérer à l'aune d'une interprétation stricte. D'autant plus qu'en ce que le report du droit de rétention sur le prix de vente du bien repose sur la fiction juridique que constitue la subrogation réelle[447], il oblige l'interprète à appréhender strictement le texte qui l'engendre, les fictions juridiques étant classiquement dites « de droit strict »[448].

169. Un mécanisme fictionnel, un obstacle textuel – Or, le texte énonce précisément qu'il y a lieu de reporter le droit de rétention sur le prix « *en cas de vente par le liquidateur* » [449]. À la lumière de l'interprétation stricte devant guider la lecture de cette disposition, cela signifie que cette dernière subordonne son applicabilité à la survenance d'une hypothèse spécifique, la vente diligentée par le liquidateur. Il en résulte, *a contrario*, que si le liquidateur n'est pas à l'initiative de la vente, le mécanisme du report du droit de rétention sur le prix de vente ne peut s'opérer, faute pour le texte qui l'institue de pouvoir recevoir application. Donc, si la vente intervient durant la période d'observation, elle n'est pas, par hypothèse, diligentée par le liquidateur, de sorte que le report du droit de rétention sur le prix de vente ne peut s'effectuer.

170. Les arguments en faveur d'un report du droit de rétention – Malgré l'imposant obstacle technique que constitue ce texte d'exception, divers arguments militent en faveur d'une admission d'un report du droit de rétention fictif de droit commun sur le prix de vente du bien dans

---

446. En ce sens : E. SAVAUX et B. GRIMONPREZ, *Subrogation réelle*, *Rép. civ.*, Dalloz, 2014, préc. *Adde* de façon implicite Ph. MALAURIE, L. AYNÈS et P. CROCQ, 10e éd., préc.

447. V. sp. G. WICKER, *Les fictions juridiques. Contribution à l'analyse de l'acte juridique*, préf. J. AMIEL-DONAT, coll. « Bibl. dr. privé », t. 253, LGDJ, 1997, nos 352 *in fine* et 381 et s., qui démontre que lorsque la subrogation réelle a pour objet la conservation d'un droit par remplacement de son objet, elle constitue bel et bien une fiction juridique au sens où l'entend cet auteur (no 2.2). Or, le report du droit de rétention sur le prix correspond à ce type de subrogation réelle. *Adde* E. SAVAUX et B. GRIMONPREZ, *Subrogation réelle*, *Rép. civ.*, Dalloz, 2014, nos 8 et 29 ; V. RANOUIL, *op. cit.*, p. 57 et s.

448. P.-M. LE CORRE, 9e éd., nos 482.12 et 563.72, *La vente de biens grevés de sûretés en période d'observation*, *Gaz. Pal. entr. diff.* 12 avr. 2016, no 14, p. 80, question no 10 et *Le droit de rétention fictif au cœur de tous les débats*, *BJE* juill. 2011, no 3, p. 227, v. réf. cit. par l'auteur note no 4. Rappr. : E. SAVAUX et B. GRIMONPREZ, *Subrogation réelle*, *Rép. civ.*, Dalloz, 2014, préc. ; V. RANOUIL, *op. cit.*, préc.

449. Art. L. 642-20-1, préc.

l'hypothèse de l'intercalation d'une conversion de procédure modificative de sa nature entre la réalisation de l'actif et la répartition de son prix de vente. Pris isolément, ces arguments ne semblent pas de nature à autoriser la jurisprudence à s'affranchir de la lettre du texte pour faire jouer le report du droit de rétention sur le prix en pareille occurrence. Cependant, leur conjonction tend à rendre acceptable le fait que la jurisprudence puisse s'arroger le pouvoir de statuer *contra legem* en la matière.

171. L'argument tiré de l'origine jurisprudentielle de la règle – Sous l'ère moderne des procédures collectives, les premières traces d'une telle solution remontent à un arrêt rendu le 4 juillet 1962 par la Cour de cassation qui, en l'absence de prévisions légales expresses en ce sens, a décidé que « *la réalisation du gage par le syndic* [...] *après mise en demeure du créancier et sous l'autorisation du juge commissaire, n'est prévue que dans l'intérêt de la masse et ne saurait profiter aux créanciers privilégiés ;* [...] *dès lors, le droit de rétention du créancier gagiste se reporte sur le prix de réalisation du gage...* »[450]. Aussi apparaît-il que les législations successives ayant réformé le droit des procédures collectives ont entériné une solution prétorienne par laquelle la Haute juridiction fit jouer une subrogation réelle sans texte en matière de droit de rétention fictif. Bien que la solution soit discutable sur le plan de l'orthodoxie juridique, et bien qu'il faille ne pas inférer le régime juridique actuel du droit de rétention fictif de droit commun d'une décision rendue sous l'empire du décret du 20 mai 1955[451] en matière de droit de rétention fictif de droit spécial, il ressort du commentaire approbatif de Monsieur NECTOUX, d'une part, que le contexte législatif dans lequel a été rendue cette décision est analogue à celui dans lequel s'inscrit le problème sous examen[452], et d'autre part, que la mise en œuvre d'une subrogation réelle *ex nihilo* était perçue précisément comme la justification juridique de la solution[453]. De surcroît, compte tenu de la formulation de principe des

---

450. Com. 4 juill. 1962 ; *JCP G* 1962. II. 12885, obs. J. NECTOUX.

451. Décret n° 55-593, 20 mai 1955, relatif aux faillites et règlements judiciaires et à la réhabilitation, *JO*, 21 mai 1955, p. 5086.

452. J. NECTOUX, obs. ss Com. 4 juill. 1962, *JCP G* 1962. II. 12885 : « [Le report du droit de rétention sur le prix] *répond d'ailleurs au vœu du législateur qui, dans l'exposé des motifs du décret de 1955, précise que la disposition de l'article 91 tend à l'accélération des opérations de liquidation « tout en respectant les droits des créanciers titulaires de sûretés »* ».

453. *Ibid.* : « *Ce report peut d'ailleurs se justifier juridiquement par la notion de subrogation réelle : le prix de la vente se trouve subrogé au gage lui-même qui peut, sans pour autant prendre fin, porter sur les espèces remplaçant la chose engagée...* ».

attendus de la décision, cet auteur conclut à la logique transposition du report du droit de rétention sur le prix de vente à tout gage de droit commun, que ce dernier soit conclu avec ou sans dépossession[454]. Dès lors que le dernier alinéa de l'article L. 642-20-1 du Code de commerce apparaît n'être que la codification d'une solution jurisprudentielle selon laquelle, en l'absence de texte, le droit de rétention fictif se reporte par subrogation sur le prix de vente de l'actif qu'il grevait, et eu égard à la volonté du législateur exprimée *ex cathedra*, l'interprétation extensive dudit alinéa ne saurait faire l'objet de la plus véhémente réprobation.

172. L'argument tiré de la volonté du législateur – À l'instar du législateur de 1955 qui souhaitait respecter les droits des créanciers titulaires de sûretés, celui de 2008 entendait amplifier les effets du gage sans dépossession assorti d'un droit de rétention fictif de droit commun en liquidation judiciaire afin d'assurer la pleine efficacité de cette sûreté[455]. Or, selon un auteur, l'utilité de la disposition en application de laquelle le jugement d'ouverture emporte de plein droit inopposabilité du droit de rétention fictif de droit commun réside justement dans sa capacité à priver le gagiste sans dépossession du bénéfice du report du droit de rétention sur le prix de vente[456]. Il faut alors souligner l'ironie de la situation en ce sens que le législateur lui-même, eu égard à la rédaction de l'article L. 642-20-1 sus-décrit, attente à la *ratio legis* de l'alinéa premier de l'article L. 641-3 du Code de commerce dans l'exacte rédaction qu'il arbore depuis l'ordonnance du 18 décembre 2008. Autrement dit, le législateur a exprimé sans équivoque sa volonté de renforcer en liquidation judiciaire le gage sans dépossession assorti d'un droit de rétention fictif de droit commun, mais a édicté simultanément des dispositions qui en contrarient la vigueur dans l'hypothèse en cause. Cette contradiction, provenant sans doute davantage d'une malfaçon législative que d'une volonté d'écarter l'efficacité du droit de rétention fictif en cas de réalisation *ante* conversion et de répartition *post* conversion[457], serait en mesure de légitimer une interprétation selon laquelle l'esprit des textes primerait leur lettre.

---

[454]. *Ibid., in fine.*

[455]. Rapp. au Prés. de la Rép., préc., *in limine.*

[456]. F. PÉROCHON, 10e éd., n° 573.

[457]. P.-M. LE CORRE, 9e éd., n° 482.12 et *La vente de biens grevés de sûretés en période d'observation, Gaz. Pal. entr. diff.* 12 avr. 2016, n° 14, p. 80, question n° 10, observant que le législateur a « *clairement oublié une partie du dispositif de l'inopposabilité du droit de rétention fictif du gagiste sans dépossession de l'article 2286, 4° du Code civil* ».

173. L'argument tiré de l'excès de zèle du législateur – Dans le prolongement du précédent développement, il importe de faire état de l'excès de zèle dont a fait preuve le législateur à l'occasion de la rédaction du texte instaurant le mécanisme du report du droit de rétention sur le prix[458]. Ainsi qu'il l'a été exposé antérieurement, ce texte mentionne expressément la vente diligentée par le liquidateur. Or, dans le cadre d'une procédure de liquidation judiciaire, les réalisations d'actifs sont par principe l'œuvre du liquidateur, et ce dans la mesure où le Code de commerce précise que celui-ci procède aux opérations de liquidation[459], ces dernières s'entendant justement des réalisations d'actifs au regard de l'objectif de la liquidation judiciaire, à savoir la réalisation du patrimoine du débiteur[460]. Il était donc inutile de spécifier que le report du droit de rétention sur le prix s'opérait en cas de vente par le liquidateur puisqu'il s'agit de l'hypothèse de principe et que ce ne sera que par exception qu'une réalisation d'actif n'interviendra pas à son initiative[461]. Certes est-il coutume de dire que ce qui abonde ne vicie pas, mais cette précision, non contente d'être superfétatoire, restreint le champ d'application du texte dans un sens contraire à celui que voulait lui imprimer son rédacteur.

174. Le précédent de l'article L. 641-13 du Code de commerce – De prime abord, évoquer un excès de zèle du législateur peut paraître outrecuidant. Il convient néanmoins de rapprocher les problèmes induits par une telle rédaction avec ceux soulevés par l'article L. 641-13 dans sa rédaction issue de l'ordonnance du 12 mars 2014[462]. À la suite de cette ordonnance, l'article susmentionné, en son alinéa relatif aux critères d'attribution du traitement préférentiel, comportait une référence aux créances nées en exécution d'un contrat en cours décidée par le liquidateur[463]. Par conséquent, le sort des créances nées pendant la période

458. Art. L. 642-20-1, al. 3, C. com.

459. Art. L. 641-4, al. 1er, et L. 641-5 C. com.

460. Art. L. 640-1, al. 2, C. com.

461. V. art. L. 643-2, al. 1er, C. com., qui dispose que « *Les créanciers titulaires d'un privilège spécial, d'un gage, d'un nantissement ou d'une hypothèque et le Trésor public pour ses créances privilégiées peuvent, dès lors qu'ils ont déclaré leurs créances même s'ils ne sont pas encore admis, exercer leur droit de poursuite individuelle si le liquidateur n'a pas entrepris la liquidation des biens grevés dans le délai de trois mois à compter du jugement qui ouvre ou prononce la liquidation judiciaire.* ».

462. Ord. n° 2014-326, 12 mars 2014, portant réforme de la prévention des difficultés des entreprises et des procédures collectives, *JO* n° 0062, 14 mars 2014, p. 5249.

463. Anc. art. L. 641-13, I, al. 1er, C. com., qui était rédigé en ces termes : « *Sont payées à leur échéance les créances nées régulièrement après le jugement*

d'observation en exécution d'un contrat en cours, qui étaient éligibles au traitement préférentiel de l'article L. 622-17 en tant qu'elles étaient nées en contrepartie d'une prestation fournie au débiteur[464], était incertain lorsqu'une procédure de sauvegarde ou de redressement judiciaire était convertie en liquidation judiciaire sans poursuite provisoire d'activité.

En effet, s'il est acquis qu'une créance née en contrepartie d'une prestation fournie au débiteur ne bénéficie du traitement préférentiel dans le cadre d'une liquidation judiciaire qu'à la condition qu'une poursuite provisoire d'activité ait été autorisée par le tribunal[465], s'est posée la question de savoir si la créance pouvait tout de même être regardée comme née en exécution d'un contrat en cours décidée par le liquidateur puisque, par hypothèse, le contrat en cours n'a pas été continué par le liquidateur mais, selon le cas, par l'administrateur judiciaire ou le débiteur après avis conforme du mandataire judiciaire. Au prix d'une lecture subtile des textes, la doctrine majoritaire était encline à estimer que de telles créances demeuraient éligibles au traitement préférentiel[466]. Cependant, la solution n'était pas sûre car la conclusion inverse – aussi inopportune soit-elle – n'eût été aucunement inconcevable dans une matière où l'interprétation stricte est de rigueur. Face à ce constat, le législateur modifia le texte en supprimant toute référence au liquidateur[467].

Ainsi le législateur a-t-il déjà fourni la preuve qu'il ne fallait pas conférer une valeur sacramentelle aux multiples formules visant le liquidateur. Sous cet angle, et au regard des intentions affichées par le législateur, il est permis d'affirmer que la référence au liquidateur dans

---

qui ouvre ou prononce la liquidation judiciaire [...] *si elles sont nées en contrepartie d'une prestation fournie au débiteur pendant le maintien de l'activité ou en exécution d'un contrat en cours décidée par le liquidateur...* ».

464. Art. L. 622-17, I, C. com.

465. Anc. art. L. 641-13, et actuel L. 641-13 C. com.

466. D. BOUSTANI, *Les modifications affectant les créances postérieures dans l'ordonnance du 12 mars 2014*, *Gaz. Pal. entr. diff.* 8 avr. 2014, n° 98, p. 43, n° 4 *in fine* ; P.-M. LE CORRE, 9e éd., n° 453.25 et *Premiers regards sur l'ordonnance du 12 mars 2014 réformant le droit des entreprises en difficulté, D.* 2014. 733, n° 64 ; F. PÉROCHON, 10e éd., n° 1177.

467. Art. L. 641-13, I, al. 1er, C. com., qui énonce désormais que : « *Sont payées à leur échéance les créances nées régulièrement après le jugement qui ouvre ou prononce la liquidation judiciaire* [...] *si elles sont nées en contrepartie d'une prestation fournie au débiteur pendant le maintien de l'activité ou en exécution d'un contrat en cours régulièrement décidée après le jugement d'ouverture de la procédure de sauvegarde ou de redressement judiciaire, s'il y a lieu, et après le jugement d'ouverture de la procédure de liquidation judiciaire...* ».

l'ultime alinéa de l'article L. 642-20-1 dénote une scorie de rédaction plutôt qu'une volonté d'en circonscrire le champ d'application.

175. – En l'état du droit positif, la situation se résume ainsi : en cas de réalisation d'un actif grevé d'un droit de rétention fictif de droit commun avant conversion de la procédure en liquidation judiciaire et de répartition du prix de vente après ladite conversion, pour permettre au gagiste sans dépossession de se prévaloir de son droit de rétention fictif, il appartiendrait à la jurisprudence, dans un premier temps, de livrer une interprétation *contra legem*, et dans un second temps, d'énoncer que le report du droit de rétention sur le prix opère rétroactivement à un instant où le droit de rétention est inopposable *ipso jure* à la procédure[468]. Pour l'heure, il semble donc difficile d'admettre que le droit de rétention fictif de droit commun sera considéré lors de la répartition du prix de vente du bien qu'il grevait. En conséquence de quoi, et sous réserve d'une probable intervention du législateur aux fins de correction des textes, le principe de considération des sûretés paraît supporter une autre exception.

176. La synthèse du principe de considération des sûretés dans les répartitions : identification des critères de prise en compte – L'analyse du domaine négatif du principe de prise en compte des sûretés dans les répartitions fait apparaître que n'y sera pas considérée la sûreté accessoire d'une créance éteinte ; la sûreté accessoire d'une créance inopposable ; la sûreté du dirigeant condamné à combler l'insuffisance d'actif lorsque le montant de sa créance n'excède pas celui de la condamnation ; la sûreté non inscrite avant jugement d'ouverture lorsque sa publicité est prescrite aux fins d'opposabilité aux tiers ; la sûreté non déclarée et la sûreté accessoire d'une créance non produite. En outre, aucune sûreté ne sera prise en compte lors de la répartition du produit de l'action en responsabilité pour insuffisance d'actif, cependant que le produit de la transaction ne devrait pas être réparti au marc le franc ; et le droit de rétention fictif de droit commun ne sera pas considéré lors des phases distributives des procédures de sauvetage, ainsi qu'au moment de la répartition du prix de réalisation de l'actif dans le cadre d'une procédure liquidative si cette dernière a été prononcée après la vente du bien.

Il ressort donc de l'étude du domaine négatif que le terme de sûreté se comprend ici de toute affectation à la satisfaction d'un créancier, inclus dans le périmètre de la procédure et ayant vocation à participer aux répartitions, de tout ou partie des éléments d'actifs appartenant au débiteur, par l'adjonction aux droits résultant normalement pour le créancier du

---

468. P.-M. LE CORRE, art. préc., question n° 10.

rapport obligationnel de base, d'un droit d'agir, paralysé par la loi de la procédure, ou d'un droit de retenir, préservé par la loi de la procédure, accessoire de son droit de créance, qui améliore sa situation juridique en remédiant aux insuffisances de son droit de gage général, sans être pour autant une source de profit, et dont la mise en œuvre par sa prise en compte lors de distributions collectives, conditionnée par son opposabilité à la procédure, est susceptible de désintéresser totalement ou partiellement le créancier, dès lors qu'aucune disposition légale n'y fait directement obstacle[469].

Ainsi est-il possible de conclure que la sûreté prise en compte s'entend de celle grevant un élément d'actif du débiteur, qui est opposable à la procédure collective, et qui n'est pas visée par une exclusion légale expresse, que cette dernière soit universaliste ou sélective.

---

469. Rappr. : la déf. retenue *supra* n° 112.

CONCLUSION DU CHAPITRE I

177. Des principes en rapport avec l'organisation générale de la procédure collective – Parce qu'ils permettent de délimiter précisément les périmètres subjectif et objectif des répartitions en indiquant qui y participent et avec quels attributs, les principes de participation universelle des créanciers aux répartitions et de considération des sûretés dans les distributions collectives sont de grands principes. Il apparaît toutefois qu'en dépit de leur postulat généraliste, ces grands principes tolèrent un nombre important d'exceptions tenant majoritairement à l'application de règles qui ne concernent pas directement les répartitions mais qui sont en rapport avec l'organisation générale de la procédure collective. Ainsi est-il mis en évidence le fait qu'une procédure collective forme un ensemble dont les composantes entretiennent une certaine interdépendance, à commencer par les grands principes préparatoires. En effet, comme a pu le révéler l'étude du principe de considération des sûretés dans les répartitions, du fait de la règle de l'accessoire, les règles afférentes aux sûretés dans le cadre des répartitions doivent constamment être mises en perspective avec celles gouvernant la prise en compte des créances.

178. Des principes en rapport avec la loi de la procédure – En raison des nombreuses exceptions qu'ils supportent, et eu égard à leur objet même, il semble permis de soutenir que les grands principes préparatoires constituent une manifestation paroxystique de l'âpreté de la loi de la procédure : une exception non-satisfactoire au principe de participation universelle des créanciers est synonyme d'exclusion des répartitions ; et une exception relevant du domaine négatif propre du principe de considération des sûretés est synonyme de participation en qualité de créancier chirographaire. Par ailleurs, les difficultés rencontrées dans le cadre de l'étude des grands principes préparatoires sont un puissant révélateur de la complexité des répartitions. Comment ces dernières pourraient-elles être simples si la phase destinée à préparer leur déroulement en déterminant qui participe et avec quels attributs comprend de sérieuses difficultés ?

179. Les effets de la considération des sûretés : vers les grands principes opératoires – Tel que présagé dans les divers développements intéressant le principe de prise en compte des sûretés dans les répartitions, la considération d'une sûreté ne constitue pas une fin en soi. Elle représente au contraire un préalable à la phase opératoire des répartitions. Comme cela a transparu derrière la question de la déclaration, l'effet de la sûreté prise en compte s'entend de l'exercice d'une incidence sur l'ordre des paiements et des répartitions. Il faut donc, à présent, se concentrer sur le point de savoir comment les sûretés influent sur l'ordre des répartitions. Ce qui équivaut, en un sens, à se focaliser sur la capacité d'une sûreté à résister à la loi du concours. Et ces éléments de réponse sont fournis par les grands principes opératoires.

CHAPITRE II – LES GRANDS PRINCIPES OPÉRATOIRES

180. Les grands principes du respect – Une fois déterminé le périmètre des distributions collectives, c'est-à-dire une fois identifiés les créanciers qui participeront aux répartitions ainsi que les sûretés qu'il convient de prendre en compte, encore faut-il procéder aux opérations de répartition ; et la question qui se pose alors est celle de savoir comment doivent s'opérer les répartitions. Si les grands principes préparatoires se conçoivent comme les principes de la loi de la procédure, les grands principes opératoires sont quant à eux ceux de la loi du concours. La phase opératoire des répartitions constitue la phase au cours de laquelle les créanciers entrent en conflit et confrontent l'efficacité de leurs sûretés, le cas échéant. En effet, le plus souvent, la valeur des actifs est insuffisante pour désintéresser l'ensemble des créanciers et seuls ceux dotés des sûretés les plus efficaces seront destinataires d'un paiement, ne serait-ce que partiel. Ainsi est-ce à travers ces grands principes que les répartitions apparaissent comme une terre de conflits entre les créanciers.

Dès lors, parce qu'il est question de prendre en considération une multitude d'intérêts n'étant pas seulement divergents, mais parfois en confrontation directe, et compte tenu de ce que « *La hiérarchie est un mode d'organisation de la société* [...] *mais aussi de résolution des conflits* »[470], alors l'un des grands principes opératoires se comprend nécessairement d'un principe hiérarchique, c'est-à-dire un principe dont l'objet est de dresser un classement des créanciers. De façon générale, la question est effectivement dominée par l'idée d'ordre. Il est souvent fait référence à l'ordre des créanciers[471], l'ordre des privilèges[472], l'ordre des opérations[473] ou encore

---

[470]. C. SAINT-ALARY-HOUIN, *Rapport de synthèse : la hiérarchisation des intérêts dans les procédures collectives*, *BJE* mai 2016, n° 3, p. 223.

[471]. V. not. : F. PÉROCHON, 10e éd., n° 1308.

[472]. Art. L. 643-7-1 C. com. : « *Le créancier qui a reçu un paiement en violation de la règle de l'égalité des créanciers chirographaires ou par suite d'une erreur sur l'ordre des privilèges doit restituer les sommes ainsi versées.* ». *Adde* Com. 7 sept. 2010, n° 09-66.595, NP, ayant décidé que le créancier postérieur éligible au traitement préférentiel « *qui a le droit d'être payée à l'échéance, peut, dans l'exercice de son droit de poursuite individuelle, obtenir un titre exécutoire et faire exécuter ce titre indépendamment de l'ordre dans lequel s'exercent les privilèges...* » ; *BJE* mars 2011, n°1, p. 23, n. F. MACORIG-VENIER ; *Leden* oct. 2010, n° 9, p. 2, obs. E. MOUIAL-BASSILANA ; *RTD com.* 2010, 793,

l'ordre des paiements[474]. Ce qui affine la question posée initialement puisque désormais, pour pouvoir répondre à la question de savoir comment doivent s'opérer les répartitions, il faut répondre à celle de savoir quel est l'ordre qu'il convient de respecter. C'est à cette question que répondent les grands principes opératoires. Or, pour ce faire, il importe de tenir compte du principe qui offre des éléments de nature à opérer un classement, à savoir le principe de considération des sûretés. C'est pourquoi le premier grand principe opératoire peut s'entendre du principe de respect de la hiérarchie des causes de préférence (Section I). En outre, eu égard à la temporalité que suggère la notion d'ordre, et compte tenu du fait que la chronologie des opérations peut avoir une incidence sur le paiement effectif, le second grand principe préparatoire est un principe chronologique, à savoir le principe de respect de la chronologie des distributions de masses de fonds (Section II).

SECTION I – LE PRINCIPE DE RESPECT DE LA HIÉRARCHIE DES CAUSES DE PRÉFÉRENCE

181. La signification du principe de respect de la hiérarchie des causes de préférence : « *une créance sera payée avant d'autres, un point c'est tout.* »[475] – Le principe de respect de la hiérarchie des causes de préférence s'entend de celui selon lequel l'organe répartiteur doit procéder aux distributions collectives dans le respect du classement qu'induit la considération des sûretés dont sont titulaires les créanciers ayant vocation à participer aux répartitions. Ce principe apparaît immédiatement comme un corollaire du principe de considération des sûretés, car, s'il est une chose de savoir que les sûretés sont prises en compte lors des phases distributives et qu'elles influent sur l'ordre des répartitions, il en est une autre de savoir comment le droit des procédures collectives organise le déploiement de leurs effets.

182. Le moyen de l'organisation : un principe simple d'application complexe – Pour organiser le développement des effets des différentes sûretés prises en compte par la procédure collective dans la perspective des répartitions, le droit des entreprises en difficulté livre un

---

obs. J.-L. VALLENS ; *Rev. proc. coll.* mars 2012, n° 2, comm. 51, n. C. SAINT-ALARY-HOUIN.

473. V. not. : F. PÉROCHON 10e éd., préc. ; J.-P. SÉNÉCHAL, *La vente des immeubles et la distribution de leur prix*, *LPA* 28 oct. 1998, n° 129, p. 36, II.-C.-1.

474. V. not. : Ph. DELEBECQUE, obs. ss T. mixte com. Saint-Pierre, 1er mars 2016, n° 2015/003678, *JCP E* 2016. 1643, n° 18.

475. M. DAGOT, *La notion de privilège*, *Mél. MOULY*, t. 2, Litec, 1998, p. 335 *in fine*.

principe simple en son énoncé mais d'application complexe[476] : s'il est aisé de comprendre ce que signifie l'exigence de respect, établir la hiérarchie dans le respect de laquelle doivent s'opérer les répartitions apparaît comme une tâche beaucoup plus délicate. Pour l'essentiel, la difficulté provient, non seulement des causes de préférence que le droit des procédures collectives superpose à celles existant en droit commun, mais également du fait que cette superposition ne s'opère pas de manière uniforme et oblige conséquemment à une particulière vigilance. Le classement à respecter différera selon la nature de la procédure collective au cours de laquelle a lieu la répartition considérée, selon la nature mobilière ou immobilière du bien dont il est question de répartir le prix de vente, et selon l'existence ou non de sûretés spéciales grevant le bien. Il existe ainsi au minimum huit types de classements à l'intérieur desquels l'ordre est encore susceptible de varier. Le respect de l'ordre des paiements suppose donc que l'organe répartiteur identifie systématiquement l'unique hiérarchie applicable à chacune des répartitions données, et ce, afin de ne pas préjudicier à la collectivité de créanciers dont il a l'obligation légale d'assurer la défense[477].

183. Le fondement textuel positif du principe – Le principe de respect de la hiérarchie des causes de préférence trouve en l'article L. 643-8 du Code de commerce son fondement positif en ce qu'aux termes de celui-ci, les créanciers sont payés au marc le franc, distraction faite des sommes versées aux créanciers privilégiés[478] ; ce dont il se comprend, par symétrie, que les créanciers entre lesquels l'actif est réparti au marc le franc correspondent aux créanciers chirographaires. Ce faisant, la disposition susvisée écarte expressément les créanciers privilégiés du champ de la modalité de répartition qu'elle prescrit : les créanciers privilégiés ne peuvent être concernés par la répartition au marc le franc puisque le texte précise que l'actif n'est réparti selon cette modalité qu'après avoir été diminué des

---

476. V. not. : M. BOURASSIN, V. BRÉMOND et M.-N. JOBARD-BACHELLIER, 5e éd., p. 793 ; F. PÉROCHON, 10e éd., no 1307 ; Ph. SIMLER et Ph. DELEBECQUE, 7e éd., no 766 : « [...] *l'on a du mal, notamment lors de l'ouverture d'une procédure de liquidation judiciaire ou de distribution, à savoir quel est l'ordre dans lequel les créanciers doivent être payés.* ».

477. Art. L. 622-20, al. 1er, C. com., pour la sauvegarde, rendu applicable en redressement judiciaire par L. 631-14, al. 1er, du même Code, et art. L. 641-4, al. 1 et 4, du même Code, pour la liquidation judiciaire.

478. Art. L. 643-8, al. 1er, C. com. : « *Le montant de l'actif, distraction faite des frais et dépens de la liquidation judiciaire, des subsides accordés au débiteur personne physique ou aux dirigeants ou à leur famille et des sommes payées aux créanciers privilégiés, est réparti entre tous les créanciers au marc le franc de leurs créances admises.* ».

sommes qui leur auront été versées. Or, si les créanciers privilégiés ne sont pas concernés par la répartition au marc le franc, il importe, par définition, de procéder à un classement, car, « *le privilège,* [...] *c'est un classement...* »[479]. Dès lors, après avoir rappelé qu'un créancier privilégié s'entend d'un créancier titulaire d'une cause légitime de préférence, il est possible d'affirmer que l'article L. 643-8 énonce que le montant de l'actif est réparti au marc le franc entre les créanciers, à moins que n'existent entre eux des causes légitimes de préférence. Et sous cet angle, l'article L. 643-8 du Code de commerce peut s'analyser en une reformulation contextualisée de l'article 2285 du Code civil[480], qui représente le siège du principe de respect de la hiérarchie des causes de préférence en droit commun, et ce dans la mesure où il y est disposé que lorsqu'existent des causes de préférence entre les créanciers, le prix de réalisation des actifs de leur débiteur ne se distribue pas entre eux par contribution[481]. Ainsi est-il permis de soutenir que l'article L. 643-8 du Code de commerce constitue bel et bien le siège positif du principe de respect de la hiérarchie des causes de préférence en matière de procédures collectives.

184. La lecture jurisprudentielle du fondement positif – À cet égard, il convient de relever que la Cour de cassation semble avoir eu cette lecture de l'article L. 643-8 puisqu'aux termes de l'attendu de principe d'une décision honorée de la plus large publication possible, il « *résulte de ce texte que le montant de l'actif, distraction faite des frais et dépens de la liquidation judiciaire et des subsides accordés au chef d'entreprise ou aux dirigeants ou à leur famille, est réparti entre les créanciers en tenant compte de leur rang...* »[482]. C'est dire que la jurisprudence voit en cette disposition le fondement du respect de la hiérarchie des causes de préférence et qu'elle

---

479. M. DAGOT, art. préc., p. 335 *in fine*.

480. Rappr. : J. VALLANSAN, n. ss Com. 11 juin 2014, n° 13-12.658, *Bull. civ.* IV, n° 102, *Act. proc. coll.* juill. 2014, n° 12, comm. 226.

481. Art. 2285 C. civ. : « *Les biens du débiteur sont le gage commun de ses créanciers ; et le prix s'en distribue entre eux par contribution, à moins qu'il n'y ait entre les créanciers des causes légitimes de préférence.* ».

482. Com. 11 juin 2014, n° 13-12.658, *Bull. civ.* IV, n° 102 ; *Act. proc. coll.* juill. 2014, n° 12, comm. 226, obs. J. VALLANSAN ; *D.* 2014. 1269, n. A. LIENHARD ; *D.* 2014. 2196, n. J. LECAROZ ; *Gaz. Pal. entr. diff.* 7 oct. 2014, n° 280, p. 37, n. I. ROHART-MESSAGER ; *JCP E* 2014. 1447, n° 4, obs. Ph. PÉTEL ; *JCP N* 2014. 1339, n° 20, obs. Ph. DELEBECQUE ; *Leden* sept. 2014, n° 8, p. 4, obs. L. CAMENSULI-FEUILLARD ; *RDBF* nov. 2014, n° 6, comm. 212, n. C. HOUIN-BRESSAND ; *Rev. sociétés* 2014. 532, obs. Ph. ROUSSEL GALLE ; *RLDA* juill. 2014, n° 95, obs. Ch. LEBEL ; *Rev. proc. coll.* mai 2015, n° 3, comm. 71, n. A. MARTIN-SERF.

l'érige formellement en véritable principe. Au demeurant, la formule qu'emploie la Haute juridiction est intéressante en ce qu'elle remédie à la « *maladresse source de confusion possible* » [483] que renferme la lettre de l'article L. 643-8 en extrayant le paiement des créanciers privilégiés du champ des distractions d'actifs et en éliminant toute référence à la répartition au marc le franc. En effet, exiger que la répartition de l'actif s'opère en tenant compte du rang des créanciers revient à indiquer – ou rappeler –, d'une part, que le paiement des créanciers privilégiés s'effectue dans le respect de leurs causes de préférence avant que n'intervienne celui des créanciers chirographaires, et, d'autre part, que les créanciers chirographaires seront payés selon la modalité de distribution à laquelle les destine leur qualité, c'est-à-dire au marc le franc.

185. Le fondement textuel négatif du principe – Afin de marquer sa désapprobation à l'endroit d'une décision selon laquelle le paiement effectué par le liquidateur à la suite d'une erreur sur l'ordre des privilèges n'ouvrait pas droit à répétition[484], un auteur posait la question – rhétorique – suivante : « *Le principe de la hiérarchie entre les créanciers privilégiés ne serait-il pas un principe d'ordre public au même titre que celui de l'égalité entre les chirographaires ?* »[485]. Le législateur y a répondu par l'affirmative en introduisant au sein du Code de commerce un article en vertu duquel le paiement effectué par suite d'une erreur sur l'ordre des privilèges oblige l'*accipiens* à restituer les sommes reçues[486]. Or, l'instauration d'une telle règle indique, d'une part, qu'il existe un ordre entre les créanciers privilégiés, ce qui situe l'article L. 643-7-1 dans la droite lignée de l'article L. 643-8, et d'autre part, que cet ordre doit être respecté. Et dans la mesure où il vient corriger le non-respect du classement des créanciers privilégiés, l'article L. 643-7-1 du Code de commerce peut effectivement être appréhendé en tant que fondement négatif du principe de respect de la hiérarchie des causes de préférence.

---

483. A. LIENHARD, n. ss Com. 11 juin 2014, préc., *D.* 2014. 1269.

484. Com. 30 oct. 2000, n° 98-10.688, *Bull. civ.* IV, n° 169 ; *D.* 2000. 430, n. P. PISONI ; *D.* 2001. 620, obs. A. HONORAT ; *D.* 2001. 1527, n. S. PIERRE ; *JCP E* 2001. 173, n° 7, obs. M. CABRILLAC. *Adde* Com. 11 févr. 2004, n° 02-17.520, *Bull. civ.* IV, n° 27 ; *JCP E* 2004. 879, n. F. MILLET (crit.) ; *JCP E* 2004. 1292, n° 19, obs. M. CABRILLAC ; *RTD com.* 2005. 165, obs. A. MARTIN-SERF.

485. M. CABRILLAC, obs. ss Com. 30 oct. 2000, préc., *JCP E* 2001. 173, n° 7. *Adde* M. CABRILLAC, obs. ss Com. 11 févr. 2004, préc., *JCP E* 2004. 1292, n° 19. « [...] *la hiérarchie entre les privilèges ne constitue-t-elle pas un principe aussi important qui justifierait tout autant la répétition ?* ».

486. Art. L. 643-7-1 C. com.

186. Une analyse circonscrite logiquement à l'objet du principe – À la différence des principes examinés précédemment, l'intérêt de l'étude du principe de respect de la hiérarchie des causes de préférence ne réside pas dans l'analyse de son domaine mais dans celle de son objet, à savoir les causes de préférence qu'il s'agit de hiérarchiser. La raison en est fort simple : son domaine n'est que la résultante des principes de participation universelle des créanciers et de considération des sûretés. En effet, pour déterminer l'ordre des paiements à respecter lors d'une répartition donnée, le cheminement intellectuel est le suivant : il importe, dans un premier temps, d'identifier les créanciers disposant du droit d'y participer, puis, dans un second temps, de définir les sûretés à prendre en considération. Cependant, puisqu'il a été vérifié que la prise en compte d'une sûreté implique la participation de son titulaire aux répartitions, et dans la mesure où le domaine du principe de considération des sûretés a fait l'objet d'une délimitation négative, alors, en amont de l'établissement de la hiérarchie des causes de préférence, il suffit de vérifier que lesdites causes de préférence n'intègrent pas le champ des exceptions du principe de considération des sûretés. Ainsi le domaine du principe sous examen sera-t-il fourni ; et c'est pourquoi les développements afférents audit principe consisteront en l'analyse des causes de préférence dont la hiérarchie doit être respectée.

187. Une analyse circonscrite logiquement aux causes de préférence spécifiques au droit des procédures collectives – Certains auteurs considèrent que le recensement de l'ensemble des privilèges composant le dispositif normatif français représente une impossible entreprise du fait de leur multiplicité et de leur dispersion[487]. *A fortiori* leur classement s'avère-t-il tout autant impossible. Pour ne dévoiler qu'un aperçu de l'ampleur de la tâche, il est possible de relayer les chiffres mis en avant par un auteur, selon lequel existent en droit français « *quelques deux mille cinq cents sûretés et privilèges* »[488]. Par ailleurs, quand bien même la hiérarchisation de l'intégralité des causes de préférence serait-elle envisageable, et aussi intéressante la question puisse-t-elle être d'un point de vue théorique, il semble permis d'énoncer qu'elle ne présente qu'un modeste intérêt pratique en raison du contexte dans lequel il s'agit de l'inscrire, à savoir celui d'une entreprise en difficulté. De ce fait, puisqu'il n'est question que de présenter l'architecture générale de la hiérarchie des causes

---

[487]. V. par ex. : Ph. SIMLER et Ph. DELEBECQUE, 7e éd., nos 757 et 835 ; S. PIEDELIÈVRE, 2e éd., nos 475, 498 et 504. Rappr. : M. BOURASSIN, V. BRÉMOND et M.-N. JOBARD-BACHELLIER, 5e éd., no 956.

[488]. Ch. LEBEL, *Justice du XXIe siècle – Dispositions en faveur des agriculteurs*, *Rev. proc. coll.* nov. 2016, no 6, comm. 208.

de préférence, et dans la mesure où le droit des procédures collectives imprègne cette hiérarchie de son impérialisme, il apparaît opportun de se focaliser sur les causes de préférence qui lui sont propres.

188. Un droit impérialiste – S'il est vrai que « *l'impérialisme ou prétendu tel du droit des procédures collectives n'est jamais allé jusqu'à imposer un traitement égalitaire des créanciers ne tenant pas compte de leurs sûretés et privilèges* »[489], il n'en demeure pas moins que ces sûretés et privilèges ne peuvent produire leurs effets que dans le cadre du système de classement que le droit des entreprises en difficulté a établi spécialement. Or, en la matière, le droit des procédures collectives n'intervient le plus souvent que pour instituer une hégémonie des causes de préférence qui lui sont spécifiques[490]. Et en cela, il est effectivement possible de constater la marque de son impérialisme.

189. Mais pas absolutiste – Il serait toutefois précipité d'en conclure que le droit des entreprises en difficulté se teinte d'absolutisme dans la mesure où la lettre et la structure de ses textes suggèrent que son système de classement se superpose à celui élaboré par le droit commun des sûretés. En effet, le droit des procédures collectives intercale sporadiquement certains classements entiers du droit commun entre deux causes de préférence qui lui sont propres et fait parfois appel aux règles de droit commun pour hiérarchiser une fraction des créanciers titulaires du privilège de procédure. Aussi, avant d'entamer l'étude des causes de préférence spécifiques aux procédures collectives, convient-il de présenter les tendances générales des classements de droit commun auxquels il sera fait référence par la suite, mais sans qu'il ne s'agisse pour autant d'en sonder les arcanes.

190. La présentation sommaire du classement de droit commun sur les immeubles – Le classement de droit commun sur les immeubles est gouverné par la combinaison de deux règles résolvant deux types de conflits. Le premier conflit correspond à celui qui voit s'opposer un privilège absolument général et une sûreté immobilière spéciale lorsque le prix de vente du bien grevé de ces sûretés doit être réparti entre leurs titulaires. En ce cas, la règle de conflit s'entend de la prévalence du général sur le spécial. Le second conflit apparaît lorsque plusieurs titulaires de sûretés spéciales prétendent se désintéresser sur le même bien. En cette hypothèse,

---

489. Ph. ROUSSEL GALLE, obs. ss Com. 11 juin 2014, préc., *Rev. sociétés* 2014. 532.

490. V. par ex. la rédaction des art. 2332-4 C. civ., L. 3253-2 et s. C. trav., L. 622-17 et L. 641-13 C. com.

le problème est résolu par l'application de la règle « *prior tempore, potior jure* » selon laquelle le premier en temps l'emporte en droit.

191. La prévalence du général sur le spécial – Le Code civil organise la prééminence des privilèges absolument généraux en matière immobilière de deux façons. En premier lieu, le jeu concomitant des articles 2324 et 2386 du Code civil instaure une incontestable primauté des privilèges absolument généraux sur les hypothèques. Il apparaît en effet, d'une part, que le principe même d'un privilège immobilier est de conférer à son titulaire le droit d'être préféré à un créancier hypothécaire[491] et, d'autre part, que la prévalence des privilèges généraux sur les hypothèques est verrouillée dans la mesure où la situation exceptionnelle dans laquelle une hypothèque peut primer un privilège, à savoir lorsque le titulaire d'un privilège devant être publié n'a pas diligenté l'accomplissement de cette formalité[492], est inconcevable en matière de privilèges absolument généraux puisque le Code civil exempte expressément les créanciers titulaires de tels privilèges d'avoir à procéder à leur inscription[493]. L'exception n'étant pas envisageable, seul peut jouer le principe. En second lieu, la primauté des privilèges pleinement généraux sur les privilèges spéciaux est exprimée nettement par l'article 2376 du Code civil en ce que selon ce dernier, sous réserve d'une insuffisance d'actif mobilier, les créanciers titulaires de privilèges généraux priment les titulaires de privilèges spéciaux[494].

Il convient de préciser que le classement entre privilèges absolument généraux de droit commun est fourni en rapprochant l'article 2375 du Code civil de l'article subséquent. La structure du premier de ces articles suggère fortement un classement entre les privilèges généraux qu'il énumère et l'article 2376 indique sans équivoque qu'il faut comprendre cette énumération comme un classement.

192. « *Prior tempore, potior jure* » – En matière de sûretés immobilières spéciales, les textes fournissent diverses règles de classement

[491]. Art. 2324 C. civ. : « *Le privilège est un droit que la qualité de la créance donne à un créancier d'être préféré aux autres créanciers, même hypothécaires.* ». Rappr. : art. 2386, al. 1er, C. civ. *Adde* not. Ph. SIMLER et Ph. DELEBECQUE, 7e éd., n° 523.

[492]. Art. 2386, al. 2, C. civ.

[493]. Art. 2378 C. civ. : « *Sont exceptées de la formalité de l'inscription les créances énumérées à l'article 2375...* », l'art. 2375 étant celui qui énumère les privilèges portant sur la totalité des immeubles.

[494]. Art. 2376 C. civ. : « *Lorsqu'à défaut de mobilier les créanciers* [titulaires d'un privilège général] *se présentent pour être payés sur le prix d'un immeuble en concurrence avec les autres créanciers privilégiés sur l'immeuble, ils priment ces derniers et exercent leurs droits dans l'ordre indiqué audit article.* ».

de la combinaison desquelles se dégage un critère chronologique général : le premier en temps est le premier en rang[495]. Ce critère a vocation à régir la plupart des conflits en la matière. Il détermine le rang des créanciers en cas de conflit entre privilèges spéciaux et hypothèques, en cas de conflit entre hypothèques et, le plus souvent, en cas de conflit entre privilèges spéciaux.

193. Le classement hypothécaire – Les hypothèques prennent rang au jour de leur inscription au service de la publicité foncière[496]. Cela signifie que lorsque plusieurs créanciers hypothécaires prétendent se désintéresser sur le bien siège de leurs hypothèques respectives, l'ordre entre eux est déterminé par la date de publication : le créancier dont l'inscription porte la date la plus ancienne prime les autres, et ainsi de suite. Lorsque le fichier immobilier sur lequel sont inscrites les diverses hypothèques grevant un même bien ne fait pas apparaître de chronologie mais une identité de date entre les inscriptions, les hypothèques légales entrent en concours les unes avec les autres[497], mais priment les hypothèques judiciaires ou conventionnelles[498], et le conflit entre ces dernières est résolu en faveur de l'hypothécaire dont le titre en vertu duquel a été requise l'inscription porte la date la plus ancienne[499] ; s'il y a en outre identité de date entre les titres, les hypothécaires – à titre conventionnel ou judiciaire, par hypothèse – entrent en concours[500].

194. Le classement privilégié – Quant aux privilèges spéciaux soumis à publication, le principe d'ordonnancement tient à l'effet rétroactif de l'inscription : les privilèges immobiliers spéciaux prennent rang au jour de l'acte qui les a engendrés lorsque la publication requise a été dûment

---

[495]. M. CABRILLAC, Ch. MOULY, S. CABRILLAC et Ph. PÉTEL, 10e éd., n° 1057 ; F. PÉROCHON, 10e éd., n° 1307.

[496]. Art. 2425, al. 1er, C. civ.

[497]. M. CABRILLAC, Ch. MOULY, S. CABRILLAC et Ph. PÉTEL, 10e éd., n° 1059.

[498]. Art. 2425, al. 3, C. civ.

[499]. Art. 2425, al. 2, C. civ.

[500]. Art. 2425, al. 4, C. civ. Pour une application en cas de répartition du prix de vente d'un immeuble, dans le cadre d'une liquidation judiciaire, entre deux hypothécaires dont les inscriptions et titres ont une date identique, v. par ex. : Com. 5 mai 2015, n° 14-17.941, *Bull. civ.* IV, n° 73 ; *Act. proc. coll.* juin 2015, n° 11, comm. 179, obs. O. SALVAT ; *BJE* sept. 2015, n° 5, p. 296, n. F. MACORIG-VENIER ; *Defr.* 15 déc. 2015, n° 23, p. 1233, obs. S. PIEDELIÈVRE ; *JCP E* 2015. 1618, n° 17, obs. Ph. DELEBECQUE.

diligentée par leurs titulaires[501]. À défaut de respect des délais prescrits aux fins de publication des privilèges, la rétroactivité attachée à l'inscription de ces derniers ne jouera pas et ils prendront rang, non au jour de l'acte qui les a engendrés, mais au jour de l'inscription[502].

En raison de cet effet rétroactif de l'inscription, il apparaît qu'un privilège spécial primera une hypothèque chaque fois que sa publication sera intervenue dans les délais. En effet, le cas échéant, le privilège prend rang au jour de l'acte qui l'a fait naître. Or, l'acte lui ayant donné naissance se comprend de celui par lequel le bien grevé a été introduit dans le patrimoine du débiteur. Donc, puisque l'acte au jour duquel prend rang un privilège correspond à la date d'introduction du bien dans le patrimoine du débiteur, et puisqu'une hypothèque ne peut, par définition, être inscrite qu'après l'introduction du bien dans le patrimoine du débiteur, alors l'hypothèque prendra rang après le privilège spécial[503].

195. La hiérarchie simplifiée sur les immeubles – Ainsi est-il possible d'établir une hiérarchie simplifiée de la manière suivante : les privilèges absolument généraux prévalent sur toutes les sûretés immobilières spéciales et obéissent à l'ordre prescrit expressément par le Code civil ; les privilèges spéciaux priment les hypothèques, et les conflits susceptibles de se présenter entre eux se résolvent, de façon générale, soit en fonction des dates des actes les ayant engendrés, soit selon les commandements du Code civil ; enfin, le classement des créanciers hypothécaires s'opère selon l'ordre des inscriptions.

196. La présentation sommaire du classement de droit commun sur les meubles – À la différence du classement immobilier, qui s'établit de façon relativement simple dans la mesure où il est gouverné essentiellement par deux règles ayant vocation à trancher tout type de conflit, le classement sur les meubles est plus difficile à appréhender car les situations de conflits y sont plus nombreuses et plus diversifiées. Toutefois, puisqu'il n'est question que d'exposer les grandes tendances générales en la matière, il est possible d'adopter une méthode similaire en présentant l'articulation entre les privilèges généraux et les sûretés spéciales avant d'apercevoir celle, plus complexe, entre les sûretés spéciales.

---

[501]. V. art. 2379, al. 1er, 2380, 2381, 2383, 2384, 2384-2 et 2386, al. 2 (lecture *a contrario*), C. civ.

[502]. Art. 2386, al. 2, C. civ.

[503]. M. Cabrillac, Ch. Mouly, S. Cabrillac et Ph. Pétel, 10e éd., no 1057 ; D. Legeais, 11e éd., no 611.

197. La prévalence du spécial sur le général, sauf exceptions – En cas de conflit entre les privilèges généraux, c'est-à-dire les privilèges absolument généraux et les privilèges généraux mobiliers, et les sûretés spéciales, le Code civil fournit une directive de principe selon laquelle les sûretés mobilières spéciales priment les sûretés mobilières générales[504]. Le principe est néanmoins assorti d'exceptions puisque ne subissent pas la priorité des sûretés spéciales les frais de justice et les privilèges du Trésor de premier rang[505]. Ces derniers, d'une importance pratique majeure en raison de l'ampleur des sommes concernées[506], sont primés par les frais de justice ainsi que, par exception de l'exception, par les privilèges fondés sur l'idée de conservation[507], et sont classés entre eux selon l'ordre établi par le Code général des impôts[508]. En revanche, les autres privilèges généraux s'inclinent devant les sûretés spéciales et s'exercent dans l'ordre de l'énumération qu'en fait le Code civil, la liste étant attributive de rang[509].

198. Le classement des sûretés mobilières spéciales – En matière de sûretés mobilières spéciales, le classement repose principalement sur une logique de répartition des différentes sûretés en trois groupes correspondant à leurs fondements[510]. Ces fondements sont : l'idée de conservation du bien – et donc de sa valeur –, l'idée d'introduction d'une valeur dans le patrimoine du débiteur et l'idée de gage, étant précisé que cette dernière idée

504. Art. 2332-1 C. civ.

505. Art. 2332-2 C. civ. *Adde* M. CABRILLAC, Ch. MOULY, S. CABRILLAC et Ph. PÉTEL, 10e éd., n° 1027 ; Ch. ALBIGES et M.-P. DUMONT-LEFRAND, 6e éd., n° 793 ; S. PIEDELIÈVRE, 2e éd., n° 509 *in fine* ; M. JULIENNE, *Privilèges mobiliers spéciaux*, *Rép. civ.* Dalloz, 2015, n° 169 ; Ph. SIMLER et Ph. DELEBECQUE, 7e éd., nos 801 et 802.

506. M. CABRILLAC, Ch. MOULY, S. CABRILLAC et Ph. PÉTEL, 10e éd., nos 712 et 1027 ; D. LEGEAIS, 11e éd., n° 687 ; Ph. MALAURIE, L. AYNÈS et P. CROCQ, 10e éd., n° 600 ; S. PIEDELIÈVRE, 2e éd., n° 509 ; Ch. ALBIGES et M.-P. DUMONT-LEFRAND, 6e éd., nos 768 et 769 ; M. BOURASSIN, V. BRÉMOND et M.-N. JOBARD-BACHELLIER, 5e éd., n° 953 ; H., L. et J. MAZEAUD et F. CHABAS, *op. cit.*, n° 142.

507. V. M. BOURASSIN, V. BRÉMOND et M.-N. JOBARD-BACHELLIER, 5e éd., n° 996 ; M. CABRILLAC, Ch. MOULY, S. CABRILLAC et Ph. PÉTEL, 10e éd., n° 1027 *in fine*.

508. V. not. art. 1920, 1, 1924, 1926, al. 1 et 2, 1927 et 1929, 1, CGI.

509. Art. 2331 C. civ.

510. V. art. 2332-3 C. civ. *Adde* M. CABRILLAC, Ch. MOULY, S. CABRILLAC et Ph. PÉTEL, 10e éd., nos 1032 et s. ; M. BOURASSIN, V. BRÉMOND et M.-N. JOBARD-BACHELLIER, 5e éd., n° 997 ; M. JULIENNE, *Privilèges mobiliers spéciaux*, *Rép. civ.* Dalloz, 2015, n° 170 et s. ; Ph. SIMLER et Ph. DELEBECQUE, 7e éd., n° 805 ; D. LEGEAIS, 11e éd., n° 691 ; S. PIEDELIÈVRE, 2e éd., n° 481.

constitue le fondement des sûretés mobilières conventionnelles[511]. C'est ainsi que, en substance, les privilèges fondés sur l'idée de conservation du bien priment toujours ceux fondés sur l'idée d'introduction d'une valeur dans le patrimoine du débiteur, peu important que les frais de conservation aient été engagés avant ou après la naissance du privilège fondé sur l'idée d'intégration d'une valeur. De même, les privilèges fondés sur l'idée de conservation priment toujours ceux fondés sur l'idée de gage lorsque les titulaires de ces derniers connaissaient l'existence des autres privilèges. En revanche, les privilèges fondés sur l'idée de conservation ne primeront ceux fondés sur l'idée de gage, lorsque leurs titulaires ignoraient l'existence des autres privilèges, que si les frais de conservation ont été engagés après la naissance des privilèges fondés sur l'idée de gage ; à défaut, ces derniers l'emportent. Enfin, les privilèges fondés sur l'idée d'introduction d'une valeur priment ceux fondés sur l'idée de gage lorsque les titulaires de ces derniers connaissaient l'existence des autres privilèges.

Quant aux hypothèses de concours entre titulaires de sûretés reposant sur le même fondement, le critère de préférence est celui de la temporalité. En matière de privilèges fondés sur l'idée de gage et sur l'idée d'introduction d'une valeur, l'ordre de préférence est chronologique. Dans le premier type de concours, le créancier entré en possession, ou censé être en entré possession, en premier primera les autres[512]. Dans le second type de concours, préférence est donnée au créancier dont la créance est la plus ancienne[513]. En matière de privilèges fondés sur l'idée de conservation du bien, l'ordre obéit à une chronologie inversée : préférence est donnée au conservateur le plus récent[514].

199. La hiérarchie simplifiée sur les meubles – Il apparaît donc possible d'établir une hiérarchie simplifiée de la façon suivante : le privilège des frais de justice prime toutes les autres sûretés mobilières. Les privilèges du Trésor de premier rang prévalent sur toutes les autres sûretés mobilières, à l'exception des privilèges fondés sur l'idée de conservation.

---

511. M. CABRILLAC, Ch. MOULY, S. CABRILLAC et Ph. PÉTEL, 10e éd., n° 1040 ; M. BOURASSIN, V. BRÉMOND et M.-N. JOBARD-BACHELLIER, 5e éd., n° 1006.

512. V. le très clair attendu de Com. 14 févr. 1977, n° 75-13.907, *Bull. civ.* IV, n°43 ; v. aussi pour un conflit entre gage automobile et privilège du bailleur résolu en faveur du plus ancien : Civ. 1re, 7 mai 1974, n° 73-11.583, *Bull. civ.* I, n° 130. *Adde* M. CABRILLAC, Ch. MOULY, S. CABRILLAC et Ph. PÉTEL, 10e éd., n° 1036 et 1043 ; M. BOURASSIN, V. BRÉMOND et M.-N. JOBARD-BACHELLIER, 5e éd., n° 999 ; M. JULIENNE, *Privilèges mobiliers spéciaux*, *Rép. civ.* Dalloz, 2015, n° 171 ; Ph. SIMLER et Ph. DELEBECQUE, 7e éd., n° 841.

513. Art. 2332-3, al. 2, C. civ.

514. *Ibid.*

Viennent ensuite les sûretés spéciales, classées entre elles selon leur fondement et, en cas de concours au sein d'un même fondement, selon un critère temporel. Enfin, se trouvent les privilèges généraux dans l'ordre indiqué par le Code civil. Il importe toutefois d'assortir cette hiérarchie d'une importante réserve : nombre de dispositions par lesquelles sont instituées spécialement certaines sûretés viennent perturber ce classement[515], et, en ce sens, il n'est pas rare que certains privilèges ne se recommandent d'aucun des fondements exposés ci-dessus et que les textes qui les instaurent prévoient que leurs titulaires seront préférés à tous les autres créanciers[516].

200. Les causes de préférence *lato sensu* – Dans les présents développements, le concept de cause de préférence est à comprendre largement, davantage par le biais d'une approche fonctionnelle que par celui d'une approche conceptuelle, et ce, parce qu'il s'agit de déterminer pragmatiquement le classement devant être respecté par l'organe répartiteur. À cet égard, certaines créances bénéficient d'une priorité absolue de paiement sans pour autant que cette priorité ne procède d'une cause de préférence reconnue comme telle[517] par le législateur – ou cause de préférence *stricto sensu*. Il en est ainsi des distractions d'actif, que le Code de commerce semble ne pas concevoir comme une cause de préférence en ce qu'il distingue les créances devant être payées par voie de distraction des créances privilégiées, ou encore du droit de rétention s'exerçant par voie subrogatoire sur le prix de vente du bien, qu'une partie de la doctrine n'analyse pas comme la reconnaissance d'un droit de préférence au profit du rétenteur.

Cependant, puisqu'il appartient à l'organe répartiteur de respecter la priorité de paiement dont bénéficient les créances concernées par les

---

[515]. V. par ex. : art. L. 525-9, II, C. com. (nantissement de matériel et outillage) ; art. L. 523-12 C. com. (warrant hôtelier) et L. 342-12, al. 1er, C. rur. (warrant agricole).

[516]. V. par ex. : art. L. 524-13, C. com. (warrant pétrolier) ; art. 11 de la L. du 12 sept. 1940, sur le financement des fabrications de démarrage faisant l'objet de lettres d'agrément, *JO* 13 sept. 1940, p. 4980 (warrant industriel) ; art. 18 de la L. du 29 déc. 1892, sur les dommages causés à la propriété privée par l'exécution des travaux publics, *JO* 30 déc. 1892, p. 6319 : « Le*s propriétaires des terrains occupés ou fouillés et les autres ayants droit ont, pour le recouvrement des indemnités qui leur sont dues, privilège et préférence à tous les créanciers sur les fonds...* ». Rappr. : Ch. ALBIGES et M.-P. DUMONT-LEFRAND, 6e éd., no 790 ; M. CABRILLAC, Ch. MOULY, S. CABRILLAC et Ph. PÉTEL, 10e éd., no 1037.

[517]. Rappr. : M. CABRILLAC, Ch. MOULY, S. CABRILLAC et Ph. PÉTEL, 10e éd., p. 431, consacrant un chapitre à ce qu'ils dénomment « *Les sûretés reconnues comme telles* »

distractions et celles détenues par les rétenteurs de prix de vente, il faut entendre par cause de préférence tout droit ou mécanisme juridique en vertu duquel un créancier recevra, ou aura vocation à recevoir, paiement de sa créance selon des modalités de répartition différentes de celles devant gouverner le paiement des créanciers chirographaires. Sous cet angle, est titulaire d'une cause de préférence tout créancier qui, dans le cadre d'une répartition spécifique, ne peut et ne doit être traité comme un créancier chirographaire, en dépit de l'éventuelle admission de sa créance à ce titre. Et si cette démarche, consistant en réalité à définir négativement la notion de cause de préférence par rapport aux effets qu'entraîne normalement la qualification de chirographaire, est adoptée, alors, il est possible d'identifier des causes de préférence *lato sensu* – non reconnues comme telles – et des causes de préférences *stricto sensu* – reconnues comme telles.

201. Les causes de préférence *lato sensu* : les distractions d'actif – La première catégorie de causes de préférence *lato sensu* se trouve constituée par ce qu'il convient de nommer les distractions d'actif. Selon l'article L. 643-8 du Code de commerce, le paiement des créanciers, qu'ils soient privilégiés ou chirographaires, ne peut intervenir qu'après le règlement des créances qui correspondent aux frais et dépens de la liquidation judiciaire, d'une part, et aux subsides accordés aux personnes éligibles à leur octroi, d'autre part. Bien que le texte ne se contente que d'évoquer la priorité de paiement de ces créances en feignant de ne pas consacrer une cause de préférence particulière, il y a lieu de considérer que l'un des apports majeurs du texte s'entend justement d'une telle consécration. En effet, eu égard à la portée générale de cette disposition, s'inférant des références faites au « montant de l'actif », considéré largement, aux « créanciers privilégiés », ainsi qu'à une répartition intervenant entre « tous les créanciers », les distractions d'actif ont vocation à intervenir lors de toute répartition[518] : le liquidateur a l'obligation de désintéresser prioritairement les créanciers dont les créances sont visées par les distractions d'actif, et ce, peu important qu'il s'agisse de répartir le prix de réalisation d'un actif mobilier ou de distribuer le prix de vente d'un bien immobilier, que ceux-ci soient grevés de sûretés ou non. Il est donc permis d'affirmer que le droit des procédures collectives a façonné une nouvelle catégorie de causes de préférence – *lato sensu* – qui, certes cohabitent avec celles existant en droit commun, mais, surtout, les supplantent. En ce sens, il est particulièrement significatif de relever que les auteurs s'accordent à

---

[518]. V. Ph. PÉTEL et F. LEGRAND, *Liquidation judiciaire – Répartition des fonds*, *Rev. proc. coll.* nov. 2015, n° 6, fiche pratique n° 4, A.-1°, précisant que « *l'article L. 643-8 prévoit que les répartitions ont* ***toujours*** *lieu «* distraction faite des frais et dépens de la liquidation judiciaire *»* » (mise en gras par l'auteur de ces lignes).

faire état de leur priorité absolue de paiement[519] en considérant que les créances concernées par les distractions d'actif sont extraites du classement et placées « *hors concours* »[520], et en les qualifiant parfois de créances « *ultra-prioritaires* »[521]. À cet égard, sans doute ce qualificatif – en particulier son préfixe – est-il employé afin de souligner la prééminence totale de ces créances en faisant écho au superprivilège des salaires, ce dernier étant usuellement présenté comme un privilège conférant à son titulaire une priorité absolue de rang.

202. Les distractions d'actif : les frais et dépens de la liquidation judiciaire – Les premières distractions d'actif mentionnées par le texte se comprennent des créances qui correspondent aux frais et dépens de la liquidation judiciaire. *A priori*, de telles créances se confondent avec les frais de justice nés régulièrement après jugement d'ouverture pour les besoins du déroulement de la procédure, couverts par le traitement préférentiel et bénéficiant du rang subséquent à celui du superprivilège des salaires[522]. De sorte que, comme l'a relevé un auteur[523], la précision selon laquelle l'actif à répartir entre les créanciers chirographaires se trouve minoré par les sommes dues au titre des frais et dépens de la liquidation judiciaire paraît superfétatoire en ce qu'il s'agit, non seulement de créances privilégiées primant les créances chirographaires en vertu des articles L. 643-8 du Code de commerce et 2285 du Code civil, mais également de créances dont le rang a été spécialement rehaussé par le législateur. En outre, si les frais et dépens de la liquidation judiciaire visés à l'article L. 643-8 s'entendaient de l'ensemble des frais de justice au sens de l'article L. 641-13 du Code de commerce, il y aurait alors contradiction de textes dans la mesure où en application du premier, les frais de justice priment le superprivilège, cependant qu'en vertu du second, le superprivilège est prééminent[524].

---

519. *Ibid.* ; M. CABRILLAC, Ch. MOULY, S. CABRILLAC et Ph. PÉTEL, 10e éd., n° 1047 ; A. JACQUEMONT et R. VABRES, 9e éd., n° 1042 *in fine* ; P.-M. LE CORRE, 9e éd., n° 591.43 ; F. PÉROCHON, 10e éd., n° 1321 ; C. SAINT-ALARY-HOUIN, 10e éd., n° 1374 *in limine*.

520. P.-M. LE CORRE, 9e éd., préc. *Adde* F. PÉROCHON, 10e éd., préc., qui les qualifie de créances « *échappant* [...] *au classement de l'article L. 641-13...* ». Rappr. : A. JACQUEMONT et R. VABRES, 9e éd., préc., indiquant que ces créances sont « *traitées à part* ».

521. F. PÉROCHON, 10e éd., préc. (en gras dans l'ouvrage).

522. Art. L. 641-13, II, C. com.

523. P.-M. LE CORRE, 9e éd., préc.

524. Ph. PÉTEL et F. LEGRAND, art. préc., A.-1°. Rappr. : F. PÉROCHON, 10e éd., préc., soulignant que les frais et dépens de la liquidation judiciaire et les frais de

203. L'identification négative des frais et dépens de liquidation – Pour obvier à cette situation aporétique, la jurisprudence a orienté le droit positif vers une absence d'assimilation des frais et dépens de liquidation à l'ensemble des frais de justice postérieurs en dotant les textes y afférents de domaines qui, s'ils sont amenés à se superposer partiellement, ne coïncident pas totalement. En effet, il a été jugé que l'article L. 643-8, prévoyant en son alinéa premier « *la distraction des frais et dépens de la liquidation judiciaire avant distribution du montant de l'actif,* [n'autorise] *pas le prélèvement prioritaire de l'ensemble des frais de justice sur le prix de vente d'un immeuble hypothéqué...* »[525]. Ce faisant, la Cour de cassation a nettement décidé de circonscrire le domaine des distractions d'actif[526] en validant la préconisation doctrinale selon laquelle la catégorie des frais et dépens de liquidation « *devrait rationnellement être plus étroite que celle des frais de justice* [...] *mentionnés au II de l'art. L. 641-13...* »[527]. Toutefois, si la décision précitée répond par l'affirmative à la question de savoir s'il faut avoir une lecture restrictive des distractions d'actif, en ce qu'il est désormais certain que tous les frais de justice visés à l'article L. 641-13 du Code de commerce ne sont pas des frais et dépens de la liquidation judiciaire au sens de l'article L. 643-8 du même Code[528], elle ne livre en revanche aucun élément permettant de déterminer positivement les frais et dépens de liquidation couverts par la distraction, seule ayant été fournie une « *proposition négative* »[529].

---

justice visés par l'art. L. 641-13, II, C. com. ne peuvent avoir la même étendue car cela reviendrait à vider cet art. de son contenu.

525. Com. 11 juin 2014, n°s 13-17.997 et 13-18.112, *Bull. civ.* IV, n° 103 ; *D.* 2014. 1270, n. A. LIENHARD ; *RLDA* juill. 2014, n° 95, obs. Ch. LEBEL, sp. n°s 14 à 16.

526. V. not. : A. LIENHARD, n. ss Com. 11 juin 2014, préc., *D.* 2014. 1270 ; Ch. LEBEL, n. ss Com. 11 juin 2014, préc., *RLDA* juill. 2014, n° 95, n° 15 ; F. PÉROCHON, 10e éd., préc.

527. F. PÉROCHON, 10e éd., préc.

528. *Ibid.* ; Ph. PÉTEL et F. LEGRAND, art. préc., A.-1°. *Contra*, avant l'arrêt précité, Y. BOURGOIN et Th. MONTÉRAN, *Les répartitions en matière de procédures collectives*, *Gaz. proc. coll.* 29 juill. 2008, n° 211, p. 3, relayant la position de Monsieur Sénéchal : « *les frais de justice postérieurs au jugement d'ouverture bénéficient d'un traitement favorable justifié par l'application : - à titre principal, de l'article L. 643-8 du Code de commerce qui dispose que le montant de l'actif est réparti entre les créanciers et le débiteur distraction faite des frais et dépens de la liquidation judiciaire. Les frais de justice postérieurs ont par conséquent vocation à être prélevés sur l'actif du débiteur avant toute distribution...* ».

529. F. PÉROCHON, 10e éd., préc., *in fine*.

204. Le critère positif d'identification des frais et dépens de liquidation – Ainsi que le propose une partie de la doctrine, le critère d'identification de ces créances devant être payées par distraction s'entendrait du rapport qu'elles entretiennent avec le bien dont il est question de répartir le prix de réalisation[530]. De la sorte, seraient compris dans le périmètre des distractions d'actif au titre de frais et dépens de liquidation tous les frais liés spécifiquement à l'actif lui-même ainsi qu'à sa réalisation, sans lesquels « *aucune répartition n'aurait pu avoir lieu* »[531]. Il en irait ainsi des honoraires du liquidateur dus au titre de la réalisation de l'actif[532], des rémunérations des intervenants ayant participé aux opérations de cessions[533], tel le commissaire-priseur judiciaire, des frais de greffe relatifs à la réalisation, ou encore des frais engagés aux fins de conservation de l'actif et de préservation de sa valeur[534]. En somme, les frais et dépens de la liquidation judiciaire représenteraient tous les frais qui, se rapportant uniquement à un actif considéré, en ont permis directement ou indirectement la réalisation[535].

205. Les distractions d'actif : les subsides – La seconde catégorie de distractions d'actif se compose de créances correspondant aux subsides accordés au débiteur, lorsque celui-ci est une personne physique, aux dirigeants de la personne morale débitrice, ou encore à leurs familles respectives. Quant à cette catégorie de distractions d'actif, l'analyse se cantonnera à une brève explicitation de son objet dans la mesure où, en ce

---

530. *Ibid.*, note 654 ss n° 1321, semblant proposer que « *sur le prix de chaque bien vendu, seul* [puisse] *être prélevé par priorité le montant des frais et dépens **afférents** à ce bien, et non les autres frais et dépens de la liquidation.* » (mise en gras par l'auteur de ces lignes) ; M. CABRILLAC, Ch. MOULY, S. CABRILLAC et Ph. PÉTEL, 10e éd., préc., emploient presque les mêmes termes : « *les frais de justice afférents à tel ou tel bien réalisé* » ; Ph. PÉTEL et F. LEGRAND, art. préc., A.-1°, émettant l'hypothèse que « *ces dispositions* [art. L. 643-8 C. com.] *visent tous les frais **spécifiques** au bien considéré...* » (mise en gras par l'auteur de ces lignes).

531. Ph. PÉTEL et F. LEGRAND, art. préc., A.-1°. *Adde* M. CABRILLAC, Ch. MOULY, S. CABRILLAC et Ph. PÉTEL, 10e éd., préc., s'exprimant ainsi : « [...] *il n'y aurait rien à distribuer si ces frais n'avaient pu être financés.* ».

532. *Ibid.*, nos 456.58 et 591.43 ; Ph. PÉTEL et F. LEGRAND, art. préc., A.-1°.

533. Formulation reprenant la lettre de l'art. R. 663-29, I, 1°, C. com. *Adde* Ph. PÉTEL et F. LEGRAND, art. préc., A.-1°.

534. Ph. PÉTEL et F. LEGRAND, art. préc., A.-1° ; M. CABRILLAC, Ch. MOULY, S. CABRILLAC et Ph. PÉTEL, 10e éd., préc.

535. Rappr. : P.-M. LE CORRE, 9e éd., n° 456.58, préconisant de traiter comme frais et dépens de la liquidation « *les frais et dépens correspondant aux frais exposés pour cette réalisation.* ».

domaine, aucune difficulté majeure n'est à relever. À l'instar des frais et dépens de la liquidation judiciaire, les créances de subsides constituent des créances conférant à leur titulaire une cause de préférence les affranchissant de tout concours. À ce titre, il convient de souligner que la circonstance selon laquelle le législateur a gratifié les personnes auxquelles ont été alloués des subsides d'une telle cause de préférence n'est pas anecdotique[536] en ce sens que l'intérêt théorique de cette priorité de paiement transcende le champ des répartitions. En effet, par l'intermédiaire de cette catégorie de distractions d'actif, l'article L. 643-8 ne renseigne pas seulement sur la hiérarchie des diverses personnes participant aux répartitions, il véhicule également l'entérinement du changement de paradigme sous-tendant le droit des procédures collectives[537]. Obliger l'organe répartiteur à régler prioritairement les créances de subsides signifie effectivement que le temps où le Droit entendait honnir le failli est révolu.

206. La créance[538] de subsides – À la condition de ne percevoir aucune rémunération, le débiteur personne physique et le dirigeant de la personne morale débitrice peuvent se voir allouer, pour eux ainsi que pour leur famille, des subsides dont la teneur est fixée par le juge-commissaire[539]. La justification du caractère ultra-prioritaire du règlement de ces créances

---

536. Sur le plan théorique du moins, l'octroi de subsides étant une hypothèse « *marginale* » et un mécanisme tombant « *lentement en désuétude* », selon Ph. FROEHLICH, *Vivre en procédure collective. Rémunérations, subsides, activité salariée*, *Rev. proc. coll.* janv. 2013, n° 1, doss. n° 4, sp. n°s 15 *in fine* et 18 ; ce qu'accrédite le nombre peu élevé d'études consacrées à la question en doctrine.

537. V. not. : J. PAILLUSSEAU, *Du droit des faillites au droit des entreprises en difficulté*, *Mél. HOUIN*, Dalloz Sirey, p. 109 ; P.-M. LE CORRE, *1807 - 2007 : 200 ans pour passer du droit de la faillite du débiteur au droit de sauvegarde de l'entreprise*, *Gaz. proc. coll.* 21 juill. 2007, n° 202, p. 3 ; A. JACQUEMONT et R. VABRES, 9e éd., n° 2 ; P.-M. LE CORRE, 9e éd., n° 041.11 ; F. PÉROCHON, 10e éd., n°s 2 et 6 ; C. SAINT-ALARY-HOUIN, 10e éd., n°s 9 et s.

538. V. F. PÉROCHON, 10e éd., n° 1321, voyant dans les subsides des « ***créances postérieures privilégiées*** » (en gras dans l'ouvrage) et précisant qu'à défaut de la distraction de leur montant avant toute répartition, ils « *seraient* […] *au dernier rang du classement interne* [nom donné au classement des créanciers postérieurs éligibles au traitement préférentiel entre eux], *en admettant* […] *qu'ils répondent aux besoins du déroulement de la procédure...* ». *Adde* A. JACQUEMONT et R. VABRES, 9e éd., n° 1042, considérant que les subsides correspondent à des « *créances traitées à part* ».

539. Art. L. 631-11, al. 2, C. com., pour le redressement judiciaire, rendu applicable en liquidation judiciaire par L. 641-11, al. 1er, du même Code.

par voie de distraction peut être recherchée dans leur caractère alimentaire[540] ainsi que dans les raisons d'ordre humanitaire ayant présidé à l'édiction d'une telle mesure[541]. C'est pourquoi, bien que les textes du droit des entreprises en difficulté demeurent silencieux quant à une quelconque définition des subsides, ces derniers peuvent être vus comme des sommes destinées à permettre au débiteur de financer certains actes non compris dans le périmètre du dessaisissement dans le but de faire face aux charges de sa vie courante, c'est-à-dire ses charges extraprofessionnelles.

207. Les causes de préférence *lato sensu* : le droit de rétention, une question en principe hors sujet – Comme cela a pu être exposé antérieurement, le créancier rétenteur demeure normalement étranger à la sphère des répartitions en raison de la préservation par le droit des entreprises en difficulté de l'efficience du pouvoir de blocage inhérent au droit de rétention. En effet, exception faite de l'hypothèse de l'inopposabilité du droit de rétention fictif de droit commun durant la période d'observation d'une procédure de sauvegarde ou de redressement judiciaire[542], et abstraction faite de l'éventuelle intervention de répartitions de sommes diverses à un instant où le droit de rétention continue à s'exercer, le rétenteur ayant alors vocation à participer auxdites répartitions, la règle du retrait contre paiement[543], selon laquelle le désintéressement intégral du créancier rétenteur est une condition *sine qua non* du rapatriement du bien objet du droit de rétention entre les mains de l'organe en charge de la gestion de l'entreprise, fait échapper un tel créancier à la loi du concours[544]. Le cas

---

540. P.-M. Le Corre, 9e éd., n° 471.21, faisant mention de leur insaisissabilité « *du fait de leur caractère alimentaire* » ; Ph. Froehlich, art. préc., n° 18. Comp. dans un tout autre cadre : art. 342, al. 1er, C. civ., et le caractère alimentaire des subsides visés par ce texte. Sur ce point, v. not. : I. Ardeeff, *Plaidoyer pour le maintien de l'action à fins de subsides*, *AJ fam.* 2012. 39, v. sp. la deuxième partie.

541. F. Pérochon, 10e éd., préc., estimant que ces créances sont « *jugées **ultra-prioritaires**, pour des raisons d'opportunité (pratiques et humanitaires) ...* » (en gras dans l'ouvrage) ; Ph. Froehlich, art. préc., nos 19 et 20, rattachant la question des subsides à des « *préoccupations humaines* » et à une « *problématique* [...] *humaine* ».

542. Et mise à part la problématique de l'intercalation d'une conversion de procédure modificative de sa nature entre la réalisation de l'actif grevé du droit de rétention fictif de droit commun et la distribution de son prix de vente.

543. Art. L. 622-7, II, al. 1er, C. com., pour la procédure de sauvegarde, rendu applicable en redressement judiciaire par L. 631-14, al. 1er, du même Code, et art. L. 641-3, al. 2, du même Code pour la liquidation judiciaire.

544. V. not. : P.-M. Le Corre, 9e éd., n° 563.63, synthétisant la solution sous l'apophtegme « *retenir et concourir ne vaut* » ; C. Saint-Alary-Houin, 10e éd.,

échéant, la question de sa participation aux répartitions ne se posera pas du fait de l'extinction de sa créance. En conséquence, l'appréhension de la situation du créancier rétenteur dans le cadre des répartitions présuppose l'absence de caractère absolu de la règle du retrait contre paiement. Si cette dernière ne tolérait aucune exception ou tempérament, le pouvoir de blocage conféré par le droit de rétention soustrairait immanquablement son titulaire à toute distribution collective et l'émanciperait des affres de la loi du concours en ce que le règlement de sa créance constituerait une inexorable diligence incombant à l'organe chargé de la gestion de l'entreprise. Or, la règle du retrait contre paiement n'est pas absolue et il est une hypothèse dans laquelle se posera la question de la participation du créancier rétenteur à la répartition du prix de vente du bien grevé du droit de rétention.

208. Une question par exception dans le sujet – La situation sur laquelle il est à présent question de raisonner s'entend donc d'une exception portée à l'endroit de la règle du retrait contre paiement. De façon plus exacte, il s'agit de l'occurrence visée à l'article L. 642-20-1 du Code de commerce. En vertu de cette disposition, dans les six mois du jugement de liquidation, le liquidateur doit demander au juge-commissaire l'autorisation de réaliser l'actif grevé d'un droit de rétention s'il n'a pas été fait application de la règle du retrait contre paiement[545]. Sans davantage de précisions, les intérêts du créancier rétenteur s'en trouveraient manifestement lésés puisque dès l'instant où le liquidateur ne dispose pas des liquidités requises aux fins de retrait contre paiement, il lui suffit de solliciter du juge-commissaire l'autorisation de procéder à la vente forcée du bien[546]. Le créancier, ancien rétenteur, participerait alors à la répartition du prix de vente, soit en qualité de créancier privilégié si le droit de rétention dont il entendait se prévaloir constituait l'attribut d'une sûreté, soit, à l'inverse, en qualité de créancier chirographaire s'il s'agissait d'un droit de rétention autonome. Aussi est-ce dire que ses chances d'obtenir paiement de sa créance s'amenuiseraient considérablement. Toutefois, le législateur[547], soucieux de ne pas attenter aussi radicalement aux intérêts d'un créancier dont la garantie est censée lui assurer une position, sinon confortable,

---

n°s 1385 et 1388 ; M. BOURASSIN, V. BRÉMOND et M.-N. JOBARD-BACHELLIER, 5e éd., n° 1279 ; Ph. MALAURIE, L. AYNÈS et P. CROCQ, 10e éd., n° 449 ; S. PIEDELIÈVRE, 2e éd., n° 335 ; Ph. SIMLER et Ph. DELEBECQUE, 7e éd., n° 615.

545. Art. L. 642-20-1, al. 1er, C. com.

546. Rappr. : C. SAINT-ALARY-HOUIN, 10e éd., n° 1386, qualifiant ce mécanisme de « ***Réalisation forcée du gage.*** » (en gras dans l'ouvrage) ; A. JACQUEMONT et R. VABRES, 9e éd., n° 1028, évoquant une « *réalisation forcée du bien* » ; Ph. PÉTEL, 9e éd., n° 308 ; S. PIEDELIÈVRE, 2e éd., n° 333.

547. Rappr. : A. JACQUEMONT et R. VABRES, 9e éd., préc.

du moins avantageuse, a complété le dispositif par le biais d'un correctif prenant la forme d'un mécanisme subrogatoire.

209. Le report du droit de rétention sur le prix ou la confortation du pouvoir de blocage – L'article susmentionné ne condamne pas inéluctablement le rétenteur à mouvementer son compte de pertes sur créances irrécouvrables puisqu'en cas de vente par le liquidateur d'un bien objet d'un droit de rétention, ce dernier est de plein droit reporté sur le prix de vente[548]. Il faut comprendre que selon les textes, si, par hypothèse, le créancier ne retient plus le bien et n'est conséquemment plus en mesure d'exercer sur celui-ci le pouvoir de blocage qui fonde le droit de rétention, il sera néanmoins regardé comme rétenteur du prix de vente[549] par le jeu d'une subrogation réelle. Le mécanisme du report du droit de rétention sur le prix de réalisation peut ainsi s'analyser en une confortation du pouvoir de blocage consubstantiel au droit de rétention en ce que, par transmutation de son objet, ce pouvoir a désormais vocation à s'exercer sur le prix de vente. Dès lors, compte tenu de ce que l'opposabilité *erga omnes* du droit de rétention peut trouver sa justification dans le pouvoir de blocage que détient le créancier rétenteur, il y a lieu de considérer, par syllogisme, que le droit de rétention dont se trouve investi par voie subrogatoire le créancier, exerçant ainsi le pouvoir de blocage sur le prix, est identiquement opposable à tous. Sans doute est-ce d'ailleurs la raison pour laquelle le législateur n'a aucunement fait mention de subrogation dans le corps du texte en cause : le terme « report » reflète plus explicitement l'idée selon laquelle il n'est question que d'un seul et même droit de rétention et que les caractères du droit de rétention exercé auparavant sur le bien se retrouvent lorsqu'il s'exerce par subrogation sur le prix de vente[550]. Et cette opposabilité *erga omnes* du droit de rétention portant sur le prix de vente semble justifier que celui-ci reçoive la qualification d'hyperprivilège du rétenteur[551].

210. L'hyperprivilège du rétenteur – Eu égard à la circonstance selon laquelle l'une des dispositions cardinales en matière de répartitions

---

548. Art. L. 642-20-1, al. 3, C. com.

549. En ce sens : A. JACQUEMONT et R. VABRES, 9e éd., préc., énonçant que le créancier « *est réputé détenir* [le prix de vente] *comme le bien lui-même.* » ; Ph. PÉTEL, 9e éd., préc., expliquant que le rétenteur est « *censé détenir le prix afin de se payer* ». *Contra* S. PIEDELIÈVRE, 2e éd., préc., n'y voyant pas une quelconque rétention du prix de vente mais la substitution d'un privilège au droit de rétention.

550. Comp. : S. PIEDELIÈVRE, 2e éd., préc., pour qui l'expression de report est « *inexacte, le droit de rétention ne s'exerçant pas sur une chose fongible.* ».

551. Expression inspirée de Ph. SIMLER et Ph. DELEBECQUE, 7e éd., préc., considérant que le droit de rétention bénéficie d'un « *rang « hyper » privilégié* ».

énonce sans ambages que ces dernières s'opèrent dans le respect des droits de rétention opposables à la procédure[552], l'effet du report du droit de rétention sur le prix de vente se comprend de la prééminence du créancier rétenteur quant à l'ordre des paiements lors de la distribution du prix de réalisation. Le créancier a vocation à se désintéresser totalement sur le prix de vente sans subir le concours des créanciers titulaires de causes de préférence, en ce compris les créanciers bénéficiant du superprivilège des salaires. Il s'agit en effet de tout le sens à donner à la solution selon laquelle « *l'existence de créances superprivilégiées de salaires* [ne peut] *faire échec au report du droit de rétention sur le prix...* »[553], solution dont la Cour de cassation n'entend pas se départir[554]. Or, dans la mesure où le droit du rétenteur prime le droit de préférence du créancier superprivilégié, il prime *a fortiori* toutes les autres causes de préférence[555]. Sous cet angle, en considération du fait que le privilège peut s'entendre d'un droit permettant à un créancier d'obtenir paiement de sa créance sur le prix de tout ou partie des éléments d'actifs composant le patrimoine d'un débiteur par

---

552. Art. L. 641-13, II, C. com.

553. Com. 15 oct. 1991, n° 90-10.784, *Bull. civ.* IV, n° 288 ; *JCP E* 1992. I. 138, n° 25, obs. M. CABRILLAC ; *RTD com.* 1992. 464, obs. A. MARTIN-SERF.

554. V. par ex. : Com. 26 janv. 2010, n° 08-21.340, NP ; *BJE* mars 2011, n° 1, p. 32, n. N. BORGA ; *Dr. et patr.* sept. 2010, n° 195, obs. L. AYNÈS et Ph. DUPICHOT ; *JCP G* 2010. 708, n° 18, obs. Ph. DELEBECQUE ; *Gaz. Pal.* 6 mai 2010, n° 126, p. 16, obs. Ch. ALBIGES et M.-P. DUMONT-LEFRAND ; *Gaz. proc. coll.* 17 avr. 2010, n° 107, p. 18, obs. Ph. ROUSSEL GALLE. *Adde* en ce sens l'intéressant attendu de Com. 21 mars 2006, n° 04-19.794, NP ; *JCP E* 2006. 2224, n° 8, obs. Y. REINHARD ; *JCP G* 2006. I. 195, n° 15, obs. Ph. DELEBECQUE ; *RLDC* déc. 2006, n° 33, obs. A. AYNÈS.

555. V. not. : P.-M. LE CORRE, 9e éd., nos 563.73 et 563.75 (implicitement) ; F. PÉROCHON, 10e éd., nos 1207, 1324 (sp. note 664), 1325 *in limine* et 1326 ; Ph. PÉTEL, 9e éd., préc. ; C. SAINT-ALARY-HOUIN, 10e éd., n° 1386 ; A. JACQUEMONT et R. VABRES, 9e éd., préc. et n° 1045 ; Ch. ALBIGES et M.-P. DUMONT-LEFRAND, 6e éd., n° 406 et obs. ss Com. 26 janv. 2010, préc., *Gaz. Pal.* 6 mai 2010, n° 126, p. 16 ; S. PIEDELIÈVRE, 2e éd., nos 333 et 335 ; Ph. MALAURIE, L. AYNÈS et P. CROCQ, 10e éd., n° 449 ; M. BOURASSIN, V. BRÉMOND et M.-N. JOBARD-BACHELLIER, 5e éd., n° 1325 ; M. CABRILLAC, Ch. MOULY, S. CABRILLAC et Ph. PÉTEL, 10e éd., n° 1053 ; Ph. SIMLER et Ph. DELEBECQUE, 7e éd., préc. ; M. CABRILLAC, obs. ss Com. 15 oct. 1991, préc., *JCP E* 1992. I. 138, n° 25 ; A. MARTIN-SERF, obs. ss Com. 15 oct. 1991, préc., *RTD com.* 1992. 464 ; L. AYNÈS et Ph. DUPICHOT, obs. ss Com. 26 janv. 2010, préc., *Dr. et patr.* sept. 2010, n° 195 ; Ph. ROUSSEL GALLE, obs. ss Com. 26 janv. 2010, préc., *Gaz. proc. coll.* 17 avr. 2010, n° 107, p. 18. *Adde*, déjà sous l'empire de la législation antérieure à la loi de sauvegarde des entreprises, B. SOINNE, 2e éd., p. 2050 et n° 2262, p. 1832.

préférence à d'autres créanciers[556], et eu égard au mouvement doctrinal tendant à considérer que le créancier rétenteur bénéficie d'un « *véritable privilège de premier rang* »[557], le droit dont se trouve investi le rétenteur est bel et bien qualifiable d'hyperprivilège, sitôt précisé que cet hyperprivilège est spécial mobilier en tant qu'il n'a vocation à s'exercer que sur le prix de réalisation du bien considéré.

211. La hiérarchie des causes de préférence *stricto sensu* – Bien que cette analyse ne soit pas unanimement partagée en doctrine[558], il importe de relever que la jurisprudence, tout en déniant au droit de rétention la qualification de privilège, estime néanmoins qu'il en a les effets[559]. L'effet principal d'un privilège consistant en l'exercice par son titulaire d'un droit de préférence, il semble permis, *a priori*, de considérer que la jurisprudence appréhende le droit de rétention comme un mécanisme conférant un droit de préférence de premier rang en cas de vente du bien grevé par le liquidateur. C'est pourquoi, dans les présents développements, le droit de rétention n'a pas été intégré dans les causes de préférence reconnues comme telles mais figure parmi celles dites « *lato sensu* ».

Quant à la hiérarchie des causes de préférence *stricto sensu*, une lecture par ordre décroissant de celle-ci révèle qu'elle connaît un point de rupture à partir duquel elle se dédouble. À compter de cette singularité, les causes de préférence n'obéissent plus à un, mais à deux classements génériques qui correspondent aux deux types de procédures collectives, à savoir les procédures de sauvetage et les procédures liquidatives. Et ces classements varient à leur tour en fonction de la provenance des fonds

---

556. V. art. 2324 C. civ. *Adde* la déf. donnée *in BOFiP* 12 sept. 2012, *REC – Sûretés et garanties du recouvrement – Sûretés réelles – Privilèges – Classement*, réf. BOI-REC-GAR-10-10-10-20-20120912, n° 1. Rappr. : Ph. SIMLER et Ph. DELEBECQUE, 7e éd., n° 590 ; M. DAGOT, *La notion de privilège, Mél. MOULY*, t. 2, Litec, 1998, p. 335 et s., sp. p. 335, 337 *in limine*, 341 et 438, où l'auteur conclut au caractère polymorphe de la notion de privilège.

557. M. CABRILLAC, Ch. MOULY, S. CABRILLAC et Ph. PÉTEL, 10e éd., n° 644. *Adde* S. PIEDELIÈVRE, 2e éd., n° 333 ; A. AYNÈS, *Précisions sur le sort du gage sans dépossession en cas de procédure collective, JCP G* 2009. I. 119, n° 8 (crit.) ; Ch. ALBIGES et M.-P. DUMONT-LEFRAND, 6e éd., préc., et art. préc. ; Ph. SIMLER et Ph. DELEBECQUE, 7e éd., préc. ; M. BOURASSIN, V. BRÉMOND et M.-N. JOBARD-BACHELLIER, 5e éd., n° 1324, qui y voient un véritable « ***droit de préférence exceptionnel du créancier rétenteur*** » (en gras dans l'ouvrage).

558. V. Ph. MALAURIE, L. AYNÈS et P. CROCQ, 10e éd., préc., estimant que lorsque « *la loi permet de vaincre la résistance du rétenteur* [...] *elle ne remplace pas le droit de rétention par un droit de préférence...* ». ; A. MARTIN-SERF, art. préc.

559. Com. 21 mars 2006, préc.

à répartir. En somme, la hiérarchie des causes de préférence que doit respecter l'organe répartiteur revêt une forme unique jusqu'à son point de rupture et adopte plusieurs formes une fois franchi ce dernier. Il apparaît donc que la hiérarchie des causes de préférence comprend deux dimensions : une dimension uniforme (§ 1) et une dimension protéiforme (§ 2).

§ 1 : La dimension uniforme de la hiérarchie des causes de préférence

212. Une uniformité provoquée par une double indifférence – Parce qu'il est possible d'abstraire de la hiérarchie générale des causes de préférence *stricto sensu* une sous-hiérarchie invariable, il est possible d'affirmer que la hiérarchie des causes de préférence comporte une dimension uniforme. Si le classement à venir tolère l'évocation de la constance, c'est en raison de l'indifférence, tant de la source des fonds à répartir, que de la procédure collective au cours de laquelle s'opèrent les répartitions : qu'il soit question de distribuer le prix de réalisation d'un actif mobilier ou de répartir le prix de vente d'un bien immobilier, que ceux-ci soient ou non grevés d'autres sûretés, tant générales que spéciales, les causes de préférence ci-après exposées connaissent une articulation unique et occupent systématiquement les rangs les plus avantageux dans les classements de créanciers lorsqu'il s'agit de répartir des fonds.

S'il est vrai que l'octroi d'un privilège est l'expression de l'arbitraire du législateur[560], qui décide d'accorder un avantage à certaines catégories de sujets de droit pour accroître leurs chances de recouvrer leurs créances, cela ne signifie pas qu'aucune justification ni aucune logique ne puissent être trouvées – sans qu'il s'agisse de les approuver ou de les improuver –, et ce, d'autant plus que tout classement constitue un vecteur de l'échelle des intérêts qu'entend préserver la Société à un instant donné. À cet égard, compte tenu des situations pour la gestion desquelles il a été édifié, le droit des entreprises en difficulté représente un éminent indicateur de cette échelle d'intérêts[561]. Aussi est-ce à travers le prisme des intérêts protégés qu'il convient d'exposer les causes de préférence composant la dimension uniforme de leur hiérarchie, dimension qui fait ainsi apparaître que certaines

---

[560]. V. D. LEGEAIS, 11e éd., nos 658, 692 et 705, crit., déplorant, en sus de cet arbitraire, le caractère démagogique de la reconnaissance d'un privilège.

[561]. Rappr. : C. SAINT-ALARY-HOUIN, *Rapport de synthèse : la hiérarchisation des intérêts dans les procédures collectives*, *BJE* mai 2016, n° 3, p. 223, n° 2, pour qui le droit des procédures collectives est « *en effet, un « carrefour d'intérêts »* ». Rappr. aussi : M. CABRILLAC, obs. ss Com. 11 févr. 2004, préc., *JCP E* 2004. 1292, n° 19.

causes de préférence ont été édictées aux fins de protection d'acteurs se trouvant dans un état de dépendance économique à l'égard du débiteur (A), cependant que d'autres ont été attribuées aux fins de protection des intérêts de certains acteurs jouant le rôle d'adjuvants (B).

A. Les causes de préférence protectrices des dépendants économiques

213. Entre certitude et incertitude – Ces causes de préférence, au nombre de trois, ont pour point commun la syntaxe des dispositions qui les établissent ; et cette syntaxe exhorte, *a priori*, à les appréhender de façon unitaire en les rangeant dans une catégorie générale qu'il serait possible de nommer « les super-garanties ». En outre, la volonté de protection ayant présidé à l'octroi de ces causes de préférence incite à procéder à ce regroupement. En effet, les créanciers titulaires des causes de préférence examinées ci-après se trouvent, pour de diverses raisons propres à chaque catégorie de créanciers, et donc à chaque privilège, dans une situation de dépendance économique à l'égard du débiteur. Or, la protection des dépendants économiques correspond à une véritable préoccupation du législateur ; comme en attestent, certes dans d'autres domaines et pour d'autres raisons, les diverses dispositions tendant à la prohibition des abus de dépendance économique[562]. Certes, en la matière, ne s'agit il pas de sanctionner un quelconque abus ni de réprimander qui que ce soit, mais il reste que le législateur a entendu, par le biais de causes de préférence efficientes, protéger certains créanciers se trouvant dans une situation de dépendance économique, que celle-ci dérive de circonstances de pur fait – façonniers[563] et producteurs agricoles – ou de circonstances hybrides, c'est-à-dire mélangées de fait et de droit – salariés.

Pourtant, il n'est pas pertinent de retenir la nature de la source de la dépendance économique comme *summa divisio* de ces causes de préférence, car, en réalité, il existe un obstacle à la réunion de ces causes de préférence au sein d'une catégorie unique de « super-garantie », obstacle qui tient à la

---

[562]. V. par ex. : art. L. 420-2, al. 2, C. com. *Adde* art. 1143 C. civ., qui est une consécration de la jurisprudence ayant admis que l'abus de dépendance économique pouvait être une violence viciant le consentement, selon G. CHANTEPIE et M. LATINA, *La réforme du droit des obligations. Commentaire théorique et pratique dans l'ordre du Code civil*, Dalloz, 1re éd., 2016, n° 293.

[563]. Rappr. : P. MORVAN, *Restructurations en droit social*, coll. « Droit & Professionnels », LexisNexis, 3e éd., 2013, n° 1570, et *Le droit social dans la réforme du droit des entreprises en difficulté (L. n° 2005-845 du 26 juillet 2005)*, *JCP E* 2005. 1511, n° 38, s'exprimant en ces termes « *Le façonnier* [...] *n'est pas un salarié : un lien de dépendance économique, aussi pesant soit-il, ne crée pas un état de subordination juridique.* » ; P.-M. LE CORRE, 9e éd., n° 691.11.

certitude, ou l'incertitude, de leurs emplacements respectifs dans la hiérarchie. En effet, s'il est certain que les causes de préférence émanant du Code du travail se hissent aux deux premiers rangs du classement (1), la place du privilège des producteurs agricoles, en raison d'une hypothétique inapplicabilité du texte instituant ce dernier, se révèle plus incertaine (2).

1. Les rangs certains des causes de préférence sociales

214. Une appellation dictée par l'emplacement des causes de préférence – L'appellation retenue en ces lignes trouve sa justification dans l'emplacement réservé aux textes édictant ces causes de préférence, à savoir le Code du travail. Les rangs auxquels le législateur les destine indique que la défense des intérêts de leurs titulaires représente une priorité dans la mesure où en toute hypothèse, elles occupent les deux premiers rangs des classements de privilèges. Ainsi le sommet de la hiérarchie se compose-t-il toujours des mêmes causes de préférence, au premier rang desquelles figure ce qu'il est d'usage de nommer le superprivilège des salaires[564] (a), suivi immédiatement du privilège des façonniers (b).

a. L'invariable premier rang du superprivilège des salaires

215. La prise en compte du particularisme du salarié – Institué pour pallier les insuffisances du privilège général des salaires[565],

---

[564]. Une telle appellation ne figure dans aucune disposition législative ou réglementaire. Elle s'est cependant imposée rapidement en doctrine et dans la pratique, à tel point que la Cour de cassation s'en est emparée. Ainsi, v. par ex. : Com. 15 oct. 1991, préc. *Adde* P.-M. LE CORRE, 9e éd., préc. ; F. PÉROCHON, 10e éd., n° 1313 ; Ph. PÉTEL, 9e éd., n° 407 ; C. SAINT-ALARY-HOUIN, 10e éd., n° 1130 ; A. JACQUEMONT et R. VABRES, 9e éd., n° 1209 ; D. LEGEAIS, 11e éd., n° 670 ; Ch. ALBIGES et M.-P. DUMONT-LEFRAND, 6e éd., nos 757 et 758 ; Ph. SIMLER et Ph. DELEBECQUE, 7e éd., n° 771 ; Ph. MALAURIE, L. AYNÈS et P. CROCQ, 10e éd., n° 463 ; M. CABRILLAC, Ch. MOULY, S. CABRILLAC et Ph. PÉTEL, 10e éd., n° 673 ; S. PIEDELIÈVRE, 2e éd., n° 304 ; M. BOURASSIN, V. BRÉMOND et M.-N. JOBARD-BACHELLIER, 5e éd., nos 1226 et s. ; C. CALOMILI, *L'efficacité du superprivilège des salaires*, Interv. Colloque *Sûretés réelles et droit des entreprises en difficulté,* Nice 20 mars 2010, *LPA* 11 févr. 2011, n° 30, p. 20, n° 1 ; B. SOINNE, 2e éd., n° 2254 ; P. MORVAN, *op. cit.,* n° 1557 et s.

[565]. P.-M. LE CORRE, 9e éd., préc. ; C. CALOMILI, art. préc., n° 1 ; M. CABRILLAC, Ch. MOULY, S. CABRILLAC et Ph. PÉTEL, 10e éd., n° 674 ; A. JACQUEMONT et R. VABRES, 9e éd., n° 1208 ; Ch. ALBIGES et M.-P. DUMONT-LEFRAND, 6e éd., n° 756 *in fine* ; D. LEGEAIS, 11e éd., préc.

le superprivilège procède de la volonté, désormais traditionnelle[566], du législateur français de préserver les intérêts des salariés confrontés à la procédure collective de leur employeur. La justification de son existence peut être recherchée dans la participation du salarié à l'enrichissement de son employeur lorsque celui-ci est *in bonis*[567], et dans le fait que, de manière générale, la rémunération du salarié n'est pas fonction du résultat réalisé par l'employeur : n'étant pas intéressé, le salarié n'a pas, par symétrie, à supporter les risques de l'exploitation[568]. De surcroît, il peut être fait état de la situation particulière dans laquelle se trouve le salarié. Ce dernier se distingue de la plupart des autres créanciers de l'employeur-débiteur puisque l'intervention d'une procédure de liquidation judiciaire n'aboutit pas seulement à l'impossibilité pour lui de recouvrer sa créance, elle est également synonyme de licenciement. Autrement dit, la liquidation judiciaire emporte pour le salarié perte de son emploi, et, par voie de conséquence, perte de la source principale, voire exclusive, de ses revenus. Il s'agit de l'une des raisons pour lesquelles il est affirmé classiquement que l'institution du superprivilège, c'est-à-dire d'une cause de préférence conférant à son titulaire une primauté absolue quant à l'ordre des paiements, participe d'impératifs humanitaires[569].

216. Le domaine subjectif du superprivilège – Quant aux créanciers bénéficiant du superprivilège des salaires, sont concernées les personnes engagées auprès du débiteur en vertu d'un contrat de travail[570] et recevant, en tant que telles, la qualification de salarié[571]. Aussi le critère classique de la qualification de la relation de travail, à savoir le lien de

---

566. Rappr. : C. CALOMILI, art. préc., n° 1 *in limine* ; M. BOURASSIN, V. BRÉMOND et M.-N. JOBARD-BACHELLIER, 5e éd., n° 1226 ; D. LEGEAIS, 11e éd., n° 668.

567. C. CALOMILI, art. préc., n° 1 *in limine* ; H., L. et J. MAZEAUD et F. CHABAS, *op. cit.*, n° 146.

568. *Ibid.* ; Ph. MALAURIE, L. AYNÈS et P. CROCQ, 10e éd., n° 462 ; Ph. SIMLER et Ph. DELEBECQUE, 7e éd., n° 768 ; M. BOURASSIN, V. BRÉMOND et M.-N. JOBARD-BACHELLIER, 5e éd., préc. ; Ch. ALBIGES et M.-P. DUMONT-LEFRAND, 6e éd., n° 755 ; D. LEGEAIS, 11e éd., préc.

569. C. CALOMILI, art. préc., n° 1 ; M. CABRILLAC, Ch. MOULY, S. CABRILLAC et Ph. PÉTEL, 10e éd., n° 673 ; M. BOURASSIN, V. BRÉMOND et M.-N. JOBARD-BACHELLIER, 5e éd., préc. ; Ch. ALBIGES et M.-P. DUMONT-LEFRAND, 6e éd., préc. ; D. LEGEAIS, 11e éd., préc. Rappr. : H., L. et J. MAZEAUD et F. CHABAS, *op. cit.*, n° 147.

570. V. not. : C. SAINT-ALARY-HOUIN, 10e éd., préc. : « *Sont donc super-privilégiées toutes les créances* résultant *d'un contrat de travail...* » (en italique dans l'ouvrage).

571. Art. L. 3253-2, al. 1er, C. trav. *Adde* art. L. 7313-8 C. trav., attribuant le superprivilège aux voyageurs, représentants ou placiers.

subordination, doit-il être impérativement satisfait. C'est pourquoi, sous réserve du respect des règles de cumul entre un contrat de travail et un mandat social[572], les créances détenues par les mandataires sociaux sur la personne morale débitrice dont ils constituent des organes ne sont pas éligibles au bénéfice du superprivilège[573]. Il convient également de noter que dans la mesure où le contrat d'apprentissage s'assimile à un contrat de travail[574], les apprentis sont assimilés aux salariés et intègrent le champ du superprivilège[575]. Un raisonnement similaire peut être tenu relativement aux artistes du spectacle[576] dans la mesure où ces derniers sont présumés salariés[577]. La question de l'attribution du superprivilège aux auteurs, compositeurs et artistes soulève une difficulté particulière. En effet, aucun texte ne leur octroie expressément le superprivilège par le biais d'un renvoi et aucune disposition ne les assimile à des salariés, que cette assimilation s'opère directement en leur reconnaissant la qualité de salarié, ou qu'elle se réalise indirectement en indiquant que le contrat en exécution duquel leur sont dues les redevances et rémunérations est un contrat de travail. En outre, il ne semble pas permis d'induire de l'extension[578] du privilège général des salaires aux auteurs, compositeurs et artistes que ces derniers sont assimilables à des salariés au sens des articles L. 3253-2 et suivants du Code du travail compte tenu de l'interprétation stricte à l'aune de laquelle doivent être appréhendés les textes afférents aux privilèges[579].

---

572. V. P.-M. LE CORRE, 9e éd., préc., *in fine*.

573. V. M. CABRILLAC, Ch. MOULY, S. CABRILLAC et Ph. PÉTEL, 10e éd., n° 675.

574. Art. L. 6221-1, al. 1er, C. trav. : « *Le contrat d'apprentissage est un contrat de travail de type particulier conclu entre un apprenti ou son représentant légal et un employeur.* ».

575. Art. L. 625-9 C. com, selon lequel « [...] *les créances résultant du contrat de travail ou du contrat d'apprentissage sont garanties dans les conditions fixées aux articles* [L. 3253-2 et s. du C. trav.]. ». V. not. : P.-M. LE CORRE, 9e éd., préc. ; M. CABRILLAC, Ch. MOULY, S. CABRILLAC et Ph. PÉTEL, 10e éd., n° 679 *in limine* ; S. PIEDELIÈVRE, 2e éd., n° 304 ; M. BOURASSIN, V. BRÉMOND et M.-N. JOBARD-BACHELLIER, 5e éd., n° 1227 ; D. LEGEAIS, 11e éd., n° 670.

576. V. art. L. 7121-2 C. trav., fournissant la liste non exhaustive des personnes relevant de cette catégorie juridique.

577. Art. L. 7121-3 et L. 7121-5 C. trav. V. aussi : P.-M. LE CORRE, 9e éd., préc.

578. Art. L. 131-8 CPI.

579. L. AYNÈS et P.-Y. GAUTIER, *De l'application stricte des privilèges*, *D.* 1994. 13, n° 1 ; Ph. SIMLER et Ph. DELEBECQUE, 7e éd., n° 764, signalant qu'il n'est pas possible « *d'accorder le privilège à d'autres créanciers que ceux que la loi vise* » ; D. LEGEAIS, 11e éd., n° 657 ; Ch. ALBIGES et M.-P. DUMONT-LEFRAND, 6e éd., n° 749 ; M. CABRILLAC, Ch. MOULY, S. CABRILLAC et Ph. PÉTEL, 10e éd., n° 609 ;

En revanche, lorsqu'ils sont susceptibles de recevoir la qualification d'artistes du spectacle au sens de l'article L. 7121-2 du même Code, le bénéfice du superprivilège semble devoir l'être accordé en ce qu'ils en intègrent le périmètre de manière détournée[580].

217. Le domaine objectif du superprivilège – De façon plus brève, quant aux créances couvertes par le superprivilège des salaires, celles-ci se déterminent par la combinaison de deux critères : l'un relatif à la nature, l'autre relatif à la temporalité. Sur le plan de la nature, le texte exhorte à ne pas distinguer en ce sens que sont garanties « *les rémunérations de toute nature* »[581]. Ces dernières comprennent les salaires, appointements et commissions[582] ainsi que les accessoires revêtant une nature salariale[583]. À ces créances s'ajoutent celles correspondant aux indemnités de congés payés[584]. Sur le plan de la temporalité, ne seront superprivilégiées que les rémunérations dues pour les soixante derniers jours de travail[585], voire les quatre-vingt-dix derniers jours de travail[586], par rapport au jour du jugement d'ouverture. D'où il se comprend que le créances superprivilégiées sont antérieures audit jugement. Étant précisé que la règle doit s'entendre d'une couverture des derniers jours de travail effectifs impayés, de sorte qu'il n'est pas nécessaire que ces périodes de travail précèdent immédiatement le jugement d'ouverture[587]. Enfin, eu égard à ce qu'il « *n'y a pas de commune*

M. BOURASSIN, V. BRÉMOND et M.-N. JOBARD-BACHELLIER, 5e éd., n° 778 : D. BOUSTANI, *op. cit.*, nos 452 et s.

580. Les artistes du spectacle sont présumés salariés. Donc, si un auteur, compositeur ou artiste au sens du CPI est qualifiable d'artiste du spectacle au sens du C. trav., alors il sera présumé salarié.

581. Art. L. 3253-2 préc.

582. Art. L. 3253-3 C. trav.

583. *Ibid.* (indemnité compensatrice de licenciement d'une victime d'un accident du travail ou d'une maladie professionnelle de L. 1226-14 ; indemnité compensatrice de préavis de L. 1234-5 ; indemnité de fin de contrat à durée déterminée de L. 1243-8 ; indemnité de fin de mission de L. 1251-32).

584. Art. L. 3253-4 C. trav.

585. Art. L. 3253-2 préc.

586. Art. L. 7313-8 C. trav., pour les voyageurs, représentants ou placiers.

587. P.-M. LE CORRE, 9e éd., n° 691.22 ; M. CABRILLAC, Ch. MOULY, S. CABRILLAC et Ph. PÉTEL, 10e éd., n° 679 : « *Les soixante ou quatre-vingt-dix derniers jours doivent être entendus comme l'ultime période de travail accomplies par le salarié même si elle a pris fin avant le jugement d'ouverture de la procédure.* » ; C. CALOMILI, art. préc., n° 4 ; P. MORVAN, *op. cit.*, n° 1558 ; M. BOURASSIN, V. BRÉMOND et M.-N. JOBARD-BACHELLIER, 5e éd., n° 1228 ; S. PIEDELIÈVRE, 2e éd., n° 304.

mesure entre l'impérieuse nécessité de la perception intégrale de son salaire par le bénéficiaire du Smic et la situation du cadre supérieur »[588], les sommes garanties par le superprivilège font l'objet d'un plafonnement mensuel[589] équivalent à deux fois[590] le plafond mensuel de la sécurité sociale[591].

218. Les fondements textuels de l'hégémonie du superprivilège – Comme le suggère le surnom fort évocateur dont a hérité ce privilège par l'adjonction du préfixe « super », le législateur s'est ingénié à réserver au titulaire d'une créance superprivilégiée le premier rang dans la hiérarchie des droits de préférence reconnus comme tels. La prééminence accordée au superprivilège résulte du jeu concomitant de deux séries de dispositions : celles instituant le superprivilège et celles établissant les classements des diverses créances privilégiées[592]. En effet, selon les premières, les créances assorties du superprivilège des salaires doivent être payées « *nonobstant l'existence de toute autre créance privilégiée* » [593]. Quant aux secondes, toutes s'emploient à relayer la règle précédente au travers de formulations qui ne diffèrent que peu : certaines énoncent expressément que le paiement de telle ou telle créance ne peut intervenir qu'après paiement des créances superprivilégiées[594], cependant que d'autres procèdent à une énumération des causes de préférence devant lesquelles s'incline le privilège de procédure, en vertu duquel la créance garantie est supposée être payée « *avant toutes les*

---

588. P.-M. LE CORRE, 9e éd., n° 691.23.

589. Art. L. 3253-2 préc.

590. Art. D. 3253-1 C. trav.

591. Au 1er janv. 2018, en vertu de l'art. 1er de l'arrêté du 5 déc. 2017 portant fixation du plafond de la sécurité sociale pour 2018, le plafond mensuel de la sécurité sociale est de 3 311 euros. Toutes créances confondues, le plafond du superprivilège est donc de 13 244 euros par salarié (2 × 2 × 3 311 = 13 244).

592. Art. L. 622-8, al. 1er, L. 622-17, II, et L. 626-22, al. 1er, C. com., pour la sauvegarde, rendus applicables en redressement judiciaire par L. 631-14, al. 1er, du même Code et art. L. 641-13, II, C. com., pour la liquidation judiciaire.

593. Art. L. 3253-2, al. 1er, et L. 3253-4 C. trav.

594. Art. L. 626-22, al. 1er, C. com., pour le plan de sauvegarde, rendu applicable en plan de redressement par L. 631-19, al. 1er, du même Code : « *En cas de vente d'un bien grevé d'un privilège spécial, d'un gage, d'un nantissement ou d'une hypothèque, la quote-part du prix correspondant aux créances garanties par ces sûretés est versée en compte de dépôt à la Caisse des dépôts et consignations et les créanciers bénéficiaires de ces sûretés ou titulaires d'un privilège général sont payés sur le prix* ***après le paiement des créances garanties*** [par le superprivilège des salaires]. » (mise en gras par l'auteur de ces lignes).

autres créances, assorties ou non de privilèges ou sûretés... »[595]. Or, lorsque les textes dressent la liste des causes de préférence primant le privilège de procédure, ils débutent immuablement par le superprivilège des salaires. En toute logique, la doctrine a vu en de telles dispositions un classement et un rappel des prescriptions du Code du travail, déduction que valide la lettre de l'article L. 611-11 du Code de commerce en ce qu'il y est fait mention du paiement des créances garanties par le privilège de conciliation « *selon le rang prévu au II de l'article L. 622-17 et au II de l'article L. 641-13...* »[596] : l'énumération figurant dans le corps de ces dispositions doit donc bel et bien s'interpréter comme un classement. En conséquence, lorsqu'il est question de répartir le prix de vente d'un bien grevé de sûretés spéciales réalisé au cours de la période d'observation[597] ou durant l'exécution d'un plan de sauvegarde ou de redressement[598], de distribuer le prix de cession d'entreprise[599], ou encore de répartir le produit de la liquidation judiciaire[600] – hormis le produit de l'action en

---

595. Art. L. 622-17, II, C. com., pour la sauvegarde, rendu applicable en redressement judiciaire par L. 631-14, al. 1er, du même Code, selon lequel « *Lorsqu'elles* [les créances couvertes par le privilège de procédure] *ne sont pas payées à l'échéance, ces créances sont payées par privilège avant toutes les autres créances, assorties ou non de privilèges ou sûretés, à l'exception de celles garanties par le* [superprivilège des salaires] ... » et art. L. 641-13, II, du même Code, pour la liquidation judiciaire, reprenant la même formule en y ajoutant l'exigence de respect des droits de rétention opposables à la procédure.

596. Art. L. 611-11, al. 1er, C. com.

597. Art. L. 622-8, al. 1er, C. com., pour la sauvegarde, rendu applicable en redressement judiciaire par L. 631-14 préc. lorsque le bien est grevé de sûretés spéciales. V. not. : P.-M. LE CORRE, 9e éd., n° 482.31 ; F. PÉROCHON, 10e éd., nos 830 et 835 ; C. CALOMILI, art. préc., n° 22 ; C. SAINT-ALARY-HOUIN, 10e éd., n° 599.

598. Art. L. 622-26 préc. lorsque le bien est grevé de sûretés spéciales. V. not. : P.-M. LE CORRE, 9e éd., n° 522.33 ; F. PÉROCHON 10e éd., nos 1023 et 1025 ; C. CALOMILI, art. préc., n° 22 ; C. SAINT-ALARY-HOUIN, 10e éd., n° 1015 ; M. CABRILLAC, Ch. MOULY, S. CABRILLAC et Ph. PÉTEL, 10e éd., n° 1094.

599. F. PÉROCHON, 10e éd., nos 835 (application de l'art. L. 622-17 préc. si la cession intervient en sauvegarde et redressement) et 1323 (application de l'art. L. 641-13 si c'est en liquidation) ; P.-M. LE CORRE, 9e éd., n° 456.53 ; C. SAINT-ALARY-HOUIN, 10e éd., n° 1331 ; M. CABRILLAC, Ch. MOULY, S. CABRILLAC et Ph. PÉTEL, 10e éd., n° 1095.

600. Art. L. 641-13 préc. V. not. : P.-M. LE CORRE, 9e éd., n° 456.56 ; F. PÉROCHON, 10e éd., nos 1323 et 1325 ; A. JACQUEMONT et R. VABRES, 9e éd., nos 1044 et 1045 ; C. SAINT-ALARY-HOUIN, 10e éd., n° 1374.

responsabilité pour insuffisance d'actif[601] – les créances superprivilégiées bénéficient du premier rang dans l'ordre des paiements.

219. – Ainsi, aux fins de protection des salariés, les textes établissent-ils la prééminence du superprivilège des salaires sur toutes les autres causes de préférence en quelque procédure que ce soit et lors de toutes les répartitions de fonds. Après avoir payé les créances superprivilégiées, l'organe répartiteur doit prioritairement destiner les fonds restants au paiement des créances couvertes par le privilège des façonniers.

b. L'invariable deuxième rang du privilège des façonniers

220. Une version affaiblie du superprivilège – Le privilège des façonniers, institué au profit de prestataires de service dont la mission consiste en la transformation ou l'assemblage de matières premières fournies par un donneur d'ordre[602], est destiné à prémunir ceux-là contre la procédure collective ouverte à l'endroit de celui-ci. Si certains auteurs n'hésitent pas à le qualifier de « *super-privilège des façonniers* »[603], et si d'autres inclinent à ne voir en lui qu'une « *attribution du superprivilège des salaires aux façonniers* »[604], le privilège des façonniers, appréhendé à travers le prisme des répartitions dans le cadre des procédures collectives, apparaît néanmoins comme une cause de préférence dissociée du superprivilège des salaires[605]. Certes le privilège des façonniers s'apparente-t-il au superprivilège des salaires, mais il n'en est qu'une version affaiblie. Version du superprivilège en ce que leurs assiettes, conditions d'existence et domaines objectifs sont similaires[606]. Mais version affaiblie, et partant, distincte, en raison de

---

601. Sur lequel, v. *supra* n° 147 et s.

602. P. MORVAN, art. préc., n° 38 ; P.-M. LE CORRE, 9e éd., n° 691.11 ; F. PÉROCHON, 10e éd., n° 1307 note 584.

603. P. MORVAN, art. préc., n° 38 (en gras dans l'article) et *op. cit.*, n° 1570.

604. P.-M. LE CORRE, 9e éd., préc. *Adde* semblant avoir la même analyse en évoquant une extension du superprivilège : M. CABRILLAC, Ch. MOULY, S. CABRILLAC et Ph. PÉTEL, 10e éd., n° 673 ; C. SAINT-ALARY-HOUIN, 10e éd., n° 1130 *in fine* ; A. JACQUEMONT et R. VABRES, 9e éd., n° 1209.

605. En ce sens : F. PÉROCHON, 10e éd., préc., disjoignant le privilège des façonniers du superprivilège des salaires.

606. Art. L. 3253-5 C. trav. : « *Les sommes dues aux façonniers par leurs donneurs d'ordres sont payées, lorsque ces derniers font l'objet d'une procédure de sauvegarde, de redressement ou de liquidation judiciaire, nonobstant l'existence de toute autre créance privilégiée à l'exception de celles garanties par l'article L. 3253-2, à due concurrence du montant total des rémunérations de toute nature dues aux*

l'infériorité de rang qui résulte de la lettre du texte qui l'établit, ce dernier énonçant que les sommes dues aux façonniers sont payées « *nonobstant l'existence de toute autre créance privilégiée à l'exception de celles garanties par* [le superprivilège des salaires] ... »[607]. La formule est dépourvue d'équivoque et signifie, non que le privilège des façonniers soit un superprivilège au sens où ce terme est usuellement entendu, mais qu'il se situe invariablement au rang subséquent à celui dévolu au superprivilège des salaires : le façonnier recevra paiement de sa créance sitôt intervenu celui des salariés du donneur d'ordre. En outre, le fait que les titulaires du privilège des façonniers ne bénéficient pas du système de garantie des rémunérations[608], alors que les créances assorties du superprivilège des salaires sont couvertes par cette garantie[609], constitue un indice supplémentaire de la disjonction de ces privilèges. Il est donc possible d'appréhender le privilège des façonniers en tant que cause de préférence autonome.

221. – Si les rangs qu'occupent le superprivilège des salaires et le privilège des façonniers dans la hiérarchie des causes de préférence ne souffrent aucun doute, le rang du privilège des producteurs agricoles, quant à lui, n'est pas aussi assuré.

2. Le rang incertain de la cause de préférence agricole

222. Une innovation source d'interrogations– Par la loi de modernisation de la justice du XXIe siècle[610], le législateur a introduit au sein du Code civil un article instituant le nouveau privilège des producteurs agricoles[611]. Destiné à assurer à ces derniers le paiement de leurs créances relatives aux livraisons effectuées au cours des quatre-vingt-dix jours précédant l'ouverture de la procédure collective de leur acheteur, ce privilège n'est pas sans susciter quelques interrogations.

---

salariés de ces façonniers, au titre des soixante derniers jours de travail ou d'apprentissage précédant l'ouverture de la procédure. ».

607. *Ibid.*

608. V. art. L. 3253-8 à L. 3253-13 C. trav. *Adde* not. P. MORVAN, art. préc., n° 38 *in fine* et *op. cit.*, préc. *in fine*.

609. V. art. L. 3253-8, 1°, et L. 3253-16, 2°, C. trav.

610. L. n° 2016-1547, 18 nov. 2016, de modernisation de la justice du XXIe siècle, dite « J21 », *JO* n° 0269, 19 nov. 2016.

611. Art. 2332-4 C. civ.

223. L'assiette du privilège – Tout d'abord, quant à son assiette, sa localisation dans le Code civil semble suggérer que seuls sont grevés les actifs mobiliers du débiteur. En effet, l'article qui l'instaure a été implanté dans un chapitre portant sur les privilèges mobiliers, cependant qu'aucune disposition relevant du chapitre consacré aux privilèges immobiliers n'en fait mention, que ce soit par transposition ou par renvoi. Néanmoins, cette circonscription de l'assiette du privilège n'est qu'apparente dans la mesure où la section au sein de laquelle celui-ci s'intègre s'entend de celle dédiée au classement des privilèges et non de celle procédant à leur énumération[612]. Il s'ensuit que l'implémentation du texte s'avère indifférente et que, dans le silence de celui-ci en ce qui concerne l'étendue de l'assiette du privilège, ce dernier est pleinement général[613].

224. Le rang du privilège – Ensuite, et surtout, en dépit d'une rédaction ne souffrant aucune équivoque, une malfaçon législative rend incertain le rang conféré au titulaire de ce privilège dans la hiérarchie des causes de préférence[614]. Aux termes d'une formulation qui n'est pas sans rappeler celle des articles afférents au superprivilège des salaires et au privilège des façonniers[615], le privilège des producteurs agricoles n'est censé être primé que par ceux-ci[616]. Or, le privilège sous examen n'a pas été intégré dans le classement opéré par les dispositions relatives au rang qu'occupe le privilège de procédure dans la hiérarchie des causes de préférence. Et en vertu desdites dispositions, le privilège de procédure bénéficie d'un rang supérieur à toutes les autres causes de préférence, à l'exception de certains privilèges mentionnés expressément, parmi lesquels ne figure pas le privilège des producteurs agricoles[617]. La situation se synthéthise donc comme suit : selon un article compris dans le Code civil,

---

612. V. F. MACORIG-VENIER, *Juillet 2016-Juillet 2017 : encore une année de réformes et de revirements de jurisprudence*, *Dr. et patr.* déc. 2017, n° 275, I-C-1°. Rappr. : D. LEGEAIS, *Sûreté réelle – Privilège*, *RDBF* mars 2017, n° 2, comm. 77.

613. En ce sens : D. LEGEAIS, art. préc. ; Ph. PÉTEL, *Les dispositions relatives aux entreprises en difficulté de la loi de modernisation de la justice du XXIe siècle. À propos de la loi n° 2016-1547 du 18 novembre 2016*, *JCP E* 2017. 46, n° 8.

614. *Ibid.*

615. V. art. 2332-4 préc. Comp. : art. L. 3253-2 et 3253-5 C. trav.

616. Art. 2332-4 préc. : « *Les sommes dues aux producteurs agricoles par leurs acheteurs sont payées, lorsque ces derniers font l'objet d'une procédure* [collective], *nonobstant l'existence de toute autre créance privilégiée* ***à l'exception de celles garanties par*** **[le superprivilège]** ***et*** **[le privilège des façonniers]** ... » (mise en gras par l'auteur de ces lignes).

617. V. art. L. 622-17, II, C. com., pour la sauvegarde et le redressement judiciaire et L. 641-13, II, du même Code, pour la liquidation judiciaire.

le privilège des producteurs agricoles prime le privilège de procédure alors qu'à la lecture de deux articles du Code de commerce, le privilège de procédure paraît primer le privilège des producteurs agricoles[618]. En somme, il semble y avoir contradiction de textes.

225. Opposition ou combinaison ? – Face à une telle contradiction, le réflexe pavlovien du recours à la règle de conflit « *specialia generalibus derogant* », selon laquelle la règle spéciale déroge à la règle générale lorsque leur application conjointe est impossible du fait d'une incompatibilité de leurs effets, conduirait à retenir l'ordre édicté par le Code de commerce. À cet égard, l'interprète averti relèvera que les classements figurant aux articles L. 622-17 et L. 641-13 du Code ne comprennent aucun renvoi à l'article instituant le privilège des façonniers, de sorte que, le problème se posant *a priori* en des termes identiques, il serait envisageable d'apporter une réponse identique. En réalité, les données du problème divergent : le privilège des façonniers procède d'une disposition spéciale du Code du travail[619], c'est-à-dire d'une disposition dérogatoire du droit commun ayant vocation à se combiner avec le classement du Code de commerce, cependant que le privilège des producteurs agricoles découle d'une disposition du Code civil.

226. Inapplication de la règle « *specialia generalibus derogant* » – Toutefois, bien que le privilège des producteurs agricoles émane du Code civil, il est possible d'y voir une règle spéciale et non une règle de droit commun. Argument peut être tiré de la condition d'existence du privilège : en ce que l'ouverture d'une procédure collective représente une condition *sine qua non* de son application, l'article 2332-4 du Code civil peut, malgré son emplacement, être tenu raisonnablement pour une disposition spéciale, la procédure collective constituant une singularité dans l'ordre juridique et correspondant à un cadre juridique par nature dérogatoire, ce que transcrit – maladroitement[620] – l'article 2287 du Code civil[621]. De surcroît,

---

618. Le problème d'articulation se rencontre pareillement avec le privilège de conciliation. Toutefois, compte tenu de ce que l'art. L. 611-11 C. com. détermine le rang du privilège de conciliation par référence au classement prévu aux art. cit. *supra* note précédente, seule est traitée la question de l'articulation entre ces derniers et l'art. 2332-4 préc.

619. Art. L. 3253-5 préc.

620. V. P. Crocq, *La réforme des procédures collectives et le droit des sûretés*, *D.* 2006. 1306, n° 5. *Adde* L. Aynès, *La réforme du droit des sûretés par l'ordonnance n° 2006-346 du 23 mars 2006. Présentation générale de la réforme*, *D.* 2006. 1289, *in limine*.

il est significatif de noter que l'une des définitions prêtées à la règle « *specialia generalibus derogant* » ne fait pas de l'emplacement des règles concurrentes le critère déterminant de sa mise en œuvre. En réalité, ce critère doit être trouvé dans la portée de ces règles : la règle spéciale déroge à la règle de portée générale[622]. Or, puisque l'attribution du privilège des producteurs agricoles présuppose l'ouverture d'une procédure collective, il ne s'agit pas d'une règle de portée générale mais d'une règle circonscrite à une hypothèse particulière, et partant, de portée spéciale. De la sorte, il y a lieu d'écarter la règle « *specialia generalibus derogant* », faute pour cette dernière de pouvoir recevoir application en présence de plusieurs textes spéciaux, et de considérer que les dispositions en cause ne s'opposent pas mais se combinent.

227. Le plausible invariable troisième rang : le privilège des producteurs agricoles – Sans doute la volonté[623] du législateur était-elle de conférer aux producteurs agricoles un privilège leur assurant un traitement avantageux lorsqu'ils se trouvent confrontés à la procédure collective de leur acheteur, ce que reflète indubitablement la syntaxe du texte, empruntée à celle de l'article instituant le superprivilège. Mais il n'en demeure pas moins qu'il eût été opportun de procéder autrement. De façon positive, le législateur aurait pu modifier en ce sens les articles du Code de commerce susmentionnés. De façon négative, il aurait pu décider de ne pas incorporer ce privilège dans le Code civil – peut-être le Code rural et de la pêche maritime, voire le Livre VI du Code de commerce, eussent-ils constitué de plus heureuses destinations. En tout état de cause, la question du rang du privilège des producteurs agricoles ne manquera pas de se poser en pratique et il appartiendra à la Cour de cassation de clarifier la situation. À cet égard, nonobstant le fait que la prédiction des solutions jurisprudentielles se révèle être un exercice fort délicat, il est grandement probable que la Haute juridiction s'affranchisse des vicissitudes formelles de la loi et qu'ainsi,

---

621. Art. 2287 C. civ. : « *Les dispositions du présent livre* [Livre IV] *ne font pas obstacle à l'application des règles prévues en cas d'ouverture d'une procédure de sauvegarde, de redressement judiciaire ou de liquidation judiciaire ou encore en cas d'ouverture d'une procédure de traitement des situations de surendettement des particuliers.* ».

622. V. S. GUINCHARD et G. MONTAGNIER, *Locutions latines juridiques*, coll. « À savoir », Dalloz, 2e éd., 2007, p. 87, définissant cette règle comme celle selon laquelle « *Les lois spéciales dérogent aux lois qui ont une portée générale.* ».

623. V. D. LEGEAIS, art. préc., *in limine*, déplorant un « *texte électoraliste* ».

le privilège des producteurs agricoles se hisse invariablement au troisième rang dans l'ordre des paiements[624].

228. – Si, du fait des rangs qu'ils occupent de manière invariable dans les classements de créanciers, les dépendants économiques sont placés dans une situation confortable en cas de concours lors des répartitions, ils ne sont cependant pas les seuls sujets de droit à bénéficier de causes de préférence conférant un rang avantageux. Le législateur a en effet entendu préserver les intérêts d'autres acteurs jouant un rôle d'adjuvant.

B. Les causes de préférence protectrices des adjuvants

229. Deux causes de préférence, deux raisons – Les autres intérêts que protège le législateur dans le cadre des répartitions sont ceux de protagonistes dont les fonctions sont diverses. Certains bénéficient d'une cause de préférence avantageuse en récompense du soutien apporté au débiteur lors d'une tentative de traitement amiable de ses difficultés, cependant que d'autres se voient attribuer une cause de préférence pour leur participation active au bon déroulement de la procédure collective. Par conséquent, les raisons ayant présidé à l'édiction des causes de préférence dont ils sont titulaires participent de logiques et politiques législatives différentes : l'une résulte de considérations pragmatiques (1) tandis que l'autre correspond à une mesure incitative (2).

1. La pragmatique cause de préférence des adjuvants de la procédure

230. Le privilège des frais de justice postérieurs nés régulièrement pour les besoins du déroulement la procédure – Le législateur a accentué le régime de faveur à double détente dont bénéficient les créances éligibles au traitement préférentiel au profit d'une catégorie de créances, à savoir celles correspondant aux frais de justice nés régulièrement après le jugement d'ouverture d'une procédure collective et engagés pour les besoins du déroulement de cette dernière. En ce que, par hypothèse, ces créances[625] satisfont au triptyque de l'éligibilité au

---

[624]. En ce sens, semble-t-il : Ch. ALBIGES et M.-P. DUMONT-LEFRAND, 6e éd., n° 794, ces auteurs paraissent n'assortir l'effectivité du privilège des producteurs agricoles d'aucune réserve.

[625]. V. P.-M. LE CORRE, 9e éd., n° 453.21, démontrant que la notion de créances nées pour les besoins du déroulement de la procédure « *englobe nécessairement les frais de justice utiles au déroulement de la procédure...* » ; M. CABRILLAC, Ch. MOULY, S. CABRILLAC et Ph. PÉTEL, 10e éd., n° 695 *in limine*, pour qui les

traitement préférentiel – régularité, postériorité et finalité –, elles profiteront de la règle du paiement à l'échéance[626]. À défaut de survenance d'un tel paiement, les « *frais de justice postérieurs* élus »[627], comme toute créance postérieure privilégiée, seront payés par privilège. Cette modalité de règlement correspond précisément à l'hypothèse dans laquelle se manifeste l'accentuation du régime de faveur. En effet, lorsque les textes envisagent la question du paiement par privilège des créances éligibles au traitement préférentiel, ils procèdent au rehaussement d'une fraction de celles-ci dans le classement général des créanciers, fraction composée des créances relatives aux frais de justice[628].

231. Un véritable quatrième rang – Ainsi que cela a été énoncé dans les précédents développements, l'énumération des causes de préférence devant lesquelles s'incline le privilège de procédure doit se comprendre d'une hiérarchie. Or, les dispositions dans le corps desquelles figure cette énumération intègrent les frais de justice postérieurs élus en indiquant que le paiement de ces derniers doit intervenir avant celui des créanciers éligibles au traitement préférentiel. Ainsi les textes extraient-ils les « *créanciers de frais de justice* »[629] du bloc des créanciers postérieurs privilégiés en opérant leur rehaussement dans la hiérarchie des créanciers. À cet égard, à la lecture des dispositions sous examen, les créances afférentes aux frais de justice postérieurs élus semblent devoir être payées immédiatement après les sommes couvertes par le superprivilège des salaires. En ce sens, il n'est pas rare que la doctrine interprète ces dispositions comme situant les créanciers de frais de justice au deuxième rang dans le classement des droits de préférence[630]. Cependant, eu égard à la possibilité d'appréhender le privilège

---

« *créances nées pour les besoins du déroulement de la procédure englobent naturellement les frais de justice...* » ; Ph. PÉTEL, 9e éd., n° 212. *Adde* D. BOUSTANI, *op. cit.*, n° 162.

626. Art. L. 622-17, I, C. com., pour la sauvegarde, rendu applicable en redressement judiciaire par L. 631-14, al. 1er, du même Code, et art. L. 641-13, I, du même Code, pour la liquidation judiciaire.

627. Expression empruntée à F. PÉROCHON, 10e éd., n° 1325 (le terme « élus » est en italique dans l'ouvrage).

628. Art. L. 622-17, II, C. com., pour la sauvegarde et le redressement judiciaire et art. L. 641-13, II, du même Code, pour la liquidation judiciaire.

629. Selon la formule de D. BOUSTANI, *op. cit.*, n° 273.

630. *Ibid.*, nos 162 et 273 ; P.-M. LE CORRE, 9e éd., n° 456.58, p. 1114 ; F. PÉROCHON, 10e éd., nos 830, 837, 1323 et 1325, v. toutefois la nuance note 585 ss n° 1307 ; C. SAINT-ALARY-HOUIN, 10e éd., nos 685 et 1374 ; A. JACQUEMONT et R. VABRES, 9e éd., n° 1044 ; F. REILLE, *Les retouches apportées au sort des créanciers postérieurs élus*, *Gaz. proc. coll.* 7 mars 2009, n° 66, p. 38, n° 30 ;

des façonniers en tant que cause de préférence dissociée du superprivilège des salaires, et dès lors qu'il est considéré que le privilège des producteurs agricoles a pleine vocation à produire les effets que prescrit le texte qui le fonde, il peut être soutenu que le rang qu'occupent les créanciers de frais de justice dans le classement des droits de préférence s'entend du quatrième. Étant précisé que les créances correspondant aux frais de justice liés spécifiquement à la réalisation d'un actif donné basculent dans le champ des distractions d'actif et feront ainsi l'objet d'un paiement ultra-prioritaire lors de la distribution du prix de vente dudit bien.

232. Un véritable privilège – De plus, puisque les textes réservent aux créanciers de frais de justice un traitement autonome[631], distinct de celui dévolu aux créanciers éligibles au traitement préférentiel lors des phases distributives ; puisque, pour ce faire, les textes incluent les frais de justice postérieurs élus parmi les sommes garanties par une cause de préférence primant le privilège de procédure ; et puisque les textes assortissent les frais de justice de cette priorité de paiement sans exiger davantage que le respect des conditions d'attribution du traitement préférentiel[632] – étant visés les frais *« nés régulièrement après le jugement d'ouverture pour les besoins du déroulement de la procédure »*[633] –, c'est-à-dire sans exiger le respect des conditions requises[634] aux fins de bénéfice du privilège général des frais de

M. Bourassin, V. Brémond et M.-N. Jobard Bachellier, 5e éd., n° 1320 ; S. Piedelièvre, 2e éd., n° 313 ; Ph. Simler et Ph. Delebecque, 7e éd., n° 193 ; Ch. Albiges et M.-P. Dumont-Lefrand, 6e éd., nos 761 et 794 ; M. Cabrillac, Ch. Mouly, S. Cabrillac et Ph. Pétel, 10e éd., nos 1046 et s., et 1062 ; Ph. Malaurie, L. Aynès et P. Crocq, 10e éd., nos 461 et 465. Rappr. : Ph. Pétel et F. Legrand, art. préc. ; Y. Bourgoin et Th. Montéran, art. préc.

631. Rappr. : D. Boustani, *op. cit.*, préc.

632. V. P.-M. Le Corre, 9e éd., nos 456.52 et 456.58, p. 1114.

633. Art. L. 622-17 et L. 641-13 préc.

634. P.-M. Le Corre, 9e éd., nos 456.52, 456.55 et 456.58, p. 1114. Rappr. : rendu sous l'empire de la L. n° 85-98, 25 janv. 1985, relative au redressement et à la liquidation judiciaire des entreprises, *JO* 26 janv. 1985, p. 1097, Com. 31 mars 1998, n° 95-18.008, *Bull. civ.* IV, n° 120 : « *Attendu que les frais de la procédure collective constituent une créance née régulièrement après le jugement d'ouverture de celle-ci ; qu'il en résulte qu'en cas de liquidation, ces frais doivent être payés par priorité à une créance hypothécaire antérieure,* ***quand bien même ils ne pourraient bénéficier, sur le prix de vente de l'immeuble grevé, du privilège général des frais de justice****...* » (mise en gras par l'auteur de ces lignes) ; *D.* 1998. 327, obs. A. Honorat ; *D.* 1998. 382, obs S. Piedelièvre, jugeant la solution « *choquante* » mais « *juridiquement incontestable* » ; *JCP G* 1998. II. 10105, obs. J.-P. Rémery. *Adde* Ph. Simler et Ph. Delebecque, 7e éd., n° 771 *in fine*.

justice de droit commun[635], et en particulier la condition selon laquelle les créanciers doivent avoir tiré un avantage, avoir « *profité directement des frais* »[636], pour que le privilège leur soit opposable, il est permis d'affirmer que cette priorité de paiement est déconnectée du privilège des frais de justice de droit commun et s'analyse en une véritable cause de préférence autonome tolérant l'appellation de privilège des frais de justice postérieurs élus[637].

233. – Dans l'optique de permettre aux procédures collectives de fonctionner efficacement, le législateur a doté les adjuvants de la procédure d'une cause de préférence efficiente. Mais, d'un autre côté, il existe une cause de préférence qui se recommande d'une logique tout à fait différente dans la mesure où, en un sens, il s'agit d'un privilège institué pour ne pas avoir à s'exercer : le privilège de conciliation a été conçu pour inciter les partenaires d'un débiteur en difficulté à soutenir ce dernier et, partant, éviter l'ouverture d'une procédure collective.

2. L'incitative cause de préférence des adjuvants du débiteur

234. Le privilège de conciliation[638] – Parce qu'une entreprise en difficulté se trouve dans une situation où, par hypothèse, son crédit est, sinon épuisé, à tout le moins ébranlé, il lui sera difficile de trouver un partenaire enclin à lui consentir des concours financiers ou à entamer ou poursuivre avec elle une relation d'affaires[639]. Or, pour que l'évanescence du spectre de la liquidation judiciaire ne devienne pas une simple illusion, de tels partenaires sont indispensables[640]. C'est pourquoi, pour conjurer

---

635. Art. 2331 et 2375 C. civ.

636. M. BOURASSIN, V. BRÉMOND et M.-N. JOBARD-BACHELLIER, 5e éd., préc.

637. En ce sens aussi : *ibid.* ; P.-M. LE CORRE, 9e éd., n° 456.58, p. 1114, le dénommant « *privilège des frais de justice nés régulièrement après jugement d'ouverture pour les besoins du déroulement de la procédure* » ; Ch. ALBIGES et M.-P. DUMONT-LEFRAND, 6e éd., préc. ; M. BOURASSIN, V. BRÉMOND et M.-N. JOBARD-BACHELLIER, 5e éd., préc. *Contra*, semblant n'y voir qu'un rehaussement du privilège des frais de justice de droit commun : D. LEGEAIS, 11e éd., n° 673 ; Ph. MALAURIE, L. AYNÈS et P. CROCQ, 10e éd., n° 465.

638. Ce privilège est également connu sous les noms de « privilège de l'argent frais », « privilège de *new money* » ou encore « privilège des créanciers conciliants ». V. par ex. : P.-M. LE CORRE, 9e éd., n° 144.55 ; F. PÉROCHON, 10e éd., n° 219 ; Ph. MALAURIE, L. AYNÈS et P. CROCQ, 10e éd., n° 466.

639. V. P.-M. LE CORRE, 9e éd., n° 144.51.

640. Rappr. : A. JACQUEMONT et R. VABRES, 9e éd., n° 125 *in limine*.

l'impossible « *fourniture conventionnelle de garanties sérieuses* »[641], en l'absence desquelles prêteurs et fournisseurs renâclent à s'engager[642], le législateur, soucieux de favoriser le développement du traitement extrajudiciaire des difficultés d'entreprise par voie d'accords négociés[643], a institué au profit des personnes qui, dans le cadre d'une procédure de conciliation ayant abouti à l'homologation d'un accord de conciliation, ont consenti un nouvel apport en trésorerie ou ont fourni un nouveau bien ou service au débiteur afin d'assurer la poursuite d'activité et sa pérennité, un privilège que le silence du texte[644] conduit à qualifier d'absolument général[645].

Toutefois, accorder un privilège à certains créanciers, aussi étendue son assiette soit-elle, n'est pas, en soi, suffisant pour inciter les différents partenaires à satisfaire aux conditions de son octroi, c'est-à-dire, en l'occurrence, à participer activement au processus de conciliation et soutenir le débiteur en difficulté. Encore faut-il que ce privilège soit de nature à permettre à son titulaire de résister à la loi du concours en cas de procédure collective ouverte à l'endroit du débiteur[646]. Le législateur a donc

---

641. P.-M. LE CORRE, 9e éd., préc.

642. Rappr. : P.-M. LE CORRE, 9e éd., no 450.09.

643. V. not. : F. PÉROCHON, 10e éd., no 221. *Adde* C. SAINT-ALARY-HOUIN, *Les procédures de prévention des difficultés des entreprises : la vision du droit français*, *LPA* 30 mars 2018, no 65, p. 16, no 1, faisant état d'une « *véritable « culture de la prévention »* ... ». Rappr. : D. BOUSTANI, *op. cit.*, no 271.

644. Art. L. 611-11, al. 1er, C. com.

645. En ce sens : P.-M. LE CORRE, *Le privilège de la conciliation*, *Gaz. proc. coll.* 8 sept. 2005, no 251, p. 50, II-A ; N. LEURET et P.-M. LE CORRE, *Atelier no 4. Les répartitions en liquidation judiciaire*, *LPA* 29 mars 2016, no 63, p. 27, I-B. ; F. PÉROCHON, 10e éd., no 220 ; Ph. SIMLER et Ph. DELEBECQUE, 7e éd., no 778 ; D. LEGEAIS, 11e éd., no 672 ; Ch. ALBIGES et M.-P. DUMONT-LEFRAND, 6e éd., no 759 ; Ph. MALAURIE, L. AYNÈS et P. CROCQ, 10e éd., préc. ; M. BOURASSIN, V. BRÉMOND et M.-N. JOBARD-BACHELLIER, 5e éd., p. 707 ; M. CABRILLAC, Ch. MOULY, S. CABRILLAC et Ph. PÉTEL, 10e éd., nos 685 et s. ; F. PÉROCHON, *Les sûretés immobilières classiques dans les procédures collectives*, Interv. Colloque *Sûretés réelles et droit des entreprises en difficulté*, Nice 20 mars 2010, *LPA* 11 févr. 2011, no 30, p. 49, no 1 *in fine*.

646. Rappr. : F. DERRIDA et J.-P. SORTAIS, *La réforme du droit des entreprises en difficulté*, *D.* 1994. 267, no 100, estimant que, pour inciter davantage les créanciers à soutenir leur débiteur dans le cadre d'un traitement amiable et négocié de ses difficultés, « *il eût fallu attribuer aux créanciers qui auraient fourni un apport effectif et nouveau à l'entreprise la quasi-certitude d'être payés...* ». Ces auteurs plaidaient en faveur d'un alignement du traitement de ces créanciers sur le régime des créanciers postérieurs privilégiés. Bien que les propos concernassent le règlement amiable, ils conservent leur pertinence en matière de conciliation dans la

entendu attribuer un rang avantageux au privilège de conciliation dans la hiérarchie des causes de préférence. Ainsi que cela a pu transparaître au cours des développements afférents au superprivilège des salaires, le rang du privilège de conciliation se détermine par renvoi au classement figurant aux articles L. 622-17 et L. 641-13 du Code de commerce, de la lecture desquels il ressort que le paiement des créances assorties du privilège de conciliation intervient immédiatement après celui des frais de justice postérieurs élus. Dès lors, compte tenu de ce que ce dernier occupe le quatrième rang dans l'ordre des privilèges, et dans la mesure où aucune autre cause de préférence ne semble s'intercaler entre lui et le privilège de conciliation[647], ce dernier se situe au cinquième rang du classement des droits de préférence.

235. – Une fois franchi le cap du privilège de conciliation, la hiérarchie des causes de préférence atteint son point de rupture et ne revêt plus une forme unique. C'est à ce stade que s'enclenche un jeu de scissiparité démontrant qu'elle connaît une dimension protéiforme.

§ 2 : La dimension protéiforme de la hiérarchie des causes de préférence

236. Une perturbation provoquée par le privilège de procédure – Ce jeu de scissiparité se déroule en deux temps. D'abord, la hiérarchie diffère selon la nature de la procédure collective : les procédures de sauvetage et les procédures liquidatives disposent chacune de leur propre classement, de sorte que l'identification de la nature de la procédure fournira à l'organe répartiteur un canevas de la hiérarchie à respecter. Ensuite, chacun de ces classements varie en fonction de la provenance des fonds à répartir : s'il est question de répartir le produit de réalisation d'un actif mobilier, il y aura lieu de faire application du classement de droit commun sur les meubles, en veillant à vérifier que le bien n'est pas grevé de sûretés spéciales puisque, le cas échéant, la physionomie du classement peut être

---

mesure où celle-ci a remplacé celui-là : P.-M. LE CORRE, 9e éd., no 140.09 *in limine* et art. préc., propos introductifs ; F. PÉROCHON, 10e éd., no 91. V. aussi : F. PÉROCHON, 10e éd., nos 220, 221 et 225.

647. En ce sens : M. CABRILLAC, Ch. MOULY, S. CABRILLAC et Ph. PÉTEL, 10e éd., nos 1048 et 1062 ; P.-M. LE CORRE, 9e éd., no 144.55 ; F. PÉROCHON, 10e éd., nos 220, 830, 837, 1323 et 1325 ; Ph. PÉTEL et F. LEGRAND, art. préc., v. les tableaux de répartitions ; Y. BOURGOIN et Th. MONTÉRAN, art. préc. ; M. BOURASSIN, V. BRÉMOND et M.-N. JOBARD-BACHELLIER, 5e éd., no 1321 ; A. JACQUEMONT et R. VABRES, 9e éd., nos 1044 et 1045 ; Ch. ALBIGES et M.-P. DUMONT-LEFRAND, 6e éd., no 761 ; C. SAINT-ALARY-HOUIN, 10e éd., no 386 ; Ph. MALAURIE, L. AYNÈS et P. CROCQ, 10e éd., préc.

modifiée radicalement ; et s'il s'agit de distribuer le produit de la vente d'un bien immobilier, il faudra appliquer le classement de droit commun sur les immeubles.

L'organe répartiteur doit être vigilant, car, outre la différence de classement selon la procédure, les privilégiés d'un classement mobilier ne sont pas nécessairement les chirographaires d'un classement immobilier. Par exemple, le titulaire du privilège général des salaires est privilégié aussi bien sur les masses mobilières que sur les masses immobilières, seul change son rang parmi les créanciers privilégiés ; cependant qu'en parallèle, l'hypothécaire d'un classement immobilier deviendra le chirographaire d'un classement mobilier.

Comme cela a été dit, lorsqu'il est procédé à une lecture par ordre décroissant de la hiérarchie des causes de préférence, la première étape dans la rupture de son invariabilité correspond à l'émergence de deux classements : l'un pour les procédures de sauvetage, l'autre pour les procédures liquidatives. Or, il apparaît que l'élément qui introduit cette perturbation n'est autre qu'une cause de préférence spécifique au droit des entreprises en difficulté, à savoir le privilège des créanciers postérieurs éligibles au traitement préférentiel. Ce dernier vient perturber la hiérarchie des causes de préférence, tant en raison de la variabilité de son rang dans le classement externe[648] que de la variabilité de la structure de son classement interne[649]. C'est donc parce que les textes en font à la fois un privilège fracturé (A) et un privilège fractal (B) que la hiérarchie des causes de préférence revêt pour partie un caractère polymorphe.

A. Le privilège de procédure, un privilège fracturé

237. Le rang variable du privilège de procédure – La détermination du rang auquel se hisse le privilège de procédure dans le classement des causes de préférence est une opération, sinon complexe[650], du moins subtile. En effet, à la différence des privilèges étudiés dans les précédents développements, le rang du privilège de procédure paraît ne pas

648. Selon la célèbre expression, reprise par l'ensemble de la doctrine, de M. CABRILLAC, Ch. MOULY, S. CABRILLAC et Ph. PÉTEL, 10e éd., n° 1049, évoquée pour la première fois par Messieurs CABRILLAC et MOULY dans la 7e éd., 2004.

649. M. CABRILLAC, Ch. MOULY, S. CABRILLAC et Ph. PÉTEL, 10e éd., n° 1050, v. *supra* note précédente.

650. Rappr. : F. PÉROCHON, 10e éd., n° 843.

être fixe[651]. En procédure de sauvegarde et de redressement judiciaire, les dispositions[652] régissant ce privilège attribuent à celui-ci un rang inaltérable, c'est-à-dire indépendant de la provenance des fonds, subséquent à celui du privilège de conciliation. En revanche, la solution n'est pas reconduite en liquidation judiciaire puisque les textes[653], en réaction au « *massacre des sûretés réelles* »[654] qu'avait institutionnalisé le législateur par la loi du 25 janvier 1985[655], précisent que, outre les créanciers titulaires des privilèges exposés précédemment, ceux titulaires de sûretés immobilières priment les créanciers postérieurs éligibles au traitement préférentiel.

238. Les rangs des privilèges de procédure – Au regard de cette disparité de régime en matière de classement, couplée à la dissymétrie des conditions d'attribution du privilège, certains auteurs estiment que le privilège de procédure n'est pas monolithique et qu'il existe en réalité, non pas un, mais deux privilèges : un privilège de procédure de sauvetage et un privilège de procédure liquidative[656]. Sous cet angle, l'affirmation précédente, selon laquelle le rang du privilège de procédure n'est pas fixe, n'est pas tout à fait exacte. En effet, dès lors qu'il n'est plus question d'avoir une approche unitaire du privilège de procédure mais qu'il s'agit, au contraire, d'en avoir une vision dichotomique, il est permis d'énoncer que le privilège de procédure aura un rang différent selon la nature de la procédure collective, mais que dans le cadre de celle-ci, ce rang sera tantôt invariable, tantôt variable. Cela signifie que le privilège de

---

651. V. *Ibid.*, n° 829, qui, ayant adopté « *par* ***commodité*** » (note 633 ss n° 811) une approche uniforme du privilège de procédure, constate l'instabilité de son rang ; Ph. PÉTEL, 9e éd., n° 218.

652. Art. L. 622-17, II, C. com., pour la sauvegarde, rendu applicable en redressement judiciaire par L. 631-14, al. 1er, du même Code.

653. Art. L. 641-13, II, C. com.

654. Ph. DUPICHOT, *L'efficience économique des sûretés réelles*, *LPA* 16 avr. 2010, n° 76, p. 7, n° 3. Rappr. : M. CABRILLAC, Ch. MOULY, S. CABRILLAC et Ph. PÉTEL, 10e éd., n° 8.

655. L. n° 85-98, 25 janv. 1985, relative au redressement et à la liquidation judiciaires des entreprises, *JO* 26 janv. 1985, p. 1097.

656. M. CABRILLAC, Ch. MOULY, S. CABRILLAC et Ph. PÉTEL, 10e éd., nos 684, 688 et s., sp. n° 688. *Adde*, partageant l'analyse : F. PÉROCHON, 10e éd., n° 811, sp. note 633 ; Ph. ROUSSEL GALLE, *Les privilèges de procédure*, *Cah. dr. entr.* juill. 2009, n° 4, doss. n° 24, propos introductifs ; C. SAINT-ALARY-HOUIN, *Les privilèges de la procédure*, *LPA* 14 juin 2007, n° 119, p. 70, n° 28, qui évoque un « *privilège de la période d'observation* », et *Les avatars de l'article 40*, *Rev. proc. coll.* janv. 2016, n° 1, dossier 11, nos 10 et s., le qualifiant de privilège à « *géométrie variable* ».

sauvetage et le privilège de liquidation ne sont pas dotés d'une efficacité identique mais se trouvent pourvus d'une efficience qui leur appartient en propre, de sorte que chacun occupera le rang qui lui est spécifique dans le cadre de la procédure collective au cours de laquelle il aura vocation à s'exercer : le premier se hissera invariablement au même rang dans le cadre d'une procédure de sauvetage (1) – sauvegarde ou redressement judiciaire – cependant que le rang du second variera selon la provenance des fonds à répartir (2).

1. L'invariable sixième rang du privilège de sauvetage

239. Une suprématie affirmée – Destiné à garantir, dès lors qu'elles ont été engendrées régulièrement après jugement d'ouverture, les créances nées pour les besoins du déroulement de la procédure, celles nées pour les besoins de la période d'observation et celles nées en contrepartie d'une prestation fournie au débiteur, le privilège de sauvetage se veut efficient. En effet, l'article L. 622-17 du Code de commerce pose un principe clair quant à sa position dans la hiérarchie des causes de préférence : les créances couvertes par le privilège de sauvetage sont payées « *avant toutes les autres créances, assorties ou non de privilèges ou sûretés...* »[657]. Ainsi le principe est-il celui de la primauté du privilège de sauvetage en ce que, à la lecture des dispositions qui l'établissent, celui-ci a vocation à supplanter tous les créanciers, en ce compris les créanciers chirographaires – par définition –, ainsi que les créanciers titulaires de sûretés. Faute pour le texte d'opérer une quelconque distinction, il y a lieu de faire application de la règle « *ubi lex non distinguit, nec nos distinguere debemus* ». En conséquence, toutes les sûretés spéciales, qu'elles soient mobilières ou immobilières, instituées par voie légale, conventionnelle ou judiciaire, seront primées[658]. Quant aux privilèges généraux, c'est-à-dire les privilèges généraux mobiliers et les privilèges absolument généraux – catégorie à laquelle appartient le privilège de sauvetage[659] –, ils s'inclinent par principe devant le privilège de sauvetage.

---

[657]. Art. L. 622-17, II, C. com.

[658]. V. not. : F. PÉROCHON, 10e éd., n° 831 ; A. JACQUEMONT et R. VABRES, 9e éd., n° 464.

[659]. En ce sens : F. PÉROCHON, 10e éd., n° 811 ; D. BOUSTANI, *op. cit.*, nos 437 et s., et *La conservation du privilège des créanciers postérieurs*, Interv. Colloque *Sûretés réelles et droit des entreprises en difficulté*, Nice 20 mars 2010, *LPA* 11 févr. 2011, n° 30, p. 15, n° 4 ; P.-M. LE CORRE, 9e éd., n° 456.15 *in limine* ; C. SAINT-ALARY-HOUIN, 10e éd., nos 663 et 681 ; A. JACQUEMONT et R. VABRES, 9e éd., préc. ; M. BOURASSIN, V. BRÉMOND et M.-N. JOBARD-BACHELLIER, 5e éd., n° 1222, § 2 ;

240. Une suprématie nuancée – L'affirmation doit néanmoins être tempérée dans la mesure où le texte poursuit en assortissant le principe d'une série d'exceptions constituées des causes de préférence derrière lesquelles le privilège de sauvetage devra s'effacer[660]. Le classement de ces dernières ayant été étudié et fixé, le rang du privilège de sauvetage sera fourni mécaniquement par celui occupé par celle desdites causes de préférence qui se révèle la moins vigoureuse, à savoir le privilège de conciliation, et ce parce qu'aucune autre cause de préférence ne vient s'intercaler entre eux[661]. Dès lors, puisque le privilège de conciliation se situe au cinquième rang de la hiérarchie des causes de préférence, le rang du privilège de sauvetage se comprend du sixième. Sitôt précisé que la solution ne vaut que si la répartition intervient dans le cadre d'une procédure de sauvetage, car l'hypothèse d'une conversion en procédure liquidative fait obstacle à sa survivance.

241. De la procédure de sauvetage à la procédure liquidative ou l'hypothèse de la conversion – En cas de conversion d'une procédure de sauvetage en liquidation judiciaire, le régime des créances éligibles au traitement préférentiel de l'article L. 622-17 du Code de commerce, c'est-à-dire les créances nées régulièrement pendant la période d'observation et répondant au critère téléologique requis, est aligné sur celui des créances postérieures privilégiées de l'article L. 641-13 du même Code[662]. La solution

---

M. CABRILLAC, Ch. MOULY, S. CABRILLAC et Ph. PÉTEL, 10e éd., n° 698 ; Ch. ALBIGES et M.-P. DUMONT-LEFRAND, 6e éd., n° 760 ; Ph. MALAURIE, L. AYNÈS et P. CROCQ, 10e éd., n° 465 ; D. LEGEAIS, 11e éd., n° 673 ; S. PIEDELIÈVRE, 2e éd., n° 308 ; J.-B. SEUBE, 7e éd., n° 218.

660. V. C. SAINT-ALARY-HOUIN, *Les avatars de l'article 40, Rev. proc. coll.* janv. 2016, n° 1, dossier 11, nos 10 et s., évoquant un « *privilège illusoire à géométrie variable* » en raison du grand nombre de privilèges primant le privilège de procédure.

661. Art. L. 622-17 préc. V. not. : F. PÉROCHON, 10e éd., n° 830 ; P.-M. LE CORRE, 9e éd., nos 456.51 et s., sp. n° 456.55 ; Ph. PÉTEL, 9e éd., n° 219 ; C. SAINT-ALARY-HOUIN, 10e éd., n° 685 ; Ph. MALAURIE, L. AYNÈS et P. CROCQ, 10e éd., préc. ; Ch. ALBIGES et M.-P. DUMONT-LEFRAND, 6e éd., n° 761 ; D. LEGEAIS, 11e éd., préc. ; M. BOURASSIN, V. BRÉMOND et M.-N. JOBARD-BACHELLIER, 5e éd., nos 1321 et 1322 ; S. PIEDELIÈVRE, 2e éd., n° 309 ; M. CABRILLAC, Ch. MOULY, S. CABRILLAC et Ph. PÉTEL, 10e éd., nos 1049 et 1062 ; Ph. SIMLER et Ph. DELEBECQUE, 7e éd., n° 776.

662. A. JACQUEMONT et R. VABRES, 9e éd., n° 1040, pour qui les créances de l'article L. 622-17 sont assimilées aux créances de l'article L. 641-13 ; F. PÉROCHON, 10e éd., nos 836 et 837 ; M. CABRILLAC, Ch. MOULY, S. CABRILLAC et Ph. PÉTEL, 10e éd., nos 684 et 688 ; L.-C. HENRY, *La notion de privilège de procédure dans la loi de sauvegarde, Rev. proc. coll.* avr. 2008, n° 2, comm. 15, n° 25.

procède de la rédaction de ce dernier. En effet, en sa partie relative au classement du privilège de procédure dans la hiérarchie des causes de préférence, le texte débute par l'indication suivante : « *Lorsqu'elles ne sont pas payées à l'échéance, ces créances sont payées par privilège avant toutes les autres créances...* »[663]. S'il fallait avoir une lecture isolée de cette disposition, il ne serait guère possible d'identifier avec précision les créances dont il est fait mention. En réalité, pour assigner un sens à cette disposition, il faut la rapprocher de celle qui la précède – le I de l'article L. 641-13 – et faire de celle-là le prolongement de celle-ci. De la sorte, les créances auxquelles fait référence le II s'entendent de celles mentionnées dans le I. Or, parmi les créances figurant au I, se trouvent les créances nées régulièrement et utilement[664] pendant la période d'observation d'une procédure de sauvetage ayant par la suite été convertie en liquidation judiciaire[665]. Donc, en cas de prononcé de liquidation judiciaire, les créances de l'article L. 622-17 et celles de l'article L. 641-13 connaîtront un traitement identique, tant sur le plan du paiement à l'échéance que sur celui du paiement par privilège. Il s'ensuit que les règles de classement applicables seront communes et seront celles du privilège de liquidation[666].

242. Une règle claire, un principe caché – Avant de poursuivre l'étude du privilège de procédure en examinant le classement de l'autre de ses dédoublements, il convient de mesurer la portée de la règle selon laquelle les créances postérieures privilégiées de la procédure de sauvetage seront traitées comme les créances postérieures privilégiées de la procédure liquidative en cas de prononcé d'une liquidation judiciaire. En effet,

---

[663]. Art. L. 641-13, II, C. com.

[664]. Certains auteurs évoquent l'utilité comme caractère que doit revêtir la créance aux fins d'attribution du traitement préférentiel. V. par ex. : F. PÉROCHON, 10e éd., n° 784 ; P. CAGNOLI, *Réflexions sur l'articulation du privilège des frais de justice et du Livre VI du Code de commerce*, *Rev. proc. coll.* mars 2010, n° 2, étude 9, nos 4 et 14 (*a contrario* puisque l'auteur mentionne les « *créances postérieures inutiles* ») ; Ph. ROUSSEL GALLE, art. préc ; Ch. ALBIGES et M.-P. DUMONT-LEFRAND, 6e éd., n° 760 ; A. JACQUEMONT et R. VABRES, 9e éd., nos 447 et 464 ; L.-C. HENRY, art. préc., nos 1, 19, 20 et 21. *Adde*, faisant référence à la notion de créances utiles : Com. 15 oct. 2013, n° 12-23.830, *Bull. civ.* IV, n° 152 ; *D.* 2013. 2461, obs. A. LIENHARD ; *Rev. sociétés* 2013. 728, obs. Ph. ROUSSEL GALLE ; *Gaz. Pal. entr. diff.* 14 janv. 2014, n° 14, p. 23, n. D. BOUSTANI ; *JCP E* 2014. 1020, n° 13, obs. Ph. PÉTEL ; *RTD com.* 2014. 190, obs. A. MARTIN-SERF ; *Rev. proc. coll.* juill. 2015, n° 4, comm. 113, n. C. SAINT-ALARY-HOUIN.

[665]. Art. L. 641-13, I, al. 2, C. com.

[666]. M. CABRILLAC, Ch. MOULY, S. CABRILLAC et Ph. PÉTEL, 10e éd., préc. ; F. PÉROCHON, 10e éd., n° 837 ; A. JACQUEMONT et R. VABRES, 9e éd., n° 1040.

cette règle, qui s'analyse en une dégradation du rang du privilège de procédure ou en une transformation du privilège de sauvetage en privilège de liquidation, selon qu'est retenue une approche unitaire ou binaire du privilège de procédure, n'implique pas seulement la préservation des intérêts des créanciers titulaires du privilège de sauvetage en leur octroyant le bénéfice du paiement à l'échéance en cas de conversion en liquidation judiciaire. Tout en évacuant la difficulté pratique qu'aurait pu faire naître la coexistence de deux catégories différentes de créanciers postérieurs éligibles au traitement préférentiel, cette règle livre une éminente solution en matière de répartitions, solution qu'il est possible de dénommer « principe d'application du classement de la procédure au cours de laquelle ont lieu les répartitions ».

243. Le principe d'application du classement de la procédure au cours de laquelle ont lieu les répartitions : les hypothèses non problématiques – Pour démontrer la réalité de ce principe, il importe de préciser les différentes occurrences susceptibles de se présenter afin d'apercevoir l'hypothèse sur laquelle il sera question de raisonner. En premier lieu, si un ou plusieurs actifs sont réalisés au cours de la période d'observation ou durant l'exécution d'un plan de sauvegarde ou de redressement et que leur produit est distribué dans ce cadre, seul l'article L. 622-17 du Code de commerce étant applicable, le classement à respecter se comprend de celui prescrit par cette disposition. En second lieu, si, à l'inverse, un ou plusieurs actifs sont réalisés au cours d'une liquidation judiciaire immédiate, seul l'article L. 641-13 du Code de commerce étant applicable, les répartitions seront gouvernées par le classement qu'il édicte. Ces solutions s'imposent sans difficulté dans la mesure où dans chacune des hypothèses envisagées, il n'existe qu'une catégorie de créances postérieures éligibles au traitement préférentiel, et partant, qu'une catégorie de privilège de procédure : le privilège de sauvetage dans le premier cas, le privilège de liquidation dans le second.

244. Le principe d'application du classement de la procédure au cours de laquelle ont lieu les répartitions : énoncé du problème – En revanche, l'intervention d'une conversion de procédure modificative de sa nature en cours de procédure de sauvetage correspond à une hypothèse dans laquelle l'alignement du traitement des créanciers de l'article L. 622-17 sur celui des créanciers de l'article L. 641-13 s'avère particulièrement bienvenu[667] et permet de constater l'existence du principe d'application du

---

[667]. Rappr. : F. PÉROCHON, 10e éd., préc., estimant que la continuité entre les procédures justifie la solution.

classement de la procédure au cours de laquelle ont lieu les répartitions. Il faut supposer qu'un ou plusieurs actifs immobiliers ont été réalisés au cours de la période d'observation. Divers créanciers relevant de l'article L. 622-17 n'ont pas été payés à l'échéance et ont donc vocation à être payés par privilège en exerçant leurs droits sur le produit des réalisations d'actifs. Si la procédure est convertie en liquidation judiciaire entre le moment des réalisations et celui de la distribution de leur produit, se pose alors la question de l'articulation entre le classement prévu au II de l'article L. 622-17 et celui figurant au II de l'article L. 641-13. En effet, en ce cas, viennent en concours sur le produit des réalisations d'actifs les créanciers de l'article L. 622-17 et ceux de l'article L. 641-13. Or, le rang attribué au privilège de procédure par chacun de ces articles n'est pas le même. En sorte que l'application conjointe des deux textes conduirait à accorder un rang plus avantageux aux créanciers postérieurs de la période d'observation. Tel n'est pas l'état du droit positif.

245. Le principe d'application du classement de la procédure au cours de laquelle ont lieu les répartitions : résolution du problème – Ainsi que cela a été énoncé dans les précédents développements, l'article L. 641-13 du Code de commerce, en son I, comprend un alinéa en vertu duquel les créanciers titulaires du privilège de sauvetage conserveront le bénéfice de la règle du paiement à l'échéance en cas de conversion de la procédure de sauvetage en liquidation judiciaire. En son II, l'article susmentionné précise le régime du paiement par privilège de « *ces créances* » quand « *elles* » n'ont pas été payées à l'échéance. En conséquence, en ce que l'article L. 641-13, en son grand II, dispose que les créances visées au I, en ce compris les créances de la période d'observation, sont payées selon le classement qu'il institue, les créanciers de l'article L. 622-17 se situeront au rang dévolu aux créanciers de l'article L. 641-13[668] malgré le fait que les réalisations d'actifs sont intervenues antérieurement au prononcé de la liquidation judiciaire. En effet, le texte se concentre sur le paiement par privilège de « *ces créances* » en faisant totalement abstraction de la question des réalisations d'actifs. L'évocation du seul paiement implique la circonscription du texte à la temporalité du paiement – ou l'exclusion de la temporalité des réalisations, c'est selon : il importe peu que les réalisations d'actifs soient intervenues avant ou après la conversion de la procédure puisque le texte reçoit application dès lors qu'il s'agit de payer par privilège des créances couvertes par le privilège de procédure – *lato sensu* – non payées à l'échéance. Aussi faut-il comprendre

---

[668]. Rappr. : *Ibid.* ; M. CABRILLAC, Ch. MOULY, S. CABRILLAC et Ph. PÉTEL, 10e éd., no 684 ; A. JACQUEMONT et R. VABRES, préc.

que seule compte la question du moment où intervient ce paiement par privilège pour déterminer le classement auquel obéiront les répartitions[669]. Et compte tenu de ce que les répartitions correspondent au processus de paiement par privilège, cela revient à énoncer que le classement à respecter est fonction de la procédure au cours de laquelle ont lieu les répartitions[670].

246. De la règle au véritable principe – En dépit de toute la complexité de la tâche consistant à distinguer une règle d'un principe[671], il est possible de prêter valeur de principe à la règle de l'application du classement de la procédure au cours de laquelle ont lieu les répartitions en raison de sa portée. Comme cela transparaît derrière l'étude des rangs des droits de préférence, c'est la détermination du rang du privilège de procédure qui sème le trouble dans la hiérarchie des causes de préférence en ce qu'elle constitue un point de rupture dans l'invariabilité du classement : si le privilège de procédure était uniforme quant à son rang en cas de paiement par privilège, le désintéressement des créanciers obéirait systématiquement au même classement générique, sans qu'il faille distinguer selon la nature de la procédure. Sous cet angle, la règle permettant de déterminer le rang du privilège de procédure par identification du classement à respecter, en tant qu'elle clarifie la perturbation portée à la hiérarchie des causes de préférence, correspond mécaniquement à une règle en application de laquelle les rangs des causes de préférence se fixent en fonction de la nature de la procédure. En effet, le rang du privilège de procédure perturbe le classement des créanciers ; par conséquent, si la question de son rang est résolue, il n'y a pas plus de perturbation. Or, la règle sous examen résout le problème en fixant son rang. Donc, par syllogisme, cette règle met fin à la perturbation. Et dès lors que cette règle permet de mettre fin à la perturbation que constitue le rang du privilège de procédure, et permet donc de fixer le classement des créanciers, en exigeant simplement l'identification précise du moment où s'opèrent les répartitions, elle fournit le moyen d'arbitrer entre les deux classements génériques auxquelles obéissent les distributions collectives. En ce sens, elle peut s'entendre d'un véritable principe.

247. – Ainsi l'étude du privilège de sauvetage met-elle en évidence deux éléments : le rang de ce privilège dans la hiérarchie des causes de préférence est fixe et se comprend du sixième ; et les dispositions du Code

---

669. Rappr. : M. CABRILLAC, Ch. MOULY, S. CABRILLAC et Ph. PÉTEL, 10e éd., préc.

670. V. B. SOINNE, *Les répartitions ou la mission impossible*, *Rev. proc. coll.* sept. 1997, n° 3, p. 290, n° 22 *in limine*.

671. V. J. BOULANGER, *Principes généraux du droit et droit positif*, *Mél. RIPERT*, t. I, Librairie générale de droit et de jurisprudence, 1950, p. 51 et s., sp. nos 5 et 6.

de commerce contiennent un véritable principe selon lequel le classement applicable correspond à celui de la procédure au cours de laquelle ont lieu les répartitions. Ce qui invite à déterminer le rang du privilège de liquidation.

2. Le rang variable du privilège de liquidation

248. Une syntaxe empruntée, un régime distinct – Si l'article L. 641-13 du Code de commerce emprunte sa syntaxe et sa structure à celles de l'article L. 622-17 du même Code, il s'en distingue néanmoins à deux égards : quant à son domaine et quant au rang conféré au titulaire du privilège de liquidation dans la hiérarchie des causes de préférence.

249. Le domaine du privilège de liquidation – Le privilège de liquidation couvre deux catégories de créances : celles qu'il est possible de nommer « créances de liquidation » et celles qu'il est possible de désigner « créances de sauvetage ». Les premières s'entendent de créances impliquant une postériorité absolue par rapport à une décision de justice : elles ne peuvent naître qu'après, soit une décision ouvrant la liquidation judiciaire, soit une décision prononçant la liquidation judiciaire. Ainsi ces créances absolument postérieures correspondent-elles aux créances nées régulièrement après l'ouverture ou le prononcé de la liquidation pour les besoins du déroulement de la procédure ; pour les besoins de la poursuite provisoire d'activité ; en contrepartie d'une prestation fournie au débiteur pendant cette même poursuite provisoire d'activité ; en exécution d'un contrat régulièrement continué ; et celles nées pour les besoins de la vie courante du débiteur[672].

Les secondes se comprennent de créances impliquant une postériorité relative par rapport à une décision de justice en ce sens qu'elles seront nécessairement postérieures au jugement d'ouverture d'une procédure de sauvetage, mais nécessairement antérieures à un jugement de conversion en liquidation. Ces créances relativement postérieures correspondent aux créances de l'article L. 622-17 du Code de commerce, il s'agit donc de créances couvertes par le privilège de sauvetage auquel se substitue le privilège de liquidation en cas de conversion de la procédure en liquidation judiciaire[673].

250. Le rang du privilège de liquidation – À l'instar du privilège de sauvetage, le privilège de liquidation s'efface derrière le superprivilège,

---

[672]. Art. L. 641-13, I, al. 1er, C. com.

[673]. Art. L. 641-13, I, al. 2, et II, C. com.

le privilège des façonniers, le privilège des producteurs agricoles, le privilège des frais de justice postérieurs élus et le privilège de conciliation. En revanche, à la différence du privilège de sauvetage, il s'incline devant les sûretés immobilières[674]. La généralité de la formule exhorte à ne pas distinguer selon le type de sûreté[675]. De sorte que le privilège de liquidation est primé aussi bien par les sûretés immobilières générales, c'est-à-dire les privilèges doublement généraux, que par les sûretés immobilières spéciales, à savoir les privilèges immobiliers spéciaux et les sûretés conventionnelles ou judiciaires spéciales. D'où il résulte que le classement de droit commun des causes de préférence immobilières s'intercale en son entièreté entre le privilège de conciliation et le privilège de procédure[676]. Cependant, dans la mesure où la règle de l'arrêt du cours des inscriptions de sûretés ne s'étend pas aux créanciers postérieurs éligibles au traitement préférentiel[677], de telle sorte que ces derniers conservent le droit de procéder à l'inscription d'une sûreté après jugement d'ouverture, et puisque certaines sûretés immobilières occultes peuvent assortir des créances postérieures éligibles au traitement préférentiel, se pose la question de l'articulation entre le privilège de liquidation et un autre droit de préférence immobilier lorsqu'un seul et même créancier se trouve titulaire de ces deux causes de préférence.

251. Le régime du créancier titulaire du privilège de liquidation et d'un autre droit de préférence immobilier : propos liminaires – La circonstance selon laquelle cette interrogation procède directement de la primauté des sûretés immobilières sur le privilège de liquidation appelle deux remarques liminaires. Tout d'abord, puisque le privilège de sauvetage prime les sûretés immobilières autres que les privilèges absolument généraux auxquels la loi confère un rang supérieur, la problématique ne se rencontre qu'en matière de privilège de liquidation, que celui-ci assortisse des créances

---

674. Art. L. 641-13, II, C. com.

675. V. not. : P.-M. Le Corre, 9e éd., no 456.57 ; F. Pérochon, 10e éd., nos 841 et 1323 ; S. Piedelièvre, 2e éd., no 314 *in fine* ; Ph. Malaurie, L. Aynès et P. Crocq, 10e éd., préc. ; C. Saint-Alary-Houin, 10e éd., no 685 ; A. Jacquemont et R. Vabres, 9e éd., no 1044 (opinion implicite se dégageant de la présentation du classement des créanciers).

676. V. not. : Y. Bourgoin et Th. Montéran, art. préc., v. Titre IV-Répartitions immobilières ; Ph. Pétel et F. Legrand, art. préc. A. Jacquemont et R. Vabres, 9e éd., préc. (v. le classement des créanciers) ; F. Pérochon, 10e éd., no 1323 (v. le classement des créanciers). Rappr. : Ph. Malaurie, L. Aynès et P. Crocq, 10e éd., préc.

677. Art. L. 622-30, al. 1er, C. com, pour la sauvegarde, rendu applicable en redressement judiciaire par L. 631-14, al. 1er, et en liquidation judiciaire par L. 641-3, al. 1er, du même Code.

de liquidation ou des créances de sauvetage. Ensuite, eu égard à la solution retenue par la jurisprudence et à la portée qu'il convient de lui donner, celle-ci trouverait à être transposée en matière mobilière si, d'aventure, le législateur entendait accentuer la rétrogradation[678] des créanciers postérieurs éligibles au traitement préférentiel dans la hiérarchie des causes de préférence. Par ailleurs, si le législateur reproduisait en matière de procédure de sauvetage le rehaussement dont ont fait l'objet les sûretés immobilières dans les procédures liquidatives, la question se poserait alors en des termes identiques et, selon toute vraisemblance, emprunterait sa réponse à celle ayant cours en matière de liquidation judiciaire.

252. Le régime du créancier titulaire du privilège de liquidation et d'un autre droit de préférence immobilier : solution – Bien que le texte vise les créances garanties par des sûretés immobilières sans procéder à une quelconque distinction, la Cour de cassation, saisie pour avis, a interprété cette disposition comme contenant une référence implicite à l'exigence d'antériorité de la créance par rapport au jugement d'ouverture[679]. La Haute juridiction considère qu'une sûreté immobilière ne prime le privilège de liquidation qu'à la condition de constituer l'accessoire d'une créance antérieure[680]. Il faut alors en déduire que le créancier postérieur privilégié titulaire d'un autre droit de préférence immobilier doit participer aux répartitions en subissant la priorité des créanciers antérieurs titulaires

---

678. C. SAINT-ALARY-HOUIN, art. préc., n°s 24 à 32 ; D. BOUSTANI, *op. cit.*, n°s 269 et s.

679. Cass., avis, 21 janv. 2002, n° 01-00.009, *Bull. avis*, n° 1 : « *Il résulte de la volonté du législateur qu'en cas de liquidation judiciaire* ***seules les créances antérieures au jugement d'ouverture, garanties par des sûretés immobilières*** [...] *sont comprises dans l'exception prévue par l'article 40, alinéa 2, de la loi du 25 janvier 1985, devenu l'article L. 621-32.II du Code de commerce* [devenu art. L. 641-13, II, C. com.] *et que le paiement de celles nées postérieurement doit être effectué conformément aux dispositions de l'article L. 621-32 III.5° du Code de commerce* [devenu art. L. 641-13, III, 4°, C. com.] » (mise en gras par l'auteur de ces lignes) ; *JCP E* 2002. 765, n. J.-J. FRAIMOUT ; *JCP E* 2002. 1380, n° 14, obs. M. CABRILLAC ; *RTD com.* 2002. 727, obs. A. MARTIN-SERF ; *D.* 2003. 1334, n. C. GIVERDON.

680. V. P.-M. LE CORRE, 9e éd., n° 456.56 *in fine* ; F. PÉROCHON, 10e éd., n° 838 ; M. CABRILLAC, Ch. MOULY, S. CABRILLAC et Ph. PÉTEL, 10e éd., n° 1063 (opinion implicite) ; Ph. MALAURIE, L. AYNÈS et P. CROCQ, 10e éd., préc., sp. note 35 ; A. JACQUEMONT et R. VABRES, 9e éd., n° 900 ; M. BOURASSIN, V. BRÉMOND et M.-N. JOBARD BACHELLIER, 5e éd., n°s 1322 *in fine* et 1325 ; A. MARTIN-SERF, n. ss Cass., avis, 21 janv. 2002, préc., *RTD com.* 2002. 765 ; M. CABRILLAC, n. ss Cass., avis, 21 janv. 2002, préc., *JCP E* 2002. 1380, n° 14 ; J.-J. FRAIMOUT, n. ss Cass., avis, 21 janv. 2002, préc., *JCP E* 2002. 765. Rappr. : D. BOUSTANI, *op. cit.*, n° 270.

d'une sûreté immobilière[681]. Cela signifie, en un sens, que le créancier postérieur privilégié titulaire d'un autre droit de préférence immobilier est d'abord un créancier postérieur privilégié avant d'être un créancier titulaire d'une sûreté immobilière. La Cour de cassation enferme donc les différentes causes de préférence dont peut se prévaloir un même créancier dans un rapport de subsidiarité : le créancier est principalement titulaire du privilège de liquidation, et subsidiairement titulaire d'une autre cause de préférence immobilière. Ainsi la pertinence de l'analyse selon laquelle le privilège de procédure représente un « *privilège-cadre* »[682] est-elle mise en exergue dans la mesure où la jurisprudence, par une telle décision, a fait produire les effets les plus radicaux qu'induit une telle nature : la cause de préférence immobilière ne déploiera ses effets que de manière subsidiaire dans le cadre du classement interne du privilège de liquidation en y installant son titulaire au dernier rang[683].

253. – Se dédoublant selon la nature de la procédure, le privilège de procédure apparaît fracturé, de telle sorte que l'analyse permettant de saisir au mieux son régime juridique, en particulier en matière de classement, s'entend de celle consistant à distinguer un privilège de sauvetage d'un privilège de liquidation. Il y a lieu cependant d'indiquer que cette distinction

---

681. V. Com. 21 sept. 2010, n° 09-68.604, *Bull. civ.* IV, n° 139, 2nd moyen : « [...] *les créances nées régulièrement après le jugement d'ouverture sont payées par priorité à toutes les autres créances à l'exception de celles qui sont garanties par le super-privilège des salaires, des frais de justice antérieurs au jugement d'ouverture et de celles qui sont garanties par des sûretés immobilières ou mobilières spéciales et que les créances de salaires postérieures au jugement d'ouverture sont réglées dans l'ordre prévu pour les créances nées régulièrement après le jugement d'ouverture ;* [...] *Attendu qu'en se déterminant ainsi, sans rechercher comme elle y était invitée, si les créances de salaires* [couvertes par le privilège général des salaires] *qui ne bénéficiaient pas du super-privilège étaient postérieures au jugement d'ouverture et si, dans ce cas, elles n'étaient pas primées par la créance hypothécaire de la* [banque], *la cour d'appel a privé sa décision de base légale...* » ; *Act. proc. coll.* nov. 2010, n° 18, comm. 257, obs. C. REGNAUT-MOUTIER ; *BJE* mars 2011, n° 1, p. 22, n. F. MACORIG-VENIER, sp. *in fine* ; *Rev. proc. coll.* nov. 2010, n° 6, étude 29, n° 11, obs. F. PETIT ; *Rev. proc. coll.* mars 2012, n° 2, comm. 53, n. C. SAINT-ALARY-HOUIN. *Adde* P.-M. LE CORRE, 9e éd., préc. ; Ph. MALAURIE, L. AYNÈS et P. CROCQ, 10e éd., préc., sp. note 35.

682. M. CABRILLAC, Ch. MOULY, S. CABRILLAC et Ph. PÉTEL, 10e éd., nos 684 et 1050. *Adde* M. BOURASSIN, V. BRÉMOND et M.-N. JOBARD-BACHELLIER, 5e éd., n° 1225 *in fine* ; D. BOUSTANI, *op. cit.*, n° 274.

683. Cass., avis, 21 janv. 2002, préc. *Adde* A. MARTIN-SERF, art. préc. ; M. CABRILLAC, art. préc. ; J.-J. FRAIMOUT, art. préc. ; P.-M. LE CORRE, 9e éd., préc ; Ph. MALAURIE, L. AYNÈS et P. CROCQ, 10e éd., préc., sp. note 35.

ne rend pas les privilèges de procédure hermétiques. En vertu du principe d'application du classement de la procédure au cours de laquelle ont lieu les répartitions, le régime du privilège de sauvetage, sur le plan de l'exercice du droit de préférence, s'aligne sur celui du privilège de liquidation. En un sens, le privilège de sauvetage se transforme en privilège de liquidation s'il trouve à s'exercer au cours d'une procédure liquidative. En tout état de cause, cette fracture du privilège de procédure n'est pas son unique caractéristique notable : le privilège de procédure est aussi un privilège fractal.

B. Le privilège de procédure, un privilège fractal

254. Propos liminaires quant au classement applicable – À titre liminaire, il importe de préciser que le principe d'application du classement de la procédure au cours de laquelle ont lieu les répartitions a identiquement vocation à gouverner la détermination du classement interne à respecter. Le raisonnement général permettant de démontrer cette application dudit principe est identique à celui exposé précédemment en matière de classement externe. Il suffit alors de souligner que la disposition établissant le classement interne du privilège de liquidation – le III – débute par les termes : « *Leur paiement se fait dans l'ordre suivant...* »[684]. Comme le renseigne le déterminant possessif « leur », il est fait référence aux créances du II de l'article L. 641-13 du Code de commerce. Dès lors, par le jeu d'un sorite, si les créances du III s'entendent de celles visées au II, et si les créances du II s'entendent de celles visées au I, alors les créances du III s'entendent de celles visées au I, en ce compris les créances de la période d'observation. Donc, en cas de conversion de procédure, le régime des créances de l'article L. 622-17 s'alignant sur celui des créances de l'article L. 641-13, le classement interne applicable sera celui du privilège de liquidation. Il en résulte que le classement interne applicable sera uniquement celui de la procédure au cours de laquelle ont lieu les répartitions[685].

255. Fractal ? – En temps normal, le terme « fractal » appartient aux mathématiques, mais, pour imiter certains auteurs ayant employé ce qualificatif à des fins didactiques – comme, par exemple, pour expliquer le mécanisme de l'anatocisme[686] –, il est possible de qualifier le privilège de

---

[684] Art. L. 641-13, III, C. com.

[685] Rappr. : A. JACQUEMONT et R. VABRES, 9e éd., n° 466.

[686] V. C. BRAGANTINI-BONNET, *L'anatocisme conventionnel*, *JCP E* 2008. 1579, n°s 21 et s., sp. n°s 21 et 23, qui met en lumière « *l'effet fractal* » de l'anatocisme conventionnel : comme les intérêts produits par les intérêts du capital initial

procédure de fractal. En effet, les fractales, en substance, s'entendent d'objets dont la structure conserve ses propriétés à quelque échelle que ce soit : est fractal un objet dont la structure ne varie pas lorsqu'il y a un changement d'échelle. Donc, en procédant par extension, dire que le privilège de procédure est fractal, c'est dire qu'il reproduit en son sein la structure de la hiérarchie générale dans laquelle il s'intègre. Cela signifie que la structure du classement interne est identique à celle de la hiérarchie générale des causes de préférence. Or, la hiérarchie générale voit sa structure se décomposer en deux dimensions : une dimension uniforme, ou invariable, et une dimension protéiforme, ou variable. Donc, dire que le privilège de procédure est fractal, c'est dire que son classement interne comprend une dimension uniforme, ou invariable, et une dimension protéiforme, ou variable.

Cette approche coïncide avec la qualification de privilège-cadre et a vocation à se combiner avec cette dernière dans la mesure où elle permet d'expliquer la structure interne du privilège de procédure. En effet, celui-ci est dit « cadre » parce que, d'une part, il permet de déterminer le rang commun que vont occuper ses titulaires dans la hiérarchie générale des causes de préférence et en ce que, d'autre part, s'organise en son sein un classement des différents créanciers postérieurs privilégiés. Or, l'analyse du classement interne du privilège de procédure révèle que le classement interne du privilège de sauvetage diffère partiellement de celui du privilège de liquidation puisqu'un rang spécifique s'ajoute dans le cadre de ce dernier. De plus, il convient de noter que le classement interne du privilège de procédure comporte un rang au sein duquel la hiérarchie dépend de la provenance des fonds à répartir. Ainsi apparaît-il que, à l'instar de la hiérarchie générale, le classement interne lui-même varie pour partie en fonction de la nature de la procédure collective et de la provenance des fonds. En ce sens, il présente une dimension invariable, ou uniforme (1), et une dimension variable, ou protéiforme (2).

---

produisent à leur tour des intérêts l'année suivante, « *le mécanisme apparaît alors fractal* » (n° 23). *Adde*, dans un tout autre domaine, P. CHEVALIER, *Les suites tirées par la Cour de cassation de la décision du Conseil constitutionnel sur la loi dite « Anti-Perruche »*, *RFDA* 2012. 364, note 15, employant le terme pour expliquer l'articulation entre le contrôle de constitutionnalité et le contrôle de conventionnalité ; O. GUÉZOU, *Contrats publics et politique de la concurrence*, *RFDA* 2014. 632 : « *la politique de la concurrence présente une dimension supplémentaire, un peu comme une fractale qui conduit, dans des dimensions différentes, à reproduire à l'identique certaines formes.* ».

1. La dimension uniforme du classement interne du privilège de procédure

256. Deux privilèges, deux classements, deux premiers rangs identiques – Le rapprochement des classements internes du privilège de sauvetage et du privilège de liquidation fait apparaître qu'en toute procédure, les deux premiers rangs sont invariablement destinés aux mêmes catégories de créanciers, peu important la nature mobilière ou immobilière de l'actif de la réalisation duquel proviennent les fonds à répartir. Le législateur a ainsi attribué le premier rang aux créances de salaires dont le montant n'a pas été avancé (a) et le deuxième rang à certains prêts et créances contractuelles postérieurs (b).

a. L'invariable premier rang des créances de salaires non avancées

257. L'absence de mise en œuvre du mécanisme de garantie des salaires – En raison du caractère alimentaire que revêtent les créances de salaires, conjurer le risque du défaut de paiement de ces créances a représenté un objectif du législateur. C'est pourquoi a été institué un système de garantie de paiement des créances salariales – dans le détail duquel il ne saurait être question d'entrer – prenant la forme d'avances faites par un organisme *ad hoc*[687] dans l'hypothèse où l'employeur fait l'objet d'une procédure collective[688]. Il convient uniquement de préciser que certaines créances salariales postérieures au jugement d'ouverture ne seront pas avancées par cet organisme, soit que ces créances ne sont pas couvertes, soit qu'elles excèdent le plafond de garantie[689]. Le cas échéant, la subrogation ne s'étant pas opérée, les salariés demeurent titulaires de ces

---

[687]. L'Association pour la Gestion du régime de Garantie des créances des Salariés, dite « AGS », a été créée en application de la L. n° 73-1194, 27 déc. 1973, tendant à assurer, en cas de règlement judiciaire ou de liquidation des biens, le paiement des créances résultant du contrat de travail, *JO* 30 déc. 1973, p. 14145. V. art. L. 3253-14 C. trav. *in extenso*.

[688] V. art. L. 3253-6 et s. C. trav.

[689]. V. not. : M. CABRILLAC, Ch. MOULY, S. CABRILLAC et Ph. PETEL, 10e éd., n° 1050 ; A. DONNETTE, *La notion de « créances de salaires » au sens des articles L. 622-17, III, 1°, et L. 641-13, III, 1°, du Code de commerce*, *BJE* nov. 2012, n° 6, p. 385, v. sp. note 2.

créances[690] et bénéficieront du premier rang du classement interne du privilège de procédure[691].

258. Le clivage doctrinal quant à la notion de « créances de salaires » – Toutefois, la rédaction des dispositions conférant aux salariés ce premier rang a soulevé une interrogation quant aux créances auxquelles le législateur a destiné sa préférence. En effet, les textes visent les « créances de salaires » et non les « créances salariales » ou « de nature salariale ». Or, la différence entre ces deux formulations n'est pas de pure forme dans la mesure où les créances de salaires se subsument sous les créances salariales[692]. Dès lors que ces dernières constituent une catégorie générique englobant les premières, la référence aux seules « créances de salaires » devrait, *a priori*, conduire à les abstraire des créances salariales – ou de nature salariale – et à restreindre l'application des dispositions en cause aux créances de salaires *stricto sensu*. Si une telle interprétation se veut respectueuse de la lettre des textes et trouve en doctrine d'éminents défenseurs[693], elle n'en demeure pas moins contestée par une autre partie[694] de la doctrine qui semble voir dans la mention des créances de salaires davantage une inadvertance législative qu'une volonté de circonscrire le champ d'application des textes. Au soutien de la thèse d'une conception extensive des créances de salaires visées par les textes, sont mis en avant les renvois opérés par ceux-ci[695]. En effet, les textes du Code de commerce délimitent les créances non avancées par référence à certaines dispositions du Code du travail[696]. Or, celles-ci énumèrent les créances couvertes par la garantie en ne la limitant pas aux créances de salaires mais en l'étendant à d'autres créances résultant de l'exécution du contrat de travail ainsi qu'à

---

690. F. PÉROCHON, 10e éd., nos 832 et 842.

691. Art. L. 622-17, III, 1°, C. com., pour la sauvegarde et le redressement judiciaire et art. L. 641-13, III, 1°, du même Code pour la liquidation judiciaire.

692. V. not. : A. DONNETTE, art. préc., II.

693. C. SAINT-ALARY-HOUIN, 10e éd., n° 686 ; A. JACQUEMONT et R. VABRES, 9e éd., préc. ; Y. GUYON, *op. cit.*, n° 1255 ; F. DERRIDA, P. GODÉ et J.-P. SORTAIS, 3e éd., n° 418.

694. A. DONNETTE, art. préc. ; M. CABRILLAC, Ch. MOULY, S. CABRILLAC et Ph. PÉTEL, 10e éd., préc. ; B. SOINNE, 2e éd., n° 1152. *Adde*, semblant implicitement souscrire à l'analyse par l'emploi des termes « *créances salariales* » : F. PÉROCHON, 10e éd., préc. : Ph. PÉTEL, 9e éd., n° 223 ; Ph. MALAURIE, L. AYNÈS et P. CROCQ, 10e éd., n° 463 ; P. MORVAN, *op. cit.*, n° 1562.

695. A. DONNETTE, art. préc. ; M. CABRILLAC, Ch. MOULY, S. CABRILLAC et Ph. PÉTEL, 10e éd., préc

696. Art. L. 3253-6 et s. C. trav.

certaines créances résultant de la rupture du contrat de travail. Donc, il y aurait lieu de comprendre les créances de salaires des articles du Code de commerce comme les créances mentionnées par les articles du Code du travail auxquels il est renvoyé, c'est-à-dire toute créance issue du contrat de travail[697].

259. La lettre contre le renvoi ou la nécessité d'un arbitrage jurisprudentiel – Comme le démontre le débat doctrinal en la matière, arbitrer entre ces positions antagonistes n'est pas une tâche aisée, car, s'il est vrai que les dispositions du Code de commerce paraissent exhorter à comprendre la notion de créances de salaires par référence aux créances visées aux articles du Code du travail, il n'en demeure pas moins que la matière est dominée par le principe d'interprétation stricte des privilèges[698]. Or, puisque le législateur attribue le premier rang du classement interne, non à des « créances salariales » ou « de nature salariale », mais à des « créances de salaires », et compte tenu de ce que « *la notion de « créances de nature salariale » est, on le sait, plus large que celle de « créances de salaires » strictement entendue...* »[699], alors, retenir une approche extensive de la notion de créances de salaires semble contrevenir au principe d'interprétation stricte[700], et ce, parce que cela reviendrait à accorder le bénéfice d'une règle visant une catégorie spécifique de créances à la catégorie générique sous laquelle elle se subsume. Aussi incombera-t-il à la jurisprudence de trancher ce débat en décidant, soit de faire primer la lettre des textes du Code de commerce en isolant les créances de salaires *stricto sensu*, soit de faire primer « *la force du renvoi textuel* »[701].

260. – Ainsi, par souci de protection des intérêts des salariés, le législateur a-t-il attribué aux salariés dont les créances n'ont pas été avancées un intangible premier rang au sein du classement interne du privilège de procédure. En revanche, le deuxième rang du classement

---

697. A. DONNETTE, art. préc. ; M. CABRILLAC, Ch. MOULY, S. CABRILLAC et Ph. PÉTEL, 10e éd., préc. ; B. SOINNE, 2e éd., préc., *in fine*. *Contra* F. DERRIDA, P. GODÉ et J.-P. SORTAIS, 3e éd., préc., v. sp. note 1795.

698. Sur la question, v. sp. : D. BOUSTANI, *op. cit.*, nos 452 et s. *Adde* F. DERRIDA, P. GODÉ et J.-P. SORTAIS, 3e éd., préc., v. sp. note 1795.

699. A. DONNETTE, art. préc., II.

700. En ce sens : F. DERRIDA, P. GODÉ et J.-P. SORTAIS, 3e éd., préc., v. sp. note 1795. Rappr. : C. SAINT-ALARY-HOUIN, 10e éd., préc. ; A. JACQUEMONT et R. VABRES, 9e éd., préc. ; Y. GUYON, *op. cit.*, préc. ; F. DERRIDA, P. GODÉ et J.-P. SORTAIS, 3e éd., préc. *Contra ibid.*, *in fine* ; B. SOINNE, 2e éd., préc.

701. A. DONNETTE, art. préc.

interne, tout aussi invariable, ne se recommande pas du même esprit en ce qu'il revêt un caractère incitatif.

b. L'invariable deuxième rang des prêts et créances contractuelles postérieures

261. Un immuable deuxième rang, même en liquidation judiciaire – Le Code de commerce réserve invariablement le deuxième rang du classement interne du privilège de procédure aux « *artisans de la survie* »[702] que sont les prêteurs et les cocontractants ayant accepté de recevoir un paiement différé[703]. La place qu'occupent ces créanciers dans la hiérarchie interne du privilège de procédure se justifie par la nécessité de ne pas rompre le lien qu'entretient le débiteur avec les partenaires indispensables à la poursuite d'activité[704]. En ce sens, cette mesure incitative[705] est perçue comme un rouage essentiel « *du dispositif qui tend à assurer le financement de la poursuite de l'exploitation* »[706]. Cependant, si l'octroi de ce rang avantageux s'explique sans difficulté en matière de procédures de sauvetage, il ne semble guère pertinent en matière de procédure liquidative, faute d'exploitation à poursuivre et à financer. En réalité, la mesure conserve sa pertinence malgré le contexte liquidatif.

262. Une transposition justifiée par la perspective de la conversion de procédure – La transposition de la solution dans le cadre de la liquidation judiciaire se justifie lorsque cette procédure n'a pas été ouverte mais prononcée. En effet, ainsi qu'il l'a été développé antérieurement, le principe d'application du classement de la procédure au cours de laquelle ont lieu les répartitions a identiquement vocation à régir le classement interne. De sorte que si le législateur n'avait pas maintenu ces créances au deuxième rang en liquidation judiciaire, les cocontractants ayant accepté au cours de la période d'observation de recevoir un paiement différé auraient été rétrogradés au dernier rang du seul fait du prononcé de la liquidation

---

[702]. Ph. MALAURIE, L. AYNÈS et P. CROCQ, 10e éd., n° 465 (en gras dans l'ouvrage). Les termes y sont employés pour qualifier tous les créanciers postérieurs privilégiés, et pas uniquement ceux examinés présentement.

[703]. Art. L. 622-17, III, 2°, C. com., pour la sauvegarde et le redressement judiciaire, et art. L. 641-13, III, 2°, du même Code pour la liquidation judiciaire.

[704]. Ph. PÉTEL, 9e éd., n° 224.

[705]. V. F. GREAU, *Pour un véritable privilège de procédure*, *LPA* 12 juin 2008, n° 118, p. 4, nos 26 et 27, sp. n° 27 *in fine*. *Adde* Ph. SIMLER et Ph. DELEBECQUE, 7e éd., n° 776 *in fine*.

[706]. M. CABRILLAC, Ch. MOULY, S. CABRILLAC et Ph. PÉTEL, 10e éd., préc.

judiciaire. Si tel devait être le cas, le caractère incitatif de la mesure serait vidé de sa substance : anticipant l'importante relégation qu'ils connaîtront en cas de conversion de la procédure de sauvetage en liquidation judiciaire, les créanciers en question feront montre de réticence à l'idée de soutenir le débiteur durant la période d'observation en accordant des délais de paiement. Pourquoi un créancier bénéficiant de la règle du paiement à l'échéance accepterait-il de recevoir un paiement différé sans avoir l'assurance de connaître un traitement avantageux si la situation de son débiteur dégénérait ?

263. Un visa salvateur – À cet égard, un indice textuel semble indiquer que ce cas de figure a été pris en compte lors de la transposition de la solution dans le dispositif normatif intéressant la liquidation judiciaire. En sa partie relative au classement interne, l'article L. 641-13 du Code de commerce évoque les créances nées de la continuation des contrats en cours intervenue « *conformément aux dispositions de l'article L. 622-13 du présent code...* »[707]. Or, l'article L. 622-13 est le siège du régime de la continuation des contrats en cours en sauvegarde et en redressement judiciaire, cependant que la question se trouve régie par l'article L. 641-11-1 du Code de commerce en matière de liquidation judiciaire. Le fait de viser expressément l'article L. 622-13 permet d'intégrer les cocontractants de la période d'observation dans le périmètre de l'article L. 641-13. En effet, dans le cas contraire, c'est-à-dire si l'article L. 641-13 ne comportait aucune référence à l'article L. 622-13, les cocontractants dont les créances sont nées de l'exécution de contrats poursuivis conformément à l'article L. 622-13 et qui ont accepté, au cours de la période d'observation, de recevoir un paiement différé, ne pourraient bénéficier du deuxième rang de l'article L. 641-13, faute pour ce dernier de viser l'article dans le respect duquel a été continué le contrat. En pareille hypothèse, l'article précité se limiterait aux seuls contrats continués après un jugement de liquidation – sous la réserve exposée ci-après. Pour cette raison, il y a lieu de considérer que le législateur a introduit la référence à l'article L. 622-13 dans le corps de l'article L. 641-13 afin d'attribuer en liquidation judiciaire le deuxième rang du classement interne aux cocontractants ayant accepté de recevoir un paiement différé au cours de la période d'observation.

264. Un visa inutile, dangereux et insuffisant – À dire vrai, une telle référence à l'article L. 622-13 du Code de commerce dans le corps de l'article L. 641-13 est inutile, dangereuse et insuffisante. Inutile, d'abord, parce qu'il aurait suffi d'indiquer que les créances concernées s'entendaient

---

[707]. Art. L. 641-13 préc.

de celles nées de l'exécution de contrats en cours régulièrement poursuivis, la régularité de la continuation du contrat supposant que cette dernière soit intervenue conformément aux dispositions de l'article L. 622-13.

Dangereuse, ensuite, en raison de l'interprétation stricte qui gouverne la matière. Il n'est fait mention que des contrats poursuivis conformément à l'article L. 622-13. Que décider alors pour les cocontractants dont la créance résulte de l'exécution de contrats continués conformément aux dispositions de l'article L. 641-11-1 du Code de commerce dans le cadre d'une liquidation judiciaire immédiate avec poursuite provisoire d'activité ? Le principe d'interprétation stricte semble condamner le bénéfice du deuxième rang à ces cocontractants dont la créance n'est pas née, par hypothèse, d'un contrat continué dans le respect de l'article L. 622-13.

Insuffisante, enfin, parce que le législateur a justement entrepris la correction qui s'imposait pour rendre possible l'attribution du deuxième rang en cas de liquidation judiciaire avec maintien provisoire de l'activité. En effet, dans la seconde partie de la première phrase, la référence à la période d'observation figurant à l'article L. 622-17 a été retirée pour ne laisser place qu'aux seuls termes « poursuite de l'activité » ; et une poursuite provisoire d'activité est – tautologiquement – une poursuite de l'activité. Une telle adaptation est à saluer, mais il est regrettable que le législateur n'ait pas visé également l'article L. 641-11-1 dans la mesure où il paraît avoir modifié le texte dans la perspective d'une cession d'entreprise.

265. Une transposition justifiée par la perspective d'une cession d'entreprise – Si une poursuite provisoire d'activité a été autorisée parce qu'une cession totale ou partielle de l'entreprise est envisageable[708], ces prêteurs et cocontractants permettront, par définition, de financer le maintien de l'activité à défaut duquel la perspective d'une cession serait compromise. La rédaction de l'article L. 641-13 du Code de commerce suggère qu'il s'agit précisément de l'une des hypothèses pour lesquelles le législateur a conféré un tel rang aux prêteurs et cocontractants. De façon plus exacte, cette intention se devine en rapprochant l'article L. 641-13 de l'article L. 622-17 du même Code. Le second de ces articles oblige le juge-commissaire à n'autoriser les prêts et délais de paiement que « *dans la limite nécessaire à la poursuite de l'activité pendant la période d'observation* ». Cette dernière indication n'est pas reproduite dans l'article L. 641-13 où il n'est fait mention que d'une autorisation donnée « *dans la limite nécessaire à la poursuite de l'activité* ». Il en résulte que l'autorisation peut être donnée

[708]. Art. L. 641-10, al. 1er, C. com.

durant la poursuite provisoire d'activité[709]. Le retrait de toute référence à la période d'observation démontre donc que le législateur a transposé en liquidation judiciaire la solution retenue en matière de procédure de sauvetage dans la perspective de la cession de l'entreprise, cession en vue de laquelle aura été autorisée la poursuite provisoire d'activité.

266. La présentation synoptique des créanciers concernés – Deux catégories de créanciers bénéficient du deuxième rang du classement interne : les prêteurs et les cocontractants ayant consentis des délais de paiement. Bien qu'il ne soit question que d'en livrer une présentation synoptique, il importe de relever que si les dispositions sous examen ne souffrent aucun doute quant à l'identification des cocontractants visés, elles font cependant l'objet d'interprétations divergentes quant à la notion de prêts.

267. La consensuelle notion de cocontractant ayant accepté un paiement différé – Les cocontractants, de même que les créances pour le paiement desquelles ils peuvent prétendre au deuxième rang du classement interne, sont délimités nettement par les textes. En ce que sont visées les créances nées de l'exécution de contrats en cours continués régulièrement, il se comprend qu'il ne peut s'agir que de contrats formés antérieurement au jugement d'ouverture et non de contrats conclus postérieurement audit jugement[710]. Cette déduction résulte de la définition même de la notion de contrat en cours. Celui-ci présuppose une conclusion antérieure au jugement d'ouverture dans la mesure où il s'entend d'un contrat qui, au jour du jugement d'ouverture, laisse subsister à la charge du partenaire contractuel du débiteur la prestation – ou l'obligation – essentielle et caractéristique du

---

709. En ce sens aussi, mais sur la base d'un autre argumentaire : B. SOINNE, 2e éd., n° 1156. *Contra* P.-M. LE CORRE, 9e éd., n° 456.64 *in fine* ; D. BOUSTANI, *op. cit.*, n° 275 ; C. SAINT-ALARY-HOUIN, 10e éd., préc. ; Ph. PÉTEL, 9e éd., préc. Ces auteurs considèrent que l'autorisation ne peut être donnée que pendant la période d'observation et non durant la poursuite provisoire d'activité autorisée en liquidation judiciaire.

710. P.-M. LE CORRE, 9e éd., préc. ; D. BOUSTANI, *op. cit.*, préc. ; C. SAINT-ALARY-HOUIN, 10e éd., préc. ; Ph. PÉTEL, 9e éd., préc. (de façon implicite). Outre la lettre du texte, cette solution se recommande du Rapp. J. THYRAUD, *au nom de la commission des Lois constitutionnelles, de Législation, du Suffrage universel, du Règlement et d'Administration générale sur le projet de loi relatif au règlement judiciaire*, n° 332, t. I, 1984, p. 96, dans lequel il est écrit à ce propos : « [...] *il s'agit uniquement des créances résultant de la poursuite de l'exécution des **contrats nés antérieurement au jugement**...* » (mise en gras par l'auteur de ces lignes).

contrat[711]. En revanche, si les textes exigent que le cocontractant soit lié au débiteur en vertu d'un contrat en cours ayant fait l'objet d'une continuation régulière, ils n'apportent pas davantage de précisions quant au type de contrat dont il doit s'agir. En toute logique, n'ayant pas lieu de distinguer là où la loi ne distingue pas, certains auteurs ont relevé que tous les contrats, dès lors que leur formation s'est effectuée avant le jugement d'ouverture et qu'ils ont été régulièrement continués, intègrent le périmètre des textes et sont susceptibles de hisser le cocontractant au deuxième rang du classement interne[712]. Toutefois, comme l'indique la présence de la conjonction de coordination « *et* »[713], ces conditions relatives aux contrats sont insuffisantes : le deuxième rang du classement interne ne bénéficiera qu'aux partenaires contractuels patients[714] puisque les textes requièrent que le cocontractant ait accepté de recevoir un paiement différé « *par rapport aux prévisions initiales du contrat* »[715]. Enfin, non contentes d'énoncer que les créances doivent résulter de l'exécution d'un contrat en cours continué, précision de laquelle il se comprend implicitement que les créances ne découlant pas de l'exécution du contrat ne sont pas concernées[716], les dispositions en cause prévoient expressément que les créances résultant de la résiliation du contrat continué sont exclues du bénéfice du deuxième rang[717].

---

711. V. not. les déf. données par P.-M. LE CORRE, 9e éd., no 431.21 ; Ph. PÉTEL, 9e éd., no 244.

712. P.-M. LE CORRE, 9e éd., no 456.64 ; C. SAINT-ALARY-HOUIN, 10e éd., préc. ; B. SOINNE, 2e éd., no 1155.

713. Art. L. 622-17 et L. 641-13 préc. : « […] ***et*** *dont le cocontractant accepte de recevoir un paiement différé...* » (mise en gras par l'auteur de ces lignes).

714. Comp. : F. GREAU, art. préc., no 27 *in fine* ; C. SAINT-ALARY-HOUIN, 10e éd., préc.

715. Ph. PÉTEL, 9e éd., no 224. Rappr. : B. SOINNE, 2e éd., préc.

716. Rappr. : F. PÉROCHON, 10e éd., no 832.

717. Ces créances ne sont pas seulement exclues du deuxième rang, elles sont exclues du traitement préférentiel de manière générale. V. par ex., approuvant une cour d'appel d'avoir jugé que la créance d'indemnité liée à la révocation d'un dirigeant, en ce qu'il s'agit d'une créance d'indemnité de résiliation d'un contrat en cours, n'est pas éligible au traitement préférentiel et n'a donc pas vocation à intégrer le classement interne, fût-ce au dernier rang : Com. 12 juill. 2016, no 14-23.668, *Bull. civ.* IV [à paraître] ; *Act. proc. coll.* oct. 2016, no 16, comm. 219, obs. J.-C. PAGNUCCO ; *BJE* nov. 2016, no 6, p. 423, n. A. CERATI-GAUTHIER ; *Gaz. Pal.* 28 oct. 2016, no 38, p. 72, obs. B. DONDERO ; *Gaz. Pal. entr. diff.* 18 oct. 2016, no 36, p. 54, obs. D. BOUSTANI ; *Rev. sociétés* 2016. 549, obs. L.-C. HENRY ; *RTD*

268. La clivante notion de prêts consentis – Les textes mentionnent laconiquement que les prêts consentis au débiteur après le jugement d'ouverture placent le prêteur au second rang du classement interne. S'il est acquis que, à défaut de restriction légale quant à la personne du prêteur, toute personne ayant consenti un prêt bénéficie de ce rang avantageux, en ce compris les prêteurs autres que les établissements de crédit[718], la question de savoir ce qu'il fallait entendre par la notion de prêt a fait naître un débat en doctrine. Une clef d'interprétation semble avoir été fournie lors des travaux préparatoires de la loi du 10 juin 1994[719]. Le terme « prêts » a été préféré à celui de « crédits » parce qu'à la différence du prêt, le crédit n'est pas contrôlable par le juge-commissaire[720]. C'est ainsi que sur la base de l'intention affichée du législateur et de l'interprétation stricte à la lumière de laquelle doivent se lire les dispositions intéressant les privilèges, certains auteurs préconisent de retenir une appréciation stricte de la notion de prêt, en vertu de laquelle n'intègreraient le champ des dispositions en cause que les institutions qualifiables de prêt et non tout concours[721]. En sens contraire, d'autres auteurs estiment que le terme doit être entendu dans son sens large et se comprendre de concours financiers[722]. Il est vrai que cette dernière lecture concorde avec le caractère incitatif de la mesure puisqu'elle

---

com. 2016. 849, obs. A. MARTIN-SERF ; *Rev. proc. coll.* nov. 2017, n° 6, comm. 144, n. C. HOUIN-BRESSAND. *Adde* not. Ph. PÉTEL, 9e éd., préc.

718. P.-M. LE CORRE, 9e éd., préc. ; D. BOUSTANI, *op. cit.*, préc. ; C. SAINT-ALARY-HOUIN, 10e éd., préc. ; A. JACQUEMONT et R. VABRES, 9e éd., préc. ; M BOURASSIN, V. BRÉMOND et M.-N. JOBARD-BACHELLIER, 5e éd., n° 1323 ; Ph. MALAURIE, L. AYNÈS et P. CROCQ, 10e éd., n° 465 note 39.

719. L. n° 94-475, 10 juin 1994, relative à la prévention et au traitement des difficultés des entreprises, *JO* n° 134, 11 juin 1994, p. 8440.

720. Interv. P. MÉHAIGNERIE lors de la séance du 12 avr. 1994, Compte rendu intégral de la séance du 12 avr. 1994, 5e séance, *JO* Sénat n° 18, p. 925, qui entame son interv. en énonçant qu'un « *découvert ou une ouverture de crédit est un crédit et, si le prêt peut être contrôlé, le crédit, en revanche, n'est pas contrôlable.* » et qui la conclut ainsi : « *Autant il sera possible au juge-commissaire de contrôler des prêts, autant il lui sera difficile de contrôler une simple ouverture de crédit. Dès lors, on risque de léser les autres créanciers cités aux 4° et 5°, c'est-à-dire, notamment, les fournisseurs.* ».

721. P.-M. LE CORRE, 9e éd., préc. ; D. BOUSTANI, *op. cit.*, préc., v. note 214.

722. F. PÉROCHON, 10e éd., préc. ; C. SAINT-ALARY-HOUIN, 10e éd., préc. ; A. JACQUEMONT et R. VABRES, 9e éd., préc. Comp. : F. DERRIDA, P. GODÉ et J.-P. SORTAIS, 3e éd., préc., v. sp. note 1801, écrivant sous l'empire de la législation antérieure à la loi du 10 juin 1994 qu'il est possible d'hésiter à faire application du texte à propos de conventions bancaires ne s'analysant pas en prêt, « *encore que, sur ce point, la nécessité de pourvoir au financement de la poursuite d'activité commande d'écarter le principe d'interprétation restrictive...* ».

profiterait alors à toute personne apportant son concours au débiteur dans la perspective du sauvetage de ce dernier. Elle paraît néanmoins difficilement conciliable avec les raisons ayant présidé à l'exclusion du terme « crédits », et en particulier la difficulté qu'aurait le juge-commissaire à contrôler les ouvertures de crédit lorsqu'il sera question pour lui de donner son autorisation.

269. La présentation synoptique des conditions requises – La première exigence devant être satisfaite aux fins d'octroi du deuxième rang constitue en un sens une condition à double détente. En effet, bien que la formule ne soit pas des plus limpides, il est impératif que les prêts et délais de paiement soient autorisés par le juge-commissaire[723]. Or, les textes commandent à ce dernier de ne donner son autorisation que dans la limite nécessaire à la poursuite d'activité. Dès lors, il apparaît par syllogisme que, ne pouvant être autorisés que dans la limite nécessaire à la poursuite d'activité, les prêts et délais de paiements doivent être nécessaires à la poursuite d'activité[724]. La première condition s'analyse donc en une double exigence : pour conférer le bénéfice du deuxième rang à leurs titulaires, les prêts et délais de paiement doivent être nécessaires, et si cette condition est satisfaite, ce que doit vérifier le juge-commissaire[725], ils doivent faire l'objet d'une autorisation.

La seconde exigence tient à la publicité des prêts et délais de paiement[726], réalisée au moyen de la publication de l'ordonnance d'autorisation du juge-commissaire prenant la forme d'une transcription sur un registre tenu au greffe comportant l'indication de l'identité du débiteur, du montant des prêts, de l'identité du prêteur et de l'échéance des prêts ou

---

[723]. Art. L. 622-17 et L. 641-13 préc. V. not. : P.-M. LE CORRE, 9e éd., préc. ; D. BOUSTANI, *op. cit.*, préc. ; C. SAINT-ALARY-HOUIN, 10e éd., préc. ; Ph. PÉTEL, 9e éd., préc. ; F. PÉROCHON, 10e éd., préc. ; M. CABRILLAC, Ch. MOULY, S. CABRILLAC et Ph. PÉTEL, 10e éd., préc. ; A. JACQUEMONT et R. VABRES, 9e éd., préc.

[724]. En ce sens : Ph. PÉTEL, 9e éd., préc. : « *les prêts et délais de paiement visés doivent être nécessaires à la poursuite de l'activité...* » ; C. SAINT-ALARY-HOUIN, 10e éd., préc. : « [...] *cette autorisation ne sera donnée que si le prêt ou la créance sont nécessaires à la poursuite de l'activité.* » ; A. JACQUEMONT et R. VABRES, 9e éd., préc., estimant que l'autorisation ne peut être donnée « *que si ce financement* [...] *est* ***nécessaire à la poursuite d'activité***. » (en gras dans l'ouvrage).

[725]. Rappr. : Ph. PÉTEL, 9e éd., préc. ; C. SAINT-ALARY-HOUIN, 10e éd., préc. : A. JACQUEMONT et R. VABRES, 9e éd., préc. ; M. CABRILLAC, Ch. MOULY, S. CABRILLAC et Ph. PÉTEL, 10e éd., préc.

[726]. Art. L. 622-17 et L. 641-13 préc.

des délais de paiements[727]. Au demeurant, la circonstance selon laquelle ces modalités de publication ont été spécialement incorporées dans le dispositif normatif réglementaire de la liquidation judiciaire invite à considérer que l'autorisation du juge-commissaire peut intervenir durant la poursuite provisoire d'activité.

270. La sanction du non-respect des conditions – À l'aune des répartitions, l'étude des conditions auxquelles est subordonné le bénéfice du deuxième rang présente surtout un intérêt sur le plan de la sanction de leur non-respect. Dans le silence que conserve la loi sur ce point, une partie importante de la doctrine considère que le défaut d'autorisation ou de publication est sanctionné par la rétrogradation des créanciers concernés dans le classement interne : ces derniers ne bénéficieront plus du deuxième rang mais du dernier[728]. À l'inverse, d'autres auteurs distinguent les deux hypothèses : en l'absence d'autorisation du juge-commissaire, la créance serait née irrégulièrement et perdrait par conséquent le bénéfice du traitement préférentiel[729], l'éligibilité à ce dernier présupposant une naissance régulière de la créance ; en revanche, lorsque le juge-commissaire a donné son autorisation mais que seule fait défaut la publicité requise, alors il y aurait place à la rétrogradation[730]. Il apparaît donc que la question de l'absence seule de publicité suscite un consensus doctrinal et que l'unique point de discorde correspond à la sanction du défaut d'autorisation. Or, en la matière, la jurisprudence a pu décider que le fait que « *le découvert ainsi accordé* [...] *n'a pas été autorisé par le juge-commissaire, n'a pas* [...] *pour effet de faire perdre* [au prêteur] *sa qualité de créancier de la procédure, mais seulement de* [le] *priver du droit de revendiquer le rang plus favorable reconnu par l'alinéa 3-3 de l'article 40* [actuels art. L. 622-17, III, 2° et L. 641-13, III, 2°, C. com.] *aux créances nées d'un crédit autorisé par le juge-commissaire et publié* »[731]. Par conséquent, la jurisprudence en a conclu que le prêteur se situait alors au dernier rang. Ainsi la jurisprudence se range-t-elle derrière la doctrine majoritaire en ce qu'elle n'érige pas

---

727. Art. R. 622-14 C. com., pour la sauvegarde, rendu applicable en redressement judiciaire par R. 631-20, du même Code, et art. R. 641-22, du même Code, pour la liquidation judiciaire.

728. P.-M. LE CORRE, 9e éd., préc. ; Ph. PÉTEL, 9e éd., préc., *in fine* ; M. CABRILLAC, Ch. MOULY, S. CABRILLAC et Ph. PÉTEL, 10e éd., préc. ; B. SOINNE, 2e éd., n° 1156 ; F. DERRIDA, P. GODÉ et J.-P. SORTAIS, 3e éd., préc.

729. A. JACQUEMONT et R. VABRES, 9e éd., préc. ; Y. GUYON, *op. cit.*, préc.

730. A. JACQUEMONT et R. VABRES, 9e éd., préc.

731. CA Paris, 3e ch. A, 26 oct. 1999, n° 1997/12226 ; *LPA* 25 avr. 2000, n° 82, p. 11, n. J.-L. COURTIER.

l'autorisation du juge-commissaire en condition de régularité de la créance[732]. En conséquence, dès lors que la créance est née dans le respect des règles de répartitions des pouvoirs entre organes de la procédure, le non-respect des conditions n'est sanctionné que par la rétrogradation de son titulaire dans le classement interne, et non par la perte du privilège de procédure.

271. – À l'analyse de la dimension uniforme du classement interne du privilège de procédure, il apparaît que le privilège de procédure ne se borne pas à reproduire la structure de la hiérarchie générale des causes de préférence, il s'inspire également de la logique ayant présidé à l'octroi de certains rangs. En effet, parmi les rangs les plus avantageux de la hiérarchie générale des causes de préférence, certains sont conférés à des fins de protection des dépendants économiques et d'autres le sont à des fins de protection des adjuvants de la procédure ou du débiteur. Or, le premier rang du classement interne est attribué à des dépendants économiques, cependant que le deuxième se veut incitatif, à l'instar du rang conféré par le privilège de conciliation, dans la mesure où il est dévolu aux créanciers ayant soutenu le débiteur. Le caractère fractal du privilège de procédure se confirme donc de manière assez franche. Il convient à présent d'étudier l'autre dimension dont les caractéristiques justifient que le privilège de procédure soit qualifié de fractal, à savoir la dimension protéiforme du classement interne du privilège de procédure.

2. La dimension protéiforme du classement interne du privilège de procédure

272. La double variabilité du classement interne du privilège de procédure – Le privilège de procédure reproduit en son sein le schéma de la structure globale de la hiérarchie des causes de préférence en ce qu'en marge de sa dimension invariable, son classement interne variera en fonction de deux paramètres : la procédure collective dans le cadre de laquelle il a vocation à s'exercer (a), d'une part, et la provenance des fonds à répartir (b), d'autre part.

a. La variabilité fonction de la procédure

273. Les créances salariales dont le montant a été avancé – Les créances salariales dont le montant a été avancé par l'organisme institué

[732]. J.-L. Courtier, n. ss CA Paris, 3e ch. A, 26 oct. 1999, préc., v. sp. I.-B. *in fine*.

à cet effet[733] figurent au troisième rang du classement interne[734], mais exclusivement en liquidation judiciaire. L'explication est fournie par le fait que les créances salariales postérieures au jugement d'ouverture d'une procédure de sauvetage, entrant dans le champ *ratione materiae* de la garantie, ne seront avancées que si la procédure est convertie en liquidation judiciaire[735]. Par conséquent, intégrer les créances salariales dont le montant a été avancé dans le classement interne du privilège de sauvetage n'aurait été d'aucune utilité[736] puisque, par hypothèse, ces sommes ne peuvent être avancées qu'en cas de prononcé d'une procédure dans le cadre de laquelle seul le privilège de liquidation peut s'exercer. Parce que l'organisme procédant aux avances des créances salariales n'est pas le débiteur des salariés et n'a donc pas à assumer définitivement cette charge financière – ce que dénotent les formules légales évoquant des créances dont le montant a ou n'a pas été avancé[737] ainsi que celles contenant le terme « *avances* »[738] –, il a vocation à en obtenir le remboursement[739], et en particulier lors des phases distributives des procédures collectives. Pour ce faire, a été instaurée une subrogation légale dans les droits des salariés[740], et en dépit de la scorie de rédaction du texte instituant cette subrogation personnelle[741],

---

733. L'Association pour la Gestion du régime de Garantie des créances des Salariés, dite « AGS ». V. art. L. 3253-14 C. trav. *in extenso*.

734. Art. L. 641-13, III, 3° C. com.

735. Art. L. 3253-8, 5°, C. trav. V. par ex. : Soc. 1er févr. 2012, nos 10-17.394 et 10-17.591, *Bull. civ.* V, n° 49 : « *Attendu, cependant, qu'en l'absence de prononcé de liquidation judiciaire, l'AGS n'a pas à garantir le paiement des créances nées postérieurement au redressement judiciaire et résultant de la poursuite du contrat de travail ; Qu'en statuant comme elle l'a fait alors qu'elle avait constaté que le tribunal de commerce n'avait pas décidé la liquidation judiciaire de l'employeur mais avait arrêté un plan de redressement, de sorte qu'elle ne pouvait mettre à la charge de l'AGS les créances postérieures au redressement judiciaire...* » ; *Gaz. Pal. entr. diff.* 28 avr. 2012, n° 118-119, p. 38, n. Ph. DUPRAT (approbatif).

736. V. not. : P.-M. LE CORRE, 9e éd., n° 456.65 ; D. BOUSTANI, *op. cit.*, n° 276 *in fine* ; M. BOURASSIN, V. BRÉMOND et M.-N. JOBARD-BACHELLIER, 5e éd., préc., v. sp. note 3. Rappr. : C. SAINT-ALARY-HOUIN, 10e éd., préc. *in fine*.

737. V. art. L. 622-17 et L. 641-13 préc.

738. V. not. : art. L. 3253-15 et s. C. trav.

739. V. not. : F. PÉROCHON, 10e éd., n° 1318 *in limine* ; P.-M. LE CORRE, *Pour une clarification du traitement des créances de remboursement des avances de l'AGS*, *D.* 2014. 378.

740. Art. L. 3253-16 C. trav.

741. L'art. L. 3253-16, 2°, C. trav. vise « *les créances avancées au titre du 3° de l'article L. 3253-8* » alors que devrait être visé le 5° de l'art. L. 3253-8 C. trav. Sur ce point, v. F. PÉROCHON, 10e éd., préc. note 648.

l'organisme ayant avancé des créances salariales postérieures sera subrogé dans le bénéfice du privilège de liquidation[742].

Ces « *créances de remboursement* »[743] se composent des créances postérieures correspondant aux sommes dues pendant la période d'observation d'une procédure convertie en liquidation judiciaire[744], pendant les quinze jours suivant le jugement de liquidation[745], au cours de la poursuite provisoire d'activité et au cours des quinze jours suivant la fin du maintien provisoire d'activité[746]. Quant à la diversité des types de sommes dues susceptibles d'être avancées, il ne saurait être question d'en livrer une présentation exhaustive, car « *le catalogue est édifiant à tel point qu'il serait peut-être plus pertinent de se demander ce que l'AGS ne prend pas en charge !* »[747]. De façon synthétique, il s'agit de créances se rattachant au contrat de travail[748], sitôt indiqué que la Cour de cassation apprécie ce critère « *avec une excessive bienveillance* »[749]. En tout état de cause, les avances des sommes dues à un salarié ne sont effectuées qu'à concurrence d'un montant qui correspond à un mois et demi de travail[750] et qui est plafonné à hauteur de trois fois[751] le plafond mensuel de la sécurité sociale[752].

---

742. Ph. PÉTEL, 9e éd., note 1 ss n° 225.

743. Selon la qualification employée par P.-M. LE CORRE, art. préc.

744. Art. L. 3253-8, 5°, a), C. trav.

745. *Ibid.*, b).

746. *Ibid.*, d).

747. Ph. ROUSSEL GALLE, *Vers d'une redéfinition du rôle de l'AGS ?*, *Rev. proc. coll.* mars 2014, n° 2, étude 5, n° 7 *in limine*. Rappr. : Th. MÉTEYÉ, *L'évolution du champ d'intervention de l'AGS (De la sécurité juridique à l'insécurité juridique et économique)*, *Rev. proc. coll.* janv. 2011, n° 1, doss. 4, v. sp. n°s 16 et s., où l'auteur vitupère contre l'évolution de la jurisprudence de la chambre sociale.

748. V. par ex. : Soc. 3 déc. 2008, n° 07-42.469, NP : « *Attendu, cependant, que l'article L. 143-11-1 devenu L. 3253-8 du code du travail garantit le paiement des sommes dues aux salariés en exécution du contrat de travail indépendamment de la qualification de salaire, le critère n'étant pas la nature salariale de la créance mais son rattachement au contrat de travail...* » ; *Gaz. proc. coll.* 28 avr. 2009, n° 118, p. 40, obs. Ph. DUPRAT.

749. M. CABRILLAC, Ch. MOULY, S. CABRILLAC et Ph. PÉTEL, 10e éd., n° 681. *Adde* F. PÉROCHON, 10e éd., n° 1315 ; Ph. ROUSSEL GALLE, art. préc., nos 6 et s. V. aussi (crit.) : Th. MÉTEYÉ, art. préc. et *L'AGS face à la jurisprudence sociale*, *RLDA* juin 2009, n° 39, *in extenso*.

750. Art. L. 3253-8 préc.

751. Art. D. 3253-2 C. trav.

752. Au 1er janv. 2018, en vertu de l'art. 1er de l'arrêté du 5 déc. 2017 portant fixation du plafond de la sécurité sociale pour 2018, le plafond mensuel de la sécurité sociale est de 3 311 euros. Toutes créances confondues, le plafond des avances faites au titre

274. – À l'instar du privilège de procédure lui-même dans le cadre de la hiérarchie générale des causes de préférence, le classement interne varie selon la procédure collective dans le cadre de laquelle il a vocation à s'exercer puisque les créances salariales dont le montant a été avancé n'ont vocation à occuper le troisième rang du classement interne qu'en cas de liquidation judiciaire. Ce qui signifie qu'en dehors de l'hypothèse d'une procédure liquidative, les créanciers situés au dernier rang du classement interne ne seront primés que par deux catégories de créanciers. Il faut toutefois préciser que les créanciers du dernier rang obéissent à des modalités de classement distinctes de celles des autres rangs dans la mesure où le classement de ces créanciers sera fonction de la provenance des fonds.

b. La variabilité fonction de la provenance des fonds

275. La catégorie résiduelle des « autres créances » – En toute procédure collective, le dernier rang du classement interne est dévolu aux créanciers titulaires de ce que le législateur dénomme sobrement les « *autres créances* »[753]. La formule est dépourvue d'équivoque et renseigne sur le caractère résiduel de ce dernier rang : ont vocation à s'y trouver tous les créanciers postérieurs éligibles au traitement préférentiel dont les créances n'ont pas été mentionnées précédemment[754]. Corollaire de son caractère résiduel, ce rang présente une hétérogénéité marquée en ce que s'y réunissent les créanciers titulaires d'une cause de préférence annexée au privilège de procédure ainsi que les créanciers dont ledit privilège constitue précisément la seule cause de préférence assortissant leur créance. De ce fait, ces derniers sont parfois désignés sous l'oxymore « *chirographaires privilégiés* »[755]. Une telle appellation trouve sa justification dans la précision législative afférente aux modalités de désintéressement des créanciers relevant du dernier rang et selon laquelle ces derniers sont payés « *selon leur rang* »[756]. De cette lapidaire indication s'infèrent deux conséquences.

---

de créances postérieures en application de l'art. L. 3253-8, 5°, C. trav., est ainsi de 9 933 euros par salarié (3 × 3 311 = 9 933).

[753]. Art. L. 622-17, III, 3°, C. com., pour la sauvegarde et le redressement judiciaire et art. L. 641-13, III, 4°, du même Code, pour la liquidation judiciaire.

[754]. V. not. : P.-M. LE CORRE, 9e éd., n° 456.66 *in limine* ; D. BOUSTANI, *op. cit.*, n° 277 *in limine* ; Ph. PÉTEL, 9e éd., n° 225 *in limine* ; M. BOURASSIN, V. BRÉMOND et M.-N. JOBARD-BACHELLIER, 5e éd., préc.

[755]. M. JEANTIN et P. LE CANNU, *Droit commercial. Entreprises en difficulté*, coll. « Précis », Dalloz, 7e éd., 2006, n° 799.

[756]. Art. L. 622-17 et art. L. 641-13 préc.

276. La première conséquence : l'application du droit commun au classement interne du classement interne[757] – Puisque les créanciers appartenant au dernier rang du classement interne sont payés « *selon leur rang* »[758] sans que les textes ne viennent préciser les modalités de détermination des rangs qu'ils occupent, il y a lieu de faire application des règles de classement de droit commun[759]. Par conséquent, il existe potentiellement trois types de classements applicables au sein du dernier rang : l'un en cas de répartition du produit de réalisation d'un actif mobilier grevé de sûretés constituées après jugement d'ouverture, l'un en cas de distribution du prix de vente d'un bien immobilier grevé de sûretés postérieures, et enfin l'un en cas de répartition du prix de réalisation d'un actif non grevé de sûretés postérieures. Ainsi, en la matière, n'est-ce pas la nature de la procédure collective dans le cadre de laquelle le privilège a vocation à s'exercer qui imprègne le classement interne de variabilité mais bien la provenance des fonds à répartir.

277. La seconde conséquence : l'inapplication des classements de droit commun pour les rangs précédents – En énonçant que le paiement des autres créances s'effectue selon leur rang, le Code de commerce ne se contente pas de prescrire les modalités de répartition relatives au dernier rang du classement interne, il livre également, *a contrario*, les règles de répartition applicables aux autres rangs. En effet, il convient de relever que le législateur commande de procéder à un classement à l'intérieur de ce rang, et ce de manière spécifique puisque la précision d'un paiement intervenant selon le rang des créances concernées n'a pas été reproduite dans le corps des textes établissant les rangs précédents. Or, en matière de privilège, dans le silence de la loi, les créanciers privilégiés de même rang viennent en concours[760]. Outre la lettre claire des textes de droit commun, le principe d'interprétation stricte, de même que la philosophie de l'article 2285 du

---

[757]. Expression inspirée de la présentation qu'en font P.-M. LE CORRE, 9e éd., préc. : « *À l'intérieur de ce dernier rang, le législateur invite encore à un classement...* » et M. CABRILLAC, Ch. MOULY, S. CABRILLAC et Ph. PÉTEL, 10e éd., n° 1050 : « *C'est en quelque sorte le régime ordinaire des créances de la procédure qui sont ainsi regroupées dans un sous-ensemble au sein duquel s'applique la hiérarchie du droit commun...* ».

[758]. Art. L. 622-17 et art. L. 641-13 préc.

[759]. En ce sens : D. BOUSTANI, *op. cit.*, préc. ; Ph. PÉTEL, 9e éd., préc. ; F. PÉROCHON, 10e éd., n° 832 ; M. CABRILLAC, Ch. MOULY, S. CABRILLAC et Ph. PÉTEL, 10e éd., préc. ;

[760]. V. art. 2326 C. civ., posant le principe en ces termes : « *Les créanciers privilégiés qui sont dans le même rang sont payés par concurrence.* »

Code civil[761], ordonnent cette solution. Il n'y a donc lieu d'opérer un classement entre créanciers privilégiés de même rang que si la loi écarte expressément la règle du concours, soit qu'elle le fasse en édictant une hiérarchie plus spécifique, soit qu'elle le fasse en renvoyant à des règles de classement préétablies – par exemple, la formule « selon leur rang », non assortie de précisions complémentaires, indique qu'il y a lieu de procéder à un classement en faisant application du droit commun. Il s'agit d'ailleurs de tout le sens à donner à l'existence même du classement interne du privilège de procédure : si le législateur n'avait pas prévu de classement interne, les créanciers titulaires du privilège de procédure seraient venus en concours. C'est ainsi que dans la hiérarchie générale des créanciers – le classement externe –, les titulaires du privilège de procédure sont des créanciers privilégiés de même rang, et la loi écarte expressément la règle du concours en édictant un classement interne. Ce schéma se réitère simplement à une échelle moindre, c'est-à-dire au sein du classement interne : les créanciers du dernier rang sont des créanciers privilégiés de même rang dans la hiérarchie des créanciers du classement interne, et la loi écarte expressément la règle du concours en renvoyant à des règles de classement préétablies. Donc, si le législateur n'a ajouté la précision selon laquelle le paiement des créanciers se réalise « selon leur rang » qu'à propos des créanciers du dernier rang, et n'a ainsi écarté la règle du concours qu'en cas de conflit entre ces derniers, il y a lieu de considérer que les créanciers appartenant aux autres rangs, tels les prêteurs ou cocontractants ayant consenti des délais de paiements, seront payés par concours – au marc le franc – au sein d'un même rang[762]. Étant précisé qu'en en ce qui concerne le rang propre aux créances salariales avancées en application du 5° de l'article L. 3253-8 du Code du travail, la question d'un concours ne se posera pas dans la mesure où il ne peut y avoir qu'un unique créancier, à savoir l'organisme habilité à cette fin.

---

761. Art. 2285 C. civ., selon lequel : « *Les biens du débiteur sont le gage commun de ses créanciers ; et le prix s'en distribue entre eux par contribution, à moins qu'il n'y ait entre les créanciers des causes légitimes de préférence.* ».

762. En ce sens aussi : A. JACQUEMONT et R. VABRES, 9e éd., préc. ; P.-M. LE CORRE, 9e éd., n° 456.61 *in fine* ; Ph. PÉTEL, 9e éd., n° 225 ; F. DERRIDA, P. GODÉ et J.-P. SORTAIS, 3e éd., préc. ; D. BOUSTANI, *op. cit.*, préc. ; Ph. MALAURIE, L. AYNÈS et P. CROCQ, 10e éd., préc ; B. SOINNE, 2e éd., n° 1159. *Contra* F. PÉROCHON, 10e éd., n° 833. Selon cet auteur, la « *prise en compte du* rang *propre de la créance, prévue seulement au sein du 3e rang de l'article L. 622-17, III, a* […] ***valeur de principe****, et doit en particulier intervenir pour l'application de l'art. L. 622-17, III, 2°...* » (en gras dans l'ouvrage).

278. La synthèse du principe de respect de la hiérarchie des causes de préférence – Il ressort de l'analyse de l'objet du principe en cause, corollaire du principe de considération des sûretés en ce qu'il organise le déploiement des effets des sûretés prises en compte, que le droit des procédures collectives ne procède pas à cette organisation de façon uniforme. La tâche de l'organe répartiteur n'apparaît en conséquence pas des plus aisées puisque celui-ci, non content de devoir évoluer dans une véritable « *jungle des privilèges entrecroisés* »[763], se trouve dans l'obligation de respecter, non une seule mais, en réalité, plusieurs hiérarchies dont les physionomies sont susceptibles de différer notablement. De ce point de vue, le principe sous examen s'affine et peut davantage se comprendre comme le principe de respect des hiérarchies de causes de préférence.

Il importe également d'insister sur le fait que seule a été exposée l'articulation entre les différentes causes de préférence propres au droit des procédures collectives. Et s'il apparaît que la question de leur agencement s'avère délicate, il faut souligner que la difficulté croît exponentiellement lorsque s'y ajoutent les causes de préférence de droit commun ou celles appartenant à d'autres droits spéciaux. En ce cas, il convient, d'abord, de se reporter au texte instituant la cause de préférence en question pour vérifier le rang que ce texte lui attribue, et à défaut d'une telle spécification, identifier le fondement de la cause de préférence lorsque cela est possible ; puis, insérer cette dernière dans le classement de droit commun et, enfin, l'intégrer dans la hiérarchie à respecter en matière de procédure collective.

279. Un principe nécessaire, mais insuffisant – En tout état de cause, le principe de respect de la hiérarchie des causes de préférence n'est pas le seul à gouverner la phase opératoire des répartitions. En effet, en présence de sommes provenant de réalisations d'actifs mobiliers et immobiliers, il est des situations dans lesquelles certains créanciers recevront ou non un paiement effectif selon la masse de fonds par laquelle débutent les distributions[764]. Cela signifie que la chronologie des opérations a une incidence sur le paiement effectif. Or, la hiérarchie des causes de préférence ne permet pas de déterminer par quelles masses entamer les répartitions. Elle est donc insuffisante pour savoir si un paiement effectif interviendra. Il apparaît ainsi que le paiement d'un créancier n'est pas seulement fonction de sa cause de préférence mais qu'il dépend également de la chronologie des répartitions. C'est dire qu'il existe une interconnexion entre la hiérarchie des

---

763. Y. BOURGOIN et Th. MONTÉRAN, art. préc., propos introductifs.

764. Sur ce cas de figure, v. not. : F. PÉROCHON, 10e éd., n° 1310 : « *Un créancier hypothécaire sera payé, l'autre pas...* » ; P.-M. LE CORRE, 9e éd., n° 591.42 ; B. SOINNE, 2e éd., n° 2488, et art. préc., n° 22.

causes de préférence et la chronologie des distributions et que l'intervention d'un paiement effectif n'est que le résultat de leur conjonction. De ce fait, si les règles établissant la hiérarchie ont une incidence sur le paiement effectif d'un créancier, et si la chronologie des distributions a aussi une incidence sur ce paiement, alors, les règles instituant la hiérarchie et celles gouvernant la chronologie se situent sur le même plan. En conséquence, les règles régissant la chronologie des distributions sont constitutives d'un grand principe des répartitions : le principe de respect de la chronologie des distributions de masses de fonds.

SECTION II – LE PRINCIPE DE RESPECT DE LA CHRONOLOGIE DES DISTRIBUTIONS DE MASSES DE FONDS

280. La définition du principe de respect de la chronologie des distributions de masses de fonds – Ce principe s'entend de celui selon lequel les divers paiements auxquels procède l'organe répartiteur doivent intervenir conformément à une chronologie précise afin de ne pas attenter illégitimement aux droits de certains créanciers, et partant, afin de préserver autant que faire se peut l'intérêt de la collectivité des créanciers. D'emblée, l'énoncé d'un tel principe appelle diverses remarques liminaires afférentes à sa connexion avec le principe étudié précédemment, à la constitution des masses de fonds, à la façon dont le législateur envisage la question de la chronologie, ainsi qu'à la détermination de la problématique centrale du principe de respect de la chronologie des opérations de répartition.

281. La connexion avec le principe de respect de la hiérarchie des causes de préférence – La raison pour laquelle il est possible de soutenir qu'existe une interconnexion entre le principe de respect de la chronologie des distributions de masses de fonds et le principe de respect de la hiérarchie des causes de préférence ayant déjà été explicitée[765], il ne s'agit présentement que d'insister sur le caractère complémentaire que revêt le principe sous examen. Ce dernier ne vient que parfaire le premier dans le but de déterminer précisément comment doivent s'opérer les répartitions. Aussi ces deux principes ne peuvent-ils être appréhendés que conjointement : la compréhension du déroulement de la phase opératoire des distributions collectives suppose que le principe de respect de la chronologie des distributions de masses soit constamment mis en perspective avec le principe qu'il complète, c'est-à-dire le principe de respect de la hiérarchie des causes de préférence.

---

[765]. V. *supra* n° 279.

282. La constitution de masses de fonds à répartir[766] – Du fait de la multiplicité des classements applicables, les sommes provenant des recouvrements et réalisations d'actifs ne peuvent être traitées indistinctement. À chaque classement correspond sa masse de fonds, de sorte que la détermination du nombre de classements applicables dans le cadre d'une procédure collective donnée indique le nombre de masses de fonds qu'il convient de constituer. Ainsi y aura-t-il autant de masses que de biens grevés de sûretés spéciales, une masse correspondant au produit des encaissements, recouvrements d'actifs et des réalisations d'actifs non grevés de sûretés spéciales[767], et, le cas échéant, une masse spéciale relative au produit de l'action en responsabilité pour insuffisance d'actif en raison des modalités de répartition particulières, étudiées antérieurement[768], dont doit faire l'objet le produit de cette action. Cette dernière masse soulève une difficulté car, ainsi que l'ont indiqué certains auteurs[769], les textes sont silencieux quant à la chronologie à observer en sa présence. Or, le moment où intervient la répartition de cette masse n'est pas neutre pour les créanciers chirographaires : si la masse afférente au produit de l'action en responsabilité pour insuffisance d'actif est répartie après toutes les autres masses, les intérêts des créanciers chirographaires seront préservés dans la mesure où les créanciers titulaires de privilèges généraux auront déjà exercé leur droit de préférence, ne serait-ce que pour une partie de leur créance ; et puisque la répartition du produit de l'action s'opère au marc le franc, diminuer le montant de créance sur la base duquel participent les titulaires de privilèges généraux revient à favoriser les créanciers chirographaires. *A fortiori* la faveur s'accentue-t-elle si les titulaires de privilèges généraux ont été totalement désintéressés lors des autres répartitions. Par symétrie, répartir la masse du produit de l'action en responsabilité pour insuffisance d'actif sans attendre la distribution de toutes les autres masses attente aux intérêts des créanciers chirographaires. Il appartiendra donc au liquidateur

---

766. L'auteur de ces lignes ne saurait revendiquer la paternité de cette idée ni d'une partie substantielle des développements y afférents. La question de la constitution de masses de fonds à répartir a été présentée par Monsieur le Professeur LE CORRE au cours de l'année universitaire 2016/2017 dans le cadre du Master 2 Droit des entreprises en difficulté.

767. Il est parfois fait référence à ces types d'actifs par l'emploi des termes « actifs chirographaires ». V. par ex. : F. PÉROCHON, 10e éd., n° 1308. Et les sommes provenant des actifs chirographaires sont parfois dénommées « deniers chirographaires ». V. par ex. : B. SOINNE, 2e éd., n° 2486.

768. V. *supra* n° 147 et s.

769. N. Leuret et P.-M. LE CORRE, *Atelier n°4. Les répartitions en liquidation judiciaire*, *LPA* 29 mars 2016, n° 63, p. 27, I.-A.

d'arbitrer « *en fonction de sa sensibilité* »[770] et selon les spécificités du dossier, telles que les difficultés de réalisation de certains actifs. Enfin, quant à la masse des actifs chirographaires, il est possible de la scinder pour tenir compte de l'existence de privilèges généraux ne portant que sur l'ensemble des actifs mobiliers, tel que le privilège du Trésor, puisque le rang de leurs titulaires varie selon qu'il s'agit de répartir le prix de vente d'un immeuble ou d'un meuble. En effet, en cas de répartition du prix de vente d'un immeuble non grevé de sûretés spéciales, le titulaire d'un privilège général mobilier participe en qualité de créancier chirographaire, cependant qu'il participe à la répartition du prix de vente d'un bien meuble non grevé de sûreté spéciale en tant que créancier privilégié. Il est donc possible d'abstraire de la masse des actifs chirographaires une masse de fonds provenant des réalisations d'actifs immobiliers non grevés de sûretés spéciales.

283. Le traitement législatif de la question de la chronologie des distributions de masses : la vision d'ensemble – Le législateur ne s'est saisi qu'imparfaitement, pour ne pas dire superficiellement, de la question de la chronologie des opérations de répartition[771]. Le Livre VI du Code de commerce ne contient que peu d'indications, se contentant de prévoir quelques règles d'ordre temporel pour certains cas, sans envisager les conflits qu'engendre l'existence de privilèges absolument généraux. De ce fait, il est difficile de définir les grandes lignes directrices en la matière, et ce, d'autant plus que ces privilèges constituent une réalité qui ne saurait être occultée en raison, tant de leur multiplication que de l'importance des sommes qu'ils garantissent. Le législateur s'est donc intéressé à la chronologie des répartitions en omettant d'intégrer dans le dispositif normatif des procédures collectives le sort des sûretés qui ont vocation à déployer leurs effets de la manière la plus saillante lors des phases distributives. En toute logique, le silence que conserve généralement le Code de commerce quant à la question des privilèges généraux exhorte à se référer au droit commun, mais il est des hypothèses dans lesquelles les règles de droit commun et les règles du droit des entreprises en difficulté ne se conjuguent pas, ou, plutôt, se coordonnent de telle sorte que la solution qui émerge n'apparaît pas satisfaisante et contrarie l'essence même d'une procédure collective[772].

---

770. *Ibid.*

771. V. F. PÉROCHON, 10e éd., n° 1309.

772. En ce sens, v. par ex. : J.-P. SÉNÉCHAL, *La vente des immeubles et la distribution de leur prix*, *LPA* 28 oct. 1998, n° 129, p. 36, II.-C.-1.

284. Le traitement législatif de la question de la chronologie des distributions de masses : les mesures correctrices – C'est ainsi qu'en matière de liquidation judiciaire, procédure collective représentant le cadre naturel des répartitions, deux articles relatifs aux distributions collectives se préoccupent de leur chronologie en indiquant les mesures de correction à entreprendre lorsque des répartitions chirographaires[773], c'est-à-dire des distributions de sommes provenant de recouvrements d'actifs ou de réalisations d'actifs non grevés de sûretés spéciales, précèdent des répartitions privilégiées, que celles-ci soient immobilières ou mobilières[774] ; sitôt précisé que dans l'hypothèse où ces dernières précèdent les répartitions chirographaires, les textes du droit des procédures collectives relaient une solution classique du droit des sûretés[775] : les créanciers ayant exercé le droit de préférence que leur confère leur sûreté spéciale lors de la répartition privilégiée, mais qui n'ont été destinataires que d'un paiement partiel, deviennent chirographaires pour le solde de leur créance du fait de l'épuisement de leur sûreté, et participeront aux répartitions subséquentes en cette qualité[776].

Lorsqu'une répartition chirographaire précède une répartition privilégiée, le créancier titulaire d'une sûreté spéciale n'est pas privé du droit élémentaire qu'il détient en vertu de sa créance et a donc vocation à participer à la répartition chirographaire sans limitation du montant de sa créance admise[777]. S'il advient que lors de la répartition privilégiée postérieure, le créancier exerçant le droit de préférence que lui confère sa sûreté spéciale vient en rang utile pour l'intégralité de sa créance, alors, les sommes reçues au titre de la répartition chirographaire viendront en déduction des sommes qu'il percevra lors de la répartition privilégiée[778] et

---

[773]. P.-M. Le Corre, 9e éd., nos 591.44 et 591.45 ; B. Soinne, 2e éd., nos 2486 et 2489. Ces répartitions sont aussi qualifiées de « *générales* » : M. Cabrillac, Ch. Mouly, S. Cabrillac et Ph. Pétel, 10e éd., no 1101 ; F. Pérochon, 10e éd., préc.

[774]. Art. L. 643-7 C. com., qui aligne le régime des sûretés mobilières spéciales sur celui des sûretés immobilières en disposant que « *les dispositions des articles L. 643-4 à L. 643-6 s'appliquent aux créanciers bénéficiaires d'une sûreté mobilière spéciale.* ».

[775]. P.-M. Le Corre, 9e éd., préc.

[776]. Art. L. 643-6 C. com. : « *Les créanciers privilégiés ou hypothécaires, non remplis sur le prix des immeubles, concourent avec les créanciers chirographaires pour ce qui leur reste dû.* ». *Adde* not. : P.-M. Le Corre, 9e éd., préc. ; F. Pérochon, 10e éd., no 1323 *in fine*.

[777]. Art. L. 643-4, al. 1er, C. com. V. not. : P.-M. Le Corre, 9e éd., no 591.45 ; M. Cabrillac, Ch. Mouly, S. Cabrillac et Ph. Pétel, 10e éd., préc.

[778]. Art. L. 643-4, al. 2, C. com.

seront affectées au paiement des créanciers chirographaires[779]. En revanche, si ce créancier n'est pas intégralement rempli de ses droits lors de la répartition privilégiée postérieure, les textes prévoient un mécanisme en application duquel l'antériorité de la répartition chirographaire à laquelle a concouru le créancier privilégié est neutralisée[780] : l'objectif est de faire comme si la répartition chirographaire n'était pas intervenue avant la répartition privilégiée mais après. Pour ce faire, il importe d'établir le montant des sommes qu'aurait perçues ce créancier s'il avait participé à la répartition chirographaire, non pour la totalité de sa créance, mais pour le solde de sa créance qui se serait constaté si le créancier avait d'abord participé à la répartition privilégiée[781]. En effet, le dividende que reçoit le créancier lors de la répartition chirographaire s'établit au prorata du montant de créance pour lequel il participe, de sorte qu'une modification de cette base fait fluctuer le montant de la somme perçue. Il s'agit donc de reconstituer le droit à répartition chirographaire du créancier privilégié[782]. Une fois déterminé le montant des sommes qu'aurait reçues le créancier si la répartition chirographaire était intervenue après la répartition privilégiée, il faut calculer la différence entre ce montant et celui des sommes perçues au titre de la répartition chirographaire. Cette différence vient alors diminuer le montant des sommes qui lui seront versées lors de la répartition privilégiée et est affectée au paiement des créanciers chirographaires[783].

285. La problématique centrale du principe de respect de la chronologie des distributions de masses de fond : l'imputation des privilèges généraux – Il convient toutefois de préciser que la problématique centrale de la chronologie des opérations de répartition s'entend en réalité de la question de l'imputation des privilèges généraux. En effet, à supposer qu'aucun créancier ne soit titulaire d'un privilège général – ou de sûretés

---

779. Art. L. 643-4, d. al., C. com.

780. Art. L. 643-5 C. com., qui énonce que « *Les droits des créanciers hypothécaires qui sont colloqués partiellement sur la distribution du prix des immeubles sont réglés d'après le montant qui leur reste dû après la collocation immobilière. L'excédent des dividendes qu'ils ont touchés dans des distributions antérieures par rapport au dividende calculé après collocation est retenu sur le montant de leur collocation hypothécaire et est inclus dans les sommes à répartir aux créanciers chirographaires.* ». *Adde* not. : P.-M. LE CORRE, 9e éd., préc. ; F. PÉROCHON, 10e éd., n° 1309 ; M. CABRILLAC, Ch. MOULY, S. CABRILLAC et Ph. PÉTEL, 10e éd., préc.

781. V. F. PÉROCHON, 10e éd., préc.

782. Rappr. : P.-M. LE CORRE, 9e éd., préc. ; M. CABRILLAC, Ch. MOULY, S. CABRILLAC et Ph. PÉTEL, 10e éd., préc.

783. Art. L. 643-5 préc. *in fine.*

multiples – et qu'il n'y ait donc parmi les créanciers bénéficiant d'une cause de préférence que des créanciers titulaires de sûretés spéciales, alors, l'ordre des distributions de masses de fonds, à condition de respecter les règles exposées ci-dessus, n'aura pas d'incidence sur les droits des créanciers au profit desquels ont été constituées des sûretés spéciales. Ces derniers n'auront vocation à exercer leur droit de préférence que sur le prix de réalisation de l'actif qui leur est spécialement assigné, cependant que les autres créanciers participeront à la répartition de ce prix de vente en qualité de chirographaires. Et cette situation se reproduit à propos de chaque bien grevé de sûretés spéciales. Mais dès l'instant où la collectivité des créanciers se compose de titulaires de privilèges généraux, la donne change puisque ceux-ci ont vocation à exercer leur droit de préférence, non sur un bien en particulier, mais sur une généralité de biens. Leur prédisposition à entrer en conflit avec les différents titulaires de sûretés spéciales fait naître, en un sens, une situation de conflit entre des créanciers qui n'étaient pas destinés à confronter l'efficacité de leurs sûretés respectives. En temps normal, la question de la mesure de l'efficacité d'une sûreté inscrite sur un bien au profit d'un créancier par rapport à l'efficacité d'une sûreté inscrite sur un autre bien au profit d'un autre créancier est sans objet parce que les droits de préférence en cause n'ont pas vocation à se télescoper. En revanche, le fait d'imputer un privilège général sur un bien avant un autre, ou à la place d'un autre, peut conduire à anéantir l'efficacité d'une sûreté et, par contrecoup, à accroître l'efficacité d'une autre, dans la mesure où cela revient à faire supporter, sinon totalement, du moins éminemment, le poids du privilège général à un seul créancier. Ainsi que l'a observé un auteur, l'efficience d'une sûreté dépendrait alors de la rapidité de réalisation de l'actif qui en constitue l'assiette[784] : l'efficacité d'une sûreté, dans une procédure collective, serait inversement proportionnelle à la facilité de réalisation du bien qu'elle grève[785]. Une telle solution ferait ainsi naître un curieux conflit puisque le paiement d'un créancier présupposerait le non-paiement d'un autre. En outre, cela imprègnerait les sûretés d'une non moins curieuse ambivalence : en dehors d'une procédure collective, les difficultés de réalisation d'un actif stérilisent la sûreté et amenuisent les droits de son titulaire, cependant que dans le cadre d'une procédure collective, c'est la facilité de réalisation d'un actif qui produirait de tels effets.

---

[784]. B. SOINNE, 2e éd., n° 2488 et *Les répartitions ou la mission impossible*, *Rev. proc. coll.* sept. 1997, n° 3, p. 290, n° 22. Rappr. : F. PÉROCHON, 10e éd., n° 1308.

[785]. Formulation inspirée de l'expression de P.-M. LE CORRE, *Le privilège de la conciliation*, *Gaz. proc. coll.* 8 sept. 2005, n° 251, p. 50 : « […] *la valeur d'une sûreté, dans une procédure collective, est inversement proportionnelle au nombre des salariés de l'entreprise débitrice.* ».

286. Une double généralité, une double problématique – En raison de la nature des privilèges généraux, et en particulier des privilèges doublement généraux, la problématique de leur imputation ne peut être envisagée sous un angle unique et commande une distinction. En effet, en ce que, par définition, les privilèges absolument généraux portent sur deux généralités d'actifs, la généralité des meubles et celle des immeubles, et ont vocation à s'exercer sur n'importe quel actif, la question de leur imputation se pose à deux égards. D'une part, ces privilèges soulèvent une interrogation quant au point de savoir comment les imputer en présence de masses de fonds à la fois mobilières et immobilières. D'autre part, se pose la question de savoir comment répartir la charge des privilèges généraux en présence de masses de fonds de même nature. Dans le premier cas de figure, la réponse de principe se trouve dans la règle de la subsidiarité sur les immeubles (§ 1). En revanche, dans le second cas de figure, aucune règle de principe n'est fournie, si bien que la doctrine, soucieuse de ne pas abandonner une question d'une telle importance à quelques impondérables nés d'une insuffisance de prescriptions légales, propose, sinon la formalisation d'un véritable principe d'imputation équilibrée des privilèges généraux sur les masses de même nature (§ 2), à tout le moins un ensemble de solutions qui en portent la marque.

§ 1 : L'imputation subsidiaire des privilèges généraux sur les masses immobilières

287. Le principe de subsidiarité[786] : présentation de la règle en droit commun – En dépit de sa concision, l'article 2376 du Code civil pose deux principes : le principe de primauté des privilèges généraux sur les sûretés immobilières spéciales, déjà évoqué, et le principe de subsidiarité sur les immeubles[787]. Ce dernier s'entend du principe selon lequel un créancier titulaire d'un privilège pleinement général ne peut prétendre se désintéresser

---

[786]. Sur la qualification de principe, v. not. : M. BOURASSIN, V. BRÉMOND et M.-N. JOBARD-BACHELLIER, 5e éd., n° 785 ; F. PÉROCHON, 10e éd., n° 1024 ; P.-M. LE CORRE, 9e éd., n° 456.15 ; M. CABRILLAC, Ch. MOULY, S. CABRILLAC et Ph. PÉTEL, 10e éd., n° 678 ; Ph. SIMLER et Ph. DELEBECQUE, 7e éd., n° 767 ; H., L. et J. MAZEAUD et F. CHABAS, *op. cit.*, n° 144 ; Ph. MALAURIE, L. AYNÈS et P. CROCQ, 10e éd., n° 467.

[787]. Art. 2376 C. civ. : « *Lorsqu'à défaut de mobilier les créanciers privilégiés énoncés en l'article précédent* [créanciers titulaires de privilèges absolument généraux] *se présentent pour être payés sur le prix d'un immeuble en concurrence avec les autres créanciers privilégiés sur l'immeuble, ils priment ces derniers et exercent leurs droits dans l'ordre indiqué audit article.* ».

sur un actif immobilier, et entrer conséquemment en concours avec un créancier titulaire d'une sûreté immobilière spéciale – voire générale[788] –, que dans l'hypothèse où les actifs mobiliers du débiteur sont insuffisants pour le désintéresser intégralement[789]. Ainsi, s'exerçant prioritairement sur les meubles, les privilèges doublement généraux jouent-ils subsidiairement sur les immeubles et ne sont-ils pas « *à la fois mobiliers et immobiliers, mais sont d'abord mobiliers et subsidiairement immobiliers...* »[790].

La bonne foi des créanciers titulaires de privilèges pleinement généraux étant présumée[791], la preuve de l'insuffisance d'actif mobilier n'a pas à être rapportée par les intéressés lorsqu'ils se présentent pour être payés sur le prix d'un immeuble[792]. Au contraire, c'est aux créanciers titulaires de sûretés immobilières spéciales – ou générales – qu'il appartient d'établir le cas échéant le caractère suffisant des actifs mobiliers aux fins de paiement des créanciers titulaires de privilèges absolument généraux[793]. Il importe de souligner que ce principe n'est pas, à proprement parler, une règle de classement, car le fait que les titulaires de privilèges généraux ne puissent appréhender les actifs immobiliers qu'en cas d'insuffisance de biens mobiliers « ne préjuge aucunement du rang qui reviendra à ces créanciers sur

---

788. M. BOURASSIN, V. BRÉMOND et M.-N. JOBARD-BACHELLIER, 5e éd., préc. Rappr. : Ph. SIMLER et Ph. DELEBECQUE, 7e éd., no 767, évoquant de manière large « *les titulaires de droits réels sur les immeubles* » ; H., L. et J. MAZEAUD et F. CHABAS, *op. cit.*, préc.

789. Rappr. sp. : J. MESTRE, E. PUTMAN et M. BILLIAU, *Traité de droit civil*, J. GHESTIN (dir.), *Droit spécial des sûretés réelles*, coll. « Traités », LGDJ, 1996, nos 441 et 504.

790. Ph. SIMLER et Ph. DELEBECQUE, 7e éd., préc.

791. B. SOINNE, art. préc., no 9 ; Ph. SIMLER et Ph. DELEBECQUE, 7e éd., préc.

792. M. BOURASSIN, V. BRÉMOND et M.-N. JOBARD-BACHELLIER, 5e éd., préc. ; M. CABRILLAC, Ch. MOULY, S. CABRILLAC et Ph. PÉTEL, 10e éd., no 667 ; Ph. SIMLER et Ph. DELEBECQUE, 7e éd., préc. ; H., L. et J. MAZEAUD et F. CHABAS, *op. cit.*, préc. ; J. MESTRE, E. PUTMAN et M. BILLIAU, vol. II, no 441.

793. Civ. 24 févr. 1932 ; *D.* 1932. 217, 1er moyen : « *le créancier privilégié ne saurait être déchu de son recours sur la masse immobilière que si les créanciers contestants établissent l'existence d'un mobilier suffisant...* ». Faute d'intérêt, les créanciers chirographaires ne sauraient contraindre les titulaires de privilèges généraux à discuter préalablement l'actif mobilier lorsque ces deniers se présentent pour être payés sur les immeubles : Ph. Simler et Ph. Delebecque, 7e éd., préc. : M. BOURASSIN, V. BRÉMOND et M.-N. JOBARD-BACHELLIER, 5e éd., note 1 ss no 785 ; H., L. et J. MAZEAUD et F. CHABAS, *op. cit.*, préc.

le prix des immeubles si malgré tout ils sont amenés à se faire payer sur cette somme »[794].

288. Le principe de subsidiarité : compréhension de la règle à l'aune des procédures collectives – Dans le cadre d'une procédure collective, du fait de la paralysie qui frappe les créanciers astreints à discipline collective et de la corrélative concentration des prérogatives attachées à leur droit de gage entre les mains d'un organe unique, le principe de subsidiarité se comprend essentiellement comme un commandement adressé à cet organe en matière d'imputation des privilèges lors des phases distributives, commandement selon lequel les privilèges absolument généraux ne peuvent s'imputer sur les masses immobilières qu'en cas d'insuffisance des masses mobilières.

En outre, la jurisprudence a précisé ce qu'il convenait d'entendre par les termes « se présentent » dans le contexte d'une procédure collective. Il importe en effet de coordonner cette présentation avec la discipline collective à laquelle sont soumis les créanciers, et donc, en un sens, avec l'impossibilité pour eux de se présenter. Aussi faut-il interpréter le texte comme ne requérant que la simple existence de créanciers titulaires de privilèges généraux et non comme exigeant de ces derniers qu'ils se manifestent lors de la distribution du prix de vente de l'immeuble dans le cadre d'une liquidation judiciaire[795], sous peine d'infliger quelques « *« tortures » au texte de l'art. 2105 C. civ.* [devenu l'art. 2376 C. civ.] »[796]. En conséquence, puisque l'existence des créanciers dans une procédure collective est fonction de l'opposabilité de leur créance à la procédure, et puisque cette opposabilité est elle-même fonction, le plus souvent, de l'accomplissement de formalités déclaratives *ad hoc*, alors, un créancier titulaire d'un privilège général soumis à discipline collective se présente –

---

794. J. MESTRE, E. PUTMAN et M. BILLIAU, vol. II, n° 504 (en italique dans l'ouvrage).

795. CA Douai, 1re ch. civ., 10 juin 1986 : « *l'art. 2105 C. civ.* [devenu l'art. 2376 C. civ.] *n'impose pas aux créanciers privilégiés énoncés à l'art. 2104 et qui ont produit, d'agir dans un certain délai et au plus tard au moment de la répartition du prix de l'immeuble ;* [...] *c'est en « torturant » le texte de l'art. 2105 et en y ajoutant, que les premiers juges ont décidé que le*[s] *créanciers privilégiés devaient se « présenter » en concurrence avec les créanciers hypothécaires au moment de la répartition du prix de vente ;* [...] *il suffit que ces créanciers privilégiés existent...* » ; la juridiction du premier degré avait en effet décidé « *qu'il leur* [les créanciers privilégiés] *appartient d'être présents au jour du paiement pour faire valoir leur privilège* ». ; *Gaz. Pal.* 1987. I. 281, n. O. BÉJAT.

796. O. BÉJAT, n. ss CA Douai, 1re ch. civ., 10 juin 1986, *Gaz. Pal.* 1987. I. 281, sp. p. 282 *in fine*.

existe – au sens de l'article 2376 du Code civil dès lors qu'il a déclaré régulièrement sa créance[797].

289. Un principe, deux problèmes – En dépit des précisions rapportées ci-dessus, l'articulation entre le principe de subsidiarité et les procédures collectives se révèle délicate. Il apparaît en effet qu'en raison d'un défaut de coordination entre les textes de droit commun et les textes spéciaux du droit des entreprises en difficulté, l'application du principe de subsidiarité engendre deux problématiques. D'une part, se pose la question de savoir si le principe de subsidiarité peut recevoir application en matière de privilèges spécifiques aux procédures collectives ; ce qui, somme toute, revient à poser la question de l'applicabilité générale de ce principe (A). D'autre part, dans l'hypothèse où le principe de subsidiarité trouve effectivement à s'appliquer aux privilèges généraux du droit des entreprises en difficulté, se pose la question de savoir si cette application est homogène (B) ou s'il importe de procéder à quelques distinctions.

A. La problématique applicabilité générale du principe de subsidiarité

290. Énoncé du problème – En raison de la lettre même de l'article 2376 du Code civil, l'application du principe de subsidiarité aux privilèges généraux institués par le droit des entreprises en difficulté n'allait pas de soi. En effet, ne sont visés dans le corps du texte que les « *créanciers privilégiés énoncés en l'article précédent* »[798], l'article précédent s'entendant de l'article 2375. Or, ce dernier énumère les privilèges généraux de droit commun et non, par hypothèse, ceux du droit des procédures collectives. *A priori*, le principe d'interprétation stricte qui domine la matière des privilèges semble impliquer une circonscription de la règle de la subsidiarité aux privilèges généraux de droit commun : en ce qu'ils ne sont pas énoncés en l'article 2375, les privilèges généraux étrangers au Code civil, c'est-à-dire ceux relevant du droit des entreprises en difficulté, devraient être exclus du champ d'application de l'article 2376[799], une interprétation stricte de ce dernier n'autorisant pas à s'affranchir de la lettre claire de la loi.

291. – En matière de répartitions immobilières intervenant dans le cadre d'une procédure collective, une telle solution entraînerait une dualité

---

797. Rappr. : M. CABRILLAC, Ch. MOULY, S. CABRILLAC et Ph. PÉTEL, 10e éd., note 4 ss no 667.

798. Art. 2376 préc.

799. En ce sens : J. MESTRE, E. PUTMAN et M. BILLIAU, vol. II, no 627 ; Ph. MALAURIE, L. AYNÈS et P. CROCQ, 10e éd., note 59 ss no 467.

de traitement des privilèges généraux. Il appartiendrait à l'organe répartiteur de distinguer nettement les privilèges généraux spécifiques aux procédures collectives des privilèges généraux de droit commun afin de restreindre le jeu de la subsidiarité à ces derniers. Il serait alors possible d'imputer les privilèges généraux du droit des procédures collectives sur les masses immobilières quand bien même les masses mobilières permettraient de désintéresser les titulaires de ces privilèges, cependant que les privilèges généraux de droit commun ne pourront s'imputer sur les masses immobilières qu'en cas d'insuffisance des masses mobilières. Outre la complexité manifeste que cette interprétation de l'article 2376 introduirait dans la phase opératoire des répartitions[800], il apparaît qu'une telle lecture de cette disposition n'est pas indiquée en raison de deux séries d'arguments se rapportant au principe d'interprétation stricte (1) et à la contextualisation de la rédaction de l'article 2376 du Code civil (2).

1. La résolution du problème par le principe d'interprétation stricte

292. Le pendant du principe d'interprétation stricte des privilèges : le principe d'interprétation extensive des restrictions – Selon certains auteurs[801], le premier élément de contournement de l'interprétation tricte de l'article 2376 du Code civil se trouve constitué précisément par le principe d'interprétation stricte des privilèges lui-même. Ces auteurs estiment que le principe de subsidiarité doit recevoir une interprétation extensive parce que l'interprétation stricte des privilèges doit justement conduire à interpréter largement les restrictions apportées à leur mise en œuvre. L'article 2376 correspondant à une telle restriction, il faut en avoir une lecture extensive et considérer que sont également concernés par la règle de la subsidiarité les privilèges généraux non mentionnés dans l'article 2375, à savoir les privilèges généraux des procédures collectives. L'argument ainsi mis en avant s'entend de celui selon lequel le principe d'interprétation stricte des privilèges a pour pendant le principe d'interprétation extensive des atteintes dirigées à l'endroit de leur effectivité.

293. – Par ailleurs, si le principe d'interprétation stricte des privilèges doit se comprendre exclusivement par la règle selon laquelle il n'est pas possible d'étendre un privilège à d'autres créances que celles expressément

---

800. V. M. CABRILLAC, Ch. MOULY, S. CABRILLAC et Ph. PÉTEL, 10e éd., n° 667 *in fine*, qui évoquent des « *difficultés inextricables* » en cas d'application partielle du principe de subsidiarité dans le cadre des procédures collectives.

801. *Ibid. Adde* Ph. Simler et Ph. Delebecque, 7e éd., n° 767, pour qui, en sus de l'interprétation stricte des privilèges, l'esprit du texte justifie l'analyse.

désignées dans le texte qui l'instaure[802] – ce qui implique *a fortiori* l'impossibilité de créer un privilège *ex nihilo* –, alors, il apparaît que l'article 2376 ne relève pas du champ de l'interprétation stricte à proprement parler. En effet, ce dernier ne confère aucun privilège à aucun créancier, il se contente, d'une part, de régir l'articulation entre privilèges généraux et sûretés spéciales en posant une règle de classement – la primauté des privilèges généraux –, et d'autre part, d'organiser les conditions d'imputation des privilèges généraux sur les actifs du débiteur en instituant un mécanisme de subsidiarité sur les immeubles. Dès lors, puisqu'il n'est pas question de l'octroi d'un privilège à certaines créances, l'interprétation stricte des privilèges ne semble pas constituer un obstacle à une application extensive du principe de subsidiarité, et ce, d'autant plus que la contextualisation de la rédaction de l'article 2376 du Code civil invite à comprendre ce texte comme faisant référence à tous les privilèges généraux.

2. La résolution du problème par la contextualisation du principe de subsidiarité

294. Retour en 1804 – La mise en relation de la lettre de l'article 2376 avec l'époque de l'instauration de la règle de la subsidiarité constitue un autre élément en faveur d'une application générale de cette règle aux privilèges généraux propres au droit des entreprises en difficulté. À l'origine, le principe de subsidiarité était contenu dans l'article 2105 du Code civil, qui s'exprimait également par renvoi en visant les « *privilégiés énoncés en l'article précédent* »[803], c'est-à-dire l'article 2104, qui, pour désigner les privilèges absolument généraux, renvoyait lui-même à l'article 2101, ce dernier énumérant les privilèges généraux mobiliers. Or, le fait que l'article 2105 du Code civil de 1804 ne fasse référence qu'aux privilèges généraux de l'article 2104 est tout à fait logique dans la mesure où aucun autre privilège général n'existait en dehors du Code civil. Il paraît alors difficile de concevoir que les rédacteurs du Code aient entendu faire échapper au principe de subsidiarité des privilèges ayant été institués pour la

---

[802]. V. L. AYNÈS et P.-Y. GAUTIER, *De l'application stricte des privilèges*, *D.* 1994. 13, n° 1 ; Ph. SIMLER et Ph. DELEBECQUE, 7e éd., n° 764, signalant qu'il n'est pas possible « *d'accorder le privilège à d'autres créanciers que ceux que la loi vise* » ; D. LEGEAIS, 11e éd., n° 657 ; Ch. ALBIGES et M.-P. DUMONT-LEFRAND, 6e éd., n° 749 ; M. CABRILLAC, Ch. MOULY, S. CABRILLAC et Ph. PÉTEL, 10e éd., n° 609 ; M. BOURASSIN, V. BRÉMOND et M.-N. JOBARD-BACHELLIER, 5e éd., n° 778 : D. BOUSTANI, *op. cit.*, nos 452 et s.

[803]. Art. 2105 C. civ. de 1804.

plupart plus de deux cents ans après l'entrée en vigueur du Code civil[804], comme, par exemple, le privilège de conciliation, créé par la loi de sauvegarde des entreprises du 26 juillet 2005[805].

295. La *ratio legis* du principe de subsidiarité – De surcroît, la *ratio legis* du principe de subsidiarité ne concorde pas avec l'idée d'une restriction de son application aux seuls privilèges généraux de droit commun[806]. La justification de l'existence de ce principe repose essentiellement sur un état de fait, à savoir la traditionnelle sacralisation de la propriété immobilière, et sur les deux idées que sous-tend ce phénomène : la préservation des intérêts des hypothécaires et l'affectation prioritaire des meubles. La propriété immobilière fait historiquement l'objet d'une protection particulière en raison d'une donnée sociologique de premier ordre, à savoir le rapport que les Français entretiennent avec la propriété immobilière, la façon dont ils l'appréhendent[807]. L'attachement à la propriété immobilière est ancré si profondément dans l'esprit collectif de notre peuple qu'il rejaillit sur le droit des sûretés sous la forme du principe de subsidiarité[808] en ce que ce dernier matérialise le postulat qu'un débiteur affecte prioritairement ses biens mobiliers lorsqu'il s'oblige[809]. Par contrecoup, ce principe est perçu comme la traduction de la volonté de préservation des intérêts des créanciers hypothécaires[810], et partant, de limitation des atteintes portées au crédit immobilier[811].

---

804. Ph. SIMLER et Ph. DELEBECQUE, 7e éd., no 767.

805. Art. L. 611-11 C. com, créé par la L. no 2005-845, 26 juill. 2005, de sauvegarde des entreprises, *JO* no 173, 27 juill. 2005, p. 12187.

806. Rappr. : M. CABRILLAC, Ch. MOULY, S. CABRILLAC et Ph. PÉTEL, 10e éd., no 667.

807. V. Ph. SIMLER et Ph. DELEBECQUE, 7e éd., no 373 : « *Quoiqu'on fasse, l'immeuble a et aura toujours, du moins dans la psychologie collective des Français, un grand prestige.* ». Rappr. : M. CABRILLAC, Ch. MOULY, S. CABRILLAC et Ph. PÉTEL, 10e éd., préc. ; M. BOURASSIN, V. BRÉMOND et M.-N. JOBARD-BACHELLIER, 5e éd., no 785.

808. V. Ph. SIMLER et Ph. DELEBECQUE, 7e éd., préc. : « *Ce sentiment diffus, mais profond, de vénération pour l'immeuble se prolonge dans les domaines les plus techniques.* ».

809. M. BOURASSIN, V. BRÉMOND et M.-N. JOBARD-BACHELLIER, 5e éd., préc. ; M. CABRILLAC, Ch. MOULY, S. CABRILLAC et Ph. PÉTEL, 10e éd., préc.

810. Ph. SIMLER et Ph. DELEBECQUE, 7e éd., no 767. Rappr. : M. BOURASSIN, V. BRÉMOND et M.-N. JOBARD-BACHELLIER, 5e éd., préc.

811. H., L. et J. MAZEAUD et F. CHABAS, *op. cit.*, préc. *in limine*. Rappr. : Ph. SIMLER et Ph. DELEBECQUE, 7e éd., préc. ; M. BOURASSIN, V. BRÉMOND et M.-N. JOBARD-BACHELLIER, 5e éd., préc.

296. L'applicabilité générale du principe aux privilèges des procédures collectives – Eu égard à ces considérations et à l'absence d'obstacle technique véritable à l'application du principe de subsidiarité à l'ensemble des privilèges généraux, il est permis de soutenir que la règle peut recevoir application en matière de privilèges généraux propres aux procédures collectives sans qu'il y ait dénaturation de celle-ci[812]. À cet égard, et bien qu'il ne s'agisse que de considérations prospectives, il est plausible que le droit des sûretés s'oriente vers une affirmation claire d'une telle application du principe de subsidiarité en ce sens que l'avant-projet de réforme du droit des sûretés présenté par l'Association Henri CAPITANT contient une disposition analogue selon laquelle « *Lorsque le privilège porte aussi sur la généralité des meubles du débiteur, il ne s'exerce sur les immeubles qu'à défaut de mobilier suffisant.* »[813]. Une telle rédaction permettrait ainsi de faire jouer la règle de la subsidiarité dès lors qu'il sera question d'imputer un privilège général sur des actifs, peu important que ce privilège trouve sa source dans le Code civil ou non.

297. – Si l'applicabilité générale du principe de subsidiarité aux privilèges généraux du droit des procédures collectives semble pouvoir être tenue pour acquise, il n'en demeure pas moins que se pose la question de l'homogénéité de cette application, car, il est une chose d'affirmer que, par principe, la règle de la subsidiarité s'applique aux privilèges généraux spécifiques aux procédures collectives, mais il en est une autre de déterminer si, par exception, certains privilèges généraux du droit des entreprises en difficulté n'y sont pas soumis.

---

[812]. En ce sens : M. CABRILLAC, Ch. MOULY, S. CABRILLAC et Ph. PÉTEL, 10e éd., préc. ; Ph. SIMLER et Ph. DELEBECQUE, 7e éd., préc. ; P.-M. LE CORRE, 9e éd., n° 591.42 ; Ph. PÉTEL et F. LEGRAND, *Liquidation judiciaire – Répartition des fonds*, *Rev. proc. coll.* nov. 2015, n° 6, fiche pratique 4, v. A.-4° ; Y. BOURGOIN et Th. MONTÉRAN, *Les répartitions en matière de procédures* collectives, *Gaz. proc. coll.* 29 juill. 2008, n° 211, p. 3, v. Titre IV ; N. LEURET et P.-M. LE CORRE, *Atelier n°4. Les répartitions en liquidation judiciaire*, *LPA* 29 mars 2016, n° 63, p. 27, I.-C. ; M. SÉNÉCHAL, *La distribution du prix de vente d'un immeuble grevé de sûretés par le commissaire à l'exécution du plan de continuation*, *LPA* 12 mai 2004, n° 95, p. 4, n° 12.

[813]. Art. 2389, d. al., Avant-projet H. CAPITANT.

B. La problématique applicabilité homogène du principe de subsidiarité

298. Une question née de l'hétérogénéité de traitement des créanciers titulaires de privilèges généraux – Cette question se pose en raison du fait que le droit des procédures collectives ne réserve pas un traitement homogène aux différents titulaires de privilèges généraux. En effet, les procédures collectives font coexister deux types de créanciers titulaires de privilèges généraux : ceux dont le droit de préférence conféré par le privilège constitue l'unique mécanisme destiné à accroître leur chance d'obtenir paiement de leur créance ; et ceux dont le droit de préférence s'accompagne d'un autre mécanisme prenant la forme d'un droit de paiement prioritaire. Or, la reconnaissance d'un tel droit soulève l'interrogation suivante : ce droit de paiement prioritaire reconnu aux titulaires de certains privilèges généraux doit-il s'analyser en une modalité d'imputation dérogeant au principe de subsidiarité ? Si la réponse venait à être affirmative, les privilèges généraux concernés pourraient s'imputer sur les masses immobilières sans obliger l'organe répartiteur à constater l'insuffisance des masses mobilières. À dire vrai, répondre à cette question exige de distinguer selon le droit de paiement prioritaire s'adjoignant au privilège général en cause ; ce qui, somme toute, revient à distinguer selon le privilège en cause lui-même, à savoir le superprivilège des salaires (1) ou le privilège de procédure (2).

1. L'existence d'une règle d'imputation dérogatoire en matière de superprivilège des salaires

299. L'évacuation du principe de subsidiarité par l'édiction de la règle du paiement sur premières rentrées de fonds – Entendant assurer une protection efficace aux salariés confrontés à la procédure collective de leur employeur, le législateur n'a pas seulement assorti les créances salariales superprivilégiées d'une cause de préférence prééminente, il a en outre institué un mécanisme tendant à leur paiement prioritaire. Pour cette raison, le superprivilège des salaires se révèle être « *plus qu'une sûreté* »[814]. En substance, les créances superprivilégiées doivent être payées dans les dix jours du jugement d'ouverture si l'organe de procédure dispose des fonds nécessaires[815], ce dernier devant par ailleurs verser sans délai à titre

---

[814]. M. CABRILLAC, Ch. MOULY, S. CABRILLAC et Ph. PÉTEL, 10e éd., no 680

[815]. Art. L. 625-8, al. 1er, C. com., pour la sauvegarde, rendu applicable en redressement judiciaire par L. 631-18, al. 1er, du même Code, et art. L. 641-4, al. 4, du même Code, pour la liquidation judiciaire.

provisionnel une somme équivalente à un mois et demi de salaires avant tout établissement des relevés de créances salariales[816]. Il convient toutefois de s'intéresser plus spécifiquement au dernier alinéa de l'article L. 625-8 du Code de commerce. Ce dernier énonce que lorsque font défaut les disponibilités requises aux fins de paiement à bref délai qu'imposent les alinéas précédents, les sommes couvertes par le superprivilège « *doivent être acquittées sur les premières rentrées de fonds* »[817]. Or, si l'organe de la procédure a l'obligation de payer les créances superprivilégiées sur les premières rentrées de fonds, cela l'oblige à imputer le superprivilège des salaires sur ces fonds, sans distinguer selon leur provenance dans la mesure où il n'y a pas lieu de distinguer là où la loi ne distingue pas : peu importe que ces sommes proviennent de recouvrements ou de réalisations d'actifs, mobiliers ou immobiliers. Dès lors, quand bien même les premières rentrées de fonds proviendraient-elles de la réalisation d'un actif immobilier, et alors que le produit des réalisations mobilières à intervenir permettrait de désintéresser intégralement les titulaires du superprivilège des salaires, l'article L. 625-8 commande à l'organe de la procédure de destiner immédiatement ces fonds au paiement des créances salariales superprivilégiées. Ainsi apparaît-il, en ce que l'application du principe de subsidiarité conduirait à n'imputer le superprivilège sur une masse immobilière qu'en cas d'insuffisance des masses mobilières, que la règle prescrite par l'article L. 625-8 s'entend d'une règle spéciale d'imputation dérogeant au principe de subsidiarité et que le superprivilège des salaires n'y est pas soumis[818].

---

816. Art. L. 625-8, al. 2, C. com.

817. Art. L. 625-8, d. al., C. com.

818. En ce sens : F. DERRIDA, *Le crédit et le droit des procédures collectives*, *Mél. RODIÈRE*, Dalloz, 1981, p. 67 et s., sp. p. 80 note 60 ss n° 13, indiquant que « *le superprivilège devrait être honoré sur des fonds provenant de la réalisation d'immeubles, alors même que tout l'actif mobilier du débiteur n'aurait pas encore été réalisé.* » ; M. CABRILLAC, Ch. MOULY, S. CABRILLAC et Ph. PÉTEL, 10e éd., n° 678 : « *le principe de subsidiarité ne lui* [le superprivilège] *est pas applicable* » et préc. *in fine*, pour qui la règle du paiement sur premières rentrées de fonds « *exclut implicitement l'application du principe de la subsidiarité* » ; D. BOUSTANI, *op. cit.*, note 112 ss n° 240, v. aussi n° 241 ; D. LEGEAIS, 11e éd., n° 670 *in limine*, selon qui le superprivilège « *n'est pas soumis à la règle de la subsidiarité* » ; J. MESTRE, E. PUTMAN et M. BILLIAU, vol. II, n° 590 ; F. PÉROCHON, 10e éd., nos 1024 et 1313 ; P.-M. LE CORRE, 9e éd., n° 691.32 : « *le principe de subsidiarité* [...] *est alors écarté, puisque les salariés seront payés indifféremment sur le produit des ventes mobilières ou immobilières.* ». *Contra* Ph. SIMLER et Ph. DELEBECQUE, 7e éd., préc., qui estiment que le principe de subsidiarité devrait s'appliquer « *spécialement au superprivilège des salaires* » ; B. SOINNE, *Les répartitions ou la mission impossible*, *Rev. proc. coll.* sept. 1997, n° 3, p. 254 et 276, nos 5 et 9,

300. – Une fois apportée la réponse quant au superprivilège des salaires, la donne semble avoir changé depuis l'instant où la question a été initialement posée. En effet, dès lors que le paiement prioritaire des créances superprivilégiées aboutit à l'éviction du principe de subsidiarité, et dès lors qu'il est observé que le privilège de procédure confère un droit de paiement prioritaire analogue, alors il serait tentant d'apporter une réponse identique. Néanmoins, il apparaît qu'une telle position ne saurait résister à l'analyse et que le raisonnement par analogie doit être écarté du fait d'une différence de nature entre les droits de paiement prioritaire dont peuvent se prévaloir les créanciers titulaires du superprivilège des salaires et ceux titulaires du privilège de procédure. De sorte que, en l'absence de règle d'imputation dérogatoire, le privilège de procédure paraît obéir au principe de subsidiarité.

2. L'absence de règle d'imputation dérogatoire en matière de privilège de procédure

301. Le maintien du principe de subsidiarité par le défaut de prescriptions légales expresses contraires – Les créanciers éligibles au traitement préférentiel bénéficient de deux règles de paiement enfermées dans un rapport de subsidiarité : leurs créances doivent être payées à l'échéance, et à défaut, par privilège[819]. À l'instar des créances superprivilégiées, les créances postérieures privilégiées doivent donc être payées sur des fonds disponibles[820] par dérogation à la règle de l'interdiction des paiements. Mais, à la différence de ce qui est prévu en matière de paiement des créances superprivilégiées, les textes ne fournissent aucune indication relative aux modalités d'imputation du privilège de procédure lorsque ce paiement dérogatoire n'est pas intervenu. Les textes se bornent à énoncer que ces créances sont payées par privilège lorsqu'elles ne sont pas payées à l'échéance : aucune disposition ne précise que leur paiement doit s'effectuer sur des actifs particuliers, telles les premières rentrées de fonds.

---

pour cet auteur, le superprivilège n'est qu'une modalité du privilège général des salaires, lui-même soumis au principe de subsidiarité (sur ce point, v. *contra* M. CABRILLAC, Ch. MOULY, S. CABRILLAC et Ph. PÉTEL, 10e éd., n° 678), mais v. B. SOINNE, 2e éd., n° 2488, où l'auteur indique que le principe de subsidiarité n'est écarté que pour le superprivilège des salaires ; *adde*, semble-t-il, M. BOURASSIN, V. BRÉMOND et M.-N. JOBARD-BACHELLIER, 5e éd., préc., mais v. n° 1275.

[819]. Art. L. 622-17, I et II, C. com., pour la sauvegarde, rendu applicable en redressement judiciaire par L. 631-14, al. 1er, du même Code, et art. L. 641-13, I et II, du même Code, pour la liquidation judiciaire. V. not. : D. BOUSTANI, *op. cit.*, n° 240.

[820]. J. MESTRE, E. PUTMAN et M. BILLIAU, vol. II, préc.

De ce fait, s'agissant d'un paiement par privilège[821], il y a lieu, en l'absence de disposition expresse en sens contraire, de suivre les prescriptions du droit commun et de payer ces créances d'abord sur les actifs mobiliers, et s'ils n'y suffisent, sur les biens immobiliers[822], et ce nonobstant la règle du paiement à l'échéance.

302. L'indifférence de la règle du paiement à l'échéance sur l'applicabilité du principe de subsidiarité – La circonstance selon laquelle la règle du paiement à l'échéance se rapproche des règles gouvernant le paiement des créances superprivilégiées ne suffit pas à écarter le principe de subsidiarité lorsqu'il est question de payer par privilège les créanciers postérieurs éligibles au traitement préférentiel[823]. D'une part, certes les prérogatives reconnues aux créanciers superprivilégiés et aux créanciers éligibles au traitement préférentiel peuvent-elles s'analyser toutes deux en un droit de prélèvement[824], mais il n'en demeure pas moins que ce droit de prélèvement ne repose pas sur la même technique. Quant aux créanciers superprivilégiés, ce droit de prélèvement se réalise au moyen d'une affectation à leur profit des fonds disponibles et premières rentrées de fonds[825], cependant que le droit de prélèvement des créanciers postérieurs privilégiés résulte de la conservation par ces derniers de leur droit de

---

821. V. sp. : D. BOUSTANI, *op. cit.*, n° 258 : « *Le principe de subsidiarité appliqué aux créanciers postérieurs s'analyse, ainsi, comme la conséquence logique de la requalification du droit de priorité en privilège général.* » et n° 264 ; P.-M. LE CORRE, 9e éd., n° 456.15.

822. En ce sens : P.-M. LE CORRE, 9e éd., préc. ; D. BOUSTANI, *op. cit.*, préc. ; F. PÉROCHON, 10e éd., n° 831 ; M. CABRILLAC, Ch. MOULY, S. CABRILLAC et Ph. PÉTEL, 10e éd., n° 667 ; Ph. SIMLER et Ph. DELEBECQUE, 7e éd., préc. ; Y. BOURGOIN et Th. MONTÉRAN, art. préc., v. Titre IV. *Contra* J. MESTRE, E. PUTMAN et M. BILLIAU, vol. II, n° 627 (opinion exprimée avant la L. de sauvegarde des entreprises et la requalification en véritable privilège) et, semble-t-il, Ph. MALAURIE, L. AYNÈS et P. CROCQ, 10e éd., note 59 ss n° 467.

823. Comp. : M. BOURASSIN, V. BRÉMOND et M.-N. JOBARD-BACHELLIER, 5e éd., n° 785.

824. V. J. MESTRE, E. PUTMAN et M. BILLIAU, vol. II, nos 590 et 627 ; M. BOURASSIN, V. BRÉMOND et M.-N. JOBARD-BACHELLIER, 5e éd., préc.

825. P.-M. LE CORRE, *La règle du paiement à l'échéance des créanciers postérieurs méritants et l'obligation de payer le super privilège des salaires sur les premières rentrées de fonds*, *Rev. proc. coll.* janv. 2012, n° 1, doss. 10, nos 7 et 8. *Adde* A. JACQUEMONT et R. VABRES, 9e éd., n° 1211.

poursuite individuelle[826], ces créanciers n'étant pas soumis aux règles de l'interdiction des paiements et de l'arrêt des poursuites individuelles[827].

D'autre part, et surtout, dans la mesure où le paiement à l'échéance permet au créancier postérieur éligible au traitement préférentiel d'être payé spontanément malgré l'existence de créanciers dont les droits de préférence prévalent sur celui conféré par le privilège de procédure[828], ce qui signifie que l'exercice de son droit de prélèvement par un créancier éligible au traitement préférentiel, c'est-à-dire l'obtention d'un titre et l'exécution de ce titre, est indépendant de l'ordre dans lequel s'exercent les privilèges[829], il apparaît que le droit de prélèvement et le droit de préférence s'entendent de deux prérogatives distinctes[830] – ce que suggère la structure des dispositions qui les établissent. Il n'est donc pas permis d'inférer de l'existence du droit d'être payé à l'échéance l'existence d'une modalité d'imputation du privilège de procédure dérogeant au principe de subsidiarité : le paiement par privilège des créanciers éligibles au traitement préférentiel obéit ainsi au principe de subsidiarité.

303. La synthèse du principe de subsidiarité : applicable à tous, sauf au superprivilège – La question de l'imputation subsidiaire des privilèges généraux sur les masses immobilières constitue certainement une difficulté en la matière, mais cette difficulté n'apparaît pas pour autant insurmontable, car, dès lors qu'il est admis que les privilèges généraux de droit spécial sont soumis au principe de subsidiarité, les textes fournissent peu ou prou la solution : dans le cadre des répartitions, faute de disposition générale contraire, les privilèges généraux s'imputent d'abord sur les masses mobilières et subsidiairement sur les masses immobilières, exception faite des créances couvertes par le superprivilège des salaires devant être payées sur les premières rentrées de fonds. Et bien que cette solution puisse être regrettée, tant il est vrai, d'une part, qu'elle tend à vider le principe de subsidiarité de sa substance du fait de l'importance des sommes échappant

---

826. J. Mestre, E. Putman et M. Billiau, vol. II, n° 627. Rappr. : P.-M. Le Corre, art. préc., n°s 2, 3, 6 et 7.

827. Art. L. 622-7, I, al. 1er, et L. 622-21, I, C. com., pour la sauvegarde, rendus applicables en redressement judiciaire et en liquidation judiciaire par les articles L. 631-14, al. 1er et L. 641-3, al. 1er, du même Code.

828. P.-M. Le Corre, art. préc., n° 6.

829. V. not. : Com. 7 sept. 2010, n° 09-66.595, NP ; *BJE* mars 2011, n°1, p. 23, n. F. Macorig-Venier ; *Leden* oct. 2010, n° 9, p. 2, obs. E. Mouial-Bassilana ; *RTD com.* 2010. 793, obs. J.-L. Vallens ; *Rev. proc. coll.* mars 2012, n° 2, comm. 51, n. C. Saint-Alary-Houin.

830. En ce sens : M. Bourassin, V. Brémond et M.-N. Jobard-Bachellier, 5e éd., préc.

ainsi à l'empire de ce dernier[831], et, d'autre part, qu'elle rend le paiement des créanciers titulaires de sûretés immobilières spéciales tributaire du déroulement des opérations de répartitions, il n'en demeure pas moins qu'elle procède de la volonté du législateur qui, après avoir arbitré entre les divers intérêts en présence, a décidé de placer les créanciers titulaires du superprivilège des salaires dans une situation avantageuse en assurant un prompt règlement de leurs créances.

304. Vers une difficulté sérieuse : le principe d'imputation équilibrée des privilèges généraux sur des masses de même nature – Il est en revanche une question qui se pose en des termes différents et à propos de laquelle les textes demeurent silencieux. En effet, si l'organe répartiteur sait comment imputer les privilèges généraux en présence de masses mobilières et immobilières, il n'en va pas de même lorsque se pose la question de leur imputation en présence de plusieurs masses de même nature : aucune indication n'est donnée, par exemple, pour répartir la charge des privilèges généraux entre plusieurs masses immobilières. Et à la différence du problème de l'imputation subsidiaire, la question de l'imputation équilibrée sur les masses de même nature constitue une difficulté « *particulièrement délicate* »[832].

§ 2 : L'imputation équilibrée des privilèges généraux sur les masses de même nature

305. Les données du problème – La situation sur laquelle il est à présent question de raisonner peut s'exposer comme suit : plusieurs immeubles sont compris dans le périmètre de la procédure collective et chacun d'eux se trouve grevé de sûretés spéciales différentes, telles deux hypothèques inscrites par deux créanciers différents. Parmi les autres créanciers, figurent certains créanciers titulaires de privilèges généraux, tels des créanciers titulaires du privilège des façonniers ou du privilège de conciliation. Or, ces derniers, sous réserve de l'application du principe de subsidiarité, priment les créanciers titulaires de sûretés spéciales sur le prix de vente des immeubles[833]. Donc, si la répartition du prix de vente d'un immeuble précède la distribution du prix de vente de l'autre, il est

---

[831]. M. BOURASSIN, V. BRÉMOND et M.-N. JOBARD-BACHELLIER, 5e éd., préc.

[832]. B. SOINNE, art. préc., n° 22. *Adde* P.-M. LE CORRE, 9e éd., n° 591.42, signalant que « *Cette difficulté est majeure.* ».

[833]. Art. 2376 C. civ. *Adde* les différents textes spéciaux, par ex. : art. 2332-4 C. civ. ou L. 3253-5 C. trav., ou encore L. 611-11, al. 1er, C. com., renvoyant à L. 622-17, II et L. 641-13, II, du même Code.

possible que les titulaires de privilèges généraux absorbent, sinon totalement, du moins substantiellement, le prix de vente réparti en premier au détriment des créanciers titulaires de sûretés spéciales inscrits sur l'immeuble concerné. Les sûretés spéciales de ces derniers ayant joué et épuisé leurs effets nonobstant l'absence de paiement effectif des créances qu'elles garantissaient, les titulaires de celles-ci deviennent des créanciers chirographaires[834]. Cela a pour conséquence de « *purger* »[835] les privilèges généraux et de permettre aux créanciers titulaires de sûretés spéciales grevant l'autre immeuble de participer à la distribution du prix de vente du bien grevé sans subir la priorité de paiement des titulaires de privilèges généraux, ou du moins, lorsque les privilèges généraux n'auront pas été entièrement purgés, en subissant leur priorité dans de moindres proportions[836]. En somme, les textes n'appréhendant pas cette problématique, le hasard du déroulement des opérations de répartition peut aboutir à ce qu'un « *créancier hypothécaire soit payé, l'autre pas...* »[837].

306. La nécessité d'une réponse adaptée – Cette situation est source de difficultés parce qu'elle met en exergue le fait que certains titulaires de sûretés spéciales subiront un véritable préjudice[838], sans pour autant que ce résultat n'ait été expressément imposé par le législateur en ce sens qu'il n'est pas la conséquence du respect de la hiérarchie des causes de préférence mais de l'absence de dispositions légales en matière de répartition de la charge des privilèges généraux[839]. L'épuisement des effets d'une sûreté spéciale, constituée notamment dans la perspective de la procédure collective du débiteur, correspond effectivement à un préjudice pour son titulaire puisque sa corrélative transformation en créancier chirographaire rend le plus souvent illusoires ses chances d'obtenir un paiement, ne serait-ce que partiel, de sa créance. De plus, indexer l'efficacité d'une sûreté spéciale sur les aléas du déroulement des opérations de répartition se révèle

---

[834]. Art. L. 643-6 C. com. : « *Les créanciers privilégiés ou hypothécaires, non remplis sur le prix des immeubles, concourent avec les créanciers chirographaires pour ce qui leur reste dû.* ». *Adde* F. PÉROCHON, 10e éd., n° 1323 *in fine* ; P.-M. LE CORRE, 9e éd., n° 591.44.

[835]. B. SOINNE, art. préc., n° 22.

[836]. Sur cette problématique, v. sp. : *Ibid.* ; B. SOINNE, 2e éd., n° 2488 ; P.-M. LE CORRE, 9e éd., n° 591.42 ; F. PÉROCHON, 10e éd., n° 1310 ; J.-P. SÉNÉCHAL, *La vente des immeubles et la distribution de leur prix*, *LPA* 28 oct. 1998, n° 129, p. 36 ; Ph. PÉTEL et F. LEGRAND, art. préc., A.-4°.

[837]. F. PÉROCHON, 10e éd., préc. Rappr. : B. SOINNE, 2e éd., préc.

[838]. V. P.-M. LE CORRE, 9e éd., préc. ; Ph. PÉTEL et F. LEGRAND, art. préc., A.-4°.

[839]. Rappr. : B. SOINNE, 2e éd., préc.

contraire aux impératifs de sécurité juridique[840] dans la mesure où l'affectation arbitraire[841] des privilèges généraux accentue notablement l'absence de visibilité et de prévisibilité à laquelle sont sujets les créanciers confrontés à la procédure collective de leur débiteur. Sous cet angle, le défaut de commandements légaux ne tend qu'à épaissir davantage le « *brouillard épais* »[842] que représentent les distributions collectives ; et c'est pourquoi, afin de remédier à cette situation au moyen d'une imputation équilibrée des privilèges généraux sur les masses de même nature[843], ont émergé en doctrine diverses théories (B) tendant à contourner l'obstacle dirimant de l'indivisibilité des sûretés réelles et à permettre conséquemment à l'organe répartiteur de s'émanciper de l'alternative insatisfaisante[844] à laquelle il se heurte (A).

A. Une alternative insatisfaisante

307. Les options de l'organe répartiteur – Du fait de l'absence de prescriptions légales en la matière, la gestion de la répartition de la charge des privilèges généraux se présente devant l'organe répartiteur sous la forme d'une alternative dont aucune des branches n'emporte satisfaction (1) et que le principe d'indivisibilité des sûretés réelles ne permet pas de dépasser (2) – de façon directe tout du moins. En toute logique, puisque l'alternative à laquelle est confronté l'organe répartiteur est la conséquence du principe d'indivisibilité, il conviendrait de donner à ce dernier la primeur des développements. Néanmoins, il faut indiquer qu'a été pris le parti d'exposer cette alternative en premier lieu afin, d'une part, de cerner au mieux le contexte pratique dans lequel s'inscrit la présente analyse, et d'autre part, de mesurer immédiatement l'intérêt que revêt la recherche d'un moyen de contourner l'indivisibilité des sûretés réelles.

---

840. F. PÉROCHON, 10e éd., préc.

841. *Ibid.*, nos 1308 et 1310.

842. B. SOINNE, art. préc., no 33.

843. V. N. LEURET et P.-M. LE CORRE, art. préc., I.-D., qui préconisent sans ambages de procéder à une telle imputation.

844. F. PÉROCHON, 10e éd., no 1310.

1. Les branches de l'alternative

308. Un arbitrage entre vitesse des opérations et efficience des sûretés – Soit l'organe répartiteur procède à des répartitions chronologiques, c'est-à-dire à la distribution des diverses masses au fur et à mesure du déroulement des opérations de liquidation[845] ; soit les répartitions prendront la forme d'une distribution globale en fin de procédure, après la dernière réalisation d'actif[846]. Dans la première hypothèse, l'imputation des privilèges généraux, sous réserve du respect du principe de subsidiarité, se fera de manière chronologique et non de manière équilibrée : les créanciers titulaires de sûretés spéciales subiront la primauté des privilèges généraux selon le déroulement des opérations de liquidation et l'efficacité de la sûreté spéciale sera ainsi fonction du seul moment où son titulaire aura vocation à exercer son droit de préférence. Cette modalité de répartition est considérée généralement comme efficace dans la mesure où elle ne retarde pas les opérations de répartition et permet de payer rapidement les créanciers titulaires de privilèges généraux[847]. En revanche, elle attente sérieusement à l'efficacité des sûretés réelles spéciales en rendant aléatoire le paiement de leurs titulaires. Dans la seconde hypothèse, l'effet est inverse : l'imputation des privilèges généraux ne résultera pas de la chronologie des opérations de répartition et il sera loisible à l'organe répartiteur de répartir de manière équilibrée la charge des privilèges généraux afin que chaque titulaire de sûreté spéciale subisse proportionnellement la priorité de ceux-ci[848]. En ce cas, l'efficacité des sûretés spéciales est davantage préservée, mais cette modalité de répartition présente l'inconvénient de retarder les répartitions.

309. – Si l'organe répartiteur ne peut, *a priori*, opter qu'entre ces deux branches de l'alternative et non en faveur d'une troisième branche intermédiaire consistant à imputer proportionnellement les privilèges généraux au fur et à mesure des opérations de répartition, c'est en raison des effets du cardinal principe d'indivisibilité des sûretés réelles[849].

---

845. *Ibid.* ; Ph. PÉTEL et F. LEGRAND, art. préc., A.-4° ; P.-M. LE CORRE, 9e éd., n° 591.41.
846. F. PÉROCHON, 10e éd., préc. ; Ph. PÉTEL et F. LEGRAND, art. préc., A.-4° ; P.-M. LE CORRE, 9e éd., préc.
847. *Ibid.*
848. *Ibid.*
849. Rappr. : F. PÉROCHON, 10e éd., note 594 ss n° 1310.

2. L'obstacle dirimant de l'indivisibilité des sûretés réelles

310. L'indivisibilité des sûretés réelles ou l'incompatibilité entre distributions chronologique et imputation proportionnelle des privilèges généraux – En effet, en vertu de ce principe, les biens grevés de sûretés différentes constituées au profit d'un créancier unique en garantie d'une même créance, ainsi que les biens compris dans l'assiette d'une sûreté générale, ont chacun vocation à garantir la créance en son entièreté[850]. De sorte que, chaque bien répondant de toute la dette, les créanciers titulaires de plusieurs sûretés spéciales grevant différents biens, de même que les créanciers titulaires d'une sûreté portant sur une généralité de biens, sont en droit de se désintéresser totalement sur l'actif de leur choix[851]. En conséquence, lorsqu'un créancier titulaire de plusieurs sûretés spéciales ou d'une sûreté portant sur un ensemble d'actifs prétend exercer son droit de préférence sur un actif grevé de sûretés spéciales constituées au profit d'autres créanciers dont les droits de préférence s'inclinent devant le sien, les créanciers titulaires de sûretés spéciales, pas plus que le juge[852], ne peuvent lui imposer de diviser ses poursuites et demandes de collocation afin de répartir proportionnellement le poids de son droit de préférence sur tous les biens qui lui sont affectés[853]. Dès lors, dans le cadre d'une procédure collective, lorsque l'organe répartiteur entreprend une distribution

---

850. J. SOUHAMI, *Retour sur le principe d'indivisibilité des sûretés réelles*, *RTD civ.* 2008. 27, n°s 9 et 12 ; M. BOURASSIN, V. BRÉMOND et M.-N. JOBARD-BACHELLIER, 5e éd., n°s 801 et 1018 ; M. CABRILLAC, Ch. MOULY, S. CABRILLAC et Ph. PÉTEL, 10e éd., n°s 611, 668, 924 et 1060 ; Ph. SIMLER et Ph. DELEBECQUE, 7e éd., n°395 ; J. MESTRE, E. PUTMAN et M. BILLIAU, vol. I et II, n°s 449 et 1541.

851. Civ. 3e, 15 févr. 1972, n° 70-13.094, *Bull. civ.* III, n° 98 : « *Attendu qu'en vertu du principe de l'indivisibilité* [...] *le créancier dont l'hypothèque s'étend à plusieurs immeubles, est en droit de choisir celui des immeubles sur le prix duquel il veut être colloqué pour la totalité de sa créance, sans que les créanciers ayant sur le même immeuble des hypothèques postérieures en rang puissent le contraindre à diviser sa demande de collocation pour la faire porter proportionnellement sur le prix de tous les immeubles qui lui sont affectés...* » ; *D.* 1972, jur. 463, n. E. FRANCK.

852. V. not. : CA Bordeaux, 1re ch. section A, 16 janv. 2007, RG n° 06/01295, ayant jugé que les créanciers titulaires du privilège de procédure sont « *habiles à obtenir paiement de leur créance, sans limitation de montant sur le premier immeuble vendu, sans qu'une répartition proportionnelle entre les différents biens immobiliers dépendant de la licitation des immeubles puisse leur être imposée, même judiciairement.* ». *Adde* M. BOURASSIN, V. BRÉMOND et M.-N. JOBARD-BACHELLIER, 5e éd., n° 801 ; M. CABRILLAC, Ch. MOULY, S. CABRILLAC et Ph. PÉTEL, 10e éd., n° 668

853. Civ. 3e, 15 févr. 1972, préc.

chronologique des masses de fonds, il ne peut, sauf à contrarier le principe d'indivisibilité des sûretés réelles, décider de ne payer sur une masse donnée qu'une fraction de la créance garantie par un privilège général dans le but de payer l'autre fraction sur une autre masse dans la mesure où cela équivaudrait à contraindre le titulaire du privilège général à exercer son droit de préférence de façon proportionnelle sur les biens qui lui sont affectés. Ainsi apparaît-il que le seul moyen dont dispose l'organe répartiteur pour répartir proportionnellement la charge des privilèges généraux correspond à une répartition globale en fin de procédure, synonyme de ralentissement des opérations de répartition.

311. – Toutefois, pour éviter à l'organe répartiteur d'avoir à arbitrer entre la préservation de l'efficacité des sûretés spéciales en imputant proportionnellement les privilèges généraux et l'accélération des opérations de répartition en répartissant la charge des privilèges généraux de façon chronologique, certains auteurs ont proposé diverses théories et techniques constitutives d'une voie intermédiaire permettant d'allier la répartition équilibrée du poids des privilèges généraux avec l'absence de ralentissement excessif des opérations de répartition.

B. Les propositions alternatives

312. La dualité des fondements aux fins d'éviction de l'indivisibilité des sûretés réelles – Les propositions doctrinales tendant à admettre une voie intermédiaire consistant en une imputation proportionnelle des privilèges généraux au fur et à mesure des opérations de répartition sont de deux ordres. Certaines propositions doctrinales semblent se fonder sur un principe dit de « *neutralité de l'ordre des opérations de distribution* »[854], qui serait contenu de manière latente dans le Code de commerce, et peuvent, à ce titre, être qualifiées de théories (1) ; cependant que d'autres reposent sur un fondement plus explicite et supposent de procéder à une gymnastique plus technique (2).

---

[854]. J.-P. SÉNÉCHAL, art. préc., II.-C.-1. *Adde* F. PÉROCHON, 10e éd., préc., le désignant en des termes presque identiques : « ***principe de neutralité des opérations destinées à assurer un*** ordre » (en gras dans l'ouvrage). En outre, cet auteur estime que la jurisprudence « *aurait pu* ***généraliser le*** **principe de subsidiarité des privilèges généraux** *ou dégager* ***un principe d'égalité de traitement des privilèges spéciaux*** *face aux privilèges généraux...* » (en gras et en italique dans l'ouvrage).

1. Les théories fondées sur un principe latent de neutralité de l'ordre des opérations

313. La technique du report de la quote-part de la charge des privilèges généraux – Selon un auteur, la solution à laquelle conduit l'application du principe d'indivisibilité des sûretés réelles en droit commun ne devrait pas être reconduite dans le cadre d'une procédure collective car elle en contrarie la « *nature profonde* »[855]. La vocation d'une procédure collective à être une « *distribution universelle du prix des biens du débiteur* »[856] n'apparaît pas compatible avec une répartition déséquilibrée du poids des privilèges généraux ; la fonction même d'une voie d'exécution collective étant d'attribuer à chaque créancier ce qui lui est dû dans la limite qu'impose, de fait, l'insuffisance du gage commun, le calendrier des opérations ne devrait pas avoir d'incidence sur l'intervention du paiement effectif de tout ou partie de certaines créances[857]. C'est pourquoi, sur la base de l'idée selon laquelle il serait possible d'induire de l'article L. 643-5 du Code de commerce un principe de neutralité de l'ordre des opérations de répartition[858], cet auteur a proposé une technique de report d'une quote-part de la charge des privilèges généraux qu'auront subi exclusivement, par hypothèse, les créanciers inscrits sur les premiers biens vendus. Par cette technique, il s'agirait de reporter le poids de ces privilèges d'un bien à un autre afin de neutraliser l'incidence qu'exerce l'ordre des répartitions sur le paiement effectif de certaines créances par une imputation équilibrée des privilèges généraux sur l'ensemble des actifs[859]. Cette technique a été conçue précisément pour concilier efficacité des opérations de répartition et imputation proportionnelle des privilèges généraux dans la mesure où il est indiqué que ce report s'effectuerait « *au fur et à mesure que les immeubles du débiteur seraient réalisés* »[860]. Sous cet angle, et eu égard aux considérations tenant à la nature et aux fonctions d'une procédure collective, il apparaît que le report de la quote-part de la charge des privilèges généraux

---

[855]. J.-P. SÉNÉCHAL, art. préc., II.-C.-1.

[856]. *Ibid. Adde* B. SOINNE, 2e éd., n° 2488 : « *La procédure collective est un ensemble. Il est impossible de la tronçonner en quelque sorte, pour ne considérer que l'un des aspects des réalisations, ceux intervenus en premier en négligeant les autres.* ».

[857]. J.-P. SÉNÉCHAL, art. préc., II.-C.-1. Rappr. : B. SOINNE, 2e éd., préc., et art. préc., n° 22 ; F. PÉROCHON, 10e éd., nos 1308 et 1310.

[858]. J.-P. SÉNÉCHAL, art. préc., II.-C.-1 ; F. PÉROCHON, 10e éd., n° 1310.

[859]. J.-P. SÉNÉCHAL, art. préc., II.-C.-1.

[860]. *Ibid.*

fait office de correctif du déséquilibre qu'engendre le principe d'indivisibilité[861].

314. Le rapprochement avec la technique de la subrogation – La technique du report de la quote-part des privilèges généraux, telle que présentée par cet auteur, doit être rapprochée d'une technique qui avait été exposée auparavant par un autre auteur[862], à savoir la technique de la subrogation, dans la mesure où il est expressément précisé que le report de la quote-part pourrait se fonder sur la subrogation[863]. Ce rapprochement est d'autant plus indiqué que la technique de la subrogation, en ce qu'elle appartient à la théorie du « *rétablissement* »[864], participe, sinon du principe, du moins de l'idée d'une neutralité de l'ordre des opérations de répartition[865]. Selon la technique de la subrogation, en substance, lorsqu'un créancier titulaire d'une sûreté spéciale subit la primauté d'un créancier titulaire d'un privilège général lors de la distribution du prix de vente du bien constituant l'assiette de sa sûreté, il se retrouverait subrogé dans les droits du second parce que le paiement a été effectué par l'organe représentant l'intérêt collectif des créanciers, ce dernier n'étant « *qu'un intermédiaire entre le créancier* [titulaire de la sûreté spéciale] *et le créancier privilégié bénéficiant du paiement* »[866]. De la sorte, le créancier ainsi subrogé participerait aux distributions de masses suivantes à hauteur du paiement qu'il aurait supporté initialement.

315. Une assise fragile – La technique du report de la quote-part paraît néanmoins se heurter à un obstacle de taille : l'absence de base textuelle explicite. Aucune disposition afférente aux répartitions ne contient ni ne suggère le procédé du report de la quote-part des privilèges généraux d'un actif à un autre. De plus, le fondement invoqué, à savoir le principe de

---

861. Rappr. : B. SOINNE, 2e éd., préc. *in fine*, s'exprimant en ces termes : « *A supposer que certains créanciers aient été réglés plus rapidement que d'autres, il faut donc rétablir* ***l'équilibre****...* » (mise en gras par l'auteur de ces lignes).

862. *Ibid.*, et B. SOINNE, art. préc., n° 22 *in fine*.

863. J.-P. SÉNÉCHAL, art. préc., II.-C.-1.

864. V. sp. B. SOINNE, art. préc., n° 22.

865. V. B. SOINNE, 2e éd., préc. et art. préc., n° 22.

866. B. SOINNE, 2e éd., préc., poursuivant le raisonnement ainsi : « *On peut donc dire qu'il n'est que le mandataire du créancier. Il semble donc bien que le créancier* [titulaire de la sûreté spéciale] *puisse être subrogé dans les droits du créancier privilégié à concurrence de ce qui a été versé à ce dernier.* ». Bien que l'auteur n'ait exposé initialement ce mécanisme qu'à propos du créancier gagiste, du fisc et du nanti, la subrogation se conçoit également en présence d'un créancier hypothécaire ou titulaire d'un privilège spécial : B. SOINNE, art. préc., n° 22 *in fine*.

neutralité de l'ordre des opérations de distribution, dispose lui-même d'un socle friable dans la mesure où il s'agirait de l'induire de l'article L. 643-5 du Code de commerce. Or, si cette disposition conduit effectivement à assurer une certaine neutralité de l'ordre des répartitions, il reste que selon sa lettre, conjuguée à celle de l'article L. 643-7 du même Code rendant applicable l'article L. 643-5 aux titulaires « *d'une sûreté mobilières spéciale* »[867], elle ne se propose de produire un tel effet que lorsque sont en jeu des répartitions chirographaires et des répartitions de prix de vente de biens grevés de sûretés spéciales[868], et non lorsque sont en jeu plusieurs répartitions privilégiées. Par ailleurs, il est à noter qu'à la différence des articles L. 643-4 et L. 643-6, l'article L. 643-5 ne fait pas mention des « *créanciers privilégiés ou hypothécaires* »[869] mais des seuls « *créanciers hypothécaires* »[870]. Certes ne serait-il pas indiqué de prétendre y voir une volonté du législateur de restreindre l'application de ce texte aux seuls hypothécaires, à l'exclusion des créanciers titulaires d'un privilège spécial[871], mais il n'en demeure pas moins que l'absence de référence aux créanciers privilégiés prive l'interprète souhaitant étendre ce texte aux privilèges généraux d'un argument de texte.

316. L'opportunité du recours à une autre technique – Sans doute serait-il rationnel d'admettre qu'un créancier titulaire d'un privilège général exerce son droit de préférence de telle sorte que l'efficacité des sûretés spéciales soit préservée au maximum[872], c'est-à-dire de telle sorte que toutes ces sûretés puissent déployer utilement leurs effets, sans que le calendrier du déroulement des opérations de distribution exerce une quelconque incidence sur le paiement effectif des titulaires de sûretés spéciales[873]. Et sans doute est-il de l'essence profonde d'une procédure collective de parvenir à un tel

---

867. Art. L. 643-7 C. com.

868. V. F. PÉROCHON, 10e éd., n° 1309 ; M. CABRILLAC, Ch. MOULY, S. CABRILLAC et Ph. PÉTEL, 10e éd., n° 1101.

869. Art. L. 643-4, al. 1 et 2, et L. 643-6 C. com.

870. Art. L. 643-5 C. com.

871. V. semblant inclure les privilèges spéciaux : P.-M. LE CORRE, 9e éd., n° 591.45 ; M. CABRILLAC, Ch. MOULY, S. CABRILLAC et Ph. PÉTEL, 10e éd., préc. ; B. SOINNE, 2e éd., n° 2490.

872. Comp. : CA Bordeaux, 8 avr. 1908 ; *D.* 1911. 2. 377, v. sp. p. 378 : « *Attendu qu'il est encore rationnel d'admettre que, faute par un créancier inscrit d'avoir choisi un immeuble plutôt qu'un autre et faute d'intérêt, il doit être colloqué de telle façon que les autres inscriptions puissent produire leur effet* […] ; *qu'il importe de faire produire le plus d'effet possible aux diverses inscriptions…* ».

873. F. PÉROCHON, 10e éd., n° 1308.

résultat en vertu d'un principe de neutralité de l'ordre des opérations de répartition. Mais, compte tenu de l'obstacle textuel qui se dresse face à l'affirmation de l'existence d'un principe de neutralité ancré solidement dans le dispositif légal des procédures collectives[874], principe sur le fondement duquel pourrait se concevoir une technique qui, ainsi que cela a été observé, semble « *ajouter au texte* »[875] en l'état du droit positif, il apparaît opportun d'envisager une autre technique afin de tenir en échec le principe d'indivisibilité des sûretés réelles.

2. La technique fondée sur la possibilité explicite des paiements provisionnels

317. La technique du paiement provisionnel – Dans la perspective d'une répartition équilibrée de la charge des privilèges généraux, certains auteurs ont proposé une voie intermédiaire consistant à éluder l'indivisibilité des sûretés réelles en recourant au mécanisme du paiement provisionnel[876] – parfois analysé comme une répartition provisionnelle[877] – institué par l'article L. 643-3 du Code de commerce. Par le biais de cette technique, le liquidateur peut saisir le juge-commissaire pour que soit ordonné le paiement à titre provisionnel d'une quote-part d'une créance admise à titre définitif, mais non de la totalité de la créance, sauf pour le juge à commettre un excès de pouvoir[878]. Bien que le paiement provisionnel d'un créancier

---

[874]. V. CA Bordeaux, 1re ch. section A, 16 janv. 2007, préc.

[875]. P.-M. LE CORRE, 9e éd., n° 591.42.

[876]. *Ibid.* ; Ph. PÉTEL et F. LEGRAND, art. préc., A.-4°. Rappr. : F. PÉROCHON, 10e éd., n° 1310, qui suggère de « *faire un savant cocktail des deux solutions* [les deux branches de l'alternative exposées *supra*] *et* ***répartir sans attendre une partie des fonds*** *sur la base d'une évaluation* » faite par le liquidateur quant aux produits des réalisations à venir, « *afin de répartir équitablement le poids des privilèges généraux* » (en gras et en italique dans l'ouvrage). Comp. : B. SOINNE, art. préc., n° 22, proposant, en substance, de colloquer les créanciers titulaires de privilèges généraux de manière conditionnelle ou provisoire. La collocation ne serait maintenue que si ces créanciers ne peuvent ensuite être colloqués utilement sur le produit des autres réalisations mobilières. V. aussi : A. JACQUEMONT et R. VABRES, 9e éd., n° 1049, pour qui les paiements provisionnels viennent réduire certaines difficultés dans le cadre de répartitions chronologiques.

[877]. P. HUILLE, *Les répartitions provisionnelles : leur régime juridique et leur fréquence en pratique*, *Gaz. Pal.* 1er mars 2001, n° 60, p. 10 ; Y. BOURGOIN et Th. MONTÉRAN, art. préc., v. Titre II ; Ph. PÉTEL et F. LEGRAND, art. préc., A.-4°.

[878]. CA Pau, 2e ch. section 1, 12 juin 2008, RG n° 07/03098 : « *En l'espèce, le jugement entrepris a donc commis un double excès de pouvoir, d'une part en se prononçant sur l'ordre entre les créances* [...] *et d'autre part en allouant à* [certains

chirographaire soit théoriquement envisageable en ce que les textes se bornent à exiger que la créance soit définitivement admise sans distinguer selon la nature de celle-ci, la jurisprudence semble faire montre de réticence quant à cette possibilité puisque dans l'une des rares décisions rendues en la matière[879], un créancier s'est vu refusé le bénéfice d'un paiement provisionnel au motif qu'il était créancier chirographaire[880]. Par conséquent, la technique du paiement provisionnel semble se cantonner aux créanciers titulaires de sûretés ; ce qu'impliquent concrètement, au demeurant, les conditions d'allocation de la provision[881]. Le montant de cette dernière est en effet déterminé « *en fonction de l'existence, du montant et du rang des autres créances, dues ou susceptibles d'être dues* »[882].

318. La clef de la neutralisation de l'ordre des répartitions : les restitutions de trop-perçus – L'idée serait ici d'utiliser la souplesse du mécanisme du paiement provisionnel pour procéder à des distributions chronologiques tout en obtenant *in fine* le résultat d'une répartition globale. Il s'agit donc d'atteindre un équilibre entre vitesse – ou absence de ralentissement – du déroulement des opérations de répartition et imputation équilibrée des privilèges généraux. La clef de voûte de cette modalité de contournement du principe d'indivisibilité des sûretés réelles réside dans la restitution des éventuels trop-perçus dont auraient été destinataires certains créanciers titulaires de sûretés spéciales[883]. En pareil cas, le liquidateur peut en effet demander aux créanciers *accipiens* de restituer tout ou partie des sommes versées au titre du paiement provisionnel s'il apparaît que ce

---

créanciers] *une provision ne correspondant pas à une quote-part de leur créance mais à la totalité...* » ; *Rev. proc. coll.* sept. 2009, n° 5, comm. 110, n. F. MACORIG-VENIER.

879. F. MACORIG-VENIER, n. ss CA Pau, 2e ch. section 1, 12 juin 2008, préc., *Rev. proc. coll.* sept. 2009, n° 5, comm. 110, *in limine* : « *Les décisions rendues en application de l'article L. 643-3 du Code de commerce* [...] *sont fort rares.* » ; N. BORGA, n. ss T. com. Paris, 5 déc. 2011, n° 2011/057998, *Leden* févr. 2012, n° 2, p. 5, *in limine.*

880. CA Pau, 2e ch. section 1, 12 juin 2008, préc. V. sp. F. MACORIG-VENIER, art. préc.

881. V. F. MACORIG-VENIER, art. préc.

882. Art. R. 643-2, al. 2, C. com. *Adde* not. : P.-M. LE CORRE, 9e éd., n° 591.11, énonçant que « [l'] *on voit mal un paiement provisionnel intervenir au profit d'un créancier chirographaire, dès lors qu'il faut une suffisante probabilité que l'intéressé ait droit à des répartitions* » ; F. PÉROCHON, 10e éd., n° 1306, indiquant que les paiements provisionnels « *supposent* [...] *que le créancier vienne en rang utile...* ».

883. V. sp. P.-M. LE CORRE, 9e éd., n° 591.42.

versement est indu, c'est-à-dire si les sommes reçues excèdent les droits à répartition des créanciers, au besoin après avoir saisi le juge-commissaire afin que ce dernier ordonne la restitution de ces sommes, cette restitution devant intervenir sur première demande du liquidateur[884]. Dans ces conditions, le liquidateur pourrait dans un premier temps procéder au paiement à titre provisionnel de certains créanciers titulaires de sûretés spéciales, et par la suite, lorsqu'il « *aura une vision plus complète de l'actif à répartir* »[885], corriger les montants de ces paiements par le jeu des restitutions pour répartir proportionnellement la charge des privilèges généraux en affectant les sommes restituées au paiement d'autres créanciers titulaires de sûretés spéciales[886]. En somme, sur le plan de l'imputation des privilèges généraux, la technique du paiement provisionnel permettrait de faire comme si une répartition globale en fin de procédure avait eu lieu.

319. L'adaptation de l'appréciation des circonstances de fait – Certains auteurs soulignent l'existence d'une sorte de condition tacite, non exigée par la loi mais « *de nature à légitimer un paiement accéléré* »[887], tenant à la démonstration par le créancier d'un « *besoin particulièrement pressant* »[888] d'obtenir un tel paiement. Aussi légitime cette exigence de fait puisse-t-elle être lorsque la demande de paiement provisionnel émane d'un créancier, elle ne coïncide pas avec l'utilisation des paiements provisionnels aux fins d'élimination de l'obstacle de l'indivisibilité des sûretés réelles. En effet, tout créancier titulaire d'une sûreté spéciale susceptible d'être concerné par un paiement provisionnel dans la perspective de répartitions équitables ne se trouve pas automatiquement dans un état de besoin pressant. Et dès lors que l'objectif du liquidateur est de procéder à une imputation équilibrée des privilèges généraux, la possibilité pour un créancier de supporter la charge de ces privilèges dans la même proportion que les autres créanciers titulaires de sûretés spéciales ne devrait pas être subordonnée à la démonstration par lui d'un besoin pressant d'obtenir ce paiement provisionnel : le paiement effectif d'un créancier, et donc son droit de percevoir ce qui lui est dû dans la limite de l'insuffisance du gage commun, ne devrait pas être fonction de ce type de données, sauf à dénaturer la procédure collective. En conséquence, lorsque le liquidateur entend saisir le juge-commissaire d'une demande tendant au paiement provisionnel d'un

884. R. 643-2, d. al., C. com.

885. Ph. PÉTEL et F. LEGRAND, art. préc., A.-4°.

886. P.-M. LE CORRE, 9e éd., préc. *in fine*.

887. F. PÉROCHON, 10e éd., préc.

888. *Ibid. Adde* N. BORGA, n. ss T. com. Paris, 5 déc. 2011, n° 2011/057998, *Leden* févr. 2012, n° 2, p. 5, *in fine*.

créancier titulaire d'une sûreté spéciale dans le but de répartir proportionnellement la charge des privilèges généraux, l'appréciation du juge-commissaire ne devrait porter que sur les éléments requis par les articles L. 643-3 et R. 642-2 du Code de commerce et non sur la situation du créancier.

320. La synthèse des principes d'imputation des privilèges généraux – En l'état du droit positif, la technique des paiements provisionnels paraît constituer le seul moyen d'obvier aux effets néfastes que peut entraîner le principe d'indivisibilité des sûretés réelles. S'il est vrai qu'à la différence du principe d'imputation subsidiaire des privilèges généraux sur les masses immobilières, le principe d'imputation équilibrée des privilèges généraux sur les masses de même nature ne bénéficie pas d'un ancrage textuel explicite, il peut néanmoins se recommander de l'essence d'une procédure collective ; ce qui exhorte à ne pas en minimiser l'importance et à le situer, non à un degré inférieur par rapport au principe de subsidiarité, mais sur un plan différent. Répondant à deux problématiques d'imputation, certes distinctes, mais participant du cadre général de la chronologie des répartitions, les principes de subsidiarité et d'imputation équilibrée se révèlent complémentaires. Quant à ce dernier, le fait que, depuis deux décennies, la doctrine ait proposé diverses solutions tendant, sinon à formaliser un tel principe, du moins à le doter d'un certain contenu, témoigne d'une véritable insuffisance des prescriptions légales, trait caractéristique du principe de respect de la chronologie des distributions de masses de fonds.

321. La synthèse du principe de respect de la chronologie des distributions de masses de fonds : l'ordre chronologique optimal – Eu égard aux développements consacrés au principe sous examen, et en particulier ceux relatifs aux problématiques d'imputation des privilèges généraux, il est possible d'établir un ordre chronologique optimal en vertu duquel, dans la limite de l'insuffisance du gage commun, les intérêts de tous les créanciers sont préservés au maximum, à charge pour l'organe répartiteur de se conformer aux mesures correctrices qu'édicte spécialement le Code de commerce en matière de chronologie des répartitions. S'il est rappelé qu'il existe un principe général du droit des sûretés qui consiste à préserver le gage affecté d'une sûreté spéciale de l'emprise des privilèges généraux et qui conduit à imputer les privilèges généraux en priorité sur les masses chirographaires[889], sans préjudice du principe de subsidiarité de l'article

---

[889]. N. LEURET et P.-M. LE CORRE, *Atelier n°4. Les répartitions en liquidation judiciaire*, *LPA* 29 mars 2016, n° 63, p. 27, I.-B, présentant ainsi le principe de

2376 du Code civil, il appartient à l'organe répartiteur de distribuer les différentes masses selon l'ordre suivant : d'abord, les masses chirographaires mobilières ; ensuite, les masses mobilières correspondant aux actifs grevés de sûretés spéciales avec imputation proportionnelle des privilèges généraux ; après, les masses chirographaires immobilières ; puis, les masses immobilières correspondant aux actifs grevés de sûretés spéciales avec imputation proportionnelle des privilèges généraux ; et enfin, le cas échéant, la masse correspondant au produit de l'action en responsabilité pour insuffisance d'actif.

---

conservation de la valeur du gage affecté d'une sûreté spéciale : « *Selon un principe général du droit des sûretés, il convient de tenter de préserver le gage des créanciers titulaires d'une sûreté spéciale de la forte emprise des privilèges généraux...* ». *Adde* F. PÉROCHON, 10e éd., note 587 ss n° 1308, qui indique, à propos du conflit entre les créanciers titulaires de sûretés spéciales et ceux titulaires de privilèges généraux, que pour les premiers, l'idéal « *est que les privilèges généraux s'exercent le plus possible sur le prix des actifs non grevés (*actif chirographaire*),* ***afin que leur sûreté conserve son assiette maximale***. » (en italique dans l'ouvrage ; mise en gras par l'auteur de ces lignes) et qui précise que cette maximisation s'opère, certes inévitablement « *au détriment des créanciers chirographaires* », mais conformément « *aux principes du droit des sûretés.* ».

CONCLUSION DU CHAPITRE II

322. Un environnement normatif perfectible – Les principes de respect de la hiérarchie des causes de préférence et de respect de la chronologie des distributions de masses de fonds correspondent à deux grands principes qui sont profondément complémentaires. Leur conjonction permet d'apporter une réponse à la question de savoir dans quel ordre les paiements doivent intervenir ; et c'est pourquoi il s'agit assurément de grands principes. De façon générale, lorsque la complexité des opérations de répartition est invoquée, c'est aux règles relevant de ces principes qu'il est fait référence. Il appartient en effet à l'organe répartiteur d'évoluer dans un environnement normatif oscillant entre une incroyable densité et un silence parfois abyssal : le principe de respect de la hiérarchie des causes de préférence sollicite de très nombreux textes, cependant que le principe de respect de la chronologie des distributions de masses de fonds a été épargné par l'inflation législative, à tel point qu'il se constate une véritable carence de prescriptions légales.

323. L'exacerbation de la concurrence entre les créanciers – À l'instar des grands principes préparatoires à propos de la loi de la procédure, les grands principes opératoires constituent la manifestation paroxystique de l'âpreté de la loi du concours, et ce d'autant plus que, non contents d'être le cadre au sein duquel les créanciers trouvent à confronter leurs causes de préférence, les grands principes sous inspection – ou de façon plus exacte, le silence des textes – exacerbent cette concurrence en mettant parfois certains créanciers titulaires de sûretés spéciales aux prises avec d'autres titulaires de sûretés spéciales alors même que leurs sûretés respectives ne grèvent pas le même actif. Comme cela a pu être souligné, il s'agit d'une difficulté majeure qui trahit les lacunes du droit positif et à l'éviction de laquelle s'ingénie la doctrine. À cet égard, certains auteurs ont plaidé en faveur de la reconnaissance d'un principe de neutralité de l'ordre des opérations de répartition, principe qu'il s'agirait d'induire de l'article L. 643-5 du Code de commerce. L'idée d'un principe de neutralité paraît en soi difficilement contestable, et en particulier parce qu'assurer une neutralité dans l'ordre des répartitions tend à restaurer l'efficacité des sûretés qui, dans le système actuel, peut être éminemment fonction des aléas du déroulement des opérations de répartition ; mais en l'état du droit positif, les obstacles textuels contrarient l'émergence d'un principe permettant de contourner le principe d'indivisibilité des sûretés réelles. Peut être, dans le cadre des procédures collectives, faudrait-il admettre une diminution de la vigueur de ce dernier.

CONCLUSION GÉNÉRALE

324. Retour sur le principe primitif : le principe de participation universelle des créanciers aux répartitions – Le principe de participation universelle des créanciers aux répartitions s'entend du principe selon lequel tous les créanciers inclus dans le périmètre de la procédure collective ont vocation à participer aux répartitions, sous réserve, d'une part, de ne pas se trouver dans une situation de contrariété ou de dérogation à l'endroit des règles orchestrant les procédures collectives et, d'autre part, de ne pas intégrer le champ des diverses exceptions légales. Ce principe incarne la dimension subjective de la phase préparatoire et son examen permet de délimiter le périmètre subjectif des répartitions. D'un point de vue théorique, ce principe se suffit à lui-même puisque la seule exigence absolue en matière de répartitions tient à la détermination des créanciers ayant vocation à y participer. Non que les autres aspects soient superflus, mais ils sont fonction de la politique législative en la matière. Que le Droit instaure exclusivement une répartition au marc le franc, qu'il institue une obligation de respecter une hiérarchie établie sur la base des causes de préférence, ou qu'il tolère l'arbitraire le plus total en matière de chronologie des répartitions, le dénominateur commun est et restera les créanciers, le présupposé est et restera la participation des créanciers, le principe primitif est et restera le principe afférent à la délimitation du périmètre subjectif des répartitions. En somme, si ce grand principe est un principe primitif des distributions collectives, c'est parce qu'il fournit l'élément de base – le créancier – en l'absence duquel tous les autres grands principes ne peuvent s'exprimer. Ce caractère de principe premier se justifie également à travers une approche négative dans la mesure où certaines des exceptions que supporte ce principe correspondent à celles qui produisent les effets les plus radicaux. Pour ne livrer qu'un exemple, un créancier ayant omis de déclarer sa sûreté participera aux répartitions, ou aura à tout le moins vocation à y participer, en qualité de créancier chirographaire. En revanche, le créancier ayant omis de déclarer sa créance n'aura aucune vocation à participer aux répartitions. En la matière, il semble donc que plus les exceptions sont vigoureuses, plus le principe est fondamental.

325. Retour sur le principe décisif : le principe de considération des sûretés dans les répartitions – Le principe de considération des sûretés incarne quant à lui la dimension objective de la phase préparatoire. L'analyse de son domaine permet de délimiter le périmètre objectif des répartitions. Eu égard aux développements qui lui ont été consacrés, il est possible de le considérer comme le principe selon lequel sont prises en compte les sûretés qui assortissent les créances dont leurs titulaires ont vocation à participer aux répartitions, qui grèvent tout ou partie des éléments d'actifs du débiteur, qui sont opposables à la procédure et qui ne font l'objet d'aucune exclusion légale expresse. Ce principe est décisif parce qu'il est le présupposé technique des grands principes opératoires du droit positif. En effet, si les sûretés n'étaient pas prises en compte dans les répartitions, il n'y aurait ni principe de respect de la hiérarchie des causes de préférence, ni principe de respect de la chronologie des distributions de masses de fonds. En un sens, c'est donc le principe de considération des sûretés dans les répartitions qui donne aux répartitions leur physionomie actuelle.

326. Retour sur le principe illisible : le principe de respect de la hiérarchie des causes de préférence – Le principe de respect de la hiérarchie des causes de préférence est le grand principe opératoire selon lequel l'organe répartiteur doit procéder aux distributions collectives dans le respect des divers classements de droits de préférence pouvant cohabiter au sein d'une même procédure collective. Ce grand principe est de loin le plus complexe à appréhender dans la mesure où, en un sens, son objet est virtuellement infini. Le nombre de causes de préférence que contient notre ordonnancement juridique est tel que toute présentation de leur hiérarchie oblige à un choix plus ou moins arbitraire. En outre, l'agencement de ces causes de préférence est délicat. Pour adopter un ton caricatural, tous les textes se contredisent et expriment l'idée selon laquelle la sûreté qu'ils instituent prime toutes les autres ; dans ces conditions, l'établissement d'un classement fiable se révèle être une périlleuse entreprise. Surtout, la grande difficulté en la matière tient à la multiplicité des classements, ce qui rend presque illisible une hiérarchie dont le déchiffrage était déjà difficile. Peut-être le ton sera-t-il exagérément incisif mais, dès lors que tout classement correspond à une hiérarchie d'intérêts, et, d'un point de vue plus fondamental, dès lors qu'une règle de droit est un arbitrage entre divers intérêts, n'y a-t-il pas quelques postures prosaïques et velléitaires à multiplier le nombre déjà imposant de causes de préférence ? L'exposé succinct de la hiérarchie des causes de préférence entrepris en ces lignes, cantonné aux droits de préférence du droit des entreprises en difficulté, permet, semble-t-il, de se rendre compte qu'à vouloir privilégier tout le monde, on ne privilégie personne, et ce, *a fortiori* dans le contexte d'une entreprise en difficulté – sauf à être invariablement destiné au premier rang de la hiérarchie.

327. Retour sur le principe perfectible : le principe de respect de la chronologie des distributions de masses de fonds – Le principe de respect de la chronologie des distributions de masses de fonds s'entend du principe selon lequel les divers paiements auxquels procède l'organe répartiteur doivent intervenir conformément à une chronologie précise et dans le respect des règles d'imputation des privilèges généraux, à charge pour celui-ci de se conformer le cas échéant aux mesures correctrices qu'édicte spécialement le Code de commerce en la matière. Ce grand principe est perfectible parce qu'il s'agit de celui que le législateur a regrettablement délaissé et qu'à titre de palliatif, il est nécessaire de coordonner des règles qui n'ont absolument pas été conçues pour se combiner. La question de la chronologie à proprement parler ne fait l'objet que de peu de dispositions et la question de l'imputation des privilèges généraux se résume au principe de subsidiarité en matière immobilière. À cet égard, dans la mesure où le superprivilège des salaires écarte l'application du principe de subsidiarité, ce dernier paraît quelque peu vidé de sa substance lorsqu'il trouve à s'appliquer dans le cadre d'une procédure collective : certes le principe de subsidiarité est-il applicable aux privilèges généraux du droit des entreprises en difficulté, mais il est inapplicable à celui qui absorbe généralement, sinon l'ensemble, du moins une partie substantielle des actifs. Ce qui invite à considérer, non sans une certaine exagération, qu'il n'y a, en réalité, presque aucun texte qui gouverne la question alors même qu'elle revêt une importance capitale. La problématique de l'imputation des privilèges généraux sur les masses de même nature est un excellent révélateur de la nécessité d'une appréhension de la chronologie des opérations de répartition par le législateur, puisqu'en fonction de l'ordre des opérations, et de façon plus précise, selon qu'il est opté en faveur d'une répartition globale ou de distributions chronologiques, une sûreté sera ou ne sera pas efficace. Les procédures collectives sont souvent incriminées pour l'atteinte qu'elles portent à l'efficacité des sûretés, mais en la matière, il semble que ce soit davantage le mutisme législatif et le principe d'indivisibilité des sûretés réelles lui-même qui conduisent à un possible anéantissement de l'efficacité d'une sûreté au seul gré des circonstances, et non, par hypothèse, en vertu d'une prescription légale expresse.

INDEX ALPHABÉTIQUE

(*Les numéros renvoient aux numéros de paragraphes*)

D

E

F

G

H

I

J

R

S

BIBLIOGRAPHIE

Traités, manuels et ouvrages spéciaux cités par le nom de leurs auteurs

ALBIGES Ch. et **DUMONT-LEFRAND M.-P.**, *Droit des sûretés*, coll. « HyperCours », Dalloz, 6e éd., 2017.

BOURASSIN M., BRÉMOND V. et **JOBARD-BACHELLIER M.-N.**, *Droit des sûretés*, coll. « Sirey université », Sirey, 5e éd., 2016.

CABRILLAC M., MOULY Ch., CABRILLAC S. et **PÉTEL Ph.**, *Droit des sûretés*, coll. « Manuel », LexisNexis, 10e éd., 2015.

DERRIDA F., GODÉ P. et **SORTAIS J.-P.**, *Redressement et liquidation judiciaires des entreprises. Cinq années d'application de la loi du 25 janvier 1985*, avec la collab. de HONORAT A., Dalloz, 3e éd., 1991.

JACQUEMONT A. et **VABRES R.**, *Droit des entreprises en difficulté*, coll. « Manuel », LexisNexis, 9e éd., 2015.

LE CANNU P., LUCHEUX P., PITRON M. et **SÉNÉCHAL J.-P.**, *Entreprises en difficulté. Prévention, redressement et liquidation judiciaires*, coll. « Pratique des affaires », GLN Joly, 1995.

LE CORRE P.-M., *Droit et pratique des procédures collectives*, coll. « Dalloz Action », Dalloz, 9e éd., 2017/2018.

LEGEAIS D., *Droit des sûretés et garanties du crédit*, coll. « Manuel », LGDJ - Lextenso, 11e éd., 2016.

LIENHARD A., *Procédures collectives*, coll. « Encyclopédie Delmas », Delmas, 6e éd., 2015/2016.

MALAURIE Ph., AYNÈS L. et **CROCQ P.**, *Droit des sûretés*, coll. « Droit civil », LGDJ - Lextenso, 10e éd., 2016.

MESTRE J., PUTMAN E. et **BILLIAU M.**, *Traité de droit civil,* GHESTIN J. (dir.), *Droit commun des sûretés réelles*, coll. « Traités », LGDJ, 1996 (cité J. Mestre, E. Putman et M. Billiau, vol. I).

MESTRE J., PUTMAN E. et **BILLIAU M.**, *Traité de droit civil,* GHESTIN J. (dir.), *Droit spécial des sûretés réelles*, coll. « Traités », LGDJ, 1996 (cité J. Mestre, E. Putman et M. Billiau, vol. II).

PÉROCHON F., *Entreprises en difficulté*, coll. « Manuel », LGDJ - Lextenso, 10e éd., 2014.

PÉTEL Ph., *Procédures collectives*, coll. « Cours », Dalloz, 9e éd., 2017.

PIEDELIÈVRE S., *Droit des sûretés*, coll. « Cours magistral », Ellipses, 2e éd., 2015.

SAINT-ALARY-HOUIN C., *Droit des entreprises en difficulté*, coll. « Précis Domat », LGDJ - Lextenso, 10e éd., 2016.

Seube J.-B., *Droit des sûretés*, coll. « Cours », Dalloz, 7e éd., 2014.
Simler Ph. et Delebecque Ph., *Les sûretés. La publicité foncière*, coll. « Précis », Dalloz, 7e éd., 2016.
Soinne B., *Traité des procédures collectives*, avec la collab. de Kerchkove E., coll. « Traités », Litec, 2e éd., 1995.

Traités, manuels et ouvrages spéciaux cités ponctuellement

Bénabent A., *Droit des contrats spéciaux civils et commerciaux*, coll. « Précis Domat », LGDJ - Lextenso, 11e éd., 2015.
Bénabent A., *Droit des obligations*, coll. « Précis Domat », LGDJ - Lextenso, 16e éd., 2017.
Boustani D., *Les créanciers postérieurs d'une procédure collective confrontés aux enjeux du droit des entreprises en difficulté*, préf. Le Corre P.-M., coll. « Bibl. dr. entr. diff. », t. 4, LGDJ, 2015.
Chantepie G. et Latina M., *La réforme du droit des obligations. Commentaire théorique et pratique dans l'ordre du Code civil*, Dalloz, 1re éd., 2016.
Cornu G. (dir.), *Vocabulaire juridique*, coll. « Quadrige », PUF, 11e éd., 2016.
Crocq P., *Propriété et garantie*, préf. Gobert M., coll. « Bibl. dr. privé », t. 248, LGDJ, 1995.
Debard Th. et Guinchard S. (dir.), *Lexique des termes juridiques 2017-2018*, coll. « Lexique », Dalloz, 25e éd., 2017.
Fages B., *Droit des obligations*, coll. « Manuel », LGDJ - Lextenso, 6e éd., 2016.
Farhi S., *Fiducie-sûreté et droit des entreprises en difficulté. Étude de l'efficacité du mécanisme*, préf. Le Corre P.-M., coll. « Bibl. dr. entr. diff. », t. 6, LGDJ, 2016.
Ghestin J., Billiau M. et Loiseau G., *Traité de droit civil*, Ghestin J. (dir.), *Le régime des créances et des dettes*, coll. « Traités », LGDJ, 2005.
Goubeaux G., *La règle de l'accessoire en droit privé*, préf. Tallon D., coll. « Bibl. dr. privé », t. XCIII, Paris, Librairie générale de droit et de jurisprudence, 1969.
Guinchard S. et Montagnier G., *Locutions latines juridiques*, coll. « À savoir », Dalloz, 2e éd., 2007.
Guyon Y., *Droit des affaires*, t. II, *Entreprises en difficultés. Redressement judiciaire – Faillite*, coll. « Droit des Affaires et de l'Entreprise », Economica, 9e éd., 2003.
Jeantin M. et Le Cannu P., *Droit commercial. Entreprises en difficulté*, coll. « Précis », Dalloz, 7e éd., 2006.

MALAURIE Ph., AYNÈS L. et GAUTIER P.-Y., *Les contrats spéciaux*, coll. « Droit civil », LGDJ - Lextenso, 7e éd., 2014.
MALAURIE Ph., AYNÈS L. et STOFFEL-MUNCK Ph., *Droit des obligations*, coll. « Droit civil », LGDJ - Lextenso, 9e éd., 2017.
MAZEAUD H., L. et J. et CHABAS F., *Sûretés. Publicité foncière*, t. III, 1er vol., par Picod Y., Montchrestien, 7e éd., 1999.
MORVAN P., *Restructurations en droit social*, coll. « Droit & Professionnels », LexisNexis, 3e éd., 2013.
PERCEROU J. et DESSERTEAUX M., *Des faillites & banqueroutes et des liquidations judiciaires*, coll. « Ancienne collection Thaller », t. I, Librairie Arthur Rousseau, 2e éd., 1935.
RANOUIL V., *La subrogation réelle en droit civil français*, préf. MALAURIE Ph., coll. « Bibl. dr. privé », t. CLXXXVII, Paris, Librairie générale de droit et de jurisprudence, 1985.
RIPERT G. et ROBLOT R., *Traité de droit commercial*, t. II, *Effets de commerce, banque, contrats commerciaux, procédures collectives*, par DELEBECQUE Ph. et GERMAIN M., LGDJ, 17e éd., 2004.
SÉNÉCHAL M., *L'effet réel de la procédure collective : Essai sur la saisie collective du gage commun des créanciers*, préf. MONSÈRIÉ-BON M.-H., coll. « Bibl. dr. entreprise », t. 59, Litec, 2002.
TERRÉ F., SIMLER Ph. et LEQUETTE Y., *Droit civil. Les obligations*, coll. « Précis », Dalloz, 11e éd., 2013.
THÉRY Ph., *Sûretés et publicité foncière*, coll. « Droit fondamental », PUF, 2e éd., 1998.
VINEY G., *Traité de droit civil*, GHESTIN J. (dir.), *Introduction à la responsabilité*, coll. « Traités », LGDJ, 3e éd., 2008.
WICKER G., *Les fictions juridiques. Contribution à l'analyse de l'acte juridique*, préf. AMIEL-DONAT J., coll. « Bibl. dr. privé », t. 253, LGDJ, 1997.

Encyclopédies

CHAUVEL P., *Transaction*, *Rép. civ.*, Dalloz, 2014.
JULIENNE M., *Privilèges mobiliers spéciaux*, *Rép. civ.* Dalloz, 2015.
LE TOURNEAU Ph., *Responsabilité (en général)*, *Rép. civ.*, Dalloz, 2017.
LIENHARD A., *Entreprises en difficulté (Sauvegarde accélérée)*, *Rép. com.*, Dalloz, 2016.
MACORIG-VENIER F., *Entreprises en difficulté (Les créanciers - 1° Situation des créanciers)*, *Rép. com.*, Dalloz, 2017.
MOUIAL-BASSILANA E., *Entreprises en difficulté (Responsabilités et sanctions)*, *Rép. com.*, Dalloz, 2017.

Savaux E. et Grimonprez B., *Subrogation réelle*, *Rép. civ.*, Dalloz, 2014.

Revues

Actualité des procédures collectives, éd. LexisNexis
Actualité juridique famille, éd. Dalloz
Bulletin Joly Entreprises en difficulté, éd. Lextenso
Bulletin Joly Sociétés, éd. Lextenso
Cahiers de droit de l'entreprise, éd. LexisNexis
Droit et patrimoine, éd. Lamy
Gazette du Palais, éd. Lextenso
Gazette du Palais, édition spécialisée Droit bancaire, éd. Lextenso
Gazette du Palais, édition spécialisée Droit des entreprises en difficulté, éd. Lextenso
Gazette du Palais, édition spécialisée Gazette des procédures collectives, éd. Lextenso
Gazette du Palais, édition spécialisée Procédure civile, éd. Lextenso
Juris-Classeur périodique, édition entreprise et affaires, éd. LexisNexis
Juris-Classeur périodique, édition générale, éd. LexisNexis
Juris-Classeur périodique, édition notariale et immobilière, éd. LexisNexis
L'essentiel Droit des entreprises en difficulté, éd. Lextenso
Les Petites Affiches, éd. Lextenso
Recueil Dalloz, éd. Dalloz
Responsabilité civile et assurances, éd. LexisNexis
Revue de droit bancaire et financier, éd. LexisNexis
Revue des procédures collectives, éd. LexisNexis
Revue des sociétés, éd. Dalloz
Revue Droit des sociétés, éd. LexisNexis
Revue Française de Droit Administratif, éd. Dalloz
Revue Lamy Droit civil, éd. Lamy
Revue Lamy Droit des affaires, éd. Lamy
Revue trimestrielle de droit civil, éd. Dalloz
Revue trimestrielle de droit commercial, éd. Dalloz

Articles, chroniques et études

Ardeeff I., *Plaidoyer pour le maintien de l'action à fins de subsides*, *AJ fam.* 2012. 39.

Aynès A. :

L'extension du droit de rétention dans le projet de réforme des procédures collectives, *JCP G* 2008. 300.

Précisions sur le sort du gage sans dépossession en cas de procédure collective, *JCP G* 2009. I. 119.
AYNÈS L., *La réforme du droit des sûretés par l'ordonnance n° 2006-346 du 23 mars 2006. Présentation générale de la réforme*, *D.* 2006. 1289.
AYNÈS L. et GAUTIER P.-Y., *De l'application stricte des privilèges*, *D.* 1994. 13.
BOULANGER J., *Principes généraux du droit et droit positif*, *Mél. RIPERT*, t. I, Librairie générale de droit et de jurisprudence, 1950, p. 51.
BOULAY J.-C., *Les créanciers antérieurs dans les procédures de sauvegarde, de redressement et de liquidation judiciaires*, *JCP E* 2006. 2407.
BOURGOIN Y. et MONTÉRAN Th., *Les répartitions en matière de procédures collectives*, *Gaz. proc. coll.* 29 juill. 2008, n° 211, p. 3.
BOUSTANI D. :
Les modifications affectant les créances postérieures dans l'ordonnance du 12 mars 2014, *Gaz. Pal. entr. diff.* 8 avr. 2014, n° 98, p. 43.
La conservation du privilège des créanciers postérieurs, Interv. Colloque *Sûretés réelles et droit des entreprises en difficulté*, Nice 20 mars 2010, *LPA* 11 févr. 2011, n° 30, p. 15.
BRAGANTINI-BONNET C., *L'anatocisme conventionnel*, *JCP E* 2008. 1579.
BUISINE O., *L'opposabilité du droit de rétention « fictif » dans le cadre du plan de cession*, *Rev. proc. coll.* nov. 2011, n° 6, comm. 31.
CABRILLAC M., *L'impertinente réapparition d'un condamné à mort ou la métempsychose de la masse des créanciers*, *Mél. GAVALDA*, Dalloz, 2001, p. 69.
CAGNOLI P. :
L'obligation alimentaire est-elle une dette spécifique au regard du droit des procédures collectives d'entreprise ?, *LPA* 24 juin 2010, n° 125, p. 37.
Réflexions sur l'articulation du privilège des frais de justice et du Livre VI du Code de commerce, *Rev. proc. coll.* mars 2010, n° 2, étude 9.
CALOMILI C., *L'efficacité du superprivilège des salaires*, Interv. Colloque *Sûretés réelles et droit des entreprises en difficulté,* Nice 20 mars 2010, *LPA* 11 févr. 2011, n° 30, p. 20.
CHENDEB R., *Les créances alimentaires et les procédures collectives*, *Rev. proc. coll.* juill. 2009, n° 4, p. 40.
CHEVALIER P., *Les suites tirées par la Cour de cassation de la décision du Conseil constitutionnel sur la loi dite « Anti-Perruche »*, *RFDA* 2012. 364.
CROCQ P. :
La réforme des procédures collectives et le droit des sûretés, *D.* 2006. 1306.
L'ordonnance du 18 décembre 2008 et le droit des sûretés, *Rev. proc. coll.* janv. 2009, n° 1, doss. n° 10.
DAGOT M., *La notion de privilège*, *Mél. MOULY*, t. 2, Litec, 1998, p. 335.

de Boysson B., *De la faculté de déclarer sa créance alimentaire dans le cadre de la procédure collective et ses conséquences*, *RTD com.* 2013. 191.
Delebecque Ph., *Sûretés réelles et procédures collectives*, *Dr. et patr.* juill. 2002, n° 106.
Derrida F., *Le crédit et le droit des procédures collectives*, *Mél. Rodière*, Dalloz, 1981, p. 67.
Derrida F. et Sortais J.-P. :
La réforme du droit des entreprises en difficulté, *D.* 1994. 267.
La situation des créanciers forclos dans les nouvelles procédures collectives, *LPA* 22 mars 2006, n° 58, p. 7.
Donnette D., *La notion de « créances de salaires » au sens des articles L. 622-17, III, 1°, et L. 641-13, III, 1°, du Code de commerce*, *BJE* nov. 2012, n° 6, p. 385.
Dumont-Lefrand M.-P., *Droits des créanciers d'aliments*, *Rev. proc. coll.* mars 2009, n° 2, comm. 57.
Dupichot Ph., *L'efficience économique des sûretés réelles*, *LPA* 16 avr. 2010, n° 76, p. 7.
Froehlich Ph., *Vivre en procédure collective. Rémunérations, subsides, activité salariée*, *Rev. proc. coll.* janv. 2013, n° 1, doss. n° 4.
Garaud E., *Sûretés et procédures collectives : l'articulation des réformes*, *LPA* 17 juin 2009, n° 120, p. 4.
Ghalimi N., *Le traitement différencié des créanciers dans les plans de sauvegarde et de redressement*, *LPA* 19 déc. 2014, n° 253, p. 4.
Ginestet C., *La qualification des sûretés (première partie)*, *Defr.* 30 janv. 1999, n° 2, p. 80.
Gout O., *Les sûretés face aux procédures collectives*, *JCP N* 2012. 1339.
Greau F., *Pour un véritable privilège de procédure*, *LPA* 12 juin 2008, n° 118, p. 4.
Guézou O., *Contrats publics et politique de la concurrence*, *RFDA* 2014. 632.
Henry L.-C., *La notion de privilège de procédure dans la loi de sauvegarde*, *Rev. proc. coll.* avr. 2008, n° 2, comm. 15.
Houin-Bressand H. et Pérochon F., *Quelle efficacité pour l'hypothèque unique dans le droit des procédures collectives ?*, *RDBF* mars 2016, doss. n° 16.
Houssin M., *Une nouvelle utilisation des mécanismes fiduciaires dans la procédure collective*, *LPA* 16 avr. 2018, n° 76, p. 7.
Huille P., *Les répartitions provisionnelles : leur régime juridique et leur fréquence en pratique*, *Gaz. Pal.* 1er mars 2001, n° 60, p. 10.
Julienne M., *Les gages spéciaux : modèles pour le droit commun ?*, *D.* 2016. 1266.

Lambrey de Souza D., *Un cadre légal pour la transaction lors d'une instance en responsabilité pour insuffisance d'actif ?, JCP E* 2017. 1594.
Lebel Ch.., *Justice du XXIe siècle – Dispositions en faveur des agriculteurs, Rev. proc. coll.* nov. 2016, n° 6, comm. 208.
Le Corre P.-M. :
Le droit de rétention fictif au cœur de tous les débats, BJE juill. 2011, n° 3, p. 227.
Les créances postérieures et l'ordonnance du 12 mars 2014, BJE mai 2014, n° 3, p. 191.
La notion d'action tendant à la défense de l'intérêt collectif des créanciers, BJE sept. 2015, n° 5, p. 269.
L'intérêt collectif est il l'intérêt de tous les créanciers ?, BJE mai 2016, n° 3, p. 214.
Premiers regards sur la loi de sauvegarde des entreprises, D. 2005. 2297.
Pour une clarification du traitement des créances de remboursement des avances de l'AGS, D. 2014. 378.
Premiers regards sur l'ordonnance du 12 mars 2014 réformant le droit des entreprises en difficulté, D. 2014. 733.
Le sort des créanciers. Quel état des lieux ?, Dr. et patr. mars 2013, n° 223.
L'ordonnance du 12 mars 2014 et les modifications affectant la déclaration et la vérification des créances, Gaz. Pal. entr. diff. 6-8 avr. 2014, p. 47.
Vers une nouvelle analyse de la déclaration de créance, Gaz. Pal. entr. diff. 21 juill. 2015, n° 200, doctr. p. 5.
La vente de biens grevés de sûretés en période d'observation, Gaz. Pal. entr. diff. 12 avr. 2016, n° 14, p. 80.
Le privilège de la conciliation, Gaz. proc. coll. 8 sept. 2005, n° 251, p. 50.
Les nouvelles règles de fixation du passif du débiteur, Gaz. proc. coll. 10 sept. 2005, n° 253, p. 17.
1807 - 2007 : 200 ans pour passer du droit de la faillite du débiteur au droit de sauvegarde de l'entreprise, Gaz. proc. coll. 21 juill. 2007, n° 202, p. 3.
La règle de l'interdiction des paiements au lendemain de l'ordonnance du 18 décembre 2008, Gaz. proc. coll. 10 mars 2009, n° 69, p. 25.
L'avènement prochain d'une procédure semi-collective, Gaz. proc. coll. 16 oct. 2010, n° 289, p. 3.
Les incidences de la réforme du droit des sûretés sur les créanciers confrontés aux procédures collectives, JCP E 2007. 1185.
La mesure de l'efficacité des gages sans dépossession dans les procédures collectives. L'inopposabilité du droit de rétention conféré par l'article 2286-4° du Code civil aux créanciers gagistes sans dépossession, JCP E 2009. 1204.
La créance non déclarée et la clôture de la liquidation judiciaire pour extinction du passif exigible, JCP E 2011. 1318.

Les créanciers antérieurs dans le projet de sauvegarde des entreprises, Interv. Colloque CRAJEFE, Nice 27 mars 2004, *LPA* 10 juin 2004, n° 116, p. 25.
Les déclarations de créances, *LPA* 14 juin 2007, n° 119, p. 64.
Déclaration, vérification, admission des créances et procédure civile, *LPA* 28 nov. 2008, n° 239, p. 72.
Un exemple d'exclusivité : le droit de rétention fictif du gagiste sans dépossession, Interv. Colloque *Sûretés réelles et droit des entreprises en difficulté*, Nice 20 mars 2010, *LPA* 11 févr. 2011, n° 30, p. 68.
La règle du paiement à l'échéance des créanciers postérieurs méritants et l'obligation de payer le super privilège des salaires sur les premières rentrées de fonds, *Rev. proc. coll.* janv. 2012, n° 1, doss. 10.
LEFEVRE H., *Les conséquences de la réforme des sûretés sur le droit des procédures collectives*, *LPA* 27 mars 2008, n° 63, p. 71.
LEGEAIS D. :
L'appréhension du droit des sûretés par l'ordonnance du 18 décembre 2008, Interv. Colloque *Sûretés réelles et droit des entreprises en difficulté,* Nice 20 mars 2010, *LPA* 11 févr. 2011, n° 30, p. 27.
Quelle réforme pour le droit des sûretés ? – Rapport introductif, *RDBF* janv. 2016, n° 1, doss. 2.
Sûreté réelle – Privilège, *RDBF* mars 2017, n° 2, comm. 77.
La réforme des sûretés, la fiducie et les procédures collectives, *Rev. sociétés* 2007. 687.
LEURET N. et LE CORRE P.-M., *Atelier n° 4. Les répartitions en liquidation judiciaire*, *LPA* 29 mars 2016, n° 63, p. 27.
LIENHARD A. :
La Cour de cassation précise le régime dérogatoire des créances alimentaires, *D.* 2006. 1681.
Réforme du droit des entreprises en difficulté : présentation de l'ordonnance du 18 décembre 2008, *D.* 2009. 110.
LUCAS F.-X. :
L'ouverture de la procédure collective, *LPA* 10 juin 2004, n° 116, p. 4.
Les innovations introduites par l'ordonnance n° 2008-1345 du 18 décembre 2008 : morceaux choisis, *LPA* 22 avr. 2010, n° 80, p. 47.
Caractère collectif de la procédure et sauvegarde financière accélérée, *Rev. proc. coll.* mai 2012, n° 3
MACORIG-VENIER F. :
Les créanciers antérieurs hors comités après l'ordonnance du 12 mars 2014 : un vent de simplification en faveur de la reconnaissance de leur droit de créance, *BJE* mai 2014, p. 185.
Les apports de la réforme du 18 décembre 2008 en matière de sûretés, *Dr. et patr.* janv. 2010, n° 188.

Juillet 2016-Juillet 2017 : encore une année de réformes et de revirements de jurisprudence, *Dr. et patr.* déc. 2017, n° 275.
L'exclusivité, Interv. Colloque *Sûretés réelles et droit des entreprises en difficulté*, Nice 20 mars 2010, *LPA* 11 févr. 2011, n° 30, p. 59.
MACORIG-VENIER F. et SAINT-ALARY-HOUIN C., *La situation des créanciers dans la loi du 26 juillet 2005 de sauvegarde des entreprises*, *RDBF* janv. 2006.
MARTIN-SERF A. :
L'intérêt collectif des créanciers ou l'impossible adieu à la masse, *Mél. HONORAT*, éd. Frison-Roche, 2000, p. 143.
Réforme des procédures collectives – sanctions civiles, *Rev. proc. coll.* janv. 2009, n° 1.
MASCALA C. :
Les sanctions en droit des entreprises en difficulté : flux, reflux et incohérence, *Dr. et patr.* mars 2013, n° 223.
Les sanctions applicables aux dirigeants, *LPA* 6 sept. 2000, n° 178, p. 50.
MASTRULLO T., *Responsabilité civile et droit des procédures collectives*, *RCA* mai 2017, n° 5, doss. 9.
MÉTEYÉ Th. :
L'évolution du champ d'intervention de l'AGS (De la sécurité juridique à l'insécurité juridique et économique), *Rev. proc. coll.* janv. 2011, n° 1, doss. 4.
L'AGS face à la jurisprudence sociale, *RLDA* juin 2009, n° 39.
MORELLI N., *La proportionnalité étend son empire en droit des procédures collectives*, *Rev. sociétés* 2010. 256.
MORVAN P., *Le droit social dans la réforme du droit des entreprises en difficulté (L. n° 2005-845 du 26 juillet 2005)*, *JCP E* 2005. 1511.
NABET P., *Le principe de proportionnalité s'invite en droit des procédures collectives*, *LPA* 8 avr. 2010, n° 70, p. 3.
PAILLUSSEAU J., *Du droit des faillites au droit des entreprises en difficulté*, *Mél. HOUIN*, Dalloz Sirey, p. 109.
PÉCHENARD O., *La transaction en matière de condamnation en responsabilité pour insuffisance, in Responsabilités des dirigeants*, *BJE* nov. 2012, n° 6, p. 419.
PÉROCHON F. :
Les interdictions de paiement et le traitement des sûretés réelles, *D.* 2009. 651.
Le choix de garanties efficaces, Interv. Colloque *Le droit des entreprises en difficulté à l'épreuve de la crise économique*, *BJE* sept. 2012, n° 5, p. 321.
Le traitement des difficultés de l'entreprise à l'épreuve des cloisonnements de patrimoines : vers l'implosion de la procédure collective, *BJE* sept. 2013, n° 5.

L'intérêt collectif n'est pas l'intérêt de tous les créanciers sans exception, *BJE* mai 2016, n° 3, p. 218.
Les sûretés immobilières classiques dans les procédures collectives, Interv. Colloque *Sûretés réelles et droit des entreprises en difficulté*, Nice 20 mars 2010, *LPA* 11 févr. 2011, n° 30, p. 49.
PÉTEL Ph. :
Le nouveau droit des entreprises en difficulté : acte II. Commentaire de l'ordonnance n° 2008-1345 du 18 décembre 2008, *JCP E* 2009. 1049.
Entreprises en difficulté : encore une réforme !, *JCP E* 2014. 1223.
Les dispositions relatives aux entreprises en difficulté de la loi de modernisation de la justice du XXIe siècle. À propos de la loi n° 2016-1547 du 18 novembre 2016, *JCP E* 2017. 46.
PÉTEL Ph. et BRÉNAC J.-L., *Les créances de procédure*, *Rev. proc. coll.* avr. 2008, n° 2, doss. n° 7.
PÉTEL Ph. et LEGRAND F., *Liquidation judiciaire – Répartition des fonds*, *Rev. proc. coll.* nov. 2015, n° 6, fiche pratique n° 4.
PIEDELIÈVRE S., *La mise en œuvre des sûretés réelles dans les procédures collectives*, *LPA* 20 sept. 2000, n° 188, p. 12.
REILLE F., *Les retouches apportées au sort des créanciers postérieurs élus*, *Gaz. proc. coll.* 7 mars 2009, n° 66, p. 38.
ROUSSEL GALLE Ph. :
Les privilèges de procédure, *Cah. dr. entr.* juill. 2009, n° 4, doss. n° 24.
La procédure civile dans les responsabilités et les sanctions civiles, *LPA* 28 nov. 2008, n° 239, p. 80.
Les sûretés réelles et le droit des entreprises en difficulté, *RDBF* sept. 2014, doss. n° 38.
Que reste-t-il du caractère sanctionnateur des procédures ?, *Rev. proc. coll.* mai 2012, n° 3, doss. 17.
Vers d'une redéfinition du rôle de l'AGS ?, *Rev. proc. coll.* mars 2014, n° 2, étude 5.
Le dirigeant de société et le "nouveau" droit des entreprises en difficulté issu de la réforme du 18 décembre 2008, *Rev. sociétés* 2009. 249.
SAINT-ALARY-HOUIN C. :
Rapport de synthèse : la hiérarchisation des intérêts dans les procédures collectives, *BJE* mai 2016, n° 3, p. 223.
Les privilèges de la procédure, *LPA* 14 juin 2007, n° 119, p. 70.
Les procédures de prévention des difficultés des entreprises : la vision du droit français, *LPA* 30 mars 2018, n° 65, p. 16.
Les avatars de l'article 40, *Rev. proc. coll.* janv. 2016, n° 1, dossier 11.
SÉNÉCHAL J.-P., *La vente des immeubles et la distribution de leur prix*, *LPA* 28 oct. 1998, n° 129, p. 36.

SÉNÉCHAL M., *La distribution du prix de vente d'un immeuble grevé de sûretés par le commissaire à l'exécution du plan de continuation*, *LPA* 12 mai 2004, n° 95, p. 4.
SOINNE B., *Les répartitions ou la mission impossible*, *Rev. proc. coll.* sept. 1997, n° 3, p. 249.
SOUHAMI J., *Retour sur le principe d'indivisibilité des sûretés réelles*, *RTD civ.* 2008. 27.
TEBOUL G., *La déclaration des créances : actualité et perspectives*, *Gaz. Pal.* 23 févr. 2016, n° 8, doctr. p. 21.
THÉRON J., *Le rôle du juge-commissaire dans les cessions isolées*, *Rev. proc. coll.* mars 2015, n° 2, doss. 19.
VALLENS J.-L., *La déclaration de créance n'est pas une demande en justice*, *RTD com.* 2009. 214.
VAUVILLÉ F. et COQUEMA J.-M., *Le créancier hypothécaire dans la procédure*, *Dr. et patr.* juin 2001, n° 94.
VINCENT C., *Créances alimentaires, jurisprudence et loi de sauvegarde des entreprises*, *D.* 2006. 1969.

Notes de jurisprudence

ALBIGES Ch.
Note ss Com. 26 janv. 2010, n° 08-21.340, NP ; *Gaz. Pal.* 6 mai 2010, n° 126, p. 16.
ANDREU L.
Note ss Com. 6 oct. 2009, n° 08-19.458, NP ; *RLDC* oct. 2010, n° 75.
AYNÈS A.
Note ss Civ. 1re, 24 sept. 2009, n° 08-10.152, *Bull. civ.* I, n° 178 ; *JCP E* 2009. 2088.
Note ss Com. 21 mars 2006, n° 04-19.794, NP ; *RLDC* déc. 2006, n° 33.
AYNÈS L.
Note ss Com. 5 déc. 1995, n° 94-14.793, *Bull. civ.* IV, n° 277 ; *D.* 1996. 268.
Note ss Civ. 1re, 24 sept. 2009, n° 08-10.152, *Bull. civ.* I, n° 178 ; *Dr. et patr.* sept. 2010, n° 195.
Note ss Com. 6 oct. 2009, n° 08-19.458, NP ; *Dr. et patr.* sept. 2010, n° 195.
Note ss Com. 26 janv. 2010, n° 08-21.340, NP ; *Dr. et patr.* sept. 2010, n° 195.
Note ss Com. 10 juill. 2012, n° 11-22.846, NP ; *Dr. et patr.* févr. 2013, n° 222.
BECQUÉ-ICKOWICZ S.
Note ss Com. 8 oct. 2003, n° 00-14.760, *Bull. civ.* IV, n° 152 ; *JCP G* 2004. II. 10012.
BÉJAT O.

Note ss CA Douai, 1re ch. civ., 10 juin 1986 ; *Gaz. Pal.* 1987. I. 281.
BÉLAVAL M.-L.
Note ss Com. 30 mars 2010, n° 09-10.729, *Bull. civ.* IV, n° 66 ; *D.* 2010. 1110, n° 1.
BENILSI S.
Note ss Com. 3 mai 2011, n° 10-18.031, *Bull. civ.* IV, n° 63 ; *BJE* sept. 2011, n° 4, comm. 127, p. 250.
BOILLOT C.
Note ss Com. 5 nov. 2003, n° 00-11.876, *Bull. civ.* IV, n° 164 ; *BJS* févr. 2004, n° 2, p. 205.
BORGA N.
Note ss Com. 26 janv. 2010, n° 08-21.340, NP ; *BJE* mars 2011, n° 1, p. 32.
Note ss Com. 3 mai 2011, n° 10-18.031, *Bull. civ.* IV, n° 63 ; *Leden* juin 2011, n° 6, p. 3.
Note ss T. com. Paris, 5 déc. 2011, n° 2011/057998, *Leden* févr. 2012, n° 2, p. 5.
BOULOC B.
Note ss Com. 8 juin 1999, n° 97-12.233, *Bull. civ.* IV, n° 125 ; *RTD com.* 2000. 167.
BOUSTANI D.
Note ss Com. 15 oct. 2013, n° 12-23.830, *Bull. civ.* IV, n° 152 ; *Gaz. Pal. entr. diff.* 14 janv. 2014, n° 14, p. 23.
Note ss Com. 12 juill. 2016, n° 14-23.668, *Bull. civ.* IV [à paraître] ; *Gaz. Pal. entr. diff.* 18 oct. 2016, n° 36, p. 54.
CABRILLAC M.
Note ss Com. 15 oct. 1991, n° 90-10.784, *Bull. civ.* IV, n° 288 ; *JCP E* 1992. I. 138, n° 25.
Note ss Com. 23 mai 1995, n° 93-16.930, *Bull. civ.* IV, n° 150 ; *JCP E* 1995. 513, n° 7.
Note ss Com. 8 juin 1999, n° 97-12.233, *Bull. civ.* IV, n° 125 ; *JCP E* 2000. 124, § 50, n° 13.
Note ss Com. 30 oct. 2000, n° 98-10.688, *Bull. civ.* IV, n° 169 ; *JCP E* 2001. 173, n° 7.
Note ss Com. 9 janv. 2001, n° 98-15.102, *Bull. civ.* IV, n° 6 ; *JCP E* 2001. 750, n° 7.
Note ss Cass., avis, 21 janv. 2002, n° 01-00.009, *Bull. avis*, n° 1 ; *JCP E* 2002. 1380, n° 14.
Note ss Com. 7 janv. 2003, n° 99-10.781, *Bull. civ.* IV, n° 1 ; *JCP E* 2003. 760, n° 13.
Note ss Com. 11 févr. 2004, n° 02-17.520, *Bull. civ.* IV, n° 27 ; *JCP E* 2004. 1292, n° 19.
Note ss Com. 7 avr. 2009, n° 08.10.427, NP ; *JCP E* 2009. 1814, n° 14.

Note ss Civ. 1re, 24 sept. 2009, n° 08-10.152, *Bull. civ.* I, n° 178 ; *JCP E* 2010. 1011, n° 7.
Note ss Com. 3 nov. 2010, n° 09-70.312, *Bull. civ.* IV, n° 165 ; *JCP E* 2011. 1030, n° 10.
Note ss Com. 5 déc. 1995, n° 94-14.793, *Bull. civ.* IV, n° 277 ; *JCP G* 1996. I. 3935, n° 18.
Note ss Com. 20 mai 1997, n° 95-11.915, *Bull. civ.* IV, n° 141 ; *JCP G* 1997. I. 4054, n° 10.

CABRILLAC S.
Note ss Com. 16 nov. 2010, n° 09-68.459, *Bull. civ.* IV, n° 176 ; *BJE* mai 2011, n° 2, p. 150.

CAGNOLI P.
Note ss Com. 3 mai 2011, n° 10-18.031, *Bull. civ.* IV, n° 63 ; *Rev. proc. coll.* janv. 2012, n° 1, comm. 3.

CAMENSULI-FEUILLARD L.
Note ss Com. 15 déc. 2009, n° 08-21.906, *Bull. civ.* IV, n° 166 ; *BJS* avr. 2010, n° 4, p. 364.
Note ss Com. 11 juin 2014, n° 13-12.658, *Bull. civ.* IV, n° 102 ; *Leden* sept. 2014, n° 8, p. 4.
Note ss Com. 3 mai 2016, n° 14-21.556, *Bull. civ.* IV [à paraître] ; *Leden* juill. 2016, n° 7, p. 5.

CERATI-GAUTHIER A.
Note ss Com. 12 juill. 2016, n° 14-23.668, *Bull. civ.* IV [à paraître] ; *BJE* nov. 2016, n° 6, p. 423.
Note ss Com. 8 mars 2017, n° 15-16.005, *Bull. civ.* IV [à paraître] ; *JCP E* 2017. 1242.

CHARTIER Y.
Note ss Com. 14 déc. 1993, n° 93-11.690, *Bull. civ.* IV, n° 471 ; *Rev. sociétés* 1994. 100.

COURTIER J.-L.
Note ss CA Paris, 3e ch. A, 26 oct. 1999, n° 1997/12226 ; *LPA* 25 avr. 2000, n° 82, p. 11.

CROCQ P.
Note ss Com. 3 mai 2016, n° 14-21.556, *Bull. civ.* IV [à paraître] ; *Dr. et patr.* oct. 2016, n° 262.
Note ss Com. 5 déc. 1995, n° 94-14.793, *Bull. civ.* IV, n° 277 ; *RTD civ.* 1996. 431.
Note ss Com. 9 janv. 2001, n° 98-15.102, *Bull. civ.* IV, n° 6 ; *RTD civ.* 2001. 399.

DELATTRE C.
Note ss Com. 24 mars 2009, n° 07-20.383, NP ; *JCP E* 2009. 1787.

DELEBECQUE Ph.

Note ss Com. 14 avr. 1992, n° 90-14.002, *Bull. civ.* IV, n° 164 ; *JCP E* 1992. I. 189, n° 20.
Note ss Com. 8 juin 1999, n° 97-12.233, *Bull. civ.* IV, n° 125 ; *JCP E* 2000. 411, § 54, n° 18.
Note ss Com. 10 juill. 2012, n° 11-22.846, NP ; *JCP E* 2012. 1748, n° 18.
Note ss Com. 5 mai 2015, n° 14-17.941, *Bull. civ.* IV, n° 73 ; *JCP E* 2015. 1618, n° 17.
Note ss T. mixte com. Saint-Pierre, 1er mars 2016, n° 2015/003678, *JCP E* 2016. 1643, n° 18.
Note ss Com. 21 mars 2006, n° 04-19.794, NP ; *JCP G* 2006. I. 195, n° 15.
Note ss Com. 26 janv. 2010, n° 08-21.340, NP ; *JCP G* 2010. 708, n° 18.
Note ss Com. 6 oct. 2009, n° 08-19.458, NP ; *JCP N* 2010. 1007, n° 12.
Note ss Civ. 1re, 24 sept. 2009, n° 08-10.152, *Bull. civ.* I, n° 178 ; *JCP N* 2010. 1007, n° 17.
Note ss Com. 11 juin 2014, n° 13-12.658, *Bull. civ.* IV, n° 102 ; *JCP N* 2014. 1339, n° 20.
Note ss Com. 3 mai 2016, n° 14-21.556, *Bull. civ.* IV [à paraître] ; *JCP N* 2016. 1321, n° 16.

DELMOTTE Ph.

Note ss Com. 15 déc. 2009, n° 08-21.906, *Bull. civ.* IV, n° 166 ; *JCP E* 2010. 1164.

DERRIDA F.

Note ss Com. 23 mai 1995, n° 93-16.930, *Bull. civ.* IV, n° 150 ; *D.* 1995. 413.
Note ss CA Paris, 3e ch. A, 29 juin 1993, *LPA* 8 févr. 1995, n° 17, p. 24.

DONDERO B.

Note ss Com. 12 juill. 2016, n° 14-23.668, *Bull. civ.* IV [à paraître] ; *Gaz. Pal.* 28 oct. 2016, n° 38, p. 72.
Note ss Com. 8 mars 2017, n° 15-16.005, *Bull. civ.* IV [à paraître] ; *Gaz. Pal.* 26 sept. 2017, n° 32, p. 64.

DUMONT-LEFRAND M.-P.

Note ss Com. 26 janv. 2010, n° 08-21.340, NP ; *Gaz. Pal.* 6 mai 2010, n° 126, p. 16.

DUPICHOT Ph.

Note ss Civ. 1re, 24 sept. 2009, n° 08-10.152, *Bull. civ.* I, n° 178 ; *Dr. et patr.* sept. 2010, n° 195.
Note ss Com. 6 oct. 2009, n° 08-19.458, NP ; *Dr. et patr.* sept. 2010, n° 195.
Note ss Com. 26 janv. 2010, n° 08-21.340, NP ; *Dr. et patr.* sept. 2010, n° 195.
Note ss Com. 10 juill. 2012, n° 11-22.846, NP ; *Dr. et patr.* févr. 2013, n° 222.

DUPRAT Ph.

Note ss Soc. 3 déc. 2008, n° 07-42.469, NP ; *Gaz. proc. coll.* 28 avr. 2009, n° 118, p. 40.

Note ss Soc. 1er févr. 2012, nos 10-17.394 et 10-17.591, *Bull. civ.* V, n° 49 ; *Gaz. Pal. entr. diff.* 28 avr. 2012, n° 118-119, p. 38.

FAVARIO Th.

Note ss Cons. const. 26 sept. 2014, n° 2014-415 QPC, *JO* 28 sept. 2014, p. 15790 ; *BJE* nov. 2014, n° 6, p. 377.

Note ss Com. 8 mars 2017, n° 15-16.005, *Bull. civ.* IV [à paraître] ; *BJE* mai 2017, n° 3, p. 228.

Note ss Com. 10 mars 2015, n° 12-16.956, *Bull. civ.* IV, n° 44 ; *BJE* juill. 2015, n° 4, p. 249.

FIN-LANGER L.

Note ss Com. 3 mai 2011, n° 10-18.031, *Bull. civ.* IV, n° 63 ; *Act. proc. coll.* juin 2011, n° 10, comm. 148.

FLASAQUIER A.

Note ss Com. 8 oct. 2003, n° 00-14.760, *Bull. civ.* IV, n° 152 ; *LPA* 7 juill. 2004, n° 135, p. 15.

FRAIMOUT J.-J.

Note ss Cass., avis, 21 janv. 2002, n° 01-00.009, *Bull. avis*, n° 1 ; *JCP E* 2002. 765.

FRANCK E.

Note ss Civ. 3e, 15 févr. 1972, n° 70-13.094, *Bull. civ.* III, n° 98 ; *D.* 1972, jur. 163.

Note ss Civ. 3e, 23 janv. 1973, n° 71-14.197, *Bull. civ.* III, n° 69 ; *D.* 1973, jur. 427.

GAILHBAUD C.

Note ss Com. 2 juin 2015, n° 13-24.714, *Bull. civ.* IV, n° 94 ; *Gaz. Pal. entr. diff.* 21 juill. 2015, n° 202, p. 28.

GARÇON J.-P.

Note ss Com. 3 mai 2011, n° 10-18.031, *Bull. civ.* IV, n° 63 ; *JCP N* 2012. 1160.

GIBIRILA D.

Note ss Com. 15 déc. 2009, n° 08-21.906, *Bull. civ.* IV, n° 166 ; *Defr.* 15 juill. 2010, n° 13, p. 1487.

GIVERDON C.

Note ss Cass., avis, 21 janv. 2002, n° 01-00.009, *Bull. avis*, n° 1 ; *D.* 2003. 1334.

HAUSER J.

Note ss Com. 8 déc. 1998, n° 96-15.315, *Bull. civ.* IV, n° 292 ; *RTD civ.* 1999. 359.

HEINICH J.

Note ss Com. 13 oct. 2015, n° 14-15.755, NP ; *BJS* mars 2016, n° 3, p. 157.

Henry L.-C.
Note ss Com. 5 juill. 2005, n° 04-13.266, *Bull. civ.* IV, n° 152 ; *Gaz. Pal.* 5 nov. 2005, n° 309, p. 25.
Note ss Com. 10 mars 2015, n° 12-16.956, *Bull. civ.* IV, n° 44 ; *Rev. sociétés* 2015. 406.
Note ss Com. 12 juill. 2016, n° 14-23.668, *Bull. civ.* IV [à paraître] ; *Rev. sociétés* 2016. 549.
Hilt P.
Note ss Com. 4 nov. 2005, n° 04-12.610, *Bull. civ.* IV, n° 193 ; *AJ fam.*2005. 407.
Honorat A.
Note ss Com. 31 mars 1998, n° 95-18.008, *Bull. civ.* IV, n° 120 ; *D.* 1998. 327.
Note ss Com. 6 juill. 1999, n° 96-21.684, *Bull. civ.* IV, n° 151 ; *D.* 2000. 327.
Note ss Com. 30 oct. 2000, n° 98-10.688, *Bull. civ.* IV, n° 169 ; *D.* 2001. 620.
Houin-Bressand C.
Note ss Com. 11 juin 2014, n° 13-12.658, *Bull. civ.* IV, n° 102 ; *RDBF* nov. 2014, n° 6, comm. 212.
Note ss Com. 12 juill. 2016, n° 14-23.668, *Bull. civ.* IV [à paraître] ; *Rev. proc. coll.* nov. 2017, n° 6, comm. 144.
Jacotot D.
Note ss Com. 2 juin 2015, n° 13-24.714, *Bull. civ.* IV, n° 94 ; *Rev. proc. coll.* mars 2016, n° 2, comm. 73.
Lebel Ch.
Note ss Com. 3 mai 2016, n° 14-21.556, *Bull. civ.* IV [à paraître] ; *JCP E* 2016. 1466.
Note ss Com. 11 juin 2014, n° 13-12.658, *Bull. civ.* IV, n° 102 ; *RLDA* juill. 2014, n° 95.
Note ss Com. 11 juin 2014, nos 13-17.997 et 13-18.112, *Bull. civ.* IV, n° 103 ; *RLDA* juill. 2014, n° 95.
Lecaroz J.
Note ss Com. 11 juin 2014, n° 13-12.658, *Bull. civ.* IV, n° 102 ; *D.* 2014. 2196.
Le Corre P.-M.
Note ss Ass. plén. 4 févr. 2011, n° 09-14.619, *Bull. ass. plén.*, n° 2 ; *BJE* mai 2011, p. 130.
Note ss Com. 9 nov. 2004, n° 02-13.685, *Bull. civ.* IV, n° 193 ; *D.* 2005. 292.
Note ss Com. 13 juin 2006, n° 05-17.081, *Bull. civ.* IV, n° 141 ; *D.* 2007. 42.
Note ss Com. 3 mai 2011, n° 10-18.031, *Bull. civ.* IV, n° 63 ; *D.* 2011. 2069.

Note ss Com. 13 mars 2012, n° 10-27.087, NP ; *D.* 2012. 2196.
Note ss Com. 2 juin 2015, n° 13-24.714, *Bull. civ.* IV, n° 94 ; *D.* 2015. 1970.
Note ss Com. 8 oct. 2003, n° 00-14.760, *Bull. civ.* IV, n° 152 *Gaz. Pal.* 4 nov. 2003, n° 308, p. 3.
Note ss Com. 18 janv. 2005, n° 03-14.600, NP ; *Gaz. proc. coll.* 30 avr. 2005, n° 120, p. 32.
Note ss Com. 13 juin 2006, n° 05-17.081, *Bull. civ.* IV, n° 141 ; *Gaz. proc. coll.* 7 oct. 2006, n° 280, p. 26.

Le Corre-Broly E.

Note ss Com. 3 nov. 2010, n° 09-70.312, *Bull. civ.* IV, n° 165 ; *Gaz. Pal. entr. diff.* 8 janv. 2011, n° 8, p. 18.
Note ss Ass. plén. 4 févr. 2011, n° 09-14.619, *Bull. ass. plén.*, n° 2 ; *Gaz. pal. entr. diff.* 2 avr. 2011, p. 30.
Note ss Com. 3 mai 2011, n° 10-18.031, *Bull. civ.* IV, n° 63 ; *Gaz. Pal. entr. diff.* 9 juill. 2011, n° 190, p. 12.

Le Gac-Pech S.

Note ss Com. 2 juin 2015, n° 13-24.714, *Bull. civ.* IV, n° 94 ; *JCP E* 2015. 1522.

Le Gallou C.

Note ss Civ. 1re, 24 sept. 2009, n° 08-10.152, *Bull. civ.* I, n° 178 ; *RLDC* nov. 2009, n° 65.

Legeais D.

Note ss Com. 6 oct. 2009, n° 08-19.458, NP ; *RDBF* janv. 2010, n° 1, comm. 10.
Note ss Com. 10 juill. 2012, n° 11-22.846, NP ; *RDBF* sept. 2012, n° 5, comm. 152.
Note ss Com. 16 juin 2015, nos 13-23.097 et 13-23.911, NP ; *RDBF* sept. 2015, n° 5, comm. 157.

Legros J.-P.

Note ss Com. 5 nov. 2003, n° 00-11.876, *Bull. civ.* IV, n° 164 ; *Rev. dr . soc.* déc. 2004, n° 12, comm. 213.
Note ss Com. 24 mars 2009, n° 07-20.383, NP ; *Rev. dr. soc.* août 2009, n° 8-9, comm. 169.
Note ss Com. 15 déc. 2009, n° 08-21.906, *Bull. civ.* IV, n° 166 ; *Rev. dr. soc.* mars 2010, n° 3, comm. 55.
Note ss Cons. const. 26 sept. 2014, n° 2014-415 QPC, *JO* 28 sept. 2014, p. 15790 ; *Rev. dr. soc.* déc. 2014, n° 12, comm. 192.
Note ss Com. 13 oct. 2015, n° 14-15.755, NP ; *Rev. dr. soc.* mai 2016, n° 5, comm. 87.
Note ss Com. 8 mars 2017, n° 15-16.005, *Bull. civ.* IV [à paraître] ; *Rev. dr. soc.* mai 2017, n° 5, comm. 87.

Le Mesle L.

Note ss Com. 3 mai 2016, n° 14-21.556, *Bull. civ.* IV [à paraître] ; *BJE* sept. 2016, n° 5, p. 317.

LIENHARD A.

Note ss Com. 7 janv. 2003, n° 99-10.781, *Bull. civ.* IV, n° 1 ; *D.* 2003. 274.

Note ss Com. 8 oct. 2003, n° 00-14.760, *Bull. civ.* IV, n° 152 ; *D.* 2003. 2637.

Note ss Com. 9 nov. 2004, n° 02-13.685, *Bull. civ.* IV, n° 193 ; *D.* 2004. 3069.

Note ss Com. 5 juill. 2005, n° 04-13.266, *Bull. civ.* IV, n° 152 ; *D.* 2005. 2146.

Note ss Com. 13 juin 2006, n° 05-17.081, *Bull. civ.* IV, n° 141 ; *D.* 2006. 1681.

Note ss Com. 3 juin 2009, n° 08-10.249, NP ; *D.* 2009. 1691.

Note ss Com. 15 déc. 2009, n° 08-21.906, *Bull. civ.* IV, n° 166 ; *D.* 2010. 10.

Note ss Com. 3 nov. 2010, n° 09-70.312, *Bull. civ.* IV, n° 165 ; *D.* 2010. 2645.

Note ss Com. 3 mai 2011, n° 10-18.031, *Bull. civ.* IV, n° 63 ; *D.* 2011. 1279.

Note ss Com. 15 oct. 2013, n° 12-23.830, *Bull. civ.* IV, n° 152 ; *D.* 2013. 2461.

Note ss Com. 11 juin 2014, n° 13-12.658, *Bull. civ.* IV, n° 102 ; *D.* 2014. 1269.

Note ss Com. 11 juin 2014, n°s 13-17.997 et 13-18.112, *Bull. civ.* IV, n° 103 ; *D.* 2014. 1270.

Note ss Com. 2 juin 2015, n° 13-24.714, *Bull. civ.* IV, n° 94 ; *D.* 2015. 1205.

LISANTI C.

Note ss Com. 13 mars 2012, n° 10-27.087, NP ; *Rev. proc. coll.* mai 2012, n°3, comm. 111.

LUCAS F.-X.

Note ss Com. 2 juin 2015, n° 13-24.714, *Bull. civ.* IV, n° 94 ; *Act. proc. coll.* juill. 2015, n° 12, comm. 184.

Note ss Com. 8 oct. 2003, n° 00-14.760, *Bull. civ.* IV, n° 152 ; *D.* 2004. 54.

Note ss Com. 3 nov. 2010, n° 09-70.312, *Bull. civ.* IV, n° 165 ; *D.* 2011. 2069.

Note ss Ass. plén. 4 févr. 2011, n° 09-14.619, *Bull. ass. plén.*, n° 2 ; *D.* 2011. 2069.

Note ss Com. 2 juin 2015, n° 13-24.714, *Bull. civ.* IV, n° 94 ; *D.* 2015. 1970.

Note ss Cons. const. 26 sept. 2014, n° 2014-415 QPC, *JO* 28 sept. 2014, p. 15790 ; *Leden* oct. 2014, n° 9, p. 1.

Note ss Com. 8 mars 2017, n° 15-16.005, *Bull. civ.* IV [à paraître] ; *Leden* mai 2017, n° 5, p. 1.

Note ss Com. 9 nov. 2004, n° 02-13.685, *Bull. civ.* IV, n° 193 ; *LPA* 13 avr. 2005, n° 73, p. 3.

Note ss Com. 26 nov. 2002, n° 99-12.426, NP ; *RDBF* mars 2003, n° 77, p. 102.

MACORIG-VENIER F.

Note ss Com. 24 mars 2009, 08-11.055, NP ; *Rev. proc. coll.* sept. 2009, n° 5, comm. 114.

Note ss Com. 21 sept. 2010, n° 09-68.604, *Bull. civ.* IV, n° 139 ; *BJE* mars 2011, n° 1, p. 22.

Note ss Com. 7 sept. 2010, n° 09-66.595, NP ; *BJE* mars 2011, n°1, p. 23.

Note ss Com. 5 mai 2015, n° 14-17.941, *Bull. civ.* IV, n° 73 ; *BJE* sept. 2015, n° 5, p. 296.

Note ss CA Pau, 2e ch. section 1, 12 juin 2008, RG n° 07/03098 ; *Rev. proc. coll.* sept. 2009, n° 5, comm. 110.

Note ss Com. 3 mai 2016, n° 14-21.556, *Bull. civ.* IV [à paraître] ; *Rev. proc. coll.* juill. 2016, n° 4, comm. 122.

MARRAUD DES GROTTES G.

Note ss Com. 10 juill. 2012, n° 11-22.846, NP ; *RLDC* oct. 2012, n° 97.

MARTIN D. R.

Note ss Com. 6 oct. 2009, n° 08-19.458, NP ; *D.* 2011. 1643.

MARTIN-SERF A.

Note ss Com. 7 avr. 2009, n° 08.10.427, NP ; *Rev. proc. coll.* nov. 2009, n° 6, comm. 177 et *RTD com.* 2009. 809.

Note ss Com. 24 mars 2009, n° 07-20.383, NP ; *Rev. proc. coll.* mai 2010, n° 3, comm. 116.

Note ss Com. 15 déc. 2009, n° 08-21.906, *Bull. civ.* IV, n° 166 ; *Rev. proc. coll.* mai 2010, n° 3, comm. 115.

Note ss Cons. const. 26 sept. 2014, n° 2014-415 QPC, *JO* 28 sept. 2014, p. 15790 ; *Rev. proc. coll.* nov. 2014, n° 6, comm. 172.

Note ss Com. 11 juin 2014, n° 13-12.658, *Bull. civ.* IV, n° 102 ; *Rev. proc. coll.* mai 2015, n° 3, comm. 71.

Note ss Com. 13 oct. 2015, n° 14-15.755, NP ; *Rev. proc. coll.* mai 2016, n° 3, comm. 93.

Note ss Com. 15 oct. 1991, n° 90-10.784, *Bull. civ.* IV, n° 288 ; *RTD com.* 1992. 464.

Note ss Com. 14 déc. 1993, n° 93-11.690, *Bull. civ.* IV, n° 471 ; *RTD com.* 1994. 367.

Note ss Com. 8 juin 1999, n° 97-12.233, *Bull. civ.* IV, n° 125 ; *RTD com.* 1999. 968.

Note ss Cass., avis, 21 janv. 2002, n° 01-00.009, *Bull. avis*, n° 1 ; *RTD com.* 2002. 727.

Note ss Com. 8 oct. 2003, n° 00-14.760, *Bull. civ.* IV, n° 152 ; *RTD com.* 2004. 368.

Note ss Com. 11 févr. 2004, n° 02-17.520, *Bull. civ.* IV, n° 27 ; *RTD com.* 2005. 165.
Note ss Com. 13 juin 2006, n° 05-17.081, *Bull. civ.* IV, n° 141 ; *RTD com.* 2006. 662.
Note ss Com. 30 mars 2010, n° 09-10.729, *Bull. civ.* IV, n° 66 ; *RTD com.* 2010. 612.
Note ss Civ. 1re, 24 sept. 2009, n° 08-10.152, *Bull. civ.* I, n° 178 ; *RTD com.* 2010. 784.
Note ss Ass. plén. 4 févr. 2011, n° 09-14.619, *Bull. ass. plén.*, n° 2 ; *RTD com.* 2011. 412.
Note ss Com. 3 nov. 2010, n° 09-70.312, *Bull. civ.* IV, n° 165 ; *RTD com.* 2011. 413.
Note ss Com. 3 mai 2011, n° 10-18.031, *Bull. civ.* IV, n° 63 ; *RTD com.* 2011. 798.
Note ss Com. 15 oct. 2013, n° 12-23.830, *Bull. civ.* IV, n° 152 ; *RTD com.* 2014. 190.
Note ss Com. 3 mai 2016, n° 14-21.556, *Bull. civ.* IV [à paraître] ; *RTD com.* 2016. 550.
Note ss Com. 12 juill. 2016, n° 14-23.668, *Bull. civ.* IV [à paraître] ; *RTD com.* 2016. 849.

MASCALA C.

Note ss Com. 5 nov. 2003, n° 00-11.876, *Bull. civ.* IV, n° 164 ; *RTD com.* 2004. 604.

MILLET F.

Note ss Com. 11 févr. 2004, n° 02-17.520, *Bull. civ.* IV, n° 27 ; *JCP E* 2004. 879.

MONSÈRIÉ-BON M.-H.

Note ss Com. 8 mars 2017, n° 15-16.005, *Bull. civ.* IV [à paraître] ; *BJS* mai 2017, n° 5, p. 336.
Note ss Com. 9 nov. 2004, n° 02-13.685, *Bull. civ.* IV, n° 193 ; *Dr. et patr.* avr. 2005, n° 136.
Note ss Com. 15 déc. 2009, n° 08-21.906, *Bull. civ.* IV, n° 166 ; *Dr. et patr.* oct. 2010, n° 196.

MONTÉRAN Th.

Note ss Com. 24 mars 2009, n° 07-20.383, NP ; *Gaz. proc. coll.* 28 juill. 2009, n° 209, p. 49.
Note ss Com. 15 déc. 2009, n° 08-21.906, *Bull. civ.* IV, n° 166 ; *Gaz. Pal. entr. diff.* 17 avr. 2010, n° 107, p. 46.
Note ss Com. 15 févr. 2011, n° 09-70.496, NP ; *Gaz. Pal. entr. diff.* 2 avr. 2011, n° 92, p. 47.
Note ss Com. 8 mars 2017, n° 15-16.005, *Bull. civ.* IV [à paraître] ; *Gaz. Pal. entr. diff.* 27 juin 2017, n° 24, p. 69.

MORELLI N.
Note ss Com. 15 déc. 2009, n° 08-21.906, *Bull. civ.* IV, n° 166 ; *Rev. sociétés* 2010. 256.
MOUIAL-BASSILANA E.
Note ss Com. 10 mars 2015, n° 12-16.956, *Bull. civ.* IV, n° 44 ; *BJS* juin 2015, n° 6, p. 302.
Note ss Com. 7 avr. 2009, n° 08.10.427, NP ; *Leden* juin 2009, n° 3, p. 5.
Note ss Com. 7 sept. 2010, n° 09-66.595, NP ; *Leden* oct. 2010, n° 9, p. 2.
MOULIN J.-M.
Note ss Com. 14 juin 2017, n° 16-11.513, NP ; *Gaz. Pal.* 26 sept. 2017, n° 32, p. 65.
NECTOUX J.
Note ss Com. 4 juill. 1962 ; *JCP G* 1962. II. 12885.
PAGNUCCO J.-C.
Note ss Com. 12 juill. 2016, n° 14-23.668, *Bull. civ.* IV [à paraître] ; *Act. proc. coll.* oct. 2016, n° 16, comm. 219.
PARACHKÉVOVA I.
Note ss Cons. const. 26 sept. 2014, n° 2014-415 QPC, *JO* 28 sept. 2014, p. 15790 ; *BJS* nov. 2014, n° 11, p. 444.
PATUREAU N. et PEROT-REBOUL C.
Note ss Com. 26 mai 2010, n° 09-13.884, NP ; *Rev. proc. coll.* juill. 2010, n° 4, comm. 165.
PEDEMONS A.
Note ss Com. 3 mai 2016, n° 14-21.556, *Bull. civ.* IV [à paraître] ; *Act. proc. coll.* juin 2016, n° 10, comm. 136.
PERRIER J.-B.
Note ss Civ. 1re, 5 févr. 2014, n° 13-10.791, *Bull. civ.* I, n° 18 ; *JCP G* 2014. 504.
PÉROCHON F.
Note ss Civ. 1re, 24 sept. 2009, n° 08-10.152, *Bull. civ.* I, n° 178 ; *Rev. proc. coll.* mars 2010, n° 2, comm. 67.
PÉTEL Ph.
Note ss Com. 7 janv. 2003, n° 99-10.781, *Bull. civ.* IV, n° 1 ; *JCP E* 2003. 760, n° 13.
Note ss Com. 15 déc. 2009, n° 08-21.906, *Bull. civ.* IV, n° 166 ; *JCP E* 2010. 1296, n° 14.
Note ss Ass. plén. 4 févr. 2011, n° 09-14.619, *Bull. ass. plén.*, n° 2 ; *JCP E* 2011. 1263, n° 7.
Note ss Com. 3 mai 2011, n° 10-18.031, *Bull. civ.* IV, n° 63 ; *JCP E* 2011. 1596, § 10 et 11.
Note ss Com. 15 oct. 2013, n° 12-23.830, *Bull. civ.* IV, n° 152 ; *JCP E* 2014. 1020, n° 13.

Note ss Com. 11 juin 2014, n° 13-12.658, *Bull. civ.* IV, n° 102 ; *JCP E* 2014. 1447, n° 4.
Note ss Com. 2 juin 2015, n° 13-24.714, *Bull. civ.* IV, n° 94 ; *JCP E* 2015. 1422, n° 7.
Note ss Com. 5 nov. 2003, n° 00-11.876, *Bull. civ.* IV, n° 164 ; *JCP G* 2004. I. 153, n° 5.

PETIT F.

Note ss Com. 21 sept. 2010, n° 09-68.604, *Bull. civ.* IV, n° 139 ; *Rev. proc. coll.* nov. 2010, n° 6, étude 29, n° 11.

PIEDELIÈVRE S.

Note ss Com. 31 mars 1998, n° 95-18.008, *Bull. civ.* IV, n° 120 ; *D.* 1998. 382.
Note ss Com. 8 juin 1999, n° 97-12.233, *Bull. civ.* IV, n° 125 ; *D.* 2000. 388.
Note ss Com. 5 mai 2015, n° 14-17.941, *Bull. civ.* IV, n° 73 ; *Defr.* 15 déc. 2015, n° 23, p.1233.
Note ss Com. 3 mai 2016, n° 14-21.556, *Bull. civ.* IV [à paraître] ; *RDBF* juill. 2016, comm. 170.

PIERRE S.

Note ss Com. 30 oct. 2000, n° 98-10.688, *Bull. civ.* IV, n° 169 ; *D.* 2001. 1527.

PILLET G.

Note ss Civ. 1re, 5 févr. 2014, n° 13-10.791, *Bull. civ.* I, n° 18 ; *JCP G* 2014. 597, n° 12.

PISONI P.

Note ss Com. 30 oct. 2000, n° 98-10.688, *Bull. civ.* IV, n° 169 ; *D.* 2000. 430.

REGNAUT-MOUTIER C.

Note ss Com. 21 sept. 2010, n° 09-68.604, *Bull. civ.* IV, n° 139 ; *Act. proc. coll.* nov. 2010, n° 18, comm. 257.

REIFEGERSTE S.

Note ss Com. 3 nov. 2010, n° 09-70.312, *Bull. civ.* IV, n° 165 ; *Gaz. Pal. dr. banc.* 26 févr. 2011, n° 57, p. 21.

REINHARD Y.

Note ss Com. 21 mars 2006, n° 04-19.794, NP ; *JCP E* 2006. 2224, n° 8.

RÉMERY J.-P.

Note ss Com. 31 mars 1998, n° 95-18.008, *Bull. civ.* IV, n° 120 *JCP G* 1998. II. 10105.

ROHART-MESSAGER I.

Note ss Com. 7 avr. 2009, n° 08.10.427, NP ; *Gaz. proc. coll.* 28 juill. 2009, n° 209, p. 26.
Note ss Com. 11 juin 2014, n° 13-12.658, *Bull. civ.* IV, n° 102 ; *Gaz. Pal. entr. diff.* 7 oct. 2014, n° 280, p. 37.

Note ss Com. 2 juin 2015, n° 13-24.714, *Bull. civ.* IV, n° 94 ; *Gaz. Pal. entr. diff.* 20 oct. 2015, n° 293, p. 29.

ROUSSEL GALLE Ph.

Note ss Ass. plén. 4 févr. 2011, n° 09-14.619, *Bull. ass. plén.*, n° 2 ; *Act. proc. coll.* mars 2011, n° 80.

Note ss Com. 3 mai 2016, n° 14-21.556, *Bull. civ.* IV [à paraître] ; *Gaz. Pal. entr. diff.* 18 oct. 2016, n° 36, p. 60.

Note ss Com. 24 mars 2009, 08-11.055, NP ; *Gaz. proc. coll.* 28 juill. 2009, n° 209, p. 29.

Note ss Com. 26 janv. 2010, n° 08-21.340, NP ; *Gaz. proc. coll.* 17 avr. 2010, n° 107, p. 18.

Note ss Com. 15 déc. 2009, n° 08-21.906, *Bull. civ.* IV, n° 166 ; *JCP E* 2010. 1164.

Note ss Com. 15 oct. 2002, n° 98-21.669, *Bull. civ.* IV, n° 144 ; *LPA* 14 juill. 2003, n° 139, p. 8.

Note ss Com. 15 oct. 2002, n° 99-17.765, *Bull. civ.* IV, n° 143 ; *LPA* 14 juill. 2003, n° 139, p. 8.

Note ss Civ. 3e, 5 févr. 2003, n° 01-17.145, *Bull. civ.* III, n° 28 ; *LPA* 14 juill. 2003, n° 139, p. 8.

Note ss Com. 18 mars 2003, n° 99-20.122, NP ; *LPA* 14 juill. 2003, n° 139, p. 8.

Note ss Com. 3 nov. 2010, n° 09-70.312, *Bull. civ.* IV, n° 165 ; *Rev. sociétés* 2011. 194.

Note ss Com. 15 oct. 2013, n° 12-23.830, *Bull. civ.* IV, n° 152 ; *Rev. sociétés* 2013. 728.

Note ss Com. 11 juin 2014, n° 13-12.658, *Bull. civ.* IV, n° 102 ; *Rev. sociétés* 2014. 532.

Note ss Cons. const. 26 sept. 2014, n° 2014-415 QPC, *JO* 28 sept. 2014, p. 15790 ; *Rev. sociétés* 2014. 753.

SAINT-ALARY-HOUIN C.

Note ss Com. 3 nov. 2010, n° 09-70.312, *Bull. civ.* IV, n° 165 ; *BJE* juill. 2011, n° 3, comm. 89, p. 186.

Note ss Com. 15 déc. 2009, n° 08-21.906, *Bull. civ.* IV, n° 166 ; *Dr. et patr.* oct. 2010, n° 196.

Note ss Com. 30 mars 2010, n° 09-10.729, *Bull. civ.* IV, n° 66 ; *Rev. proc. coll.* mars 2012, n° 2, comm. 40.

Note ss Com. 3 mai 2011, n° 10-18.031, *Bull. civ.* IV, n° 63 ; *Rev. proc. coll.* mars 2012, n° 2, comm. 46.

Note ss Com. 7 sept. 2010, n° 09-66.595, NP ; *Rev. proc. coll.* mars 2012, n° 2, comm. 51.

Note ss Com. 21 sept. 2010, n° 09-68.604, *Bull. civ.* IV, n° 139 ; *Rev. proc. coll.* mars 2012, n° 2, comm. 53.

Note ss Com. 15 oct. 2013, n° 12-23.830, *Bull. civ.* IV, n° 152 ; *Rev. proc. coll.* juill. 2015, n° 4, comm. 113.

SAINTOURENS B.

Note ss Cons. const. 26 sept. 2014, n° 2014-415 QPC, *JO* 28 sept. 2014, p. 15790 ; *Act. proc. coll.* nov. 2014, n° 18, comm. 311.

Note ss Com. 8 mars 2017, n° 15-16.005, *Bull. civ.* IV [à paraître] ; *JCP G* 2017. 416.

Note ss Com. 9 nov. 2004, n° 02-13.685, *Bull. civ.* IV, n° 193 ; *RTD com.* 2005. 247.

SALVAT O.

Note ss Com. 5 mai 2015, n° 14-17.941, *Bull. civ.* IV, n° 73 ; *Act. proc. coll.* juin 2015, n° 11, comm. 179.

SERRA G.

Note ss Ass. plén. 7 mai 2004, n° 02-13.225, *Bull. ass. plén.* n° 9 ; *LPA* 8 déc. 2004, n° 245, p. 7.

TEBOUL G.

Note ss Com. 15 déc. 2009, n° 08-21.906, *Bull. civ.* IV, n° ; *LPA* 18 févr. 2010, n° 35, p. 8.

TEHRANI A.

Note ss Com. 8 mars 2017, n° 15-16.005, *Bull. civ.* IV [à paraître] ; *JCP E* 2017. 1460, n° 24.

THÉRON J.

Note ss Com. 2 juin 2015, n° 13-24.714, *Bull. civ.* IV, n° 94 ; *Gaz. Pal. pr. civ.* 22 sept. 2015, n° 265, p. 19.

THOMASSIN N.

Note ss Com. 6 oct. 2009, n° 08-19.458, NP ; *RLDC* oct. 2010, n° 75.

TRÉARD S.

Note ss Com. 2 juin 2015, n° 13-24.714, *Bull. civ.* IV, n° 94 ; *D.* 2015. 2205.

VALLANSAN J.

Note ss Com. 15 déc. 2009, n° 08-21.906, *Bull. civ.* IV, n° 166 ; *Act. proc. coll.* janvier 2010, n° 2, comm. 31.

Note ss Com. 11 juin 2014, n° 13-12.658, *Bull. civ.* IV, n° 102 ; *Act. proc. coll.* juill. 2014, n° 12, comm. 226.

VALLENS J.-L.

Note ss Com. 7 sept. 2010, n° 09-66.595, NP ; *RTD com.* 2010. 793.

VINCENT C.

Note ss Com. 13 juin 2006, n° 05-17.081, *Bull. civ.* IV, n° 141 ; *D.* 2006. 1969.

Travaux parlementaires et avant-projets

Association Henri CAPITANT, *Avant-projet de réforme du droit des sûretés*, par GRIMALDI M., AYNÈS L., CROCQ P., DUPICHOT Ph., GIJSBERS Ch., JULIENNE M., SIMLER Ph., SYNVET H. et THÉRY Ph., 2017 (cité Avant-projet H. CAPITANT).

DE ROUX X., *Rapport au nom de la commission des Lois constitutionnelles, de la législation, et de l'administration générale de la République sur le projet de loi de sauvegarde des entreprises*, n° 2095, 2005.

HYEST J.-J., *Rapport au nom de la commission des Lois constitutionnelles, de législation, du suffrage universel, du Règlement et d'administration générale sur le projet de loi de sauvegarde des entreprises*, n° 335, 2005.

MÉHAIGNERIE P., Intervention lors de la séance du 12 avril 1994, Compte rendu intégral de la séance du 12 avril 1994, 5e séance, *JO* Sénat n° 18, p. 910 et s., sp. p. 925.

THYRAUD J., *Rapport au nom de la commission des Lois constitutionnelles, de Législation, du Suffrage universel, du Règlement et d'Administration générale sur le projet de loi relatif au règlement judiciaire*, n° 332, t. I, 1984.

Ouvrages extra-juridiques

KUHN T. S., *La structure des révolutions scientifiques*, coll. « Champs sciences », Flammarion, 2008.
NIETZSCHE F., *Ainsi parlait Zarathoustra*, trad. GOLDSCHMIDT G.-A., coll. « Classiques », Le Livre de Poche, 41e éd., 2016.

TABLE DES MATIÈRES

DROIT
AUX ÉDITIONS L'HARMATTAN

Dernières parutions

L'EXPLOITANT DE BANQUE ET LE DROIT AU TCHAD
Thomas Dingamgoto
De toutes les activités entrepreneuriales, le secteur bancaire est de celles qui font l'objet d'un encadrement législatif scrupuleux et d'une veille règlementaire permanente. Si l'histoire du droit bancaire tchadien est étroitement liée à celle du droit bancaire français, les textes législatifs et règlementaires des activités bancaires au Tchad ont connu des évolutions internes notables. Pour l'exploitant de banque comme pour l'ensemble des acteurs de la chaîne économique et financière, ces mutations rendent indispensables l'appropriation de ces normes nouvelles.
(Coll. Études Eurafricaines, 674 p., 49 euros)
ISBN : 978-2-343-16034-4, EAN EBOOK : 9782140104879

L'ÉGALITÉ DE L'HOMME ET DE LA FEMME DANS LE MARIAGE
Etude comparée des droits du Bénin, du Burkina Faso et du Mali
Aïssata DABO
Des États africains ont rénové leurs législations sur le mariage dans l'idée de les conformer au dispositif juridique international, qui place désormais l'égalité homme-femme au centre des débats. Toutefois, l'objectif est largement dévié par le pluralisme juridique qui demeure, en droit et en fait, un frein pour l'indifférenciation des droits des sexes. Cet ouvrage se propose de rechercher la mesure de l'égalité, en matière de mariage, réellement promue par les droits béninois, burkinabè et malien.
(Coll. Études africaines, 614 p., 49 euros)
ISBN : 978-2-343-15377-3, EAN EBOOK : 9782140105197

LA NATIONALITÉ ET L'APATRIDIE EN AFRIQUE
Charles Lasserre Yakite
Le droit à la nationalité est un droit humain fondamental reconnu par le droit international. Les apatrides ne peuvent se prévaloir de la protection de la nationalité et sont donc vulnérables à la privation de leurs droits. Les États africains doivent élaborer des cadres législatifs et mettre en place des politiques nationales pour lutter contre l'apatridie. Cet ouvrage vise à faire des recommandations à l'Union africaine et aux organisations internationales intéressées pour résoudre l'épineux problème de nationalité et de l'apatridie.
(Coll. Études africaines, 156 p., 17 euros)
ISBN : 978-2-343-15353-7, EAN EBOOK : 9782140104725

LE CONTENTIEUX DE L'ANNULATION AU CONGO
Lovane Lhakhy-Tsamby
Dans ce livre, l'auteur examine la question relative au contentieux de l'annulation, au Congo. Lorsqu'un acte administratif est entaché d'illégalité, il est susceptible d'annulation. Au Congo, l'annulation d'un acte administratif illégal relève de la compétence exclusive de la chambre administrative de la Cour suprême. La Cour constitutionnelle est exceptionnellement compétente pour annuler un acte administratif entaché d'illégalité lorsqu'il est pris dans le domaine électoral. Elle n'est pas juge de la légalité des actes administratifs au même titre que le juge administratif ordinaire.
(Coll. Harmattan Congo-Brazzaville, 120 p., 14 euros)
ISBN : 978-2-343-15430-5, EAN EBOOK : 9782140104305

PROTECTION DE LA QUALITÉ DES EAUX DOUCES AU CANADA ET DANS L'UNION EUROPÉENNE

Le partage des compétences

Claire Joachim

Cet ouvrage analyse l'organisation des rapports entre les ordres juridiques par le droit constitutionnel canadien et le droit de l'Union européenne. Cette étude est innovante car : la grille d'analyse du droit constitutionnel canadien a été appliquée à l'Union européenne. Ce qui met en évidence des mécanismes similaires dans le partage des compétences. Le domaine de la protection de la qualité des eaux douces a été choisi pour révéler les enjeux de ces relations dans une perspective globale. Ce travail fait ressortir que l'intégration européenne est accentuée par une centralisation des compétences. Ainsi, la sphère du pouvoir des états membres se vide progressivement de sa substance. Le droit entrerait donc en mutation à l'aune de la protection de l'environnement.

(Coll. Le Droit aujourd'hui, 546 p., 49 euros)

ISBN : 978-2-343-10974-9, EAN EBOOK : 9782140104541

LE BIEN-ÊTRE ANIMAL : DE LA SCIENCE AU DROIT

Sous la direction de Sophie Hild et Louis Schweitzer

Chercheurs, experts, membres de la Commission européenne ou du ministère de l'Agriculture se sont succédé pour répondre à plusieurs questions du plus haut intérêt : quelle définition scientifique donner au bien-être de l'animal ? Sur quels critères l'évaluer ? Quels droits nationaux ou internationaux le prennent-ils en compte ? Quels animaux sont concernés ? Quels obstacles s'opposent au souci d'assurer le bien-être animal ? Les réponses données conforteront les démarches à conduire en faveur de dispositions réglementaires nouvelles.

(Coll. Colloques et rencontres, 364 p., 37 euros)

ISBN : 978-2-343-15918-8, EAN EBOOK : 9782140104329

DROITS FONCIERS DES FEMMES ET DES CADETS SOCIAUX EN CÔTE D'IVOIRE

Cellule de Suivi et d'Analyse de la Mise en Oeuvre de la Loi sur le Foncier Rural

Le séminaire-atelier "Sécurisation des droits fonciers des femmes et cadets sociaux en milieu rural" tenu à Grand-Bassam en 2017 avait pour objectif d'identifier les dispositions, existantes ou à adopter, pour améliorer la sécurisation des droits fonciers des femmes et des cadets sociaux en milieu rural. Comment comprendre la nature des obstacles qui y nuisent, identifier et clarifier les dispositions qui existent dans le cadre juridique et institutionnel de la Côte d'ivoire ? les services centraux et décentralisés de l'Administration, Chambre des Chefs et Rois Traditionnels de Côte d'Ivoire, partenaires internationaux de développement, organisations professionnelles agricoles, notaires, juristes, géomètres, chercheurs, ONG, presse etc, tous sont concernés par cette problématique.

(Coll. Harmattan Côte-d'Ivoire, 192 p., 22 euros)

ISBN : 978-2-343-15394-0, EAN EBOOK : 9782140103728

L'UNIVERS CARCÉRAL, LA MÈRE DÉTENUE ET SON ENFANT

Elaine Mangin

Sur les 80 893 personnes écrouées en France au 1er février 2018, on dénombre 3103 femmes. 2482 sont détenues au sein d'un établissement pénitentiaire, exécutant une peine privative de liberté. Parmi elles, des mères de famille qui ont souvent la charge exclusive des enfants restés en milieu libre, mais aussi des femmes incarcérées avec leur bébé. Mais les efforts du droit positif et de la pratique pénitentiaire pour leur assurer le respect de la vie familiale et veiller au maintien d'un lien mère-enfant sain, des difficultés juridiques et psychologiques subsistent.

(Coll. Bibliothèques de droit, 158 p., 17,5 euros)

ISBN : 978-2-343-15834-1, EAN EBOOK : 9782140103681

CONSTITUTIONNALISME ET MÉTISSAGE CULTUREL AU-DELÀ DES DROITS DE L'HOMME

Salvatore Bonfiglio

Les sociétés multiculturelles demandent une réinterprétation des principes constitutionnels, capable de favoriser la cohésion sociale, notamment par l'extension des droits fondamentaux aux « non-citoyens ». Il s'agit de reconnaître à l'individu en tant que tel un statut de droits fondamentaux, pour affirmer ainsi le caractère à la fois moral et juridique de la dignité de la personne.

(Coll. Harmattan Italia, 208 p., 26 euros)

ISBN : 978-2-336-31233-0, EAN EBOOK : 9782140103193

LA PROCÉDURE

Sous la direction de Joanna Genovese et Giovanna Debernardi

La procédure est souvent perçue par les parties comme une source de difficultés supplémentaires dans la résolution d'un conflit. Elle est en réalité protectrice des droits des individus. Il n'existe pas qu'une procédure mais une pluralité. Il est question de procédure civile, de procédure collective, de procédure pénale... La procédure s'adapte en fonction des contraintes et besoins tant par la dématérialisation que la déjudiciarisation.

(Coll. Droit privé et sciences criminelles, 138 p., 16,5 euros)

ISBN : 978-2-343-15460-2, EAN EBOOK : 9782140102769

LE RECOURS AUX MODES ALTERNATIFS DE RÈGLEMENT DES LITIGES EN MATIÈRE DE PROPRIÉTÉ INTELLECTUELLE

Jean Tankeu

Préface de Joseph Fometeu

La mondialisation et le développement des échanges économiques posent de nouveaux défis en matière d'application des droits de propriété intellectuelle. Plus le commerce et les affaires s'intensifient au niveau international, plus la question des effets des droits de propriété intellectuelle et de leur application au-delà des frontières nationales devient pertinente. D'où le développement du contentieux non juridictionnel international de la propriété intellectuelle auquel l'auteur consacre cet ouvrage.

(326 p., 33 euros)

ISBN : 978-2-343-15648-4, EAN EBOOK : 9782140102653

MÉTHODOLOGIES DE LA SÉCURITÉ URBAINE

François Dieu, Bruno Domingo

Quelles sont les méthodologies de la sécurité urbaine ? Comment réaliser un diagnostic local de sécurité ? Quelles sont les précautions à prendre avec les chiffres de la délinquance ? Comment mesurer le sentiment d'insécurité et la victimisation ? Quelles sont les modalités de diffusion de l'information au sein des dispositifs de prévention ? Comment mettre en place un observatoire local de la délinquance ? En bref, comment impulser une réflexion objective et un partenariat dynamique pour une politique de sécurité efficace ?

(Coll. République et sécurité, 276 p., 28,5 euros)

ISBN : 978-2-343-15718-4, EAN EBOOK : 9782140102295

DROIT DES ENTREPRISES INDIVIDUELLES

Commerçant / Entreprenant / Bail à usage professionnel / Fonds de commerce / Vente commerciale / Commerce électronique

Cheikh Abdou Wakhab Ndiaye

L'entreprise est une notion moderne et polysémique qui n'a fait son apparition que très récemment dans le droit sénégalais. L'entreprise individuelle concerne le commerçant, personne physique, et l'entreprenant. Son droit est un véritable droit du développement. Il matérialise une volonté de promouvoir l'initiative privée par, d'une part, la facilitation des conditions d'accès au monde des affaires et, d'autre part, la mise en place d'un climat favorables aux investissements. Il est ainsi un creuset où les droits OHADA, UEMOA et sénégalais sont conjugués pour la réalisation de cette ambition.

(Coll. Harmattan Sénégal, 404 p., 40 euros)

ISBN : 978-2-343-15882-2, EAN EBOOK : 9782140102196

LES FINANCES PUBLIQUES DU GABON
Droit budgétaire et droit de la comptabilité publique
Fidèle Mengue Me Engouang

Considéré comme un pays riche, grâce à ses ressources naturelles, le Gabon demeure pourtant un Etat pauvre. L'une des raisons de ce paradoxe est la mauvaise gestion des moyens financiers dont dispose l'Etat. L'assainissement de la gestion des finances publiques constitue donc un des défis majeurs que doivent relever le gouvernement et l'administration. Ce qui exige une parfaite maîtrise des normes juridiques applicables en la matière, en plus d'une grande probité morale. Cet ouvrage veut contribuer au renforcement des capacités des personnes. Il traite des règles et des procédures d'élaboration, d'adoption, d'exécution et de contrôle du budget de l'Etat.

(Coll. Finances publiques, 386 p., 38 euros)
ISBN : 978-2-343-15534-0, EAN EBOOK : 9782140101335

L'INCOHÉRENCE DES LOIS DE CIRCONSTANCES EN MATIÈRE PÉNALE
Paul Laurent

Pour adapter le droit pénal à la criminalité, le Législateur adopte des lois pour des motifs qui échappent à la stricte nécessité juridique, au profit de l'opportunité. Ces lois en réponse à des faits divers sont des lois de circonstances. Leur développement est indéniable. Ce mouvement s'opère aux dépens de la politique pénale de réflexion et des règles de forme classiques. Cette adaptation du droit aux évolutions de la criminalité mérite analyse et débat.

(Coll. Bibliothèques de droit, 272 p., 27 euros)
ISBN : 978-2-343-15317-9, EAN EBOOK : 9782140101625

LE TRAIN DE VIE EN DROIT PRIVÉ
Michaël Martinez
Préface de Philippe Delmas Saint-Hilaire

Locution issue du langage courant, « train de vie » a été importée dans la sphère juridique à la fin des années 1930 pour lutter contre la fraude fiscale et s'y est répandue à partir des années 1960 sans être définie. La première partie de cet ouvrage s'intéresse au contenu juridique de cette notion. Elle est définie comme la jouissance, à titre habituel d'une certaine quantité de biens et de services, caractérisant à la fois un niveau de vie et une habitude de vie. La seconde partie porte sur les effets attachés au train de vie.

(Coll. Logiques Juridiques, 526 p., 45 euros)
ISBN : 978-2-343-15845-7, EAN EBOOK : 9782140101731

L'ORGANISATION DES NATIONS UNIES ET L'EFFECTIVITÉ DES DROITS FONDAMENTAUX DES DÉPLACÉS INTERNES
Rolince Mbungo

Le déplacement interne des populations au sein de leur propre pays pose un réel défi de protection des droits de l'homme. Si l'ONU s'est intéressée tardivement à ce phénomène, elle a entrepris de construire un meilleur cadre juridique et institutionnel international pour la protection des déplacés internes. Plus de deux décennies après ses principales initiatives, il a fallu éprouver la capacité de celles-ci à concrétiser les droits déclarés en droits effectifs. Il importerait que l'ONU renforce le cadre juridique et en restructure l'architecture institutionnelle.

(Coll. Le Droit aujourd'hui, 574 p., 45 euros)
ISBN : 978-2-343-11008-0, EAN EBOOK : 9782140099908

Structures éditoriales du groupe L'Harmattan

L'Harmattan Italie
Via degli Artisti, 15
10124 Torino
harmattan.italia@gmail.com

L'Harmattan Hongrie
Kossuth l. u. 14-16.
1053 Budapest
harmattan@harmattan.hu

L'Harmattan Sénégal
10 VDN en face Mermoz
BP 45034 Dakar-Fann
senharmattan@gmail.com

L'Harmattan Cameroun
TSINGA/FECAFOOT
BP 11486 Yaoundé
inkoukam@gmail.com

L'Harmattan Burkina Faso
Achille Somé – tengnule@hotmail.fr

L'Harmattan Guinée
Almamya, rue KA 028 OKB Agency
BP 3470 Conakry
harmattanguinee@yahoo.fr

L'Harmattan RDC
185, avenue Nyangwe
Commune de Lingwala – Kinshasa
matangilamusadila@yahoo.fr

L'Harmattan Congo
67, boulevard Denis-Sassou-N'Guesso
BP 2874 Brazzaville
harmattan.congo@yahoo.fr

L'Harmattan Mali
Sirakoro-Meguetana V31
Bamako
syllaka@yahoo.fr

L'Harmattan Togo
Djidjole – Lomé
Maison Amela
face EPP BATOME
ddamela@aol.com

L'Harmattan Côte d'Ivoire
Résidence Karl – Cité des Arts
Abidjan-Cocody
03 BP 1588 Abidjan
espace_harmattan.ci@hotmail.fr

L'Harmattan Algérie
22, rue Moulay-Mohamed
31000 Oran
info2@harmattan-algerie.com

L'Harmattan Maroc
5, rue Ferrane-Kouicha, Talaâ-Elkbira
Chrableyine, Fès-Médine
30000 Fès
harmattan.maroc@gmail.com

Nos librairies en France

Librairie internationale
16, rue des Écoles – 75005 Paris
librairie.internationale@harmattan.fr
01 40 46 79 11
www.librairieharmattan.com

Librairie l'Espace Harmattan
21 bis, rue des Écoles – 75005 Paris
librairie.espace@harmattan.fr
01 43 29 49 42

Lib. sciences humaines & histoire
21, rue des Écoles – 75005 Paris
librairie.sh@harmattan.fr
01 46 34 13 71
www.librairieharmattansh.com

Lib. Méditerranée & Moyen-Orient
7, rue des Carmes – 75005 Paris
librairie.mediterranee@harmattan.fr
01 43 29 71 15

Librairie Le Lucernaire
53, rue Notre-Dame-des-Champs – 75006 Paris
librairie@lucernaire.fr
01 42 22 67 13

www.ingramcontent.com/pod-product-compliance
Lightning Source LLC
LaVergne TN
LVHW011249061026
849535LV00005B/1196